二战之谜

王阳　张卉妍◎主编

中国华侨出版社
北京

图书在版编目(CIP)数据

二战之谜/王阳，张卉妍主编. —北京：中国华侨出版社，2013.3

（2021.5重印）

ISBN 978-7-5113-3302-5

I.①二… Ⅱ.①王… ②张… Ⅲ.①第二次世界大战—史料 Ⅳ.①K152

中国版本图书馆CIP数据核字（2013）第050994号

二战之谜

主　　编：王　阳　张卉妍

责任编辑：姜　婷

封面设计：阳春白雪

文字编辑：文　娟

美术编辑：宇　枫

经　　销：新华书店

开　　本：720mm×1020mm　　1/16　　印张：24　　字数：348千字

印　　刷：北京德富泰印务有限公司

版　　次：2013年5月第1版　　2021年5月第5次印刷

书　　号：ISBN 978-7-5113-3302-5

定　　价：68.00元

中国华侨出版社　　北京市朝阳区西坝河东里77号楼底商5号　　邮编：100028

法律顾问：陈鹰律师事务所

发 行 部：（010）88866079　　　　　　传　　真：（010）88877396

网　　址：www.oveaschin.com　　　　　E－mail：oveaschin@sina.com

前言

1939年9月1日~1945年9月2日，以德国、意大利、日本法西斯轴心国及芬兰、匈牙利、罗马尼亚等国为一方，与以世界反法西斯力量为另一方的同盟国展开了第二次全球规模的战争，史称第二次世界大战，简称"二战"。

作为一场对人类现代历史影响极其深远的战争，二战中曾发生过不计其数的军事活动，无论当时多么轰轰烈烈，结局怎样影响巨大，随着时间的推移，最后都简化成了时间、地点、结果几个要素。而真正有意义、有意思的原因、过程、细节等等，都渐渐模糊，形成了一个又一个解不开的谜团。直到今日还在不断地拷问着后人，尽管二战结束已过去半个多世纪了，但它仍以其恢宏的气势、深刻的内涵、丰富的底蕴，磁铁般吸引着众多的人们去回顾它，去思索它。

随着各国保密档案的一步步解密，许多关于二战的真相得到了进一步的揭示，但仍有许多二战的真相不得而知。当人们循着历史的轨迹回望波谲云诡的二战的时候，仍然有许多难解之谜遮挡着人们的视线。比如，希特勒为什么那么神经质而又丧心病狂？他是如何从一个流浪汉变成战争狂人的？敦刻尔克之战中，德军为何在胜利指日可待之际放走大批英法盟军？苏联为何在对德作战的初期一溃千里？纳粹战犯戈林为何临刑前服毒自杀？蒙哥马利到底有几个替身？……一个个极富神秘色彩的二战谜团，为历史平添了几分强烈的诱惑力，聚焦世人的目光，吸引着人们去不断探索、力求发掘真相。

本书精选了二战史上影响最大、最有研究价值和最受关注的谜题，按不同侧重分为"扑朔迷离的战争内幕""少为人知的首脑秘闻""诡异离奇的军事人物""乱世名人的悬案秘闻""不可告人的惊天阴谋""风云变幻的谍海迷雾"等十二章。既有精彩纷呈的大战役，也有离奇的小事件；既有小间谍尔虞我诈的争斗，也有大人物的故事解读；既是客观的历史评述，却不对未解谜团妄下定论。或引经据典，或独辟蹊径，或提供佐证，或点明主题，使读者见微知著、去伪存真。

一个个扑朔迷离的二战谜题，一则则千奇百怪的战争奇闻，一桩桩真假难辨的政治内幕，引领你全方位感受这些令人匪夷所思的二战奥秘，零距离接触鲜为人知的历史真实，开启一段奇妙刺激的阅读之旅。

目录

第一章

扑朔迷离的战争内幕

世界大战的导火索——"希姆莱作战计划"

1939 年 8 月 31 日晚，在德国和波兰的边境上响起了枪声，数股为数不多的波兰士兵越过边境，袭击了德国的格莱维茨电台和其他一些地方……

1939 年 9 月 1 日晨，在纳粹德国的上空响彻了希特勒那声嘶力竭但又极富鼓动性的声音："昨天晚间，波兰的军队已经对我们的领土发起了进攻。为了制止这种疯狂的行为，我别无他策，此后只有以武力对付武力。我又穿上了这身对我来说最为神圣、最为宝贵的军服，在取得最后胜利以前，我决不脱下这身衣服，要不然就以身殉国。"当天，数十万德国军队对波兰展开了蓄谋已久的闪电攻击，一场导致了 5500 万人伤亡的世界大战就此打响了。

按照先期制定的"白色方案"，以反击波兰入侵为借口，德军航空兵配合装甲部队对波兰进行了闪电突击，9 月 16 日，波兰政府逃亡国外，被遗弃的守军和人民进行顽强的抵抗，但落后的波军根本没有进行现代化战争的力量和经验，波兰的失败已成定局。在此期间，与波兰签有条约的英法被迫对德宣战，这场德波边境冲突事件揭开了第二次世界大战的帷幕。

这场被称之为"第二次世界大战导火索"的德波边境冲突事件，其实是希特勒自己指使他的安全警察总监海德里希上演的一场闹剧，对于野心勃勃的希特勒来说，吞并波兰是计划中的事，早在 1939 年 4 月初，希特勒和他的最高统帅部就下令制定旨在灭亡波兰的代号为"白色方案"的对波兰作战计划，由于波兰是英法的签约盟国，希特勒需要为入侵波兰寻找一个借口，希特勒把这事交给了德国盖世太保头子希姆莱，要他在德波边境上制造一个事端，希姆莱又把这个任务交给了他的得意门生海德里希。

海德里希，外号"金发恶魔"，被希特勒称为"铁石心肠的男人"，他接到任务后，很快就制订出一了个栽赃稼祸的计划，海德里希给这个计划起了一个代号"希姆莱作战计划"。

为了完成这个计划，海德里希挑选了党卫队突击队队长缪勒，他是海德里希在基尔时代的朋友，海德里希交给他一项任务，要他虚构一件波兰人袭击格莱维茨电台的边境事件。他说，"外国报纸和德国宣传部门需要掌握波兰对外侵略的真凭实据"，作为导演的海德里希规定，"波兰分遣队"应占领电台，并且要把它"控制"到有一名说波兰语的德国人通过电台发出愤怒的号召时为止。海德里希说："在演说词中应当这么说，波兰和德国之间的分歧随时会发生，波兰人应当团结起来镇压每一个反抗他们的德国人。"

一切细节都考虑得有条不紊，"进攻"在规定的时间进行了。8月31日下午4时，在海德里希的亲自布置下，从纳粹集中营中拉来了十几名死囚，让他们全部穿上波兰的军服，并给他们配备了波军的武器，缪勒对那些将被杀害的判刑者保证说，由于他们为了祖国参加这次行动，因而应该受到赦免和释放。接下来，由一小队身着便装的党卫队，在一个叫约克斯的党卫队军官的率领下，将这一批"波兰军人"拉到波德边境的树林里杀死，只保留了一名死囚，身着波兰军服的党卫队押着这名幸存的死囚，冲进位于德波边境的格莱维茨电台，然后让翻译掏出早就准备好的讲话稿，对着麦克风用波兰语进行播音，就这样，无数正在收听广播的德国人听到了波兰人的声音和夹杂其间的枪声，念完后他们打死了那名死囚，胡乱开了几枪后离开了那里。这次事件的全过程只有4分钟，4分钟之后，约克斯就带着人马溜得无影无踪了，只是在电台门外，横七坚八地留下了几具血淋淋的穿着波军制服的尸体。

在同一时间里，在德国克罗伊堡北面的边界的德国霍赫林登海关，由党卫军伪装的"波兰军人"也从波兰境内向德国边境进行了进攻，第二天一早，德国的所有报纸、电台、广播都无一例外地发布了同一条新闻"波兰暴徒进犯德国"。德国国防军被迫转入进攻，以"回击"波兰的入侵，第二次世界大战的导火索就这样被党卫队的间谍们点燃了。

在知道这件事真相之前，6年已经过去了，在谈到缪勒挑选出来参加这次行动的那些人员时，党卫队突击队中队长比尔克尔说，除缪勒外，他们全部被"消灭"了。

杜鲁门为什么要对日本使用原子弹

曾经亲手在长崎投下原子弹的投弹手克米特·比汉上尉在临终前这样说道："但愿我是世界上最后一个投下原子弹的人！"

在这个世界上，虽然有几个大国都拥有原子弹，但是原子弹的使用一直充满争议。日本是唯一一个遭受过原子弹袭击的国家。这次袭击给日本造成了巨大的伤害，几万人葬身原子弹的威力中。直到现在，原子弹留给日本人甚至全人类的阴影依然存在。在遭受原子弹袭击后不久，日本宣布无条件投降，人类史上的浩劫——第二次世界大战也接近尾声。

美国为什么会对日本使用原子弹，他们有什么目的？

1945年6月18日，美国计划直接进攻日本南端的九州，放弃原有的进攻台湾计划。

1945年6月29日，杜鲁门总统批准了11月1日进攻九州的作战计划。根据这项作战计划，美军第6军11月在九州实施两栖登陆。次年3月，美军第8军、第3军对日本发起第二次进攻，此次计划的作战时间将会持续到1946年11月15日，也就是欧洲战争胜利一年半之后。对于这样一项庞大的计划，美国以及欧洲将要付出惨重的代价。

7月23日，经过各方的协调和最终决定，格罗夫斯将军在美国首都华盛顿开始起草投掷原子弹的指令。斯帕茨将军指挥的空军战略大队，将负责此次投弹。

对于此次用原子弹攻击日本，具体目标的选择也是几经波折。最后选定了广岛、小仓、新潟和长崎四个城市作为轰炸目标，而放弃了攻击京都。

这里面还有着很多鲜为人知的故事。首先是对四个城市的选择。广岛是日军南方司令部所在地，并集结了实力可观的防御部队。长崎是工业中心，有两个重要的兵工厂。

在这两个城市，日本都把兵工厂和部队配置于市区中心。这些城市是按照作为第一次袭击的先后顺序排列出来的。美国人确立这样一个名单，其依据是这些城市所发挥的军事作用的大小，同时考虑到投弹时的气候条件。

其次，为什么会将京都从轰炸目标中除去？这和中国著名建筑学家梁思成还有很大的关系。

起初在选择目标时，出于军事战略地位考虑，美国陆军航空队总司令阿诺德将军主张把日本的军事活动中心——京都也列入轰炸目标。但是，早在1944年，梁思成和他的学生向美国提交了一份建议书。建议书中指出，日本的古都和古寺是全人类的共同财富，他们应该作为保护对象将它们标示出来免于轰炸，建议美军在军用地图上将这些地点标出。美国人接受了梁思成的建议，最终使得京都这座古城免于灾难。战后，日本的《朝日新闻》曾以大字标题把梁思成等中国学者奉为"古都的恩人"。

7月24日，美国陆军部给斯帕茨将军下达指令："美国陆军战略空军司令官卡尔·斯帕茨将军：第20航空队混合大队应于1945年8月3日以后，在气候许可目击轰炸条件下，对下列目标之一投放第一颗特种炸弹：广岛、小仓、新潟和长崎。"

1945年8月6日，原子弹在日本的广岛和长崎爆炸。

原子弹最后迫使日本无条件投降，那么，在确定使用原子弹之前，各个大国对此是怎样考虑的呢？

首先是美国的考虑。使用原子弹可以减少上百万美国军队的伤亡，并减少大量的人力、财力投入。当时的美国总统杜鲁门一生都在为自己的行为辩解，珍珠港事件过后，日本严重激怒了美国，迫使美国不得不采取行动给日本一点颜色，根据当时的作战计划，至少需要一年半的时间才能让日本投降，而美国这样做的代价则是至少100万人的伤亡及大量人力物力。

使用原子弹是一个具有很高风险的选择，但是，原子弹的用途，用杜鲁门自己的话说："我认为原子弹是一种战争武器，从来没有人怀疑过可以使用它。"

当时，美国人认为，原子弹可以从三个方面威胁敌人。

一是作为技术上的武器，如在荒岛上投放，以威慑敌方，但这很难结束战争；二是军事上的武器，直接打击敌人。委员会得出的结论是："我们必须用原子弹袭击敌人。"至于什么时候在什么地方投放原子弹，那就是美国总统决定的事情了。

第二个方面则是出于美国本国利益考虑。当时的美国在原子弹的研究方面已经投入了大量的人力、财力。据了解，"曼哈顿工程"雇佣的人数曾经一度达到12.9万人，花费的资金更是上亿。当时"曼哈顿工程"的负责人都认为，是时候让这项工程的成果发挥作用，而不是徒然浪费了。这样才能够向美国人民有所交代。

第三个方面则是针对其他国家，美国想用原子弹制造一种心理效应，以核垄断地位攫取战后利益，制定战后格局。这种说法是历史学家阿纳托利·科什金提出的。所以其实原子弹并不是必要的军事手段，而是出于美国利益考虑。

英国又是怎样看待使用原子弹的呢？

对于英国，如果美国采取一年半的作战计划，英国势必也会有大量的损失，据保守估计，至少有50万人的伤亡，巨额的花费也会使英国不堪重负。丘吉尔曾在波茨坦会议上毫不犹豫地说："如果原子弹有助于结束战争，我主张运用它。"

起初，英国想要接受日本有条件的投降，因为用丘吉尔的话说："到目前为止，我们只打算用可怕的空中轰炸和大量军队的进攻来打击日本本土。我们所想到的是日本人的武士道精神，他们拼命抵抗，直到战死。不仅是对阵作战如此，而且在每一个洞穴里，每一条壕沟里都是这样。我心中有着冲绳岛的可怕情景，有好几千日本士兵不愿意投降，等他们的指挥官行完切腹礼后，站成一排，拉响手雷炸死。要一个一个地消灭日军的抵抗，一寸一寸土地征服那个国家，很可能要丧失100万美国人和50万英国人的生命。"

所以英国想要尽量避免战争带来的危害，提出接受有条件的投降，但是，经过珍珠港事件后，美国绝对不会同意，同时，只有坚持让日本无条件投降，战争才能继续，美国才有投放原子弹的理由。

对于杜鲁门为什么要对日本使用原子弹，原子弹的影响究竟有多大，至今，人们对于这些问题的认识仍然有争议。

最没面子的战争——人鸟之战

信天翁是一种大型海鸟，它们在岸上表现得十分驯顺，因此，许多信天翁又俗称"呆鸥"或"笨鸟"。信天翁的翅展约2米，强劲而有力，它们以毫不费力的飞翔而著称于世——它们能够跟随船只滑翔数小时而几乎不拍一下翅膀。过去，迷信的水手将信天翁视为是不幸葬身大海的同伴亡灵再现，因此深信杀死一只信天翁必会招来横祸。

信天翁的翅膀如同是极为高效的机翼，使它们能够迅速向前滑翔，而下沉的概率很低。这种对快速、长距离飞行的适应性令信天翁得以从它们在海岛上的繁殖基地起飞，翱翔于茫茫的汪洋大海上空。

第二次世界大战中，一群美国士兵侵犯了信天翁的"领土"，遭到了信天翁的迎头痛击，交战中，信天翁面对装备着现代化武器的美国海、陆、空三军毫无畏惧，它们前赴后继，英勇抗击，终于将美军赶出了它们的"家园"。这场举世无双的人鸟大战被载入美国的"太平洋战史档案"。

美国五角大楼在整编太平洋战史时对一战役加注评语：消灭"敌人"最多的是太平洋上的人鸟战役，歼灭信天翁百万以上；败得最没面子的也是这场人鸟之战，海、陆、空三军竟被信天翁击退。

1942年夏，美、日在太平洋的争夺战已进入白热化阶段。日本海军为扩大太平洋战果，不断调遣海上军事力量，志在一举拿下中途岛。

美军为打破日本海军夺占中途岛的企图，一面加紧补充太平洋舰队的实力，一面抢占中途岛附近的一些小岛，修建工事，准备给日本海军来个迎头痛击。美国海军部发现北纬30°附近的一个无名荒岛是个十分有利的战略要地，立即派出一艘战舰悄悄前往占领该岛。

当夜幕降临时，战舰就地抛锚。舰长决定先派一小分队连夜上岛侦探，参谋尤里斯一马当先摸黑搜索前进。突然，他发现不远处有一道灰白色的"围墙"挡住了去路，心里十分紧张：难道日本人已捷足先登？尤里斯示意小分队停止前进并随地卧倒，随时准备投入战斗。

10分钟过去了，岛上毫无动静，尤里斯觉得光这样待着不是办法，便将小分队编成两组，一组留在原地作掩护，自己亲率一组前去侦察。

当他们逼近时，才恍然大悟，原来这道"围墙"是一大群正在熟睡的巨型海鸟——信天翁。一场虚惊之后的美国士兵企图越过这道"鸟墙"，岂知"鸟墙"犹如一道弹性的钢铁长城，一只只硕大的信天翁相互依偎，环岛抱成一圈，形成一道无与伦比的"护岛工事"。

美国大兵的行动惊醒了鸟儿，岛上数以万计的信天翁腾空而起，这些海鸟在鸟王的率领下，排着阵势狂叫着，一齐向岸边挤来，把登陆的侦察兵一个个挤下海去。夜战失败，侦察小组于次日白天再次冲向小岛，可是尚未靠岸，满天的信天翁从空中俯冲下来，对这些不速之客一阵疯狂的俯冲，用尖嘴啄，用利爪抓、用翅膀打，弄得这些陆战队员手足无措，狼狈不堪，只好又乖乖地退回去。

美国海军部接到报告后，认为情况非常严重，他们必须尽快赶走这些信天翁，抢修岛上的工事，才能有效地抗击日本海军。因此，海军部立即抽调附近海域的其他军舰增援，并从中途岛调出几架飞机助战，同时又派登陆舰向岛上运送坦克和推土机等。于是一场"人鸟之战"又开始了。

美军首先派出飞机对小岛进行轰炸，无数信天翁死于爆炸声中，紧接着大批部队和战车迅速登岸，但由于鸟尸成山，推土机都难以开进。正在这时，他们突然发现天空中有朵朵乌云从四面八方向小岛飘来，直到临近了才看清楚是战败的信天翁搬来的救兵。

美军的轰炸激怒了附近几个岛上的信天翁，它们一批又一批地飞到岛上来与美军搏斗，搞得美军毫无办法，被迫使用毒气来对付鸟群，一场毒气战之后，岛上鸟尸遍野，美军的推土机分队，在高射机枪掩护下开始推走鸟尸。

美军费了九牛二虎的力量在岛上修了一条简易的飞机跑道和公路，但是天一亮就被信天翁占领，信天翁这个顽敌仍然会时不时地落满整个跑道，甚至会舍身撞坏螺旋桨或发动机使飞机坠毁，尽管美军采取了各种措施，信天翁却誓死保卫家园。在震惊全球的第二次世界大战结束后，岛上的枪声仍然不断，演出了一场人与鸟的"持久战"，美军总部迫于无奈，只好命令放弃占领该岛。

战后，一个参加了这场"人鸟大战"的士兵面对大海发自内心地忏悔："巨型海鸟信天翁是上苍派来的神鸟，它们神圣不可侵犯，谁要是冒犯了它，就会遭到上苍的严厉惩罚。"

这场罕见的人鸟之战，曾引起了世界上很多科学家的关注，进行了长时间的研究，信天翁为什么会这样誓死保卫自己的家园和援助自己的同类呢？是谁在领导和指挥它们进行这场持久的战争？它们为什么会视死如归地面对强敌毫不畏惧？诸如此类的许多问题，仍未能找到令人信服的答案，成了困惑人们的难解之谜！

英国情报机构的"滑铁卢"——"北极行动"

1945年10月，第二次世界大战刚刚结束，荷兰一家报纸公开披露：从1942年3月至1944年4月，英国情报部门故意使数十名荷兰间谍牺牲于德国人精心设计的"北极行动"中，以迷惑希特勒和他的高级将领，使他们相信盟军会在荷兰登陆。

消息一出，荷兰国群情激愤，荷兰议会更是向英国政府提出公开指责和进行事件调查的要求。几十年来，"北极行动"之谜一直让英荷两国纠缠不清，成为第二次世界大战中一个难解的谜团。

第二次世界大战期间，同盟国与轴心国之间的反间谍战空前激烈，交战双方都绞尽脑汁诱使敌方间谍反戈，德国反间谍机关精心策划的"北极行动"可以说是一个范例。

1941 年秋天，德国驻荷兰反间谍机构负责人吉斯克斯少校来到德国军事占领区荷兰指挥反间谍活动，过了不久，吉斯克斯就捕获了英国的一个秘密电台，并俘虏了电台的报务员劳威尔斯，在劳威尔斯的住处，德国反间谍人员还发现了电台和将要传送给英国总部的三条密码情报。

经审讯得知，劳威尔斯是英国特别行动局在荷兰招募的一名志愿者，英国特别行动局从 1940 年就开始在国外以及德占区逃离的人中招募志愿者，吉斯克斯决定充分利用这个难得的机会，开始大胆酝酿一个与英国人周旋的计划，即著名的"北极行动"。

劳威尔斯被关入斯海弗宁恩市的阿尔克马德兰监狱，经过 6 天的审讯，他答应与吉斯克斯少校合作，按德国人的要求，劳威尔斯在规定的发报时间内向伦敦发回了三份电报，但是吉斯克斯不知道，劳威尔斯的合作是三心二意的，在每份电报中，劳威尔斯都省去了预定的安全检查信号。

按约定，劳威尔斯在发电时每隔 16 个字母就应该拼错一个字母，如果没有这种身份检查，就证明劳威尔斯已经出了问题，电报应视为敌人的欺骗。

第二天，伦敦发来了回电指示：准备在荷兰大量空投物资，以备搞破坏活动之用，同时有一名特工降落，希望劳威尔斯安排好空投场地。吉斯克斯少校笑开了颜，而劳威尔斯却傻了眼。

两天后，在已被德军俘获的秘密电台的"指示"下，英国方面向荷兰空投了一部分作战物资，当吉斯克斯命令德军士兵打开箱子时，发现里面全是满满的军用物资和钞票。

3 月 10 日，一封从英国发来的电报到了劳威尔斯的手中："12 日空投彼得·道伦入荷，空投活动代号：保罗。望你部做好迎接准备。"

12 日晚，当道伦按照计划准确地降落到预定区域时，他吃惊地发现迎接自己的不是荷兰游击队员，而是全副武装的德军。

安全信号已经发出，难道伦敦没有意识到自己出了问题？劳威尔斯有些疑惑。但转念一想：不可能，三份电报，每份电报都省去了安全信号，如果伦敦疏忽了，那也不可能三份电报都疏忽了。那么，到底为什么伦敦还相信自己的电报，并且还要向荷兰投人投物呢？只有一种解释：伦敦已经知道他的被捕，但出于某种目的，它准备把这种联系保持下去。

于是，劳威尔斯也放心了。他心安理得地发出了以后的电报。此后，伦敦方面又接二连三地空投了特工人员、武器弹药、食品、经费等到荷兰，而这些物资都被德军"照单全收"。

吉斯克斯少校从俘虏的间谍那里学到电文编码和传送规则，他以荷兰抵抗者的身份和伦敦建立了一条新的联络通道。

从此，他更加肆无忌惮地与英国特别行动局玩电文游戏。有一次，伦敦命令荷兰特工破坏德军的一个雷达站，吉斯克斯便把自己的人化装成荷兰抵抗战士，对这个设施实行了一次流产的进攻行动，然后向伦敦发报说已经尽力，但没有成功。为了进一步向英国特别行动局证明，还特意引爆了一艘载满金属碎片的驳船。

劳威尔斯继续向伦敦发报，每次他都省去了安全信号，他希望伦敦已经发现了他的被捕，但他发现，事实恐怕不是如此，越来越多的空投物资落入吉斯克斯手中，越来越多的间谍成了吉斯克斯的俘虏。劳威尔斯意识到，伦敦可能真的把他的安全信号忘记了，他决定另找途径向伦敦告警。

在一次发报时，他通过精心计算，选择了一组虚码，在电文中夹入了被捕的信息，他以为如此清楚的告警，伦敦不可能不发现，但是他又失望了。伦敦方面对发生在荷兰的这一切竟然毫无察觉，劳威尔斯在给伦敦的发报中出现过几次"不正常"的行动，但始终没有引起伦敦方面的警觉，反而引起了德国人的注意。德国人立即通过其他渠道向伦敦"请示"，由另一名"后备"发报员取代劳威尔斯。这一"请示"居然顺利地得到伦敦方面的批准。

吉斯克斯的事业越搞越大，到1943年中，落入德军控制的英国秘密电台已有5部之多，德国人通过它们向英国传送假情报，甚至虚构出一支1500人的游击队，骗取了大量军用物资。

1944 年 2 月，两名特别行动局间谍皮埃特·多雷恩和约翰·尤宾客从荷兰返回伦敦，根据他们的汇报，一到达荷兰，就被敌人抓获，他们凭借着在特别行动局接受的训练，设法逃离虎口，在一个牧师的帮助下，两人安全地抵达西班牙。但是伦敦特别行动局的官员却认为他们是在说谎，因为他们从吉斯克斯少校编造的假电报中得知，这两个间谍已经为盖世太保工作，后来这两个人被英国人送到了布里克斯顿监狱。但此事多少也引起了英国的情报部门对"荷兰地下抵抗组织"的真实性产生了怀疑，此后便不再将重要的消息传给荷兰地下组织，也停止了对荷兰的空投支援，此时距盟军登陆诺曼底只剩下不到 3 个月的时间。

在整个"北极行动"中，德国人共收到英国人的 95 次空投物资，计有1.3 万千克炸药、2000 枚手雷、3000 支步枪、5000 支手枪、50 万发子弹、75 部电台和足够开一个小银行的 50 万荷兰盾。空投到荷兰的 52 名特工中有 47 人被杀，整个荷兰地下组织有 1200 人因此而丧生。

吉斯克斯少校开始注意到英国特别行动局的电文越来越"褪色和乏味"，由此推断出英国人开始警觉起来了，但他依然希望能通过"北极行动"了解盟军登陆计划，但他的如意算盘没有实现，终于在 1944 年 4 月的愚人节那天，他向伦敦发了最后一份电报，以结束"北极行动"。

电文对英国秘密情报局和特种作战局的无能极尽奚落之能事："伦敦，宾厄姆、勃朗特诸公：我们理解你们力图在无须我们帮助的情况下在荷兰干一番事业，我们对此深表遗憾，因为我们在这个国家充当你们的唯一代表达如此之久，并彼此感到满意。然而，我们可以向你们保证，如果你们想要来大陆访问我们，不论其规模多大，我们都将一如既往，给予你们的特使们以同样的关切和热情的欢迎。"

战后，人们对"北极行动"提出了种种疑问：秘密情报局和特种作战局是不是在了解敌人控制了情报网的情况下仍然向德国人空投了大量间谍和物资，以对德国人进行战略欺骗？劳威尔斯确实在不断地发出自己已经被捕的暗号，但以工作效率高而闻名的英国情报部门却对他的暗号熟视无睹，不能不让人产生怀疑。

除此之外，皮埃特·多雷恩和约翰·尤宾客逃回去指出问题后，伦敦方面仍然坚信是德国人使用的反间计，英国人的这些举动甚至令德国人都产生了怀疑，吉斯克斯少校在一份报告中写道："也许'北极行动'的大泡沫已被刺穿，而我们还被蒙在鼓里，我们无法摆脱这样的想法，以至于自己都不相信自己了。"他在战后回忆那段历史的时候，坚信英国人是在施苦肉计，意图蒙蔽德军，掩护诺曼底登陆。随着时间的推移，曾经轰动一时，被称为英国情报机构"滑铁卢"的"北极行动"，真正成了一个不解之谜。

英国皇家空军为什么会夜袭纽伦堡

二战期间，在夜袭纽伦堡的战役中，英国皇家空军遭受了前所未有的大灾难。178架飞机被击毁，而飞行员的伤亡人数，超过了整个英国空战时期的伤亡总数。

1944年3月30日晚10时，英国皇家空军为了偷袭纽伦堡派出了90架飞行机，898架轰炸机，与此同时，还特地部署了佯攻机，以迷惑德军。但是，令英国万万没有想到的是，当主力轰炸机进入比利时上空时，却连续遭到大批德国战斗机的伏击，顿时火光冲天，碎片乱飞，血火交融，损失极其惨重。

英国轰炸机群依然按照计划飞达纽伦堡，不过又遇上了阻碍：纽伦堡的上空云层厚达2千米阻挡了飞行员的视线，他们无法瞄准投弹。虽然英国轰炸机投下了炸弹，但纽伦堡几乎没有受到任何损失，德国只有5架战斗机被击毁，军民伤亡数总共129人，遭难的反而是英国机群，德国赢得了很大的战果。皇家空军第460中队霍尔德上尉不得不感叹说："这是一次绝妙的空中伏击……我们就像坐以待毙的鸭子。"

事实表明，英国之所以遭到如此劫难，是因为德军战前就获悉了英军全部的行动计划。

3月30日下午，德军帝国防空总司令部施通普夫将军得知英军将要夜袭纽伦堡的计划。他下令把驻扎在德国西北部和北欧的第1、第2战斗机师调来，把4个纳粹战斗机师也调来准备抵抗英军。

此外，德军还掌握了英国机群采用的信号频率，因此，德军避开英国的干扰电波后，能自如地用电讯指挥战斗机跟踪和攻击目标，英国战斗机上的雷达系统却受到极大干扰，致使英军无法成功轰击目标。

但是德军是如何获悉英国空军夜袭纽伦堡的全盘计划的呢？

有一种观点认为英军为了执行"胡格诺计划"，故意将夜袭机密泄露。"胡格诺计划"，指的是英美为了减少德国空军将来在盟军诺曼底登陆战中的威胁，希望通过夜袭来损失德国空军的一些力量。如果事实真是如此，那么英国机群也应当把这次夜袭当作一次真正战役来对待。

英军面对的是众多的机群，但没有派出足够数量的轰炸机；同时德国完全掌握英国的频率，使自己陷入危险的境地。这次行动很不像一次有计划、有目的的损耗德军空中力量的行动。

还有一种观点认为，英国机群在加油前，要调试无线电通讯和雷达设备，在这个过程中就会产生电波讯号。

德军信号情报部门一旦测知电波讯号，就可以通过讯号的密集程度推算出英军空袭规模，同时做好伏击准备。然而这种推测显然证据不足，因为德国为什么能掌握英军空袭的路线及将使用的信号频率？况且德国军队并不一定能知道英军空袭的会是纽伦堡。

另外一种观点认为，这次行动是丘吉尔为了配合完成整个诺曼底作战计划而实行的。英国通过间谍将详细的空袭计划告知德国，用皇家空军的重大损失，换取德国情报部门对间谍的高度信任。要是获得德国的信任，那么德方也会相信间谍能在诺曼底登陆前所提供假情报。这样就可以打乱德军部署，以确保以后作战的完全胜利。

就算真相真是如此，但是英军对纽伦堡的空袭，选在了一个浓云密布的夜晚，这种气候状况对英国轰炸机的编队与隐蔽是完全不利的。而且英国机群的飞行路线是暴露自己的，这一切为德国方面提供了最有利的条件。所以，这种推测仍然无法站住脚。

时间飞逝，"夜袭纽伦堡"的悲剧已经载入史册，虽然史学界有如此众多的猜测，但依然无法说明其中的究竟。

更为可惜的是，当时的当事人丘吉尔和指挥作战的哈里斯都没能站出来讲明原因，"夜袭纽伦堡"事件依然迷雾重重。

诺曼底登陆背后到底有何鲜为人知的故事

1944 年 6 月 6 日，人类历史上规模最大的登陆战爆发：破晓时分，盟军近 7000 艘舰船横渡英吉利海峡，轰炸机开始向德军海防阵地发起猛攻。诺曼底登陆战役的序幕被拉开，二战反法西斯第二战场由此正式开辟。而今，世人仍不时追思那场伟大的战役，缅怀那长眠于奥马哈海滩下的 6000 多名无名英雄。

战争胜利了，此后，盟军以摧枯拉朽之势给予法西斯重创，加速了纳粹王朝的毁灭。回望历史，人们意识到胜利是必然的，这场被称为"霸王行动"的登陆战背后有太多不为人知的故事。

诺曼底登陆战中双方最高统帅，美国的艾森豪威尔和德国的隆美尔，他们在登陆打响时大为不同的态度和表现是影响这场战争结局的直接因素。

在诺曼底登陆战发生之前，艾森豪威尔原将登陆日期定在 6 月 5 日，后来听说这一天将降暴雨之后，艾森豪威尔便在 6 月 4 日黎明部署，登陆日期至少推迟一天。当天在他吃晚饭的时候，他又收到了新的天气预报：暴雨将在黎明前停止。阴天对于进攻虽略有不便，但他认为，轰炸机和战斗机仍可以作战。这的确是一个令人振奋的消息。在经过与参谋长、地面部队司令与空军司令进行短暂而激烈的讨论后，艾森豪威尔沉思片刻，终于下定当晚登陆的决心。命令一出，餐厅中的各级指挥员纷纷在 30 秒内就位。

而此时的隆美尔却动身前往黑尔林根——他的妻子生日就在 6 号。隆美尔确信盟军不会在雨夜冒险登陆。经过一天的颠簸，他终于在傍晚之前赶到黑尔林根。当艾森豪威尔下令准备登陆时，隆美尔正同他的妻子在一起。过分的自信使隆美尔这只"沙漠之狐"丧失了应有的警惕。

此外，若从1941年12月华盛顿会议算起，策划这场战役就已花去盟军3年多的时间。其间，盟军集结了陆海空三军近300万人，各种型号的飞机1万余架，舰艇、船舶等超过6000艘，这是有史以来规模最大、数量最多的一次部署。为了保证登陆成功，盟军还铺设了一条卧海输油管提供能源补给，在距离海岸一段距离的两个据点建立人造港和防波堤，甚至请专家对登陆当天的潮汐进行评估。就这样，盟军的海军部队共计30个师的实力大为增强，可以保证至少10个师在登陆日当天上岸。而德军统帅部对此的防御措施是，强迫50万外籍劳工修建所谓的"大西洋壁垒"，1.8米厚的混凝土碉堡林立。

为了迷惑敌人，盟军还故意做出要在英吉利海峡最狭窄部分进攻的假象，使敌人探不清主攻方向。盟军还利用两面间谍和中立国家的电台提供和散布大量假情报，并让皇家空军四处散发锡箔片。这些随风飘扬的"金属干扰带"造成一支舰队向东驶去的假象，伴随着大量的假情报，德军果然上当受骗。

但是，这仍是一次十足的军事冒险行动。英吉利海长达100海里，海上情况变幻莫测。横渡海峡后，成功登陆还要依靠一些自然条件，比如潮汐。好在当时的盟军还拥有许多有利条件：当时的纳粹潜水部队已经基本肃清，盟国空军成功取得制空权；法国的反法西斯阵营也对基本设施进行了破坏，法国北部成为"无铁路区"。

据说，当初下达进攻命令的艾森豪威尔仍无百分之百的获胜把握，因此他还准备了一份发言稿："我们的登陆已经失败，我已将部队撤回。我在此时此地作出发动进攻的决定，是根据国家能够得到的最可靠的情报做出的。我们的军队非常勇敢和尽职。要说有什么责任和缺点的话，全是我一个人的。"好在这份发言稿最终没有派上用场——因为一旦如此，就意味着第二次世界大战的历史将会改写。

6月5日夜，联合舰队在艾森豪威尔一声令下起锚登程。轰轰烈烈的诺曼底登陆战开始了。

6日破晓，隆美尔引以为豪的纳粹军团在一片密集的枪炮声中惊恐醒来：一边是盟军轰炸机，他们已经在德军海防一线狂轰滥炸了一会儿了；另一边，英美的3个空降师部队竟悄无声息地降落在了德军防线后方。此时的纳粹军团一改往日的杀气腾腾、不可一世，连抵御都来不及，何谓反击？纳粹们惊呆了，他们没想到坦克居然能直接从对岸直直开过来，没想到这密不透风的炮火竟然是登陆艇的绝杀武器，更没想到装甲车能够一边扫雷，一边进行近距离射击，一举端了德军的路上阵地。

德军只能眼睁睁看着盟军上岸却无力阻击。原来，德军的大炮是针对满潮时登陆的军队设计的，盟军在半潮时就上了岸，一时间德军的炮口竟因打造时修得太厚而无法旋转。

诺曼底战役持续了两个多月，最终，盟军成功抢滩，建立了滩头堡。盟军以巨大代价击溃了德国部署在法国的军事力量，并在8月25日解放巴黎，宣告结束诺曼底战役。

事隔半个多世纪，对待这场战役，世人仍有不同的看法。在历史与军事学界，学者们都对诺曼底登陆战给了充分肯定，认为此次战役是彻底扳倒纳粹的关键一战，大大加速了纳粹帝国的灭亡。

当然，也有人认为，所谓的"登陆日"计划根本没有实施的必要。当时法国与德国的反纳粹地下组织也反对希特勒，向盟军提供了大量可靠情报，甚至包括德军作战命令以及德军的反盟军登陆的作战计划。

但是，他们反对诺曼底登陆作战，希望争取和平解放。然而，很遗憾，历史没有假设，盟军按命令出击了。

战争胜利了，当年那些不畏牺牲的登陆勇士们可谓传奇。然而，直到如今，仍无人能够说清，这峥嵘历史的背后，究竟是一场怎样的阴谋之争。

佛朗哥为何没有参加二战

唐·佛朗西斯科·佛朗哥·巴蒙德是西班牙法西斯统治时间最长的独裁者，这位独裁者不参加第二次世界大战的行为为他的一生蒙上了传奇的色彩。

　　佛朗哥出身于军人世家，其父亲是海军军官，兄弟莱蒙是西班牙空军中的名将。佛朗哥毕业于托莱多一所著名的陆军学校；后被派到摩洛哥任职。1912 年，32 岁的佛朗哥已经成为将军，成为欧洲当时最年轻的中将；以后，佛朗哥率军镇压了 1924 年里夫部族的民族大起义；1926 年，佛朗哥在法国军事学院学习；1935 年，担任右翼政府的陆军参谋长。

　　之后，佛朗哥代替了发动西班牙共和国叛乱的圣胡尔霍将军，成为国家元首和叛军最高统帅，展开了对西班牙的独裁统治。

　　虽然已经全面掌控西班牙，但是佛朗哥始终没有参加第二次世界大战，成为法西斯国家中唯一没有参加第二次世界大战的国家。在战争开始没有多久，就宣布西班牙"中立"，还对外宣称，他所统治的西班牙是一块快乐的绿洲。

　　作为欧洲三大法西斯国家之一，与德国、意大利有着非常密切关系的西班牙为什么要保持"中立"，佛朗哥为什么没有参加第二次世界大战？他真的是为了维护西班牙的安全，还是认为战争根本无法取得胜利，还是另有图谋？人们对此持有不同的观点。

　　有人指出，佛朗哥唯一反对的国家是苏联，因为苏联支持西班牙国内左翼力量，这对佛朗哥的统治极为不利。佛朗哥一直强调，西班牙坚决不会更改抵制苏联的立场，所以不需要像轴心国一样，大规模地和其他国家发生战争。但是也有人在探查了佛朗哥与各国的交往后提出，佛朗哥不可能因为只反对苏联而不愿意参加战争的观点。

　　另外有人说，佛朗哥不参战的原因是想和同盟国建立良好的关系。西班牙的战略地位很重要，尤其直布罗陀海峡。直布罗陀海峡沟通了大西洋与地中海，关系着欧洲国家的军事后勤运输，同盟国非常不想让法西斯控制这条海峡。佛朗哥因而从同盟国获得了巨大的利益。1940 年 3 月，英国同意向西班牙提供 200 万英镑的贷款；1941 年初，美国以红十字会的名义援助西班牙价值 150 万美元的食品和药物，之后，国会允许美国商人向西班牙输出更多的石油。

不过这种说法遭到了许多人的强烈反对。因为有资料显示，德国和意大利给予佛朗哥的利益更大：德国可以保证让西班牙得到直布罗陀海峡，还可以共享战争利益；意大利也曾经做出承诺，愿意将西班牙所欠下的70亿里拉债款减少到50亿里拉。所以，佛朗哥不参战的原因不应该是想和同盟国建立良好的关系，从而获得利益，轴心国给出的利益难道不是更大吗？

此外，有人认为佛朗哥不参加大战和西班牙当时国内状况密切相关。西班牙经过一场内战已经元气大伤。国民经济日益衰落下滑，工业停滞不前，食品、资金严重匮乏，导致社会矛盾日益激化；政党之间的斗争仍在持续，共和派、君主派右翼集团和左翼集团仍然有威胁佛朗哥统治的力量，而佛朗哥自己所统领的政党内部冲突也时有发生……总之，佛朗哥的统治极不稳定。此种观点似乎很有道理，但是却经不住现实的推敲。因为如果佛朗哥参战了，以上的危机都可以通过战争来化解，而日本不正是一个很好的例子吗？

其实，佛朗哥最终没有参加战争的事实不得不令人猜测其他纳粹国家首领的想法。德国和意大利都在战场上大肆攻击，而西班牙却稳稳当当，难道其他国家的首领尤其是希特勒能够坐视不理吗？

而且，西班牙的战略地位如此重要，因为德国当时攻占地中海的最好路线便是穿越西班牙，但佛朗哥曾表示将抵抗任何入侵西班牙的国家；在西班牙出兵占领北非的吉尔后，提出了参加战斗的要求，德国满足了西班牙的部分要求，双方还准备一起攻占直布罗陀海峡，可是佛朗哥仍然拒不参战；然而令人百思不得其解的是，德国容忍了西班牙所有的行为，没有对西班牙采取任何军事行动。

佛朗哥在他82岁那年结束了生命，种种谜团随着他的逝世而更加难以破解。

克里普斯在二战期间为何突然访印

二战中，世界反法西斯战争正在如火如荼地进行，作为反法西斯主力的英国却在集中精力对付轴心国的同时，悄悄派遣政府要员克里普斯突然访印，他们用意何在？

战争中总是会有一些匪夷所思的事情发生，比如二战期间英国政要克里普斯突然访印的事件就疑云重重。要知道，当时世界人民的反法西斯战争正在如火如荼地进行，英国作为反法西斯的主力国，需要集中精力和轴心国决战。而在此战争的关键时刻，英国的下院领袖、掌玺大臣克里普斯却在1942 年春，带着解决印度问题的《宣言草案》（亦称《克里普斯方案》），风尘仆仆地飞往印度首都新德里访问。在大战关键时刻，英国当权人物为何要采取这一行动？

多年以来，历史学家对这一问题进行了深入细致的研究，大致形成了这样四种观点：

一、丘吉尔决定说

鉴于丘吉尔在二战中应对纳粹德国的果敢表现，有人提出克里普斯访印一行是丘吉尔本人作出的决定，这是出于对当时战局的考虑。日本于 1941 年 12 月 7 日偷袭珍珠港，太平洋战争爆发，为了实现"大东亚共荣圈"的迷梦，日本加速了侵略步伐。

1942 年春，日本先后占领了新加坡、仰光，并且威胁到南亚次大陆的安全。印度的东大门——孟加拉和马加拉斯也随时有沦陷的可能。素以维护大英帝国利益而著称的丘吉尔首相，为了维护自己的殖民地印度免受日军蹂躏，当机立断，派遣克里普斯访印，以此来加强英国的地位。

二、罗斯福干预说

一些美国学者则认为是美国总统罗斯福的影响和干预促成了这一行动的实施。因为太平洋战争爆发后，英美两国同日本对南亚次大陆的争夺更加激烈了。当时，中美两国政府首脑考虑到盟国的共同利益以及印度所处战略地位，曾多次要求丘吉尔早日解决印度问题，以争取印度人民尽快投入反法西斯战争。

三、工党压力说

一些历史学家从英国政局内部来分析，认为克里普斯访印一行是迫于英国国内工党的压力。

众所周知，战时英国联合内阁中，在对印度政策问题上存在意见分歧，工党内出现一股势头，要求丘吉尔改变以往的政策，放弃僵硬政策，缓和矛盾，争取让印度也加入到战争中来，特别是克里普斯，力主改善英印紧张关系。丘吉尔害怕内阁分裂，在工党的压力下，被迫作出上述决定。

四、印度呼吁说

也有人认为，当时战火日益逼近印度，印度人民的独立呼声日益升温，强烈要求脱离英国的殖民统治。

第二次世界大战爆发后第 3 天，即 1939 年 9 月 3 日，林利思戈总督没经各党派的同意，就擅自宣布印度参战。全印度人民奋起抗议他的这一决定，反英反战情绪高涨，印度自由派一些人士萨普鲁等人也联名上书，直接呼吁丘吉尔本人要求英国采取实际行动，以缓和日趋尖锐的英印矛盾。

为打破政治僵局，巩固统治，英国于 1942 年 3 月派遣克里普斯访印，提出宣言草案，但没有满足国大党在战时建立国民政府和印度人掌管国防的要求。

对于克里普斯在二战期间突然访印的真正原因，历史学家还在不断进行研究，希望有朝一日它的谜底能最终浮出水面。然而，和历史上其他神秘莫测的大事件相比，它只能算是一个小谜团，只是在历史的长河中投下了一颗小石子，泛了泛水花，便悄无声息了。

不明飞行物"观战"之谜

说及第二次世界大战，有太多太多的人物和战事被大家所熟知。人们无法忘记几千万人的死亡，无法忘记成千上万座城市的毁灭，无法忘记战场的硝烟弥漫。但也有一些事情人们至今还津津乐道，免不了茶余饭后讨论一番。

那就是 UFO。提到 UFO，人们总是抱着怀疑和好奇的心态。当 UFO 出现的时候，总是笼罩着神奇、神秘的色彩，发生一些诡异的事件，供人们去探求真相。尤其是当不明飞行物出现在战场中，更是让人浮想联翩。

民间也流传着种种传说：最早是德国发现了 UFO，然后是苏联人和美国人打败了德国，秘密夺走了德国的 UFO 资料。接下来，几大国家都有了 UFO 坠落的传闻。再往后，几个国家的科技突飞猛进……

当然，这些都是传说。事情到底是不是真的，官方没有给出任何回应。然而，事实是，二战期间各个大国都付出了大量人力和财力去调查有关不明飞行物的事件。那么，到底又发生了什么事情，让这些大国的领导阶级变得坐立不安？到底出现了哪些 UFO，让二战的空中战场上笼罩了神秘莫测的色彩？

下面，让我们来看几个发生在战场上的故事。

1942 年 2 月 26 日的晚上，荷兰的一艘叫作"号角号"的巡洋舰，正在海上进行着本职工作。船员们认真地搜寻着附近的海域，确保着本国的安全。然而就在巡逻的过程中，恐怖的事情发生了。一个辨认不出具体样子的飞行物跟踪上了"号角号""它长得就像铝制的圆盘"船员们事后回忆道。它就像监视着"号角号"一样，紧紧跟随在船的上空。巡洋舰的船员们在惊诧了片刻之后，立刻意识到了危险的存在，将所有的大炮对准了不明飞行物。然而它似乎并不害怕也没有要躲闪的意思。舰长发现了它似乎没有要攻击的意思，于是下令撤销了大炮的攻击准备，继续前行。飞行物还是紧紧地跟着"号角号"，并不超过也不落后，就这样持续了大概 3 个小时的跟踪！最后，不明飞行物突然开始加速上升，并迅速地消失在夜空之中。据船员们的推测，当时它飞走的速度至少有 6000 千米每小时。

就在荷兰人发现 UFO 的半个月之后，德国的第 5 航空大队也同样遇到了不明飞行物的光临。1942 年 3 月 14 日，警报声突然在"巴纳克"秘密军事基地响起，天空赫然发现了奇怪的不明飞行物。德国飞行员费舍尔立刻驾驶着飞机按照指定地点追赶上去，并且成功地拦截了它。当费舍尔看到了这架不怀好意的来者，他完全呆住了：这是一架 10 米长的小型飞机，没有机翼！根据他的回忆，UFO尽管没有机翼，却能非常平稳地停留在半空中，"我看到了它的前端有天线一样的装置"。之后，更加让他瞠目结舌的事情发生了，这个纯金属的UFO以像光一样的速度上升，然后瞬间消失在了宇宙里。那种速度，估计是人类无法企及的。

这究竟是外星人乘着他们的飞船来调查地球的战争，还是第三世界的军事集团自己制造的高科技武器？没有人知道真的答案。也许有一天，人们会迎来外星朋友的光临，到时候一切疑问都会迎刃而解了。

二战失踪美机在火星上吗

火星是太阳系由内往外数的第4颗行星，基本上是沙漠遍野，地表沙丘、砾石遍布。然而，当你有一天在观察火星时，竟然发现有第二次世界大战时期的美国轰炸机，而且正在规律地飞行，会不会觉得这是大卫·科波菲尔的魔术表演？会不会怀疑自己正身处于魔术师的舞台？然而这其中有一个不可思议的故事。

1945年12月5日，二次世界大战战火初熄。在美国佛罗里达州的芬德代尔堡基地，有5架还带着火药味的美国航空格鲁门轰炸机前往大西洋进行海上巡弋。当他们进入百慕大三角地带时，几架飞机却突然消失得无影无踪，美军甚至连一丝的求救信号都没有收到，就跟他们失去了联络。基地赶紧派遣马丁水手式（PBM）巨型水上飞机前往该海域搜寻救援，但让人吃惊的是这艘PBM也没有再飞回来……

美军尝试了任何可能的方式去搜索失踪飞机的信号，却一无所获。两个小时之后的19时零4分，神奇的事情发生了，几架失踪的飞机不知从哪发来了微弱的无线电呼救信号"ＦＴ……ＦＴ……ＦＴ……"芬德代尔堡空军基地顿时沸腾了，但又瞬间冷却下来。他们清楚地知道，这几架飞机的燃料按道理讲早已耗光，求救信号又太过微弱，无法辨别具体位置。

基地最终放弃了对他们的搜救工作。"遇难"的5架飞机连同飞行人员，无论是名字还是资料记载都被军方从军籍名册中删去了。事件已过去数十年，岁月流逝，物换星移，军中人员换了一批又一批，人们已经不再记得它们……

有谁会预料到，50年后，有人发现这些失踪的轰炸机竟出现在遥远的火星。

1995年，美国的天文学家克芬德·路丁博士声称他无意间在观察火星时，竟意外地看到有4架带有美国军徽标志的第二次世界大战时期的轰炸机。更让他惊讶的是，这些飞机不但不是静止地存在于火星表面，而是正在以非常规律的编队方式运转飞行着，飞行速度达时速4万千米，就像是有飞行员在里面驾驶一样精准。这个消息一经公布，顿时议论声四起，哗然一片，有人说他凭空编造事实，有人说他在帮美方制造迷雾，甚至有人说他是个疯子。但令人不解的是美国官方拒绝对此次发现作出任何评论。

这究竟是美国军方的一场骗局，还是真的存在什么神奇的力量，将这5架轰炸机中的4架搬运到了火星？

这位美国天文学家则似乎早就料到会有反对，批评甚至咒骂的声音出现，这一切也似乎在情理之中。毕竟让人们相信这种事情，无异于告诉大家"瞬间移动"，甚至外星人真的存在。但这些负面评论丝毫没有阻碍他对于该发现的热情，他始终坚持自己看到了那几架曾经在第二次世界大战时失踪的美国轰炸机在火星飞行。他现在关心的唯一问题是，他不知道这些大铁疙瘩是怎样从地球进入火星的，他们在火星上为何会被人操作般地飞行着。

不管这次发现是真是假，它还是让人们联想到了之前苏联卫星的月球探测。早在1987年3月，苏联通过卫星传真在月球的背面拍摄到过一架美国轰炸机停在陨石边，而当苏联卫星1988年7月22日再次前往该地搜寻扫描时，那架美军飞机却不见踪影。这是不是意味着，它并不是停泊在表面，而是在无规律地运动着……

一次接一次的不可思议的外太空发现，让人们不约而同地想到，这是不是外星人的行动之一。

美国航天航空物理学家莱特博士带领着一些科学家经过讨论，认为最大的可能性是：存在着这样一艘 UFO 母舰，它经常停留在百慕大三角区几百千米上空，来监视海上发生的一切。当地球人完成一次重大的飞行活动，里面包含了他们认为有获取价值的信息，UFO 就向下投放一个子飞碟，从地球上取走飞行活动的样品。那些莫名其妙失踪的飞机船舰很可能就是在进入魔鬼三角区的时候被 UFO 掳走，而没有留下一丝痕迹的。

这样的解释，好多科幻小说家会觉得热血沸腾。但究竟这些失踪的飞机，是怎么被"乾坤大挪移"到了外太空，又或者这些根本就是美方的战争迷雾？

然而这一切的答案都是未知。

"雄鹰"出逃——波罗的海三国并入苏联内幕

1939 年 8 月 23 日，为了粉碎英法"祸水东引"阴谋，苏联与纳粹德国签订了《苏德互不侵犯条约》，在条约中，拉脱维亚和爱沙尼亚被纳入苏联的势力范围。9 月 28 日，苏德两国签订《苏德友好边界条约》，立陶宛也就此被划入了苏联的势力范围。斯大林在希特勒那里获得承诺后，立即开始着手兼并波罗的海三国，就在这个时候，在爱沙尼亚发生了一起波兰潜艇"雄鹰"号出逃事件，苏联抓住此事大作文章，向爱沙尼亚施加压力，逼迫爱沙尼亚与其签约。

1939 年 9 月 1 日，纳粹德国对波兰发动闪电进攻，第二次世界大战正式爆发，爱沙尼亚政府为防引火烧身，幻想以保持中立独善其身，然而到 9 月中旬，波兰潜艇"雄鹰"号意外造访，彻底打碎了他们的迷梦。

"雄鹰"号是 1939 年 2 月才列装波兰海军的一艘荷兰造最新型潜艇，至事发时才服役短短 7 个月。该艇潜水排水量为 1473 吨，水面航速为 20 节，装备有 12 根 550 毫米口径的鱼雷发射管，总共配有 20 枚鱼雷，另外，艇上还配备了一门 105 毫米口径的火炮、一台 40 毫米双联高射炮和一挺双管机关枪，艇上乘员达 60 人。

波兰潜艇"雄鹰"号原本是因故障前往瑞典进行维修的，因为潜艇指挥官科洛茨科夫斯基在中途生了重病，随艇医生怀疑他是患了伤寒，由于怕传染才决定改道去爱沙尼亚首都塔林为艇长治病。9 月 14 日晚，他们到了塔林，艇长被确诊只是疲劳过度，而不是伤寒，于是便把艇长留在塔林医院中治疗。当时波兰已经与德国开战，闻知此事德国驻爱沙尼亚的大使要求爱沙尼亚立即扣留"雄鹰"号，身为一个小国的爱沙尼亚只能照办，9 月 15 日，"雄鹰"号被爱沙尼亚政府扣留。9 月 17 日国际时局发生变化，苏联也对波兰出兵，得知这一消息后，"雄鹰"号潜艇副艇长格鲁钦斯基少校决定组织武力行动夺回潜艇，9 月 17 日晚，波兰水兵占领了潜艇，逃离了塔林。

次日天亮后，尴尬的爱沙尼亚政府发布了一条惊人消息，各国驻塔林使馆及当地媒体都接到了通知："深夜 3 点钟左右，被扣的波兰水兵夺艇而逃，此前已从艇上卸下 14 枚鱼雷、运走炮弹并拆下火炮尾闩，但艇上仍余有 6 枚鱼雷，当班的爱沙尼亚哨兵奋力阻止，但也被波兰人随艇掳走。"

在这个事件中，应该说爱沙尼亚政府措施不当，看守不力，有失职之过，至于其中有没有其他原因就不得而知了，但原因不重要，苏联要的只是一个借口。9 月 19 日，苏联以波兰"雄鹰"号潜艇事件开始向爱沙尼亚政府施加压力，声称波兰"雄鹰"号潜艇就活动的波罗的海三国的水域内，对苏联的船只构成了威胁，苏联将不承认爱沙尼亚对它的沿海水域拥有主权，它的安全将由苏联来保卫。为迫使爱沙尼亚政府就范，苏联的飞机和军舰开始在爱沙尼亚的领空领海活动，并开始在爱沙尼亚边境集结兵力示威。

9 月 21 日，意大利驻塔林使节向国内发回过一封电报，描述了那里的情况："这里阴云密布，人心惶惶。以潜艇逃逸为借口，苏联军舰不肯离开爱沙尼亚水域，并严密封锁了海岸，可能是在为随后的占领做准备。苏联军舰的示威和部队在边境集结，旨在迫使爱沙尼亚放弃徒劳无用的抵抗，乖乖束手就擒。"

为了缓解危机，9 月 24 日，爱沙尼亚外交部长谢利捷尔亲率政府代表团到莫斯科谈判，请求和解。苏联政府趁机要求签订"互助条约"，莫洛托夫威胁说："如果你们不愿意和我们签订互助条约，那么我们将不得不通过其他的途径，也许是更严峻、更复杂的途径来保障苏联的安全，请你们不要迫使我们对爱沙尼亚使用武力。"在苏联强大的压力下，9月27日，爱沙尼亚政府决定接受苏联的缔约建议，在莫斯科与苏联签订了《苏爱互助条约》，爱沙尼亚就此允许苏联红军进驻本国领土，并在帕尔迪斯基城、哈普萨卢城、萨列马岛和希乌马岛修建海军和空军基地。《苏爱互助条约》签署后，苏联政府马上就把目光转向波罗的海的另外两个小国——拉脱维亚和立陶宛。

在苏联的武力威胁下，拉脱维亚政府于10月5日与苏联签订了《苏联和拉脱维亚互助条约》，10月10日，立陶宛代表团也接受了苏联的建议，签订了《苏联和立陶宛互助的条约》，10月29日在评论与波罗的海三国的协议时，斯大林说："我们找到了一种形式，可使我们将它们纳入苏联影响的轨道，我们不要将他们苏维埃化，而要等他们自己这样做。"

1940年7月14日和15日，波罗的海三国自己宣布成立苏维埃政府，并主动请求加入苏联。8月3日至6日，苏联最高苏维埃第七次会议通过决议，接受立陶宛、拉脱维亚和爱沙尼亚三国加入苏联，1940年9月28日，苏军开进了波罗的海三国（立陶宛、拉脱维亚、爱沙尼亚）。

希特勒为何放走 34 万英法联军——戈林之欲

1940年5月10日，德国开始实施"黄色方案"行动，发动了西线攻势，以7个装甲部队为先导的德军，对荷兰、比利时和法国展开了闪电攻势。精妙的策划、卓越的指挥，高度集中的火力加上人员优秀的作战素质，使这场闪电攻势取得了令人瞠目的成功。

5月20日晚，势如破竹的德军装甲师就占领了松姆河口的阿布维尔。5月24日，从阿布维尔向英吉利海峡推进的古德里安坦克部队，以让人目瞪口呆的速度，分别攻占了布伦和包围了加莱这两个重要港口，并进抵格腊夫林，将惊慌失措的比利时军队、法国军队和英国远征军共计40余万人，三面围困在格腊夫林与敦刻尔克之间一个很小的三角地带。

前有大海，后有追兵，被围的联军和比利时军队突围的可能性是没有了，他们唯一的希望是由敦刻尔克从海上撤退。而此时，德军的装甲部队已经可以望见敦刻尔克，并已沿运河一线摆好了阵式，准备投入最后的厮杀。

濒临绝境的比利时军队和英法联军全军覆灭的灾难，似乎已经无法避免。然而，5月24日晚上，德军最高统帅部突然发出一道使德军前线将领大惑不解的紧急命令，命令要德军的坦克部队停在运河一线，不要再向前推进！开战以来势不可当的德军装甲集群的战车在乱成一团的联军眼皮底下刹住了，原地待命，直到16日夜。

这道命令无疑是给了面临崩溃的联军一个意外的喘息机会，当晚英军开始执行"发电机计划"，从英国本土紧急动员了850多艘各类船只，开始了历史上著名的敦刻尔克大撤退。直到6月4日晨，在德军的鼻子尖下撤出了34万人，创造了一个叫德国人万万想不到的奇迹。

在德军眼看就要取得这次战役中最大胜利的时候，怎么会发出这道难以解释的命令呢？下这个命令的原因是什么？谁应该负这个责任？这个问题在有关的德军将领和历史学家中众说纷纭，曾引起过一场大辩论。

以伦斯德和哈尔德为首的将领，把责任完全推到了希特勒身上，而丘吉尔则在回忆录中为这场争论火上浇油，他认为这个命令出自伦斯德，而不是希特勒，他引述了德军司令部的战争日志中的记载为证。

在5月24日早晨，希特勒曾到伦斯德的司令部去过，当时伦斯德建议"在离敦刻尔克不远的运河一线上的装甲师应当停止前进，等候更多的步兵部队的接应"，希特勒同意了这个建议，认为装甲部队应当保留下来，留待进攻松姆河以南的法军时使用，并说盟军陷入的袋形地带如果太小，就会防碍空军的活动，就在那天晚上希特勒从最高统帅部发出了正式的命令。

德军总参谋长哈尔德则把矛头指向了德国的空军司令戈林，他在日记中愤怒地说："从最高统帅部发来的这些命令真是莫名其妙，我们的装甲部队由于元首的直接命令，都将因此完全停止下来！消灭包围圈中的敌军，要留给空军去干！"这个表示轻蔑的惊叹号表明，戈林当时也参与了希特勒的决定，事实上戈林的确曾建议"由他的空军单独来消灭被包围的敌军！"

希特勒为什么发出了这道命运攸关的命令？除了军事上的考量还有其政治上的原因，希特勒当时用两个主要考虑来支持他的这道"停止进攻"的命令，第一个考虑是军事上的理由，他认为那里的地形不适合坦克活动，会造成很大的损失，所以要等待步兵的参战。

第二个理由是政治上的，目的是想使英国避免一场奇耻大辱，从而促进和平解决，这一点，与后来副元首赫斯只身飞往英国谋求议和是遥相呼应的（对于后一个原因，哈尔德认为那是希特勒突然发生的神经错乱）。

此外，还有一个希特勒不便明言的隐情，那就是希特勒不希望看到这一辉煌的胜利全部被陆军获得。因为指挥陆军的将领们与他们的元首处于两个不同的社会阶层，古德里安曾这样评价他的元首："这位混世魔王希特勒，他是我们大家命运的统治者。

他出身微贱，所受的学校教育和家庭教育都极有限，并且说话和态度都非常粗俗。"所以有人认为希特勒和陆军军官团还未达成百分百的信任关系。

这个时候，戈林就利用了这个机会，向希特勒建议单独用他的空军来解决被围的盟军，这样一则不用装甲部队来冒险，二来如果这一伟大胜利的荣誉由他获得，元首和纳粹党的威望也会提高。元首显然是过分相信了戈林的保证和"斯图卡"轰炸机的威力，因而批准了这一方案，可惜的是，那几天由于天气的原因以及英国空军的全力拼搏，戈林的保证没能兑现。

再有一个原因，那就是当地是日耳曼人聚居区，这里居民中的纳粹党支持者较多，他们响应希特勒的号召，准备把佛兰德斯变成纳粹党的独立王国，与德意志遥相呼应。歼灭战如果打响，佛兰德斯的日耳曼人聚居区将成为一片焦土，当地居民有遭受重大损失的可能，这是希特勒不希望看到的。

总之，直到26日夜，希特勒才取消了停止前进的命令，装甲部队可以继续向敦刻尔克挺进了，但到了这个时候已经太迟了，被围的联军已经得到自己加强防务的时间，稳住了阵脚，德军的装甲部队在敌人有准备的抵御下，进攻已经非常的困难，而英法联军则一边抵御，一边偷偷地逃到海里去了。

这道对战争过程造成极大影响的命令，是第二次世界大战中德军统帅部犯的第一个大错误，希特勒为什么要下这个命令而放走已成瓮中之鳖的英法联军呢？这已成为"第二次世界大战"史上一大奇谜。

一着错满盘输——德军缘何兵败斯大林格勒

斯大林格勒位于伏尔加河下游西岸，原名察里津，是苏联内河航运干线伏尔加河的重要港口，又是苏联南方铁路交通的枢纽。德军占领乌克兰后，斯大林格勒成为苏联中央地区通往南方重要经济区域的唯一交通咽喉，战略位置极为重要。如果德军占领这一地区，苏联就会失去战争所需的石油、粮食和重要的工业基础，而德国此时也迫切需要这些资源。在即将发动攻势之前，希特勒曾对第6集团军司令保卢斯将军说："如果我拿不到迈科普和格罗兹尼的石油，那么我就必须结束这场战争。"

按照希特勒的要求，德军最高统帅部拟定了1942年夏季南方作战计划，代号"蓝色行动"，7月，德军投入150万的兵力开始了对斯大林格勒的进攻，希特勒甚至定下了7月25日以前攻占斯大林格勒的计划。

7月17日，霍特第四装甲集团军推进到顿河中游，保卢斯第6集团军也前出到顿河大弯曲部，一切都进行得相当顺利，但是此时希特勒突然改变了作战计划，他认为攻占斯大林格勒无需那么多兵力，遂于17日命令霍特第4装甲集团军从斯大林格勒方向南下，调往高加索方向。

这样，斯大林格勒方向的进攻部队就只剩下了保卢斯的第6集团军，对此，英国军事史学家富勒写道："和1941年一样，因为分散了兵力，希特勒自己毁灭了他的战役。"

7月23日，德军的攻势进入高潮，进展之顺利甚至出乎德军自己的预料，苏联军队在空旷的大草原上很难进行有效的抵抗，然而，第6集团军在战役初期就取得令人满意的战果使希特勒再次改变了计划。

当时苏军正在顿尼茨盆地和顿河上游之间全线后撤，一路向东撤到斯大林格勒，另一路向南退守顿河下游。德军必须当机立断，是集中力量拿下斯大林格勒还是把主要矛头指向高加索，以夺取苏联的石油，此时的希特勒却被一时的胜利冲昏了头脑，他错误地认为苏军已经无力进行抵抗，斯大林格勒已是唾手可得，于是他作出了要同时拿下斯大林格勒和高加索的狂妄决定，这么一来，斯大林格勒已不再是这次战役的唯一目标。

9月13日，德军以17万人及500辆坦克向保卫斯大林格勒的苏联第62集团军发起猛攻，德军在几个地段突破苏军防线攻入市区阵地，一场最为残酷、最为激烈的市区争夺战开始了。

9月14日，争夺市中心的激战达到了白热化的程度，德军从早到晚冲锋不止，死伤惨重。据守斯大林格勒的62集团军的战士，抱着与城共存亡的决心和德军浴血战斗，斯大林格勒的每一处残垣断壁都成了抵抗德军的堡垒，苏军与德军贴身肉搏，德军的闪电战用不上了，他们占优势的飞机大炮也用不上了，斯大林格勒苏军的顽强反击，使德军陷入了困境。从9月13日到26日，德军每天几乎伤亡3000多人，但仍然不能占领全城，德军的士气一天天低落下去，一个德国士兵在家信中哀叹：“我们不久就可以占领斯大林格勒，但是它仍然在我们面前——相距如此之近，却同时又像月亮那样遥远。”

严寒的冬季终于来到了，毫无过冬准备的德国士兵陷入饥寒交迫中，很多士兵被冻死，德军的战斗力一天天衰弱下去，战争的形势逐渐开始变化。1942年11月19日，苏联红军开始实施“天王星行动”，以110万人、1300架飞机、1.5万门大炮开始了大反攻，11月23日，苏军把33万德军困在了包围圈中，弹尽粮绝的德军处在死亡的恐惧之中。

德军司令保卢斯在笔记中写道：“士气低落了，解围的希望破灭了，越来越疲惫的士兵都在斯大林格勒的地下室里为自己寻找避难所，越来越经常听到关于反抗已毫无意义的抱怨声。”保卢斯向希特勒发出突围撤退的请求，刚从阿尔卑斯山赏雪归来的希特勒发来一份急电：“不许投降，第六军团必须死守阵地，直至一兵一卒一枪一弹。”保卢斯陷入了绝望之中，垂头丧气地坐在地下室的行军床上，向希特勒发出最后一份急电：“部队将于24小时内最后崩溃。”万般无奈的希特勒急忙发出一份电令，升保卢斯为陆军元帅，其余 117 名军官也各升一级，希特勒希望他的封功加爵能加强德军将士"光荣殉职"的决心，接到电令的保卢斯彻底地失去了希望。

1943 年 2 月 2 日，持续了 6 个月之久的斯大林格勒大会战终于结束了，9.1 万多名德国官兵，其中包括保卢斯在内的 24 名高级将领，穿着单薄的衣衫，抓紧裹在身上满是血污的毛毯，在 -24℃的严寒下，一步一拐地走向寒冷的西伯利亚战俘营。

斯大林格勒大战给了希特勒以致命的打击，德军再也无力进行大规模的反攻了，他们一步步后退，开始走下坡路，苏联红军则开始大反攻，陆续收复了失地，直至攻入德国本土。

斯大林格勒大战的胜利，成了苏德战争的转折点，也是第二次世界大战的伟大转折，在斯大林格勒战役中，希特勒不切实了解敌情，在进攻时分散兵力，让霍特第 4 装甲集团军往返奔走，贻误战机，以及不给前线将领一定的临机处置权，保卢斯这位德国陆军副总参谋长的将才眼睁睁看着左翼后方存在着被敌利用的危险而无可奈何，明知应立即向西南方向突围，但又不敢违背希特勒的命令而最终导致坐以待毙。

斯大林为何不防范德军的闪电突袭——"大雷雨计划"

1941 年 6 月 22 日，纳粹德国出动大军向苏联发动突然袭击，给苏联人民造成了重大灾难，然而鲜为人知的是：在德国对苏开战之前，苏联领导人曾制订过进攻德国的秘密计划，不过由于种种原因，这一计划未能付诸实施。

希特勒的"巴巴罗萨计划"付诸实施，德军在漫长的战线上对苏联发起突然袭击，苏德战争爆发。

战争前期，毫无准备的苏军被打得措手不及，短短 10 天之内，德军就突进苏联境内 600 多千米。整师、整军的苏军被德军消灭或俘虏，仅第一天的战斗，苏军就损失 1200 架飞机，其中 800 架还未起飞就被炸毁，德军的突然袭击，取得了战役上的巨大胜利。一贯警觉的斯大林为何不防范德军的闪电突袭？面对可能发生的战争，斯大林真的没有防范吗？

事实上，斯大林对希特勒从来没抱什么幻想，他非常清醒地知道苏德早晚是要开战的，他与希特勒签订的条约，不过是为了即将来到的战争争取些准备时间的权宜之计，因此说斯大林没有做好战争准备是不符合事实的，只不过他确实没料到希特勒会在此时开始战争。据披露的内幕资料显示，在苏德战争爆发前，斯大林曾得到过许多关于纳粹德国即将进攻苏联的情报，但它们都无一例外地被红军的情报总局归入了"可疑情报来源"。

斯大林不相信那些情报自有他的道理，类似的情报已经十几次放在他面前了，结果都没有打，作为政治家的斯大林，有他自己对战争会在何时爆发的判断，只不过他没料到希特勒是疯子！疯子的思维是常人难以预料的。

从苏联红军在卫国战争前期遭受的惨重损失看，红军似乎的确是在毫无戒备的情况下被纳粹德国打了一个措手不及，然而，事情真的只有这么简单吗？据战后的苏联史料表明，在5月中旬，苏联内地军区许多集团军已开始按总参谋部的命令，在部队野营训练的伪装下，向前线开进。也就是说，当庞大的德国战争机器缓缓向东部移动的同时，苏联的军事机器也在发动之中，只不过斯大林比希特勒慢了一步。早在1941年春天，斯大林就很清楚，苏联在战争中采取防御战术是没有任何前途的，那时他就已经考虑首先向德国开战的计划。他调集重兵于苏德边境，并不是因为他预见到希特勒随时可能侵苏而采取的防范措施，不然的话，他就不会在德国不宣而战时显得手足无措。

1941年5月初的一天，苏联军队高级指挥官聚集在克里姆林宫，为军事科学院毕业生举行庆祝活动。

斯大林在祝酒时说道："奉行和平政策当然是一件好事，我们至今也一直实施着防御方针。但是，我们的军队已经大大改进，同时配备了充足的现代化武器，军队实力增强了，我们应该从防御转向进攻。"斯大林的这番讲话使苏联领导层对战争的态度发生了根本性的转变，苏共中央书记亚历山大·谢尔巴科夫在一次谈话中公开表示，不排除苏联根据局势发展采取进攻性军事行动以掌握主动权的可能性，苏联其他高级领导人如安德列·日丹诺夫、米哈伊尔·加里宁等当时也都曾表示苏联可能首先对德国开战。斯大林特别重视进攻，他的计划是，一旦德国和英法开战，苏联就选择时机主动进攻，使德国处于两面作战的不利状态。

苏军总参谋部按照斯大林的指示精神，迅速制订了进攻德国的作战计划，命名为"大雷雨计划"，明确决定"6月12日开始进攻德国！"但由于准备不够，只得推迟到7月，时任苏军总参谋长的朱可夫在这份计划中指出："为预防敌人的突然袭击，我军的任务已不是防止德军的进攻，而是趁德军正在集结、尚未形成有效防线和诸兵种协同能力之际，对其实施突然打击，并歼灭德军。"

从前线兵力的配置来看，也证明了这一点，当时斯大林在西部边境部署了数量惊人的部队，从苏军的兵力部署状况来看，与其说是防御性质的，不如说更带有强烈的攻击性。正是因为苏军在全力准备攻击，因而缺乏防御的准备和部署，纵深非常薄弱，才会在德军的突然打击下溃不成军。为了实施"大雷雨计划"，苏德战争爆发前夕，苏联人自己已经把边境上的铁丝网拆了，地雷挖了，还修建了不少东西纵向的公路（正好被德军利用长驱直入），有个苏军师长说那时他的部队正在开往西方的铁路上。

斯大林万万没有想到，希特勒是个不按常理出牌的狂人，在德英战争尚未结束的情况下，就突然发动了侵苏战争。苏军当时的副总参谋长事后感叹道："要是进攻希特勒的时间真的是1941年6月12日该多好呀！那样就比希特勒进攻苏联的时间提前了整整10天……"

"大雷雨计划"——一个苏德战争爆发前，苏军试图先发制人进攻德国的计划；一个曾经存在，只因慢了一步而夭折了的计划真的存在吗？历史是不容假设的，但如果连俄罗斯自己的"历史学家"都承认"大雷雨计划"的存在，我们也不妨换个角度去重新审视一下"第二次世界大战"的历史，或许有助于解开某些历史中的谜团。

悲壮的迪耶普奇袭

1944 年 6 月 6 日，盟军成功登陆诺曼底，创造了 20 世纪最辉煌的渡海登陆作战战例。不过，在此之前，英国曾经进行过一次登陆尝试，虽然失败了，但意义重大，它为诺曼底登陆做了很好的铺垫。

1942 年春，战争形势对同盟国极为不利，在欧洲战场上，纳粹德国占领了整个西欧并侵入到苏联腹地；北非战场上，德军逼近埃及；太平洋战场上，日本占领了整个东南亚，但此时英国做的仅仅是同纳粹德国隔着英吉利海峡对峙，斯大林要求丘吉尔立即在西欧开辟第二次世界大战场，缓解苏联的压力，然而，这时的英国和美国还不具备大规模登陆的实力。受形势所迫，丘吉尔决定在法国沿岸某处发动一次奇袭，以吸引德军的注意力，缓解东线压力。同时也希望通过实战试验新装备，获取两栖登陆作战经验。英军联合作战司令部在蒙巴顿将军的主持下，开始着手制订偷袭法国的计划，命名为"战马计划"，按计划陆海空三军将有万余人参战。

联合作战司令部原定于 7 月 4 日实施"战马计划"，部队已于 7 月初在怀特岛的港口集结，因为天气不好，计划用于攻击炮台的空降部队无法伞降，偷袭日期推迟到了 7 月 8 日。不料 7 月 7 日，英国这支想侦察"欧洲堡垒"（德军在法国西海岸构筑的工事）而准备偷渡海峡的舰队还未启航，就被德国飞机发现了，随之而来的轰炸使这次袭击被迫取消。很快蒙巴顿将军又制定了代号为"庆典"的作战计划，拟由加拿大步兵和英国陆军组成英加联合特遣队，在法国港口小镇迪耶普展开一次登陆战。迪耶普处于英吉利海峡最窄处，进攻路线短，而且处于皇家空军战斗机的作战半径之内，这次作战的直接目标是摧毁德军的防御工事并抓获一些俘虏，获取军事情报。

登陆部队总兵力 6100 多人，包括 4963 名加军官兵、1000 名英军敢死队员和 50 名美军观察员，皇家空军抽调了 74 个飞行中队为此次行动提供空中支援，加拿大第二步兵师师长罗伯特少将负责统一指挥。在行动的那个晚上，盟军希望能悄悄完成登陆行动，然而不幸的是，一阵激烈的炮声使盟军的希望落空了。原来一支由猎潜艇护送的德国船队正沿着海岸自东向西航行，在昏暗中撞上了由 23 艘登陆艇组成的东外翼英国第三突击队，德军猎潜艇发射照明弹后，向英国炮艇猛烈开火，英国炮艇遭到重创，23 艘登陆艇也被打散，驻守迪耶普的德军接到警报后，立即进入临战状态，德国空军和英国空军也随即展开激战，迪耶普登陆行动由奇袭变成了强攻。

盟军主攻作战群分为两波，第一拨包括两个团和 30 辆坦克；第二拨由一个营和 14 辆坦克组成，由于侧翼几个突击队的失败，除"赫斯"炮台外，德军岸炮均没有遭到破坏，正面攻击面临极大困难，英军舰艇释放的烟幕在掩护登陆艇免遭德军炮击的同时，也遮住了英军自己的视线，根本无法看清海滩上的情况。

第一拨作战群的登陆艇和坦克在德军火力网中向前猛冲，最后只有三辆坦克通过海滩，冲上滨海大道，一些加军士兵与三辆坦克配合，打死了一些德军，还击毁了几门反坦克炮，但坦克炮弹打完后，不得不退回海滩。在海滩进攻受阻时，旗舰"卡尔普"上的登陆部队总指挥罗伯兹少将对发生在海滩上的惨剧一无所知，上午 7 时，罗伯兹获知加军一部攻入迪耶普后，误以为加军已经控制整个迪耶普镇，于是下令第二拨作战群上岸，这批部队上岸后立刻遭到猛烈打击，伤亡惨重，只有一个排冲进迪耶普镇，弹药耗尽后被迫投降。

罗伯兹少将对这些情况仍然不清楚，8 时 30 分，他又派出最后一支预备队——皇家海军陆战队，从第二拨作战群的登陆点上岸。由于海面上烟雾弥漫，这支预备队在海上转了 90 分钟才抵达预定海滩，这时烟雾被风吹散，德军的炮弹和子弹雨点般落在陆战队的头上，海滩被鲜血染红，营长菲利普斯少校知道成功登陆已不可能，当即命令登陆艇返航，避免了全军覆没的厄运。直到中午时分，部分陆战队员撤回，罗伯兹才知道海滩上伤亡巨大，作战已经失败，只好下达撤退命令。此时德军的空中反击持续不断，"伯克利"号驱逐舰因遭受重创不得不被己方舰艇击沉，"卡尔普"号驱逐舰也被击伤，8 月 19 日午夜后，运载着 500 多名伤员的驱逐舰驶抵朴茨茅斯。

在这次迪耶普登陆作战中，加拿大部队损失 3363 人，英军伤亡 247 人，约有 2200 名盟军官兵被俘。英国海军损失驱逐舰一艘、登陆艇 33 艘，死伤 550 人，英国空军损失飞机 106 架，坦克 30 辆。德军损失较轻，伤亡 591 人，损失飞机 48 架，盟军除了夺取并摧毁巴伦修比尔炮台外，其他部队都没有实现预定的目标，但从战争全局来看，这次作战虽然失败了，但意义重大，它为诺曼底登陆做了很好的铺垫。

迪耶普登陆战役是第二次世界大战中盟军在战略上迫不得已进行的一次中小规模的登陆作战，从 1942 年 8 月 18 日晚 10 时始，至 8 月 19 日 13 时止，历时 15 小时。迪耶普登陆战役作为盟军开辟第二次世界大战战场的一次悲壮预演，虽然以惨败收场，但为盟军后来在北非、西西里、诺曼底大规模登陆提供了宝贵经验。1944 年 6 月 6 日，在盟军成功地反攻欧洲大陆的历史性时刻，美国陆军参谋长马歇尔和海军作战部长金联名致函蒙巴顿将军："今天，我们去看了在法国国土上的英美军队。我们认识到这次冒险行动赖以成功的了不起的技术，大多归功于你和你的联合作战司令部人员的研究与发展。"

蒙巴顿将军对迪耶普之战曾评价说："偷袭迪耶普的行动使德国人深信英国人不会在开阔的海滩发动全面进攻，而我们经过研究发现，利用预先建造好的流动港是可以进攻开阔的海滩的。事实上我们正是利用自己研制的可以漂过海峡的流动港，在敌人受骗而未加严守的开阔海滩大规模登陆成功，因此迪耶普袭击也就成为'伟大的欺骗'。"

"九一八事变"——日本关东军为何选择"九一八"

"九一八事变"的发生，是日本帝国主义为了吞并中国、称霸亚洲及太平洋地区而采取的一个蓄谋已久的重要侵略步骤。早在 1927 年夏，日本内阁就在东京召开"东方会议"，制定了《对华政策纲领》，声称中国东北"在（日本）国防和国民的生存上有着重大的利害关系"。同年 7 月，日本内阁首相、陆军大将田中义一向天皇奏呈的"田中奏折"公然宣称："惟欲征服支那，必先征服满蒙，惟欲征服世界，必先征服支那。倘支那完全可被我国征服，其他如小中亚细亚及印度、南洋等异服之族，必畏我敬我而降于我。"

日本法西斯为发动侵略战争，不断制造事端，大肆渲染"满蒙危机"，为行使武力寻找借口。1931年5月，日本军事间谍中村震太郎，非法侵入中国东北边境屯垦地区，进行军事侦察，搜集情报，被中国东北军屯垦第三团关玉衡部捕获，并将其秘密处死，这件事被称为"中村事件"。当年7月，关东军侦知此事，便将这一事件视为"解决满蒙问题开端的绝好机会"。1931年7月，陆军参谋本部把攻城重炮秘密调运至沈阳，对准东北军驻地北大营，8月，日本陆军大臣南次郎在日本全国师团长会议上叫嚷满蒙问题只有用武力解决，随后进一步做了发动此次战争的各种准备。同月，本庄繁走马上任关东军司令官，立即听取了关于"满蒙"情况的汇报和作战计划报告，随即发出"训示"，表示"已下重大决心共图伸展国运之大业"，接着，本庄繁检阅了以攻击中国军队为目标的军事演习，直到9月18日事变当天，本庄繁才回到旅顺关东军司令部，至此，关东军已处于临战状态。经过长达数年之久的精心策划和充分准备，日本发动侵华战争的日期迫在眉睫。

9月中旬，在奉天柳町一家带有艺妓的"菊文饭店"里，一场招待日军参谋本部建川美次少将的酒宴正在举行，建川此行是奉日军参谋总长金谷范之命压制关东军的策谋计划，而他本人对这个计划却持赞成态度。此时，策划事变阴谋的另一个主角坂垣征四郎大佐显得有些焦躁不安，这位日后在东京审判庭上被判绞刑的甲级战犯，此刻的心中也没什么太大的把握，正在作战室里来回踱步，嘴里不停地念叨着自己的座右铭："人生之途，当全力以赴。"

关东军原计划是于9月底发动事变，并按分工做好了准备，但建川在临行前授意桥本欣五郎给关东军发出了密码电报，告之："事已暴露，必须立即动手。"关东军接到桥本电报后，当即于15日午后召开了紧急会议，16日凌晨2时，坂垣和石原通知今田、三谷等人提前于9月18日发动事变。之所以要提前行动，并不完全是因为建川此行导致的，还有就是为防止泄密怕事情再出现意外变故。

1931年9月18日晚,盘踞在中国东北的日本关东军按照精心策划的阴谋,将沈阳附近柳条湖一带南满铁路路轨炸毁,并嫁祸于中国军队,诬称是中国军队所为,日军以此为借口,突然向驻守在沈阳北大营的中国军队发动进攻,这就是所谓的"柳条湖事件"。

据这一事件的具体执行者、日本关东军参谋花谷正后来回忆道:"9月18日夜,岛本大队川岛中队的河本末守中尉,以巡视铁路为名,率领部下数人,向柳条湖方向走去,一边从侧面观察北大营兵营,一边选了个距北大营约800米的地点,在那里,河本亲自把骑兵用的小型炸药装置放在铁轨旁,并亲自点火,时间是夜晚10点钟刚过,轰然一声爆炸,炸断的铁轨和枕木向四处飞散⋯⋯"

9月18日23时46分,花谷正以土肥原的名义给旅顺关东军司令部发出第一份电报,谎称中国军队在沈阳北部北大营西侧破坏了铁路,袭击日本守备队,日中两军正在冲突中。19日零时40分左右,关东军司令官本庄繁向所属部队下令,向东北各地的中国军队实施进攻。同时,又令驻东北的关东军第二师主力迅速进攻沈阳城。

"九一八"当晚,驻守在北大营的东北军独立7旅,约有7000人,该旅军官大部分来源于东北讲武堂,少数是保定陆军军官学校的毕业生,也有毕业于日本陆军士官学校的。士兵一般具有初小文化,也有中学毕业生,素质在当时的军队中算是拔尖的。在北大营的东北角还有一支拥有12辆轻型坦克的坦克队,当时驻守北大营的独立7旅可以算得上是全东北武装最现代化的部队了,据"九一八"历史博物馆史料记载,日军向北大营发动进攻时,第7旅参谋长赵镇藩一面命令部队进入预定阵地,一面用电话向东北边防军参谋长荣臻请示,所得到的命令却是"不准抵抗,不准动,把枪放到库房里,挺着死,大家成仁,为国牺牲"。于是在"不抵抗"的政策下,独立7旅被迫带着伤痛向东撤退,日军很快攻入北大营。

一位北大营士兵生前接受采访时说:"日本人见人就杀,有的人躺在床上没动竟被活活刺死，最后一清点，光我们班就死了6个，说来丢人，我们北大营一个旅，有步枪有机枪有大炮，愣被五六百名小鬼子打得弃营逃跑。"由于东北军执行了上边的"不抵抗政策"，致使日军当晚便攻占北大营，次日占领整个沈阳城。日军继续向辽宁、吉林和黑龙江的广大地区进攻，由于东北军放弃了有组织的抵抗，在短短4个多月内，日军就占领了东北全境128万平方千米，相当于日本国土3.5倍的中国东北全部沦陷，3000多万父老成了亡国奴，这就是震惊中外的"九一八事变"。

1931年11月4日，日军向当时的黑龙江省府齐齐哈尔发动进攻时，东北军爱国将领马占山毅然下令坚决还击，在江桥打响了东北军有组织抵抗日本侵略的第一枪，马占山所部与日军血战江桥，鏖战了半个月，由于敌众我寡，没有后援，最后不得不撤离江桥。这是中国军队对日本侵略军第一次正式抗击，马占山的名字，迅速传遍全国，成为了当代的"爱国军人"和"民族英雄"，从此名垂史册。

"九一八事变"（日本称满洲事变）爆发后，日本与中国之间的矛盾进一步激化，在日本国内，主战的日本军部地位上升，导致日本走上全面侵华的道路，"九一八事变"爆发后短短几个月时间内，东北三省全部被日本关东军占领，因此被中国民众视为国耻，直至今日，9月18日在中国许多非正式场合都被称为"国耻日"。

"九一八事变"拉开了日本武力侵华的序幕，也使日本成为亚洲第二次世界大战的策源地，1937年7月7日，得寸进尺的日军又在中国的北平挑起了"卢沟桥事变"，中国军民被迫奋起反抗，中国的全面抗战终于爆发了。

卢沟桥枪声——记"七七事变"

日寇自1931年"九一八事变"侵吞中国东北后，为进一步挑起全面侵华战争，陆续运兵入关，到1936年，日军已从东、西、北三面包围了北平，从1937年6月起，驻丰台的日军连续举行挑衅性的军事演习，伺机挑起战争。

面对日军频繁的演习活动，被日本人视为抗日中坚的国民革命军第29

军37师师长兼河北省政府主席的冯治安采取了一系列备战措施，自6月26日起，北平实行夜间特别戒严，各城门增加了卫兵，并设流动哨，在长辛店北面高地，构筑了新的散兵壕，自回龙庙至铁路线间堤防上以及其东面高地，改修或加固了原有的散兵壕，禁止日军在龙王庙堤防及该处南面铁桥附近自由行动。

当时的北方重要的战略要地北平已处于日军包围之中，北平四面的四个重要地方——通州、丰台、南口和卢沟桥，已被日军占据了三处，仅有卢沟桥还掌握在中国军队手里，北平与外界联系主要通过平汉铁路，卢沟桥恰恰是平汉线上的咽喉。对中国军队来说，控制卢沟桥不仅是北平的唯一交通运输线，也使北平的中国军队，进可以攻，退可以守。驻防宛平城和卢沟桥的是第37师110旅219团第3营，营长金振中，该营为加强营，计有步兵4个连，轻重迫击炮各一连，重机枪一连，约1400人。

7月7日下午，日军驻丰台的第三大队第8中队在中队长清水节朗大尉指挥下进行战斗演习，地点选在卢沟桥北永定河东岸的回龙庙附近，金振中营长百倍警惕，毫不懈怠，午后2时左右，带着两个随从，换上便服，扛着铁锹，化装成农民前往铁桥以东500米处的日军演习场地观察动态。刚过卢沟桥车站，金营长就看到鬼子的队伍不顾雨淋和道路泥泞，正以卢沟桥为目标，进行"进入"演习，并配有炮兵和战车，场面与平日演习迥异，根据日方战史，当日演习分为两个内容，为利用黄昏接近敌主阵地和黎明冲锋。金营长感到战争一触即发，调头返回营部，召开连、排长会议，下级军官一致表示：如日寇胆敢发动进攻，我们就要坚决抵抗，誓与卢沟桥共存亡！何基沣旅长接到报告后，立即上报正在保定的冯治安师长，冯立马赶回北平，与何等商议决定，本着"人不犯我、我不犯人"的原则，不贸然开火，但若敌人启衅，就坚决还击。

7月7日晚7时30分，在北平西南12千米的卢沟桥北侧，永定河左岸荒地，卢沟桥的日本驻军在未通知中国地方当局的情况下，径自在中国驻军阵地附近举行所谓军事演习。

当晚 10 时 30 分左右，日军演习场上突然响起了几阵枪声，演习的日军诡称有一名日军士兵失踪，要求进入北平西南的宛平县城搜查，由于时间已是深夜，城门守军拒绝了日军的要求，但是日本的寺平副官依然坚持日军入城搜索的要求，中国第 29 军副军长兼北平市长秦德纯接到报告后回答说："卢沟桥是中国领土，日军未经同意在该地演习，已违背国际公法，妨害我国主权，走失士兵我方不能负责，日方更不得进城搜查，致起误会，惟姑念两国友谊，可等天亮后，令该地军警代为寻觅，如查有日本士兵，即行送还。"

实际上，因拉肚子"失踪"的日兵志村菊次郎这时已归队，可占领沙岗村北大枣园山南北一线进攻出发位置的一木却与牟田口廉也通电话说："中国军队再次开枪射击，对此我方是否应予以回击？"牟田口廉也说："被敌攻击，当然回击！"一木知道情况严重，谨慎地追问："那么，开枪射击也没有关系吗？"得到的答案是肯定的。

8 日晨 3 时，吉星文团长向秦德纯报告："约有日军步兵一营，附山炮 4 门及机关枪一连，正由丰台向卢沟桥前进。我方已将城防布置妥当。"秦德纯当即指示吉星文："保卫领土是军人天职，对外战争是我军人的荣誉，务即晓谕全团官兵，牺牲奋斗，坚守阵地，即以宛平城与卢沟桥为吾军坟墓，一尺一寸国土，不可轻易让人。"

7 月 8 日晨，日军开始从东西两门外向城内炮击，对宛平城和卢沟桥发动进攻，中国守军奋起抵抗，爆发了著名的"七七事变"。

当时正在庐山的蒋介石，在接到秦德纯等人的电报后，估计到事态的严重性，预感到日本有扩大侵略战争的可能，立即指示宋哲元："宛平应固守勿退，并须全体动员，以备事态扩大，此间已准备随时增援矣。"

7 月 9 日，中日双方交战部队曾达成口头停火协议，但同时，日本乘机从中国东北和朝鲜抽调两万多军队和百余架飞机投入华北地区。7 月 17 日，日本陆军参谋本部制定了《在华北行使兵力时对华战争指导纲要》，日本政府决定动员 40 万兵力，妄图用武力灭亡中国。

26 日下午，得到增援的华北驻屯军向第 29 军发出最后通牒，要求中国守军于 28 日前全部撤出平津地区，否则将采取行动，被宋哲元拒绝。7 月 28 日上午，日军按预定计划向北平发动总攻。

第 29 军将士在各自驻地背水一战，南苑是日军攻击的重点，第 29 军驻南苑部队约 8000 人（其中包括在南苑受训的军事训练团学生 1500 余人）掘壕进行阻挠，最后，第 29 军副军长佟麟阁、第 132 师师长赵登禹战死，不少军训团的学生也在战斗中壮烈牺牲，28 日夜，宋哲元撤离北平，29 日，北平沦陷。

"七七事变"是日本帝国主义为实现它鲸吞中国的野心而蓄意制造出来的，是它全面侵华的开始。全面侵华，在中国建立殖民统治，是日本帝国主义长期推行的方针。宛平城的枪声掀开了全民抗日的序幕，"七七事变"的第二天，中共中央通电全国，号召中国军民团结起来，共同抵抗日本侵略者。全国各族各界人民热烈响应，抗日救亡运动空前高涨。

"七七事变"使国民政府对日本残存的一点和平幻想彻底破灭，蒋介石对中国共产党提出的建立抗日民族统一战线的主张作出了积极反应。在这种形势下，蒋介石于 7 月 17 日在庐山发表谈话说："如果战端一开，那就是地无分南北，人无分老幼，无论何人，皆有守土抗战之责，皆抱定牺牲一切之决心，我们只有牺牲到底，抗战到底，唯有牺牲的决心，才能博得最后的胜利！"至此，中国抗日战争全面爆发。

日本因何选择了"南进"——"诺门坎事件"

第二次世界大战前夕，在日本军方上层，存在着两种主张，以陆军为首的主张向北扩张，与苏联开战，被称为"北进"派；以海军为首的主张向南扩张，与英美开战，被称为"南进"派。

两派相持不下，日本最高决策层只好决定采取"南北并进"战略，但这只是个暂时的折衷方案，主张"北进"的陆军军官，仍然有着很强的势力。

1939 年，抗日战争已进入了相持阶段，由于日本陆军在华战场的屡屡得手，使得狂妄的日军更加目空一切，驻扎在中国东北的日本关东军急不可耐的也想建功立业，日本陆军原本就看不起苏军，他们认为才经过"大清洗运动"后的苏军更是不足为虑，日军中的"北进"派想通过一次作战来试探一下苏军的实力，于是在当时中苏交界处的诺门坎挑起了一次日苏大战，史称"诺门坎事件"。

1939 年 5 月 15 日，日本关东军第 23 师团骑兵连队长东八百藏中佐奉命率 600 多名骑兵，在 5 架日机的配合下向哈拉哈河以东的蒙军七二四高地发起攻击，蒙军抵挡不住，撤到了河西岸。

5 月 17 日，东八百藏率部队返回海拉尔，苏军随即介入，将第 11 坦克旅开往哈拉哈河地区，同时命令驻在乌兰乌德的摩托化步兵第 36 师一部向哈拉哈河集合，苏联的飞机也开始在诺门坎地区侦查飞行。

5 月 27 日，日军再次向苏蒙军发起攻击，第 23 师团骑兵连队和重装甲车部队虽包抄奇袭蒙军指挥部得手，但很快被苏军坦克包围，日军的坦克装甲部，根本不是苏军重型坦克的对手，日军的骑兵面对苏军这些横冲直撞的"钢铁怪兽"更是束手无策，苏军轻而易举地全歼了这股日军的快速部队。

斯大林敏锐地觉察到日军的意图是在试探苏军的实力，为其日后进攻苏联做准备，故此认为，必须坚决粉碎日军的进攻，否则后患无穷。他决定派得力战将朱可夫负责指挥苏军与日军作战，斯大林给朱可夫只有一句话："在尽可能短的时间内击败入侵的日军，但行动不超过蒙古人民共和国边界！"

6 月 20 日，日军第 23 师团主力全体出动，小松原带着两万多人浩浩荡荡地向诺门坎进发了，同时出动的还有作为战略预备队的第 7 师团主力，这是日军两支最精锐的部队，日军吸取了以前装甲兵力不足的教训，关东军司令部特调日本当时仅有的一个坦克师——第一坦克师以及关东军航空兵主力 180 架飞机前来参战，6 月 22 日到 26 日，日苏飞机在蒙古上空进行了数场激战，日军 4 天之内损失了 84 架飞机。

地面，在 7 平方千米的战场上，近千辆战车相互厮杀，这是亚洲史上第一次大规模坦克战，日军 89 型坦克抵挡不住苏军重型坦克的攻击，经此一战，日军坦克部队基本瘫痪了，安冈坦克师团的溃败极大地震动了东京，认为造价昂贵的坦克此后不宜再用。

6月27日上午，在海拉尔机场起飞的137架日机，奔袭了苏联的塔木斯克机场，给苏军造成惨重损失，据日军作战部队向关东军司令部的报告，此役共击落苏机99架，击毁地面飞机25架，苏军前线飞机损失过半，一时丧失了制空权，但苏军调来的新型的伊－16战斗机投入战斗后，很快又夺回了制空权。

7月2日夜间，日军第23师团主力偷渡哈拉哈河，并攻占巴音查干山，对苏军形成了合围的态势，但在装甲力量上占有绝对优势的苏军向日军发动了猛烈的反冲，日军本以为苏军在侧翼遭到威胁后，会主动后退，不料却遭到如此众多的装甲车的打击。

苏军两个重坦克旅在日军战车群中横冲直撞，如入无人之境。走投无路的日军只得组织敢死队抱着反坦克地雷和燃烧瓶扑向苏军坦克，进行自杀性攻击。在苏军坦克的打击和碾压下，日军开始溃散。

经过3天激战，日军师团主力被击溃，其残部被击退至哈拉哈河东岸。朱可夫将军在战后这样评价日军坦克部队："坦克非常落后，基本战术动作也很呆板，死盯着迂回和侧击这一种办法，很容易被消灭。"

到了8月19日，日军在诺门坎前线各部队经过半个月的补充和休整后，兵员达到5万余人，坦克182辆，飞机310架，苏军也加强到5.7万人，498辆坦克，385辆装甲车，515架飞机。

8月20日凌晨，苏军发起全线总攻，猛烈的炮火加上150架轰炸机和100架战斗机向日军轰炸扫射，把日军绵延40千米的前沿阵地打成一片火海。

苏军从南北两翼向诺门坎合围，日军第23师团陷入苏军合围中，只能利用数不清的沙坑作拼死抵抗，而苏军则在朱可夫的严令下不计一切代价的硬啃猛打，在苏军的巨大压力下，日军官兵陷入绝望之中。

29日，身受重伤的日军第23师团第64联队联队长山县武光大佐自杀毙命，同日，日本陆军航空兵头号王牌莜原弘道少尉也在空战中丢了性命，日军第23师团仅存的2000余官兵在31日侥幸逃出合围圈，苏军一直追击到将军庙一线方才停了下来。

此役歼灭关东军主力目的已基本达到，斯大林也不想在远东引发苏日大战，9月15日，日本驻苏大使东乡与苏联外交部长莫洛托夫签订了停战协定，双方于9月16日凌晨2时停止一切实际军事行动，到此"诺门坎事件"宣告结束。在4个月的战斗中，日军伤亡6万余人，损失飞机660架。

诺门坎战役使东北关东军向西侵略的企图彻底落空，进而促使日军不得不放弃"北进政策"而选择"南进方针"，进攻太平洋诸岛，偷袭珍珠港，最终导致日本法西斯完全覆灭。

谁在缅甸"坑"了中国远征军——"先欧后亚"

1937年底，为了打通中国和国际间的交通，中国政府征集了约20万各族劳工在中缅边界的崇山峻岭之间，以3000条生命为代价，开辟出一条长达上千里的公路——滇缅公路。

这条盘旋于山谷之间的滇缅公路是当时中国和外部世界的唯一通道，自通车起的3年里，滇缅公路上1.5万多辆汽车，一共抢运了50万吨军需品，以及不计其数的各类物资，是一条支撑抗战不折不扣的生命线。1941年，英美盟军在太平洋战场上节节失利，年底，日军先头部队入侵缅甸南部，直接威胁仰光和滇缅公路，鉴于缅甸局势岌岌可危，为了保障滇缅公路的通畅，保障援华的租借法案物资顺利抵达中国，中国政府决定派出远征军出兵缅甸。

1942年3月，戴安澜的第200师率先与日军在缅甸同古开战，被兵力占优势的日军包围，经激战后突围，不久，日军夺取了英军控制的仁安羌，英军开始向印度方向逃避，致使中国远征军右翼暴露，远征军被迫后退。4月29日，中国军队与后方联系的要地腊戍被日军占领，8月4日，中国远证军被迫全部撤出缅甸。除第38师和第22师撤到印度外，其他部队由杜聿明率领按蒋介石命令突破封锁线，穿越野人山返国。

　　一路上战士落伍、失踪、疾病死亡以及被敌追阻杀伤者比战场上死伤的多数倍。"官兵死亡累累，前后相继，沿途尸骨遍野，惨绝人寰"。据统计，10万余众的中国远征军至此仅存4万。事后，蒋介石的参谋总长何应钦也不无感叹："此次入缅参战，自始至终战况都非常被动，虽然官兵英勇奋战，但也无法挽救全局，实为憾事。"

　　中国远征军第一次入缅作战以失败而告终，那么这次悲壮惨烈的缅甸征战，中国远征军失败的最主要原因是什么呢？

　　据事后分析，敌情不明是这次远征军失败的一个主要原因，远征军全线崩溃前，在战场上始终没有发现早已参战的日军第56师团，正是这个师团最先在中路挫败了远征军决战的计划，然后又出其不意地从东线突破了远征军薄弱的防线，席卷了整个后方，从而导致了远征军的全面溃败。在实际交战过程中，远征军原以为面对的敌人仅有日军第55师团，既没有发现从泰国增援上来的日军第18师团，也没有发现从海上登陆增援的第56师团，稀里糊涂地把日军三个精锐师团当一个师团来打，以4个半师的兵力摆了个围歼对手的阵势，所以远征军一开始作战便陷入了十分被动的局面。

　　但远征军这次入缅失败从根本上讲还是一个制空权的问题，战场上的制空权完全掌握在日军手中，德国著名将领隆美尔就说："假使敌人握有完全的制空权，那么我方尽管拥有极现代化的武器，也还是无法与他作战的，就好像野蛮人碰到了近代的精兵，其结果是不问可知了。"这次中国军队赴缅远征，事先英美曾承诺空中掩护的，可在战斗中，英美的承诺却没有兑现，这也是导致中国远征军失利的原因之一。

　　早在1941年5月20日，英国远东军总司令波普汉托中国军事考察团团长商震致函蒋介石，将指定"霍克"战机100架，分配给中国。但后来英方食言，把这批飞机全部用在了北非战场。

　　1942年3月15日，即同古激战的第4天，也就是英军在缅全部45架作战飞机在马圭被毁后的第4天，蒋介石同英军印缅战区总司令亚历山大将军共进晚餐后再次商谈，亚历山大亲口答应蒋介石，几个星期后将有324架飞机投入到缅甸战场，但是直到缅甸战场全面崩溃时都没见到这些飞机的踪影，而日军投入战场的飞机数量已经达到 400 多架。

其实从 3 月份开始，由于非洲战场的需要，英国早就无意将空军用于缅甸战场，蒋介石被亚历山大将军这个弥天大谎所迷惑，还乐观地把缅甸作战看成是一场中国军队在英军绝对制空权支援下的对日作战。

1942 年 4 月 18 日，也就是我东线被日军第 56 师团突破之际，宋美龄致电美国总统行政助理居礼先生，表达了对美国把原来承诺拨给中国战区的飞机移给欧洲的不满，但美国方面对此置若罔闻。

到了 6 月初，隆美尔在北非突破加查拉一线进逼托布鲁克，集结在印度、原定支援缅甸作战的实力强大的美国第 10 航空队，也紧急向地中海转移，这时中国远征军各部正在艰苦的环境下撤退。这一切都是由于美国在第二次世界大战中的"先欧后亚"战略，在北非出现危机时，美英两国先后把原定用于缅甸战场的飞机几乎全部都调往地中海，致使中国远征军作战失去了空中掩护，英美是以缅甸战场的失利，去换取北非战场的制空权。

既然制空权是决定战场常规作战的至关重要的因素，那么就必须承认一个基本的事实，中国远征军第一次入缅作战的失败在客观上具有着不可抗拒性，由于完全丧失了制空权，中国远征军是在失败不可抗拒的情况下，苦苦支撑着缅甸的战局，北非战场盟军的制空权是用放弃缅甸战场的制空权换取的，中国远征军以自己悲壮的失败换得了英军在北非战场的胜利。

二战中日军第一次"玉碎"——阿图岛之战

阿图岛是美国阿拉斯加半岛以西上千千米外阿留申群岛中的一个小岛，阿留申群岛在当时的战略位置相当重要，它是白令海与太平洋的天然分界，同时又是美苏之间领土距离最近的地方，对日本来说是通往北美、北欧的捷径，可以成为日本海军骚扰美国在北太平洋海上作业的一个据点，并能对美国西海岸形成威胁。

中途岛海战之后，美军在太平洋上转入反攻，日军占领的阿图岛和吉斯卡岛就像扎在美国喉咙里的一根小刺，必欲拔之而后快。美军计划"奇袭"阿图岛，但是却行动迟缓，等到1943年6月，美军集结力量进攻阿图岛时，日军已经在阿图岛上苦心经营了一年多，在弹丸之地集结了多达2600多人的兵力，修筑了众多的永备工事。

1943年3月26日，美军海军少将查尔斯·麦克摩里斯率领的分舰队，偶然之间遭遇了细萱戊子郎中将率领的增兵阿图岛的日本舰队，日军有4艘巡洋舰和4艘驱逐舰，稍弱于美军。麦克摩里斯意识到，如果让这批日军进入阿图岛，将大大增加美军收复阿图岛的难度，于是立即下令开炮，两支舰队你来我往，相互炮击了3个小时。

这次海战双方都没有投入空军力量，这使它成为了太平洋战争中屈指可数的仅以海上舰炮交战的传统海战之一，美舰在这次战役中表现糟糕，美重型巡洋舰"盐湖城"号中弹数发，失去了反击能力，进退两难，细萱戊子郎本可以下令围攻，给它致命一击，但他认为己方舰队遭受了比美军更惨重的损失，就命令舰队迅速脱离战区，逃之夭夭。就这样，麦克摩里斯侥幸地赢得了科曼多尔群岛海战的胜利，而细萱戊子郎却因为判断失误和胆小懦弱，被解除了职务。

增援计划的失败使得山崎保代大佐率领的2600多人的阿图岛守军必须独自面对1.1万人的美国第7步兵师。1943年5月11日，美军分成三路在阿图岛登陆，一支在东北部，另两支在东南部。作战计划是登陆之后，两个方向的部队对进，占领阻隔两个登陆场那座高山间的隘口，会合之后再由东向西推进，将日本人赶下海。

美国人走了运，原计划登陆时间定在5月7日，可是阿留申恶劣的天气推迟了美军的进攻时间，日本守军原本做好了全面迎战的准备，但几天后仍不见动静，以为是虚惊一场，于是放松了警惕，因此，当美第7师于5月11日登上滩头时，他们竟没有遭遇任何抵抗。当时的大雾天气有如天助，使美军避免了伤亡，几乎没有遭遇日军的有效抵抗。

接下来的是一场苦战，给美军造成巨大麻烦的是地形和天气，在光秃秃的荒原上向 40 度以上的斜面发起冲锋，难度可想而知。找不到隐蔽物遮拦的美军为了减少损失，只能步步为营。而当时岛上气温接近冰点，彻骨寒冷，美军很多人没有御寒物品，只穿着夹军服和半高帮的皮鞋。他们的耳鼻面孔被冻伤，手指脚趾冻得发紫变黑，很多人因此不得不因冻伤而截肢。更糟的是，由于冻土地带处于解冻时期，美军的登陆车和昵称为"猫"的拖拉机经常陷在泥里寸步难行，美军士兵只能靠人力拉着火炮前进，甚至排成人龙，手递手地向前线传送弹药和给养，而日本人的状况也已濒临绝境，他们被困在东部的冻土高山上，伤亡惨重。

5 月 29 日夜，守岛日军在指挥官山岐保代的率领下，突然冲下山对美军位于谷地的中心营地发动赌博式攻击，试图夺取美军军火，由于黑暗和大雾，美军被打了个措手不及，中心营地伤员和后勤人员惨遭屠戮，日军再冲上一个高地就将夺取到美军辎重。此时，500 名维护车辆装备的美国工程兵挽救了危局，这些没有受过多少正规军事训练的工程兵，居然打退了日本人的多次冲锋，守住了那个至为关键的山头，并把日本人逼下了山谷，后来，那座山就被命名为"工程师岭"。

弹尽粮绝的日军 5 月 30 日在谷地内集体自杀。日军士兵临死前密密麻麻地聚在一起，把手榴弹绑在胸口拉动引信。巨大爆炸过后，死尸残缺不全地叠在一起，惨不忍睹。

次日早上，美军士兵目睹了山谷的惨象，"堆满了缺胳膊少腿的尸体，无头的躯体散落一地"。美国士兵感到困惑，他们实在无法想通日本人为什么如此轻视自己的生命。阿图岛战役结束，日军只有 27 人幸存，大多是自杀未遂者。

这场战役对于整个太平洋战场来说并不具备决定性的意义，但几十年后，日本人还对此战记忆犹新，1943 年 5 月 31 日，日本电台报道了阿图岛守军"全员玉碎"的惊人消息，日本各大报纸也在这一天出现了黑字标题："阿图岛皇军全员玉碎"，这是日本在战争中第一次在战报上使用"玉碎"一词，也就从这时开始，"全员玉碎"一词开始频频出现在日本政府的公报上。

　　后来美军曾在一名战死的不知名日本军医身上缴获了一本日记，它记述了日军一步一步选择死亡方式："5月27日，冻雨继续，疼痛刺骨。我们找一切东西让人们安息，吗啡、鸦片、安眠药。……2000人的部队还剩下1000人，他们都是伤员、战地医院的和战地邮局的人。""5月28日，我们的弹药用光了，……自杀事件到处继续。"在5月29日最后一篇日记里，这名军医写道："今天晚上8点钟，我们全体在总部集合，战地医院也参加了，我们将发动最后一次攻击，医院所有的伤员都被命令自杀，剩下的33个活人和我也将去死，我毫无遗憾。为天皇尽忠，我感到骄傲，因为我此刻内心平静，下午6点，用手榴弹料理了一些伤员……再见，我亲爱的妻子，你爱我到最后一刻。我们的儿子，他只有4岁，他将无法阻挡地长大，可怜的小儿子多喜谷，今年2月才出生，再也不会见到你的父亲了。"

　　疯狂作最后一搏的日军让参战美军士兵至今记忆犹新，一位美军连长记述了最后发生的事情："我突然发现在浓雾之中，有一种异样的声音传来，终于看清了——在咫尺之外有一大群幽灵般的人踩着残雪，向我们步步逼近，这些日本人衣衫褴褛、脸色发青、神情呆滞，男人握着枪或赤手空拳，而女人们则举着一把刺刀或是一根木棒，整个队伍似乎都无声无息，我们的士兵突然看到这种景象，无不毛骨悚然，猛烈的扫射开始了，枪炮弹在人群中炸响，树上的积雪簌簌落下，日本人也纷纷倒下。"

　　阅读多名日本兵留下的日记，一个深刻的印象就是，从战役一开始，大部分日本兵就躲在自己的散兵坑或掩体内各自为战，并没有大规模、有组织的顽强抵抗，他们一开始幻想着增援部队和航母来救援，幻想破灭了就自杀攻击。

　　这是一场湮没于历史中的小战斗，小到在太平洋战争的恢宏画卷中被很多战争史研究者忽略不计，但是这场小小的战斗意义却非常重大，因为它证明了日军的的确确侵入了美国本土。1942年日军对阿图岛的占领是自美国独立战争以来，外国军队唯一一次侵占美国领土。在这次战役中，美军第一次见识了日军的大规模死亡冲锋和集体"玉碎"的疯狂，为美军赢得太平洋战争的胜利提供了宝贵的经验。

激战在"魔鬼居住的地方"——胡康河谷战役

1943年10月，为配合中国战场及太平洋地区的战争形势，重新打开中印交通线，中国驻印军总指挥史迪威将军制定了一个反攻缅北的作战计划，代号为"人猿泰山"。

计划从印缅边境小镇利多出发，跨过印缅边境，首先占领新平洋等塔奈河以东地区，建立进攻出发阵地和后勤供应基地；而后翻越野人山，以强大的火力和包抄迂回战术，突破胡康河谷和孟拱河谷，夺占缅北要地密支那，最终连通云南境内的滇缅公路。担任主攻任务的是郑洞国指挥的中国驻印军新一军，下辖孙立人指挥的新38师和廖耀湘指挥的新22师，兵力近3.5万人。

10月20日上午11时，前哨战在新平洋以西无名高地打响，新38师搜索连在行进途中与日军的一个大队遭遇，双方立即抢占有利地形，并几乎同时向对方开火。按照以往的经验，日军一个大队（营）的战斗力相当于或超过中国军的一个师，此次战斗一开始，日军根本不把区区一连的中国士兵放在眼里，立即向中国军占据的无名高地发起冲锋。搜索连是新编第38师的开路先锋，全连兵员300余人，配备迫击炮12门，反坦克炮3门，轻重机枪25挺，士兵清一色"M4汤姆"式冲锋枪。战斗一打响，该连即沉着应战，将敌人放入射程内，充分发挥火力优势予以杀伤。当日本兵端着三八大盖气势汹汹扑上来的时候，骤然间冰雹般的迫击炮弹便劈头盖脸地砸下来，暴雨般的机枪子弹构成一道密不透风的火墙，把气焰嚣张的日本兵打得晕头转向。

轮到中国军反冲了，只见头戴钢盔的中国士兵更是个个争先，勇不可当，他们充分发挥自动武器近战的长处，把手持步枪的日本人打得血肉横飞。下午，另一连的中国士兵及时赶到，两路一齐夹击，日军丢下200多具尸体，仓皇而逃，前哨战初战告捷，中国驻印军首创对日军以少胜多的战绩。

10月29日，新38师112团占领新平洋，进入胡康河谷，在拉家苏、于邦、临干一线展开，开始了胡康河谷战役。胡康河谷，缅语为"魔鬼居住的地方"，它位于缅甸最北方，由达罗盆地和新平洋盆地组成，山高林密，河流纵横，雨季泛滥，当地人将这片方圆数百里的无人区统称"野人山"。

中国驻印军对胡康河谷太熟悉了，几年前中国远征军败退时，闯入这块禁区，损失惨重，遗尸无数，新38师在野人山中见到的是遍地第5军将士的白骨，常常是一堆白骨围着枪架而坐。

新38师的当面之敌是田中新一中将指挥的日军第18师团，下辖第114、55、56连队，共有兵力3.2万人，该师团是日军的一支王牌部队，以凶顽闻名，参加过进攻上海和南京的作战，是制造南京大屠杀的元凶之一，它在新加坡曾以3万多人迫使8万多英军缴械投降，后投入缅甸作战，有"丛林作战之王"的称谓。

日军第18师团发现中国军队入缅后，立即调整部署，以114连队守密支那，以第55连队、第56连队向前线增援，师团指挥部亦向前开进。11月初，新38师112团第一营和第二营进至于邦附近时，与日军第18师团第55连队遭遇，双方在加拉苏四周山头展开激战。

112团占据山头，居高临下，拥有各种口径迫击炮60门，轻重机枪110挺。日军虽然兵力占优势，但迫击炮不到20门，机枪只有10余挺。

第一天，中国军队的迫击炮几乎主宰了战场形势。日军进攻屡屡受挫，连指挥部也挨了两发炮弹，正在指挥作战的第55连队副队长平田一郎大佐被当场炸死。日本人强攻不成，遂改变战术，以一个大队迂回到112团阵地后方，断其归路，再以不断佯攻小股袭扰，以吸引中国军打枪打炮消耗弹药。

果然，一连数日后，中国方面还击渐趋稀疏，炮兵射击亦变得十分零落。第5天黎明，日本人开始大规模集结部队，日军第55连队长丸山房信大佐亲自上阵，准备发起最后的总攻。

然而就在这时，一队美国飞机隆隆地出现在战场上空，将弹药准确地投在中国军的山头和阵地，此后一个月，112团靠砍巴蕉树藤取水和美国运输机的空中补给，与整整一个连队的日军对峙50日，日军第55连队伤亡近千人，却始终未能攻破两个营的中国军阵地，丸山房信大佐在写给第 18 师团长田中新一中将的报告中惊呼："加拉苏高地之战是一个前所未有的战例，中国人的变化是惊人的，希望能引起师团长阁下的重视……"

12 月 24 日上午 9 时，新 38 师向于邦发起全线进攻，经过 6 天的激战，新 38 师全部夺占了于邦的日军阵地，日军 56 连队丢下 300 多具尸体，仓皇向后退却，日军难以理解，昔日那支溃退之师何来如此神力。

战后日本的战史是这样记载的："在九州编成，转战中国，素有把握的第 18 师团，与中国军战斗最自信，岂料胡康河谷的中国军队，无论是编制、装备，还是战术、技术，都完全改变了面貌，使我军损失惨重，全军不禁为之愕然。"

于邦战斗结束后，被俘的日军被带到新 38 师师长孙立人将军的面前，孙立人厌恶地皱皱眉头，不假思索地命令参谋："这些狗杂种！你去审一下，凡是到过中国的，一律就地枪毙。今后都这样办。"

1 月 28 日晨拂晓，从新平洋起飞的美军飞机开始对达罗日军阵地实施猛烈轰炸，8 时左右，新 22 师战车营的坦克纵队出现了，钢铁洪流就像一把尖刀插进敌人阵地，撕裂敌人的防线，然后掩护步兵反复砍杀，并不失时机向纵深突进，这是中国抗战史上第一场由中国人操纵的向日本人进攻的机械化战争，现代化优势在中国人一边。坦克手们驱使着铁甲战车，猛烈地扫荡敌人的阵地和步兵，驱逐他们，追逐和碾压他们，把他们打得失魂落魄，中国步兵紧跟在坦克后面，利用钢铁屏障的掩护，肃清各个死角，占领敌人工事和阵地。

1 月 31 日，一队坦克冒着敌人炮火快速冲进了达罗镇，钢铁履带反复碾压着设在小镇上的日军第 18 师团司令部，将日军师团参谋长濑尾少将及数十名军官碾成了肉泥，虽然师团长田中新一逃出了该镇，但师团关防大印却落在了中国士兵手中，因此达罗之战就成为日军第 18 师团战史上的奇耻大辱，2 月 1 日，新 38 师占领太白加、达罗。太白加战斗的胜利，使中国驻印军在缅甸境内站稳了脚跟，开辟了向纵深地区进攻的道路。

日军第 18 师团自达罗、太白加一线后撤后，改变防御部署，将第 55、56 连队成梯次配置，分别占据胡康河谷中心地带的孟关和瓦鲁班地区据守，3 月 4 日，新 22 师攻克孟关，继续发展进攻，日军被包围在瓦鲁班周围的狭小地段，3 月 8 日中午，新 38 师第 113 团、战车第一营和美军拉加哈德突击队向瓦鲁班发起攻击，9 日占领瓦鲁班，歼灭日军第 18 师大部，胡康河谷战事以中国驻印军全胜而结束。

第二次世界大战最后一役——虎头要塞攻坚战

虎头要塞位于黑龙江省虎林市虎头镇，西起火石山，东至乌苏里江，与俄罗斯的伊曼隔岸相望，南起边连子山，北至虎北山。中心区域正面宽 12 千米，纵深 6 千米。主阵地猛虎山由中猛虎山、东猛虎山、西猛虎山三个丘陵组成，周围是沼泽地带，形成难以通行的天然屏障。其牢固程度、完备程度、现代化程度堪称第二次世界大战之最，号称"东方马其诺防线"，被公认为是侵华日军在亚洲的最大军事要塞之一。

"九一八事变"后的第二年，关东军即拟定了侵略矛头直指苏联的《对苏攻势作战计划》，日军东北边境要塞就是这个计划的一部分，按照对苏作战计划，在此驻扎重兵，秘密修建地下要塞，以作为攻苏的战略基地。为了将它建成"北满第一永久要塞"，日军耗资数亿，强征中国劳工 10 多万，共用时 10 年（地下工程于 1939 年基本建成，整个要塞工事到 1943 年才告完成）。在这 10 年中，有数以万计的中国人被秘密押到这里充当劳工，建成了庞大的进攻防御体系，当年修筑秘密要塞的劳工被秘密杀害的传说在民间流传了半个多世纪。

当时，日本关东军认为：虎头要塞之坚固、守备兵力与火力配备之雄厚，远胜过法国的马其诺要塞，将其夸耀为"东方的马其诺防线"，"可坚持 6 个月不怕围困的坚固要塞"。甚至狂妄宣称："当日苏爆发战争，只要在虎头坚持三天，即可打赢日苏战争。"多年来，史学家们习惯于将第二次世界大战结束的时间定在日本天皇无条件投降的那一天，即 1945 年 8 月 15 日，而后人研究发现，1945年8月30日才是战争真正结束的时间，并且在此之前的数天内，发生了一场规模宏大、场面壮烈的要塞争夺战，这场争夺战的"导火索"却是一个当地农民无意中"点燃"的。

1945年8月9日，从凌晨1时开始，强大的苏联红军在大炮和飞机掩护下，苏联红军第35集团军向虎头要塞发动了猛烈的进攻，使日军防御体系支离破碎，各自为战。

由于苏军战前侦察情报工作不细，投入战斗仓促，加之对我国境内的地形不熟，南路苏军本来是向郧山和胜山要塞攻击的，由于驻守要塞的与后方切断了通讯联系的日军第132旅团第783大队没有与苏军交火，因此苏军没有发现这一部分日军，直接向中国境内追击日军而去，这使得黑龙江东宁境内日军第132旅团第783大队近2000人得以隐蔽下来。

1945年8月11日，被当地人称为"张大胆"的人去捡战场上的破烂，他拿着一把破旧的日军战刀到处挑来戳去，企图寻找值钱的东西，在一片废弃的建筑中，他一不小心挑开了一处日军伪装的枪眼兼通气孔，发现了一群手端刺刀的日本兵，吓得撒腿就跑，并向驻扎在石门子的苏军报告了这一情况，一位懂中国话的苏军军官向张福忠详细地了解了情况。

8月12日，苏军第一方面军后续集团军部队以及从老黑山追击日军的苏军某部，奉命围歼张福忠发现并报告的漏网日军要塞。日本关东军第783国境守备大队凭借着虎头要塞进行殊死的抵抗，战斗异常激烈和残酷，日军守备队虽不足2000名，但火力较强，在战斗的紧要关头，日军不惜一切代价组织敢死队与苏军血拼，给苏军造成了很大的伤亡，苏军没有预料到，工事严重毁坏、弹药不足的日军仍有如此顽强的抵抗力。

8月15日中午时分，日军官兵收听到了日本天皇宣布无条件投降的"御音广播"，但是守备司令官大木正大尉拒不相信："关掉收音机！哪里是陛下的广播，分明是削弱友军战斗力的谋略性广播。"他的话给司令部定了调，将虎头要塞的日军推向了死亡的深渊。

苏军飞机向日军阵地撒布日本天皇的投降诏书，但要塞的日军认为这是苏军在欺骗，继续抗击苏军，苏军用汽车、装甲车从江边运来了大量毒气筒和鼓风机，利用地下工事露在地表的换气孔、烟囱等通孔向洞中鼓吹毒气。龟缩在洞中的日军，不少人因中毒窒息而死，少数头戴防毒面具的日军士兵苟延残喘地死守在洞口，这一天是日军损失最惨重的一天。

8月17日，日本关东军司令部通告关东军全部向苏军投降，东北全境解放，但在虎头要塞，激烈的战争并没停止。苏军出动了多辆中型战车、自行火炮、火箭炮继续扫荡日军，逼近要塞洞口，直接用火炮轰击地下要塞中的残敌。

战斗一直持续到8月26日，负隅抵抗的日军才全军覆灭，2000多名日军官兵及开拓平民全部葬身于虎头要塞中，1945年8月30日，胜洪山顶最高处挂起了白旗，第二次世界大战的最后一场战斗结束了，虎头守备队仅剩的53名日军官兵被苏军俘虏。号称"东方马奇诺防线"的日军要塞，并没有挽救侵略者失败的命运，相反却成了埋葬他们的坟墓！但苏联红军也付出了沉重的代价，阵亡了1000多名战士，虎头战役成为第二次世界大战的最后一战，第二次世界大战的终场帷幕终于在虎头这里落下了。

这场战斗发生在日本宣布投降前后，本是可以避免的，如苏军可以围而不攻战术来消磨敌军斗志，损耗其给养，达到不战而屈人之兵的目的，可苏军偏偏选择了强攻的作战样式，使本不知日本已投降真相的日军只好拼命抵抗，参加虎头要塞攻坚战的苏军（先后投入两万余人）为此付出了1000余名官兵的生命。1945年8月，那场空前惨烈的要塞攻坚战，由于日军负隅抵抗，最终使第二次世界大战的结束时间比日本宣布无条件投降整整迟缓了11天，因此虎头要塞被国内外有关专家、学者称为——"第二次世界大战的最后激战地"。

第二章

少为人知的首脑秘闻

老布什真的曾经差点儿被日军吃掉吗

不论什么战争都是非常残酷的，持续多年的第二次世界大战更是如此。有的人英勇地战死了，有的人幸运地活了下来。死去的人可能死在了战场上，也有可能以非常痛苦的方式死去。

而在第二次世界大战的历史上，美军士兵曾经被日军士兵解剖吃掉。这不是恐人听闻，是确有其事。当时那支队伍中也有美国前总统乔治·布什，他要不是非常幸运地没有被日军俘获，恐怕也会惨遭被吃掉的下场。

美国历史学专家詹姆士·布拉德利在他的著作《飞行员》里，详细地披露了这件事情。布拉德利所得到的资料来源于作为审判的官方的一员、曾参与关岛审判的一名美国律师，和一些日军战犯的一些证词。资料虽然不完整，但还是基本能还原当时的真相。

1944 年 9 月 2 日，美军为了轰炸日本父岛列岛，派出了老布什等飞行员去完成空袭任务。父岛列岛位于东京南部 700 多千米处的海面上，这座岛上驻扎着许多日军官兵。当他们飞抵父岛列岛时，遇到了日军强大的火力，最后飞机被击毁。老布什等人只得跳伞逃生。

然而，只有老布什一人没有落入日军手里，其余 8 名均被日军俘获。这 8 名美军在岛上受尽了各种各样惨无人道的折磨，其中 4 名被日军解剖吃掉了。

当老布什知道这个事实时，他不住地摇头，接着是沉默不语。布拉德利对老布什的反应做出了解释，他认为老布什是一个久经沙场的老兵，见过了太多的生生死死，所以他没有表现出非常激烈的反应。

美军飞机话务员马弗是第一个受害者，他的眼睛被日军士兵用黑布蒙上，之后被押到一个刚挖好的坟墓前。马弗还没有弄清楚将要发生什么事情的时候，就被砍下了头，他甚至没有发出痛苦的呼喊声，只是轻轻地呻吟一下，就死了。

更为可怕的是，日本外科医生寺木对马弗的尸体进行了解剖。一名曾经参与解剖的医生在战败后对当时的情景做了这样描述：寺木用刀将他的胸口切开，然后取出了死者的肝脏；而我将死者腿上的肉割下来，还用秤称了一下。日本高级军官间条正是由寺木对马弗的尸体的解剖，想到了一场"人肉宴"。之后飞行员霍尔也难逃厄运。间条下令让士兵用尖尖的竹子把霍尔的肝捣成碎片，说这样吃下去对胃有好处。之后，飞行员的肉被放进锅里烹煮，还加入酱油、蔬菜。残暴的日军疯狂地享用了飞行员的血肉。

另外一名飞行员吉米虽然做了一段时间的翻译，但最终也和他的战友沃伦成为了"人肉宴"上的牺牲者。剩下的4名飞行员无一幸免，其中一人是被凶残的日军用棒子活活打死的。

日军战犯在投降后接受审判时，对8名美军飞行员进行残害的事实供认不讳。据说美国政府为避免飞行员们的亲属在得知这个消息，尤其是他们惨遭残害的所有细节后，会过度悲伤，所以只宣布了他们全部遇害身亡的消息，没有将上述事实公布。

在美国，几乎人人都知道老布什幸免于难的故事。但是，这8名飞行员惨死的真相保守了近60年。

在得知这个消息后，老布什再次登上父岛列岛，他非常悲痛地说："为什么就我一个人活了下来，难道真的是上帝在救我？……其实这么多年了，我一直记得当年那些飞行员战友。"成功获救的老布什此后仕途一路顺风：1971年到1972年，老布什任美国驻联合国大使；1974年任驻北京联络处主任；1976年改任中央情报局局长；1980年当选为副总统；1988年当选为第41任美国总统。但是，他一定铭记着那段刻骨铭心的历史。

历史已经远去了，虽然布拉德利在书中做了大量的分析，但是所发生的真相是否就真的如书中所描述的那样？而且，究竟为什么只有老布什一人活了下来，他又是如何逃过这场悲剧的呢？这个疑惑至今仍然未解。

斯大林之子死亡之谜

1941年7月16日，斯大林的长子雅科夫在斯摩棱斯克大卢基镇战斗中被俘，后被关押到萨克森集中营。1943年4月15日，雅科夫死于集中营内。那么，雅科夫到底是怎么死的呢？

斯大林的长子全名叫雅科夫·朱加施维利，1914年3月8日生于莫斯科库兹基庄园。1937年大学毕业后在莫斯科斯摩棱斯克工程建筑学院任工程师。苏联卫国战争爆发后，雅科夫积极报名参军，并上了前线，不久，成为苏联第16集团军14坦克师三团二营中尉军官。

1941年6月22日，苏德战争爆发，在几乎没有准备的情况下，苏联全线溃败，主要的工业、农业区相继被德军占领。更富戏剧性的事发生在7月16日，在斯摩棱斯克大卢基镇战斗中，苏联第14坦克师被击溃，雅科夫成了德军的俘虏，很快被送到德国吕贝克的奥弗拉格克斯集中营里，后来转到萨克森集中营关押。

随着德国多线作战，苏联逐步掌握了战争主动权，在斯大林格勒战役中的德军将领保卢斯失利，被迫向苏军投降。希特勒传信给斯大林，希望苏方释放保卢斯将军，作为交换条件，德国方面愿意释放已关押了半年多的斯大林的儿子雅科夫。斯大林没有因此动摇，他让中立国的红十字会转告希特勒："我不喜欢用一名将军交换一名士兵。"由此苏联人民更加敬佩斯大林，为他毫不循私的精神深深感动。但这对于雅科夫无疑是当头一棒，也预示着他命运的结局。

雅可夫被俘后情绪极度低落，他为未能完成父亲誓死保卫斯摩棱斯克城的嘱托，未能率部为祖国流尽最后一滴血而深深自责，斯大林所说的"没有战俘只有叛徒"的话也使他没脸回到故土去。当听说斯大林不愿"用一名将军交换一名士兵"的消息后，雅科夫在精神上遭受了重创。但是雅科夫却不知道，斯大林没有一刻不在为营救他而努力。斯大林特别下令，责成有关方面进行过两次营救行动，但都以失败告终。

1943年4月15日晚上11时，雅科夫死在萨克林集中营。雅科夫的死对德国人来说是件很麻烦的事。德国人担心苏联人如果知道雅科夫在集中营死去，会在苏联境内关押的德国战俘身上进行报复，所以下令对雅科夫的死严格保密。

雅科夫的死亡原因一直是个谜，长久以来人们不断争论，众说纷纭。

有人认为雅科夫是在集中营内自杀的，自杀的原因是绝望和悲伤。斯大林所讲的在战场上没有战俘，只有叛徒，这句话对雅科夫打击最大。1943年4月15日，德国萨克森集中营的看守狱卒将德国《德意志新闻报》刊登的有关苏军在苏联境内的卡廷森林屠杀成千上万的波兰军民的报道给雅科夫看，当雅科夫看了卡廷屠杀真相后，精神受到很大的刺激，达到了绝望的地步，于是在集中营里自杀身亡。但这一点值得商榷，因为雅科夫在集中营已经待了两年，而且在斯大林屠杀波兰军民的前后，曾和他的几位波兰难友两次策划过越狱。这一切又表明雅科夫直到死前从未放弃过生的努力。

许多人传言雅科夫是在越狱逃跑时被德国士兵开枪打死的。当斯大林不愿意用德国战俘保卢斯将军交换儿子时，雅科夫非常失望，加上集中营的环境恶劣，使雅科夫难以忍受。晚上11时，当集中营"放风"集合时，雅科夫突然逃跑，飞身冲过集中营的铁丝网，德国士兵发现后，向雅科夫开了20枪，打中11枪，雅科夫当场死亡。接着，德国军队的哨兵从铁丝网外边，把雅科夫的尸体拉回来，用毯子裹着，10个小时后，雅科夫的尸体在集中营的焚尸炉里被火化。

也有人认为雅科夫是在集中营内被德国党卫队特工谋杀的。1942年12月，苏德战场形势发生了重大转折，德国第6集团军夺取斯大林格勒的企图被挫败。1943年初，进攻斯大林格勒的第4集团军在司令保卢特·拉都勒的率领下向苏联红军投降。纳粹德国在党卫队头子戈培尔·拉加利的指示下，准备利用雅科夫搞反动宣传，雅科夫顶住了诱惑和压力，没有被德军党卫队利用。4月15日晚上11时，德军党卫军上校中队长卢德维拉·艾特加指使纳粹特工格哈特·多马克中尉和巴巴罗萨·荣特金上士将雅科夫秘密枪杀。然后将雅科夫的尸体扔到集中营的铁丝网外，伪造现场，对战俘们说雅科夫因逃跑被哨兵发现而被枪杀。

由于雅科夫死前没有留下什么遗言，他是自杀还是他杀可能将永远成为一个谜。

希特勒为何对冲锋队下毒手

希特勒所主张的法西斯主义为人类带来了沉重的灾难，法西斯主张恐怖统治，毫无人道地对外侵略，并利用惨绝人寰的手段为自己所要达到的目的而服务。希特勒以法西斯主义为统治思想，运用无数残忍的手段来加强自己的统治，扩展自己的势力。

纳粹党之所以能够立足于一时，一个重要原因就是他们的统治手段。而为希特勒效力的冲锋队，正是在这种恐怖统治之下，为纳粹党服务的一支部队。然而，就是这样一支为纳粹党和希特勒所服务的部队，为何在一夜之间"人间蒸发"，希特勒究竟为了什么而将他们统统处死？历史上对于这场"血洗"展开了讨论。

随着纳粹势力的不断扩张，希特勒决定成立一支能够对敌冲锋陷阵，对内保护自己安全的贴身部队，而这时，希特勒想到了自己战斗力强，战斗经验极为丰富的朋友罗姆来担任这支冲锋队的队长。在冲锋队成立之后，伴随着纳粹党的发展和希特勒恐怖主义的对外延伸，这支冲锋队为他立下了汗马功劳。不过在1936年一天的凌晨，希特勒下令处死了这支冲锋队的所有队员。为此，世人充满了不解，关于这次血洗，历史上主要存在以下几种说法。

第一种观点认为希特勒血洗冲锋队的原因是罗姆篡权。罗姆，历史上对这个人的评价很不好，说他是个残忍狠毒、杀人不眨眼的恶魔。起初他和希特勒是好友，但是随着希特勒势力的不断扩大，权力的不断凝聚，罗姆逐渐怀恨在心，企图夺取他的位置。在罗姆担任冲锋队队长期间，罗姆利用自己的职权不断地扩张冲锋队的规模，而且他所做的很多事都超出了他的职权范围。最为明显的，是他明确提出要消灭德国的贵族和一些知名企业家，并企图将军队牢牢控制在自己的手里。他的所作所为让纳粹党忍无可忍，正是由于他的这些行为的积攒，导致了希特勒下定决心要将他们一举铲除。

第二种观点认为希特勒血洗冲锋队的原因是冲锋队与陆军正规部队之间的矛盾。德国的陆军正规部队是纳粹党的主力部队，希特勒对外动武的原动力就在这支陆军部队上。起初成立冲锋队的时候，陆军部队对于这支冲锋队的态度是支持的，认为他们可以强化德国军队的军种，必要时肯定会有用武之处。但是队长罗姆和冲锋队的队员则不满足于寄人篱下，他们要争取与陆军部队同等的待遇，甚至有将陆军部队压在身下的意思。这对于陆军部队来说不能容忍，希特勒和整个纳粹党更不能容忍。为了保持陆军部队的战斗力，充分维护好军队的团结，希特勒觉得必须消灭这支冲锋队，只有这样，才能保持军心，保持战斗力。

第三种说法则是认为冲锋队自成立之日起，希特勒就赋予了他们特有的使命。冲锋队也在纳粹党最需要他们的时候立下了汗马功劳。但是，希特勒在历史上是出了名的狠角色，他觉得冲锋队一旦完成了他们的使命之后就没有任何利用的价值了，既然没有了用处，那就没必要存在下去了，于是，他下令集体处死了这支冲锋队。这也是历史上所持有的观点之一。

无论希特勒处于什么样的目的才血洗冲锋队的，通过这次屠杀，希特勒掌握到了绝对的权力。随着总统兴登堡元帅的辞世，希特勒随即通过法律宣布自己同时担任总统和总理。在军队的支持下以及对民众所施加压力迫使民众支持他的情况下，希特勒在全民公决中取得了胜利，从而成为德国的绝对权力的领导人。

希特勒真的有犹太人和非洲人的血统吗

众所周知的德国纳粹首领阿道夫·希特勒（1889~1945年），是第二次世界大战的头号战犯，他的行为遭到了世界人们的谴责，甚至痛恨，不仅因为他发动了大规模的战争，还因为他大肆疯狂地屠杀了大批犹太人，很有铲除犹太民族的趋势。

但是历史上却有很多学者曾经表示，希特勒本人就有犹太人的血统。这一说法引起了史学界的激烈的争论。

其实辨认犹太人非常容易。犹太人拥有独特的宗教、姓名、装束以及风俗习惯，他们的家族观念强于欧洲人；当然有些改信基督教的犹太人是很难辨认的，不过大多数教堂都会将居民的结婚及出生、受洗做成记录，所以依然可以凭借这些辨认他们的身份。

纳粹当时检验犹太血统，党卫军及盖世太保的成员军官的族谱要查到1750年，士兵的要查到1800年，一般人的族谱要查到三代。既然这样的话，希特勒的上三辈里会不会有人是犹太人或者带有犹太人的血统呢？

曾有传言称希特勒的祖母和犹太人有染，私下里生下了希特勒的父亲阿洛伊斯，如果真是这样，那么希特勒就拥有犹太人血统。据说，在1942年，德国党卫军头子希姆莱曾经调查过希特勒的身世，随后希特勒亲自下令，要求把所有调查来的资料烧毁。希特勒的这种欲盖弥彰的行为不得不令人生疑。

纳粹首要战犯、曾经积极推行灭绝犹太人的汉斯·弗兰克，在他的花了十五年写成的回忆录里，做了有关希特勒血统的记述。回忆录中说道，希特勒有一个同父异母的兄弟阿洛伊斯，这个兄弟有个儿子叫做威廉·帕特里克·希特勒，也就是希特勒的侄子。他曾经在1930年给希特勒写了一封信，信中写道，如果人们无法证实当时在新闻界流传的谣言，那么这会对阿道夫叔叔很有裨益的。当时所流传的谣言，正是说阿道夫·希特勒有犹太人血统。看完信后，希特勒非常震怒，认为这封威廉的来信是在恐吓他，说这是一个"令人恶心的敲诈阴谋"。

而弗兰克对于希特勒有个侄儿的事，非常惊恐。弗兰克双腿直哆嗦，但是使他感到意外的是，希特勒要他秘密调查他的家谱。原来，希特勒的祖母玛丽亚·安娜·席克尔格鲁贝，曾在奥地利的格拉茨的一个名叫弗兰肯伯格的犹太人家里做过厨娘。玛丽亚·安娜和主人的儿子关系密切，之后生下一个儿子，也就是希特勒的父亲。但是在孩子受洗礼的档案上，未说明他的父亲到底是谁。他被取名为阿洛伊斯·布克尔格鲁贝，后来他生养了阿道夫·希特勒。

英国《每日电讯报》曾经有过这样的报道，比利时记者让·保罗·穆德斯和历史学家马克·费尔梅伦调查了包括希特勒表兄弟、奥地利一名农民在内的希特勒亲属。通过检测他们 DNA 发现，希特勒很可能是犹太人（或非洲人）的后裔。

如果希特勒果真带有犹太人的血统，那他为何如此迫害自己的本族人呢？这对于这个极端的种族主义者和反犹太主义者而言，真是具有很强的讽刺意味。

这个问题至今无法有令人信服的解答，有待专家作进一步的调查。

希特勒真的患有精神疾病吗

提到第二次世界大战，谁都不会忘记那个战争狂魔——希特勒，他发动了第二次世界大战，将大半个世界卷入战争中，并造成几千万人丧命的惨剧，无数的犹太人受到迫害。那么，究竟希特勒是怎样的一个人才能够做出这样泯灭人性的事？

在二战期间，为了更加了解希特勒，制定相应的作战计划，盟国曾经对希特勒做过一份心理报告，分析希特勒的性格特征。在此之前，很多人认为，希特勒应该是精神病患者或者是同性恋，性格是畸形、变态的。那么，这份心理报告结果如何，它的作用又是什么？这份心理分析报告，从希特勒的爱好以及不为人知的性格秘密说起，全面地分析了希特勒各种行为背后的动机以及心理因素。

首先是他的性取向问题，熟悉他的人都知道他喜欢穿女人的衣服，而且显得很女性化，他喜欢观察人的手，如果谁的手长得不好看，他会拒绝同此人讲话，这样奇怪的心理为他的女性化又增加了一种说法。

关于他的女性化还有一个方面，有资料显示，他对自己养的动物非常慈爱，甚至连一只孔雀死去都会流泪，对于一只昆虫的死亡也会摇头叹息，心理学家分析，这也是一种"多愁善感"的女性化表现。

至于他是否是同性恋的问题，众所周知的是，希特勒有一个著名的情人——爱娃，专门研究希特勒私生活的传记家伟菲尔德经过调查希特勒的情妇发现，他对女性肉体有强烈兴趣，所以，同性恋的说法应该是不成立的。

但是，他一生其实对女人都没有好感，这种观点是可以肯定的。专家分析这与他年轻时那场畸形的恋爱有关。他曾经疯狂地喜欢上了自己的嫡亲外甥女，这场乱伦的恋爱最终以外甥女的自杀结束，这件事给希特勒留下了一生都难以消除的阴影并且产生了强烈的心理压抑感，他以后的种种变态行为或许可以从这里找到答案。

其次，报告说明他对长桌有着特别的喜爱，他曾经定制了一张 15 米左右的长桌，每次开会，他都会坐在长桌的主席位置，部署安排各项事宜。心理学研究表示，长桌能给人一种威严感，同时也给人距离感。所以，对于长桌的喜爱透露出的是希特勒对于"威望"的渴求，同时也是他对下属们保持怀疑和猜忌的显示，更深层次的则是一种内心的恐惧和脆弱。

第三个发现是希特勒特别喜欢"飙车"。他曾经严格规定自己所乘的大车时速要控制在 37 千米，可是夜间他会让司机以时速 100 多千米飞驰，100 千米每小时的速度在当时已经算是相当疯狂，希特勒却以此为乐。可见希特勒的心理压抑程度已经相当高。

还有一个很有意思的成果，那就是叱咤风云的希特勒对自己的外表特别在乎。他的肌肉本来就不发达，到了晚年，更是有些萎缩，但是，他禁止为他洗澡的仆人向任何人谈起他的身材，他在夏日也从来不穿短袖。更令人意想不到的是，他居然一直在进行隆鼻手术。

作为一名狂热的种族歧视分子，他认为，作为高贵的日耳曼人，一个高挺的鼻子能给人自信刚毅之感。但是，他绝不会让子民知道自己曾经在鼻子上做过美容，所以，他多次秘密接受手术，让鼻子一点点地长高。这样的行为直到最后德军节节败退时仍在持续。

希特勒对自己外形的格外在乎显示的是一种畸形的虚荣心。肌肉不发达，鼻子不高挺，对于国家领导人来说并不是什么重要缺陷。但是，对于自己弱点的讳莫如深却显示了他心理的脆弱。这样，更加大了他和外界的隔膜，造成沉重的心理负担。

这样的希特勒多少显得有些病态，但是美国精神病学家暨神经病学家雷德利克认为，希特勒所具有的妄想、自恋、忧虑、抑郁及心疑是精神病症状的显示。但是，他"清楚自己在做什么，他选择这样做是出于自豪与热忱"，对于这种说法，也存在着多种争议。

这份报告的用途其实是为了制定诺曼底登陆，开辟第二战场的时间表的。当时，已经决定要开辟第二战场，对德军进行更加致命的打击，但是，美国政府对于具体登陆的时间却存在很大争论，争论围绕希特勒在心理上能否承受5月底前盟国的登陆，由此形成鲜明的两派，即1944年5月底之前和1944年8月以后。

这份报告得出的结论是在5月底之前登陆是更好的选择。因为"如果盟军在西线发动强大的攻势，那么他在表面上，仍会显出满不在乎的样子，但内心的虚弱肯定会大大增强。而且由于战火越烧越近，他将无法再在柏林"午夜飞车"，这样心理负担必然加重，盟军如果在1944年上半年发动大规模反击，希特勒将无法有效地指挥百万大军。

罗斯福最后接受了心理报告的分析，同意美军在1944年上半年参加西线登陆战。果然，盟军在诺曼底成功登陆，为开辟欧洲的第二战场奠定了基础，加速了德国法西斯的灭亡。

希特勒是自杀的吗

1945年4月30日，苏军攻入德国柏林，当最后一个德国兵倒下的时候，意味着二战以盟军的完胜告终。

进入柏林的苏军开始到处搜寻希特勒的行踪。5月4日，苏联侦察员在帝国总理府花园的一个弹坑里发现了两具焦尸，据猜测可能是希特勒和他的情妇爱娃。然而，斯大林并不这么认为，他的观点是以希特勒的性格不会轻易寻死，这两具尸体很可能是希特勒使用金蝉脱壳而施的障眼法。此时的希特勒或许已经藏匿起来。

为了确认这两具烧焦的尸体当中是否有希特勒，苏联军官把希特勒的颅骨给他的牙医看，牙医看过之后说颅骨中有自己给希特勒做过的几颗假牙。到了1956年，德国行政民事法庭的审判官们对希特勒进行审判时，因48名证人对希特勒已死的证词，宣判1889年出生的阿道夫·希特勒公民已去世。

从此，希特勒的死亡就此定案。

本以为希特勒的死，随着德国行政民事法庭的宣判就此结束。但多年之后，西方媒体的一则报道却再次激起人们对此事的关注。

93岁的厄内斯特·科尼格曾是第二次世界大战时期德国先进水上飞机的研究人员和驾驶员。他向媒体披露了希特勒的"格陵兰逃亡计划"，自此人们开始对希特勒的死产生怀疑。

"格陵兰逃亡计划"就是希特勒在德军全军覆没的前期，为自己逃跑做的一个大胆的计划。他准备使用正在研制阶段的水上飞机从海上乘飞机逃往北极的格陵兰岛。

据科尼格的叙述，他在1945年4月初接获上级要求准备两架V-222水上飞机的命令。

科尼格接到命令后马上着手准备，调试好两架飞机过后，并从特拉沃明德市的港口码头运来大量雪地设备包括雪橇、帐篷和食品，为长途飞行做好准备。当他询问谁要如此冒险乘坐飞机时，得到的回答是希特勒和其他30多名纳粹高官。至此，科尼格猜到德国的时日无多。

但"格陵兰逃亡计划"并未如希特勒想象中的那样顺利。

在第二次世界大战的最后几周，苏军突破德国军队的重重防卫很快就包围了柏林。希特勒的私人秘书和副手马丁·波曼试图逃离柏林时死于苏军的扫射之下。希特勒觉得苏军的封锁过于坚固，利用"格陵兰逃亡计划"逃脱的成功性不大。于是希特勒临时决定放弃"格陵兰逃亡计划"，留在柏林。

这件事情得到披露后，人们心中形成了一种想法，希特勒并不是轻易寻死的人，而是会审时度势寻找逃脱机会的人。紧接着以后的事，更为希特勒的死蒙上了一层神秘的面纱。当人们对焦尸颅骨上的假牙是否属于希特勒再次向希特勒的牙医求证时，牙医和牙医的助手却不再那样肯定假牙属于希特勒。

紧接着，媒体开始挖掘二战中关于希特勒之死的资料，他们发现法医们在希特勒开枪自杀的沙发上找到的血迹实际上并不是血，只是色泽相像的液体。而且根据当年 48 个证人在法庭上的证词，希特勒是服毒后开枪自杀的。但是对烧焦尸体的尸检结果中却未找到毒素和大脑弹痕的记录。人们对希特勒是否已经死了的疑问更加深了。会不会希特勒根本没有死，死的只是他的一个替身？

媒体又找到希特勒的副官京舍在回忆德国战败时，希特勒的举动的证言。他曾说希特勒在自己的房间隔壁换了装，改变了外貌，并让警卫们离开房间的附近。因此很有可能改变容貌后的希特勒夹杂在柏林的难民当中逃了出去，要知道柏林那时的难民有 4 万人之多，希特勒要混迹其中逃出去是件很容易的事。

随着二战秘密事件相继公布，希特勒的死变得越加离奇。在丹麦的北海海滨，丹麦捕鱼船只曾打捞上来一只密封的玻璃瓶，里面装着一名德国潜艇水兵的信。信中说到希特勒其实并没有死，而是逃到了水兵所在的潜艇，准备驶向格林兰岛。但潜艇撞上了沉船，破了个大洞，希特勒在艇尾紧闭的舱内，无法脱身，死在了沉没的潜艇中。

如今知道内情的人不是已经战死，就是已经老死。而人们根据现有资料得到的结论：希特勒不是死在后花园，就是死在沉船中。到底死在哪儿？后花园中烧焦的尸体是不是希特勒？恐怕这些问题很难有人给出一个确切的答案。

纳粹副元首赫斯为何出走英国

1941 年 5 月 10 日下午，一架"梅塞施密特 -110"高速战斗机孤单地离开了德国的土地，冲着英吉利海峡的彼岸飞去。次日凌晨 3 时，飞行员毅然跳机，伞降在苏格兰境内，无人驾驶的战机则坠毁。

这次午夜飞行堪称二战历史上最神秘的事件之一，全因这名飞行员的特殊身份——他，早年追随希特勒，是其忠实的助手与知己；他，"第三帝国"的副元首、德国纳粹党魁之一；他就是"一人之下，万人之上"，稳坐德国纳粹党第二把交椅的鲁道夫·赫斯。

鲁道夫·赫斯出生在 1894 年的埃及亚历山大港畔，一战期间已作为少尉飞行员参加了最后一个星期的空战。1917 年，他与传令兵阿道夫·希特勒在前线司令部结下一面之缘。六年后，希特勒在慕尼黑啤酒馆暴动中被抓获，监禁于兰德斯堡监狱；而当时对希特勒佩服不已的赫斯听闻此讯，二话不说从奥地利赶到德国陪希特勒蹲监狱。身陷囹圄的希特勒与赫斯相依为命，赫斯更获得希特勒授权记录整理其自白，撰写出后来被世人誉为"法西斯主义理论的最集中的体现"的希特勒自传《我的奋斗》。这两人一连串拴在一起的遭遇，终于使赫斯成为了希特勒的心腹知己，自 1923 年纳粹党建立之始，赫斯在党内的地位就扶摇直上。

回到 1941 年的那个晚上，赫斯伞降在汉密尔顿公爵住宅区附近后，首相丘吉尔向美国总统罗斯福作了通报，又先后安排内阁成员西蒙·比弗布鲁克及汉密尔顿公爵等人与赫斯会见。赫斯声称，他"肩负着一项人道的使命"，并再三表示，"德国并不想打败英国，而是希望停止战争"。赫斯说，缓和目前世界局势的唯一办法是，英国必须允许德国在欧洲自由行动；相对应地，德国也会让英国在英帝国的领土上完全自由行动。然而当时的丘吉尔战时内阁对赫斯这番"疯话"毫不理睬，直接将他投入了监狱。直到 1945 年，纳粹统治分崩离析后，赫斯才被移交纽伦堡国际军事法庭。他以"准备和进行侵略战争罪"被判处无期徒刑。

半个世纪以来，关于赫斯为什么会有如此惊人之举仍对世人是个未解之谜。当有人说他精神失常，有人说他因失宠而叛国，又有人说飞往英国的根本就是假赫斯的时候，真相又在哪里呢？赫斯一家互相矛盾的表态也引人联想。

当赫斯在狱中伶仃度过他的九十大寿之时，赫斯的儿子沃尔夫·赫斯出版了《我的父亲鲁道夫·赫斯》一书。在书中，沃尔夫给出解释：其父确是携带了一份详尽的"和平计划"赴英的。希特勒的意图是，若"和平计划"成功，则皆大欢喜；一旦失败，柏林方面将宣称赫斯精神失常。既然是偶像希特勒亲自导演的闹剧，"死忠粉丝"赫斯自然是二话不说地答应下来，并且逼真卖命地伪装下去。长达217天的纽伦堡国际法庭审判进程中，赫斯时而做失忆状，时而装疯卖傻，并坚持不与昔日的纳粹战友戈林等人相认。直到同盟国的若干医生无法证实其"精神失常"，纽伦堡国际法庭表示，如果不能受审，赫斯可能再也不能到法庭来，而且很快与其他被告分开。赫斯听闻马上站起来，承认自己有意愚弄了律师和医生："庭长先生，从今以后，我的记忆力将对外恢复正常。"

然而，赫斯的妻子伊尔莎则与儿子的口径大相径庭。伊尔莎认为，丈夫的行为纯粹是自主行事，"可以肯定的是……我知道我的丈夫有清醒的头脑与自由的意向，他没有被委派，事先也没有请示过希特勒。他是自愿作出牺牲的，他那失去平静的思想中除了和平外别无其他"。作为伊尔莎的声援，德国两位历史学家根据《希特勒秘密档案》中的史料，也作出"希特勒对赫斯出走事先并不知情"的判断。

此外，近年来国际间尚有一些研究认为，赫斯的出走是中了英国人的"圈套"。尽管上述说法听起来似乎都言之凿凿，不无道理，但也都存在不少难以自圆其说的漏洞。这一谜团的真相，恐怕必须要等到2017年英国解密赫斯档案的时刻才能见分晓了。

另一个关于赫斯的谜团是他的死亡之谜。1987年8月17日，赫斯在西柏林斯潘道监狱猝死。是自杀还是他杀？是假赫斯还是真赫斯？赫斯的死掀起了国际社会轩然大波，这些问题亦萦绕在欧洲大陆上空，久不散去。

据传，当天赫斯在医护搀扶下来到院中凉亭稍作歇息，而后医护人员因事暂时离去，回来时等待他们的竟是脖子上勒着电线的赫斯尸体。经解剖，医生确定赫斯死于窒息。一张神秘的"赫斯留给家人的字条"被当作赫斯自杀的证据，然而这个结果并不能服众。后来，在重重疑团中，赫斯的尸体被运回家乡埋葬，事情也不了了之。

时隔不到一年，赫斯之子沃尔夫表示他的父亲是遭人暗杀；又一年过去了，英国前军医、历史学家休·托马斯出版《赫斯：两起谋杀案的故事》，说赫斯是同一起推翻丘吉尔首相的阴谋有牵连而被暗杀的，还说这次的死者是冒名顶替的假赫斯，而真的赫斯早在 1941 年"秘密和平使命"的途中就被暗杀了。赫斯被暗杀后，希姆莱选派了一个和赫斯长得极像的人，英国当局便把他当作真赫斯关押起来。托马斯说，1987 年死的正是这个赫斯。

沃尔夫却不同意托马斯的说法，沃尔夫认为英国当局在掩盖赫斯之死的真相。目睹验尸过程的沃尔夫认为有充分证据证明赫斯是他杀，因为赫斯脖颈上的勒痕很明显是第三人为之，而所谓父亲给他留的字条毫无疑问是伪造的。

赫斯悬案迄今未了，或许 2017 年赫斯档案解密会引起一轮更为激烈的争论。

第三章

诡异离奇的军事人物

"我只忠于德国"——莫德尔

与其他德国名将相较，莫德尔元帅朴实无华，他不像曼施坦因那样的才华横溢；也没有古德里安般的学术造诣；更不是隆美尔那样个性鲜明，声名远播；还缺少着龙德施泰特那样普鲁士传统的显赫资历；但是，莫德尔非常地顽强，百折不挠，他的敌人称他"是一个极其难缠的对手！"而希特勒曾称赞他："是我最好的元帅！"

沃尔特·莫德尔元帅是纳粹德国最年轻的陆军元帅，在德国陆军元帅中算是一位后起之秀，他是第二次世界大战中轴心国阵营里涌现出来的一位很著名的军事家，他在德国最后时刻所表现出的军事才华，曾被希特勒本人称为"东线的救星"而成为第二次世界大战后期希特勒最为倚重的将领之一。莫德尔于1891年1月24日生于德国马格德堡附近的根廷，父亲是音乐教师。莫德尔性格犟强而暴躁，透过单片眼镜的却是坦诚的目光，他平易近人却不苟言笑，严肃客观却不失幽默。第二次世界大战中，他作为第9集团军司令领兵数万打了一次又一次恶战，被誉为"转危为安的人物"。

1942年1月，莫德尔接任第9集团军司令职务，这是他第一次受命于危难之时，刚接手时的第9集团军是一个名副其实的烂摊子，这时的第9集团军纸面上有兵力26万人，实际上只剩下不足6万，战斗序列里的165辆装甲战车，此时只剩下4辆Ⅲ型突击炮和一辆Ⅲ型坦克。第9集团军漫长而薄弱的防线被苏军加里宁方面军多点突击，撕成碎片，一股苏军已经打到距离集团军司令部几千米的地方。莫德尔抵达集团军司令部时，看见的是一张张沮丧绝望的脸，作战参谋布劳洛克向新上任的司令官简要介绍了情况，莫德尔立刻在地图上指指点点，打算从这里切断苏军补给线，从那里对苏军侧翼进行反击。布劳洛克目瞪口呆，问道："您为这次反击带来多少部队？"莫德尔哈哈大笑："就我一个人。"

2月5日，他在奥列尼诺和勒热夫附近同友军一起，从东西两面向包围他们的苏联第29集团军发起进攻，反过来包围该部并予歼灭，此役使莫德尔在德军中被视为"转危为安"的将领，因而获得栎树叶骑士十字勋章。

在这次战役中，他不同意希特勒要分散兵力向南北两个方向进攻的命令，以一个参谋军官特有的严谨缜密陈述事实，说明第9集团军必须集中兵力稳固北面防线，但希特勒不为所动，莫德尔异常恼怒，两眼盯视希特勒，粗鲁地问道："我的元首，是谁指挥第9集团军，你还是我？"他自信比希特勒更了解前线情况，而后者只是依靠地图，希特勒试图打断他的陈述，直接下达一个命令给第47装甲军，莫德尔梗着脖子回答："我不会执行这个命令。"希特勒又惊又怒，过了一阵子才无可奈何地说："好吧，莫德尔，你自己看着办，不过一切后果自负。"希特勒望着莫德尔离去的背影，事后对身边的副官说："你看见那人的眼神了吗？我很信任他，但我不会愿意在他手下工作。"

莫德尔认为，一名指挥官如果失去自主权，被捆在命令上，充其量只能打顺利仗，但永远不能打赢硬仗、恶仗。古德里安对他的评价："莫德尔是一个非常优秀的战术家，而对于防守比攻击还要高明，他的态度很粗鲁，他的方法常不为德军高级统帅部所接受，但是他却深为元首所赏识，莫德尔对于希特勒的强硬态度，是任何人不敢为的，凡是他认为不合理的命令，他都敢抗而不遵。"

1944年1月，苏军对德国北方集团军群发起强大攻势，卢加地段的德军一败涂地，希特勒以擅自撤退为由，将屈希勒尔撤职，任命莫德尔为北方集团军群司令，莫德尔采取"盾与剑"方针，有目的撤退，为将来反击争取时机，从而暂时稳定了列宁格勒方面的战局，莫德尔因而再度赢得希特勒的信任，被称为"防御勇士"并晋升为元帅。

6月，苏军实施代号"巴格拉季昂"的白俄罗斯战役，突破德国中央集团军群的防线，德军的37个师有28个师被消灭或投降。希特勒急忙撤掉布施之职，让莫德尔接任中央集团军群司令。于是，莫德尔成为德军第一个同时指挥两个集团军群的元帅，足见希特勒对莫德尔的信任。莫德尔果然不负所望，不等希特勒答应的援军到达，便从北乌克兰集团军群抽出几个装甲师调到中央集团军群的战区，在东普鲁士接近地、那累夫河和维斯杜拉河一带建立绵亘的防御正面，并歼灭孤军深入的苏联第三坦克军，再次暂时稳定了防线，莫德尔被希特勒誉为"东线的救星"，在德军中以"元首的消防队员"而著称，获得栎树叶双剑钻石勋章。

然而，莫德尔无力改变整个战争的结局，12月，战争已逼近德国本土，12月16日，莫德尔率部执行"莱茵河卫兵"计划，在芬纳高地和卢森堡北部之间地带发动阿登攻势，莫德尔虽然反对这个"轻率"的行动，却一反常态，怀着对希特勒的忠诚而坚决执行作战命令。

阿登战役结束后，盟军推进极其迅速，莫德尔意识到德军败局已定，心情极度悲观痛苦，从前那种勇猛机智顽强的指挥作风已荡然无存，过去，莫德尔从不消极防御，曾屡次拒绝执行希特勒下达的死守硬拼的命令，但是，盟军强渡莱茵河时，莫德尔却消极防御，1945年4月，莫德尔所部被盟军合围在鲁尔工业区，莫德尔既没有执行希特勒关于炸毁所有工厂的命令，也拒绝接受盟军要他投降的命令，莫德尔看着眼前的破壁残垣道："一名元帅不会成为阶下囚，这种事情不可能发生。"

1945年4月17日，鲁尔工业区已经落入美军手中两天，各道路上都有被俘的德军部队行进，莫德尔带了3名军官和几个士兵在拉亭根附近冲破一个美军纵队而逃到杜易斯堡附近一个森林中，莫德尔对情报参谋说："我的死期已到。"莫德尔在要求副官对他开枪遭到拒绝后说："我从来没有这样失望过，因为我只忠于德国。没有任何事情比落入俄国人手中更为可怕，我死之后，望你把我埋葬。"说完即举起手枪自尽。

巴顿之死谜团重重

乔治·巴顿将军，1885年生于美国一个军人世家。因为自小对父亲的钦佩，立志长大做一名军人。经过不懈的努力，他终于考取了美国军事专业的皇冠院校西点军校。毕业后他又先后到弗吉尼亚军校、顿利堡骑兵学院及轻装甲部队学院接受军事训练，这为他日后成为一名优秀的将军打下了坚实的基础。

巴顿将军首次上战场是在第一次世界大战，在指挥坦克方面表现了出色的才能。于是在第二次世界大战时立即被上级提拔为美国第二装甲军团司令。他在第二次世界大战的战场上英勇杀敌，屡建战功，令敌人闻风丧胆，被人们称做"血胆老将"。由于其在二战中的赫赫战功，1945年4月，美国军方授予他四星上将的军衔。

可是就在这位驰骋沙场的老将得到四星上将后不久，一场悲剧发生了。1945年12月9日，巴顿将军在德国曼海姆附近遭遇车祸，身负重伤，经医院抢救无效，于12月21日在海德堡医院辞世。

1945年12月9日清晨，这是一个晴朗的清晨。巴顿将军决定趁着这美好的天气与盖伊上将出去打猎。他们准备一大早就搭乘艾森豪威尔将军的专机离开。巴顿将军到了门口就看到接他去机场的司机霍雷斯·伍德林，他开着一辆超长豪华凯迪拉克正等待着他。

巴顿和盖伊上车后，伍德林就发动汽车向机场驶去。在途中他们经过一个火车道，而在火车道600米的前方行驶着两辆大卡车。为了小心避开卡车，伍德林慢慢地开动汽车，但不幸还是发生了。当伍德林从左边避开第一辆卡车时，第二辆卡车却档住了他的去路。情急之下，伍德林一个急刹车，后面的卡车来不及反应向前冲撞，撞到了凯迪拉克右边的底盘上。凯迪拉克因此被撞出3米开外，巴顿将军由于惯性被甩了出去，头部重重地接在司机席后面的围栏上。脊柱、眉骨都受到无法修复的损伤。而同坐的其他两人却毫发无损。

很快救护车就赶到了现场，巴顿将军立即被送到海德堡医院抢救。抢救很是成功，虽然刚开始他的四肢不能动弹，脖子以下也没有知觉。经救治过后，他的一条胳膊变得有力，另一条腿也有了些微弱的知觉，医生都以为他度过了危险期。哪知道这其实是巴顿回光返照。12月20日下午，巴顿将军的病情急转直下。第二天清晨5时55分，他就因血栓和心肌梗塞死在了医院。这位叱咤美国军事界的一代枭雄就此殒命。

巴顿的死留给人们很多疑问。为什么轿车中的三人，只有巴顿将军受伤？为什么如此大的交通事故，肇事司机却能够逃逸？为什么调查事故现场的宪兵们对现场勘查如此马虎？

这些疑问也是史学家们关心的问题。但是当史学家们查起巴顿将军的文献时，发现他的军方履历表非常丰富，唯独缺了对他遇难情况的叙述。因此人们开始猜测，巴顿的死可能不仅仅是车祸如此简单，也许是一场蓄意谋杀。那谁策划了谋杀？谁会是幕后黑手呢？

随着对这个问题的深入探究，人们开始把巴顿的死与"奥吉的黄金案"联系在一起。"奥吉的黄金"是第二次世界大战中纳粹埋藏的一批黄金。因为有人告发一批高级将领发现黄金后私自瓜分而未上缴国库，上级就命令巴顿调查此事。而铁面无私的巴顿将军就是在这件黄金瓜分案快要真相大白时，突然遇车祸身亡的。因此人们怀疑是这次瓜分案的主谋害怕巴顿揭穿他们所以先下毒手杀死了他。

除了这种说法以外，也有人说是巴顿将军的上司艾森豪威尔将军精心策划的这次谋杀案。因为巴顿将军在第二次世界大战后的一些行为与艾森豪威尔的主张大相径庭。艾森豪威尔将军为清除掉这个强劲的政敌，决定采取这种极端的方式，置巴顿于死地。

巴顿的死只是一场意外还是有人预谋？如果有人预谋，谁又是幕后黑手呢？这些疑问随着逝者已矣，人们无法得到答案。

"狼群之父"——邓尼茨

卡尔·邓尼茨(1891~1980年),纳粹德国海军元帅,德国潜艇部队奠基人,著名军事家、统帅。第二次世界大战时期曾任德国海军总司令、纳粹德国总统兼武装部队最高统帅。

1891年9月16日,邓尼茨出生于柏林近郊的格林瑙镇。母亲早逝,父亲是工程师,总是督促他努力学习,并注意培养其学习兴趣。1910年4月,邓尼茨在魏玛高中毕业后,便参加德国海军,先在"赫尔塔"号巡洋舰接受舰上训练,后考入弗伦斯堡—莫威克海军学校。1912年秋天毕业后,分配到"布雷斯特"号巡洋舰任候补军官。他在巡洋舰"布雷斯特"号上实习时,获得了初步的军事经验。第一次世界大战爆发后,邓尼茨晋升中尉,9月被调回德国并派往潜艇部队服役。

虽然是第一次接触潜艇,但他立即迷上了这种新型海战武器,从开始在潜艇部队服役起他就始终关注潜艇的发展,潜心钻研潜艇作战战术,直至1918年10月4日因潜艇沉没而被俘。1919年7月,他从英国的俘虏营被遣返德国之后,立即回到海军继续服役。

1935年,希特勒在磨刀霍霍准备战争,德国潜艇部队重新组建,邓尼茨担任了这支以一战时著名的潜艇英雄威丁根命名的潜艇支队的支队长。这时,他开始将筹划多年的潜艇"狼群战术"投入训练。到1939年9月战争爆发时,"狼群战术"已十分完善了。邓尼茨主张击败英国的关键在于切断其海上交通线,以经济战来击败海上强国英国,而最适合执行这一战略任务的莫过于潜艇。根据他的这一战略思想,邓尼茨提出了建立300艘潜艇规模的具体要求,但直到第二次世界大战爆发时,他才总共拥有57艘潜艇,其中只有22艘是适宜远洋作战的大型潜艇!用他自己的话说:"这点兵力,只够刺一下英国人!"但他仍指挥这点兵力,投入了战争!

多艇集群攻击,则是邓尼茨的发明,这一战术酷似狼群的捕食,因此被邓尼茨形象地称为"狼群战术"。第二次世界大战伊始,邓尼茨便率领德国海军以"狼群战术"称霸大西洋，猖狂一时，致使盟军商船遭受巨大损失，后勤补给线遭到严重破坏。邓尼茨也因为"狼群战术"的成功而成为希特勒最得力的干将之一。"狼群战术"与古德里安的"闪电战"并称为纳粹德国军队的海陆两大"法宝"。

1939年9月1日，纳粹德国入侵波兰，第二次世界大战全面爆发。9月3日，英国对德国宣战，在海上则对德实行封锁。然而，英国政府宣战的话音未落，邓尼茨的U–30号潜艇即大开杀戒，把英国客轮"雅典娜"号送入了海底，"雅典娜"号客轮成了邓尼茨"狼群战术"猎杀的第一个目标，德国潜艇随即倾巢出动，向英国舰船全力攻击。尽管邓尼茨的潜艇数量不多，但仍创造出了耀眼的战绩，9月17日，U–29号潜艇击沉英国"无畏"号航空母舰。10月14日，U–47号潜艇潜入斯卡帕弗洛英国海军基地，击沉"皇家橡树"号战列舰，在此阶段，德军共击沉盟军运输船只近400艘，邓尼茨因此晋升为海军上将，就任潜水舰队总司令。

邓尼茨具有狼一样的性格，寡言残忍，意志坚强。在第二次世界大战中，他放出的"狼群"肆虐于大西洋和地中海，几乎断送了大英帝国的命运。英国首相丘吉尔在战后的回忆录中仍心有余悸地写道："战争中，唯独使我真正害怕的是德国潜艇的威胁！"

太平洋战争爆发，美国参战后，德国潜艇的活动范围又扩展到美国海岸及加勒比海一带，战火烧到整个西半球。邓尼茨发起了一场针对美国的"击鼓战役"，12月16日，第一批5艘潜艇悄悄驶离了比斯开湾的基地，开往美国的东海岸。"山姆大叔"太麻痹了，虽然报纸上天天画有邓尼茨和德国潜艇的狰狞漫画，还刊有英国船队遭受袭击的悲惨消息，但那是在欧洲水域，和美国大陆隔着一个大西洋。美国人可能忘了，既然宣战，就是敌人，既是敌人，就有面临攻击的危险。他们更想不到，就在纽约港口外不远的水下，五只"野狼"正贪婪地盯着自己的猎物。"U1–133"的艇长哈尔德根少校怎么也不相信自己的眼睛：摩天大楼上的霓虹灯喷红吐绿，自由女神铜像也被灯火装饰得大放异彩，一艘艘商船前挤后拥，进进出出，所有的航行灯都亮着。"天哪，这哪像战争，我怀疑他们是不是已向德国宣战！"哈尔德根后来写道："潜艇在这里作战，根本不需要什么战术，只要你会按那个鱼雷发射按钮！"

哈尔德根带领他的 5 艘潜艇，从纽约港南下，昼潜夜浮，大打出手。美国这块大陆自南北战争以来，已有 80 年与炮火硝烟绝缘，德国潜艇的袭击才使它的居民亲身感受到战争的存在。

面对德国"狼群"的肆虐，美英盟国积极努力，新的反潜手段不断出现。1943 年后，美国强大的经济、军事潜力开始发挥决定性作用，大量的护航舰船下水服役，特别是利用商船改装了近百艘专用的护航航空母舰，立体反潜代替了平面反潜。实践证明，飞机是潜艇的克星，这之后邓尼茨被击沉的潜艇中，8%损于飞机之手。

1945 年 4 月，邓尼茨被任命为德国北方部队和民防司令。当时纳粹德国内部分崩离析，连戈林、希姆莱都在考虑退路，第三帝国要员中只有邓尼茨和戈培尔仍然真心效忠希特勒。4 月 30 日，希特勒自杀，根据他最后的遗言，任命邓尼茨为他的继承者，邓尼茨成为即将崩溃的第三帝国唯一代表。

邓尼茨在普伦接到上述任命的电报和希特勒自杀的消息后，立即通过汉堡广播电台向全国发表文告，号召德国军民继续在东线负隅顽抗，暗地指示西线的德军向盟军投降，以使战后德国有更多的人口领土能继续保留在资本主义世界里。

值得一提的是，在邓尼茨宣布投降时，由他一手调教指挥的德国潜艇部队却拒绝放下武器。德国潜艇部队则根据邓尼茨从前制订的"彩虹计划"，将 224 艘已上浮的潜艇全部凿沉，这是"狼群"的最后一次疯狂。

1945 年 5 月 8 日，邓尼茨签署文件，宣布德国无条件投降，他本人于 22 日被盟军俘虏，以战争罪、违反人道罪判处 10 年有期徒刑。1956 年，邓尼茨从施潘道监狱刑满获释后，定居在奥尔，赋闲在家，直到 1980 年病逝。1959 年，英国海军大臣肯宁安海军上将曾这样评论他："我们首先应该知道，当德国放弃了侵英计划之后，邓尼茨想出了什么绝招来征服我们。他那永不停息的战略，其要点就是以炸沉我们的商船为手段，达到慢慢葬送我们的目的。邓尼茨是继荷兰人德路特之后对英国最危险的敌人。"

被遗忘的骑士——屈希勒尔

屈希勒尔于 1881 年生在格麦尔斯海姆附近的菲利浦堡。1900 年加入达姆施塔特的炮兵部队。1901 年任少尉。第一次世界大战开始时，屈希勒尔任炮兵连长，因作战有功而获一枚一等铁十字勋章，并晋升上尉。以后担任过步兵第 206 师首席参谋官，大战结束时为预备第八师作战科长。

第二次世界大战爆发时，屈希勒尔任新编第三集团军司令，属博克上将指挥的北方集团军群。1939 年指挥第三集团军入侵波兰，波兰军队与屈希勒尔的集团军搏战非常激烈，特别是夜袭很成功，多次给德军以沉重打击，但是波军的武器装备却把他们的勇敢表现抵消了。他们用骑兵向德军坦克群展开的冲击不能阻止屈希勒尔强劲的攻势，华沙于 9 月 27 日宣布投降。10月 1 日，屈希勒尔因侵波战功"卓著"，获得铁十字骑士勋章和上将军衔。

就是在这个时候，身为德军第一线部队的作战指挥官之一的他，正在为其战斗部队的后方发生的滥杀犹太人的暴行表示非常不满，屈希勒尔反对希特勒对犹太人的屠杀政策，他认为这种行为玷污了德国国防军的声誉和威望。他曾在自己部队的控制区放过了不少波兰老百姓和犹太人，并向波兰境内的纳粹分子头目弗兰克提出抗议，要他对所犯屠杀罪行负责。这显示了他是一位传统意义上的普鲁士军人，一位真正的军人，为此屈希勒尔丢了官职。后因陆军总司令勃劳希契的要求而复职，被重新起用的屈希勒尔任第 18 集团军司令官。

1940 年 7 月，屈希勒尔晋升上将，他的集团军转移至东普鲁士。1941年 6 月 22 日，德军向苏联发动了突然的进攻。勒布元帅的北方集团军群编制内的第 18 集团军，在屈希勒尔上将的指挥下，沿蒂尔西特的公路闪电般的向里加实施了主要突击。该集团军一路迅速地突破了几乎每一处苏军防御阵地，德军坦克第四集群横扫了波罗的海沿岸各国，肃清了波罗的海沿岸南部地区的苏联军队，德军第 18 集团军此时开始向列宁格勒挺进了。

第 18 集团军部队在其司令长官的严厉督令下，猛攻到列宁格勒的市南郊，使该市周围的战斗顿时非常激烈起来。德军坦克狂热地冲入苏军阵地，却被有大批工人支援和参加作战的苏军击毁了一辆又一辆，顽强的苏联士兵有的甚至拿着反坦克手雷与冲上来的德军同归于尽。

屈希勒尔在望远镜里看到了这一切，他十分惊讶守军的作战精神和战斗能力，不得不承认对手的强硬。他向上报告说：以现在的战斗力量继续进攻列宁格勒，已不可能取得成功。

1942 年 1 月 17 日，屈希勒尔接替勒布元帅，出任北方集团军群司令，负责围攻列宁格勒。虽屡次受挫，但仍于当年夏天跃升为元帅。1941 年末至 1942 年初，苏军对德军实施了强大的反攻。击溃德军第 18 集团军对列宁格勒的包围，并对该集团军实施迂回进行反包围。屈希勒尔以现有的经受严峻打击的部队抗击住了苏军 20 倍优势兵力的猛攻，执行和实现了希特勒"一步不许后退"和"不惜一切代价坚守"的命令原则，因而受到希特勒的大加赞扬。

1944 年 1 月 14 日，苏军同时从北面和东面两个方向，向德军北方集团军群发动了进攻。在大量坦克和强击航空兵的支援下，苏军的攻势已经势不可当。苏军指挥员的战术让屈希勒尔顾此失彼，来势之猛烈使德军陷入浴血苦战之中，他以太少的兵力与占强大优势的苏军非常激烈地搏战了 5 天，终于没能挡住苏军的前进步伐。1 月 19 日，苏军突破了德军的筑垒阵地。屈希勒尔曾坚决贯彻希特勒的命令原则，下令部队顽强战斗不许撤退。但在其部队付出了惨重代价后仍无望阻止苏军的突击时，他不得不下令留在丘多沃以北的陷于危险境地的德军部队，同第 18 集团军其他溃退部队会合撤出来。幸亏屈希勒尔撤出丘多沃地域德军部队行动的速度快，才避免了这些部队陷入苏军的合围圈。此时的屈希勒尔也成了一名坚决主张退却的将领了，他已顾不上希特勒怎么说了，他下令部队撤过了卢加河，企图在这里可以利用突然出现的解冻天气，长时间阻止苏军已经受到迟缓的推进。但这个集团军的兵力已不足，难以转入坚守防御，就在屈希勒尔正为如何加强第18集团军守卫力量犯愁的时候，却遭到同他的前任勒布元帅及许多资深而富有经验的陆军将领一样的命运，2月1日，他被希特勒给免职了。希特勒用莫德尔上将取代了屈希勒尔元帅。屈希勒尔以后再也没被任用。

解甲归田后的屈希勒尔拒绝了德军军官中反希特勒密谋分子的拉拢，并表示不愿反对希特勒，尤其是在战争状态下。当盟军占领德国之后，屈希勒尔被逮捕，并被关入美军的俘虏营。1948年10月28日，他与勒布、施佩勒元帅及其他德军将领一起受审，最后以战犯罪被纽伦堡国际军事法庭判处20年徒刑。1951年，美国政府将他的刑期减为12年，1953年因病获赦，定居联邦德国，1968年5月25日这个能征惯战的纳粹元帅因病去世。

苏联空军二号王牌——波克雷什金

在谈到有关第二次世界大战中谁是盟国第一王牌飞行员的话题时，相关史料总会有些争执，因为按照公开的击落敌机数量，苏联飞行员阔日杜布肯定位列第一。但总有许多人会认为苏联的另外一位王牌飞行员波克雷什金，才是当之无愧的盟国第一王牌飞行员。亚历山大·伊万诺维奇·波克雷什金（1913~1985年），"苏维埃空战战术之父"，空军元帅，是苏联卫国战争空军中一只最值得骄傲的雄鹰。从战争开始至结束的4年之中，他战斗起飞达到650多次，参加空战156次，个人共击落法西斯德国飞机59架，三次荣获"苏联英雄"称号，是第二次世界大战期间苏联空军最伟大的战斗机飞行员之一。

1913年2月21日，波克雷什金出生于苏联新西伯利亚一个普通的工人家庭，有一天，一架飞机突然降落到新西伯利亚城外的大操场上。还是小孩子的波克雷什金，从早到晚都围着飞机转。他对家里人说："我要去学飞行，将来当飞行员！"后来，波克雷什金还专门到商店里买了一顶飞行帽戴上，觉得格外神气。

1932年波克雷什金入伍，开始在彼尔姆的航空技术学校学习，1934年毕业于列宁格勒航空军事理论学校，曾在克拉斯诺达尔第74步兵师任通讯技术员。同时在克拉斯诺达尔航空俱乐部学习。在校期间，波克雷什金将全部的精力都放在了飞行上，训练极其刻苦，而且喜欢别出心裁地琢磨一些高级特技动作，被人称为"怪点子"。他曾向上级指挥员、空军总司令、国防人民委员递交40多份申请书，要求前往以米亚斯尼科夫名字命名的卡钦第一飞行员学校学习。1939年他以优异成绩从该校毕业，被派往第55歼击航空团服役。

1941年6月，德军大举进攻苏联，当时的波克雷什金正在西部边境服役，他第一次驾驶飞机参加空战，是去掩护一种新型的轰炸机使之免遭空中打击，由于从来就没有见过这种轰炸机，以致他起飞后看到一种怪模怪样的飞机，就按动机枪按扭打了一个连射，自己觉得命中了目标，可他居高放眼一看，不得了，太可怕了，那架飞机的机翼上明晃晃地涂着红五角星呢！被他击中的是自己人的飞机呀（这架飞机的驾驶员普斯特戈后成为空军元帅和苏联英雄），他竟打下了一架自己的轰炸机，幸好没有人员伤亡。由于当时前线情况的复杂，他的过失得以从轻发落，但自己却非常懊悔，第二天他再次升空作战，干净利落地击落一架Me.109，总算是戴罪立功了。

在战争初期，面对着法西斯德国的空中优势，苏联空军损失惨重，波克雷什金所战斗过的飞行团到战争结束时，包括他自己只幸存3名飞行员，波克雷什金本人也曾在空战中两次被击落，但幸而大难不死。正如他自己在回忆录中所写的："我又一次死里逃生，我似乎比任何最可怕的武器都强大，总能绝处逢生。"

1943年春，在库班的战斗中波克雷什金表现尤其突出，他著名的"高度、速度、机动、火力"的空战理论正是在这里诞生的。他所指挥的飞行员，巧妙地利用这些战术和飞行动作，消灭了大量的敌轰炸机和战斗机，而波克雷什金也因此被誉为"苏维埃空战战术之父"，而成为近卫军第16近卫歼击航空团航空大队长。4月12日，在克里米亚地区的空战中，波克雷什金在空军第四军司令韦尔希宁的注视下击落4架Me-109，随后他在这一天又击落 3 架敌机。同年 5 月 24 日，由于完成作战飞行 354 架次，参加 56 次空战，个人击落 13 架、集体击落 6 架敌机，而被授予"苏联英雄"称号并获得列宁勋章和金星奖章。

波克雷什金不仅是战场上出色的指挥员，同时还是个战术理论家，到了卫国战争的后期，由他空战经验而写成的著作已经出版，并分发到几乎每一个苏联飞行员手中，他也不断地以他的空战记录和空战经验来教育年轻的战斗机驾驶员。在 1945 年 6 月 24 日的莫斯科红场阅兵仪式上，波克雷什金担任了乌克兰第一方面军旗手。

在苏联卫国战争中，波克雷什金始终在前线作战，完成战斗出动 600 架次，参加 156 次空战，击落敌机 59 架，曾经三次荣获"苏联英雄"称号。波克雷什金不仅自己善战，而且还善于培养人，作为苏联排名第二位的王牌飞行员，他所带教的飞行员中有 30 位成为苏联英雄，共击落敌机 500 多架。波克雷什金不仅是一位传奇式的空中英雄，更是一位富有才气的作家，他以自己在苏德空战中的经历，撰写了《碧空铁血》一书，展示了他那优秀的文学创作才华。

第二次世界大战胜利后，世界反法西斯各盟国纷纷表彰波克雷什金的功绩，美国奖给他一枚"特别功勋"金质奖章，法国授予他"功勋飞行员"称号。波克雷什金还荣获了波兰、捷克斯洛伐克、匈牙利等国的许多荣誉称号。美国总统罗斯福 1944 年曾经说过："当今战争中最优秀的战斗机飞行员是俄国的波克雷什金。"

人们有时把波克雷什金同苏联另一位有名的空中英雄阔日杜布相比，试图分出哪一个更强，而阔日杜布自己在战后对波克雷什金说过这样一段话："我从来没采用过别的什么空战战术，我一直都是按照您教过的方法进行空战，我向您学习过作战，学习过生活，学习过做人。"

战后波克雷什金曾担任防空军方面的指挥职务，1948 年毕业于苏联将军的摇篮——伏龙芝军事学院后，又于 1957 年进修了成为苏联高级将领必读的学校——总参军事学院。1968 年，波克雷什金被任命为苏联国土防空军的副司令，1972年被授予空军元帅军衔并于同年担任全苏支援海陆空军志愿协会中央委员会主席。

波克雷什金于1985年11月3日去世，享年72岁，身后留下一子一女。按他的地位和职务，他的骨灰应保存在克里姆林宫宫墙内，但她的夫人玛丽亚坚决不同意。于是波克雷什金像普通公民一样，按照俄罗斯的传统安葬在新圣母公墓。天文学家切尔内赫将他发现的一颗行星命名为"波克雷什金星"，以表示对这位俄罗斯民族英维的深深怀念。在纪念反法西斯战争胜利50周年的时刻，俄罗斯军方报刊纷纷刊文纪念波克雷什金，并称"他的名字是俄罗斯空军的光荣"。

末路战神——曼施坦因

弗里茨·埃里希·冯·曼施坦因，在第二次世界大战中，被认为是德国防军中"最优秀"的将领，他的战略思想深邃而可怕，他所策划的每一次战役几乎都是杰作，总是令对手惊慌失措，胆战心惊。他是那种能够将现代观念和传统的运动战思维巧妙地融为一体的专家，同时对于各种战术运用自如。曼施坦因具有极高的战略天赋，这使得他高于德军其他战场指挥官，事实上他在当时就被同僚认为是德军中的"战略天才"，这在将星云集的德国军界是极高的荣誉，英国军事理论家利德尔·哈特评论他："对作战的可能性独具慧眼。"

曼施坦因1887年出生于柏林的莱温斯基家族，原名埃里希·冯·莱温斯基，生父爱德华·冯·莱温斯基是西普鲁士的一名贵族、炮兵上将，曾任军长，埃里希·冯·莱温斯基是他第10个孩子。不久，埃里希·冯·莱温斯基被过继给姨父曼施坦因中将，改称为弗里茨·埃里希·冯·曼施坦因。20世纪20年代初，曼施坦因和林茨的一位军人世家的女子结婚成家，1939年4月1日，曼施坦因晋升为中将，开始担任龙德施泰特将军指挥的德军南方集团军司令部参谋长。他得以一鸣惊人出人头地地展示自己的军事才能，是始于希特勒那个就进攻西欧诸国的"黄色计划"。

1939 年 10 月 19 日和 29 日，陆军总司令部根据 10 月 9 日的希特勒指令而制订颁发了"黄色计划"，曼施坦因在深入研究"黄色计划"的内容和全面分析作战双方的情况之后，认为"黄色计划"有模仿"施利芬计划"之嫌，难以出奇制胜。曼施坦因主张突破点应从地形复杂却能出敌不意的阿登地区实施主攻，挥师直指索姆河下游。

曼施坦因的构想简单明了，击中要害。它针对盟军的战略部署，出其不意地反主攻方向从北方的 B 集团军群转到 A 集团军群。但因为这就要求主攻装甲部队穿越密林覆盖的阿登山地，而当时坦克部队从来没有尝试过在这种地形前进。而且突破之后主攻部队的南侧翼完全暴露，这是一种冒险，赌的就是法军主力已经在北方穷于应付，南方则被钉死在马其诺防线，没有实力攻击 A 集团军群暴露的南翼。

曼施坦因的大胆构想受到了陆军总部的压制，他本人也被调离参谋部去步兵 38 军担任军长，然而就在他动身之际，转机出现了，在希特勒接见这批新上任的军长时，他的意见终于有机会反映到元首面前了。希特勒最欣赏的就是冒险，对他这个大胆的构想一拍即合。他开始了好运，从此因这一计划的巨大成功而成为了一代名将。德军总部按曼施坦因的构想重新制订了入侵法国计划，这个作战方案后来被西方军事专家称为"施利芬－曼施坦因计划"。按照"施利芬－曼施坦因计划"，德军集中使用装甲部队穿越阿登森林，然后迅速占领马斯河的桥头堡，并向东进攻迂回马其诺防线，很快地将法军切断在北部。"欧洲的头号军事强国"只一个月就溃败了，法兰西战役的迅速胜利无疑要部分归功于"曼施坦因计划"的出奇制胜。这位名将的好运并没结束，幸运总是光临有准备的人，曼施坦因以其杰出的军事家的才能，在接下来的苏德战争中大展才华，又创造了接二连三的奇迹。

1941 年 2 月，曼施坦因任新组建的第 56 装甲军军长，准备入侵苏联。1941 年 6 月 22 日至 26 日，苏德战争爆发后，曼施坦因指挥的装甲军向苏联境内纵深推进了 320 千米，攻占了多纳河上的桥梁后，几乎就冲进了列宁格勒，这为他赢得了"闪电伯爵"的称号。

9月12日，曼施坦因被任命为南线（克里米亚）德军第11集团军司令并兼管罗马尼亚第三集团军。他的集团军成功地向南推进进入克里米亚，以10万人俘虏苏军士兵43万，因功勋卓著被晋升为德军陆军元帅。

1942年7月下旬，第11集团军被转到北线，加入到北方集团军群。8月，曼施坦因负责指挥德军进攻列宁格勒。这一时期，曼施坦因建立的军功可以用"辉煌"二字来形容。

德军在斯大林格勒战役惨败后，整个南线部队向西退却，似乎到了山穷水尽的地步。苏军还在步步紧追，灭顶之灾即将来临。曼施坦因抓住战机，于1943年2月19日开始了一场哈尔科夫反击战，一举为德军夺回了战役主动权。此次反击被举世闻名的历史学家利德尔·哈特誉为"曼施坦因一生中最精彩的作战表演，在全部的军事史中，也要算是一流杰作"。

曼施坦因已经成为希特勒心中的福将，哪有危急就把他派到哪去。平心而论，"曼施坦因计划"是兵家的典范，在列宁格勒、克里米亚、哈尔科夫他也确实干得不错！此外，他还写了一本很好的军史书籍——《失去的胜利》。

1942年底，曼施坦因受命去解救斯大林格勒被包围的德第6集团军，他指挥的顿河集团军群于12月12日发动进攻。到12月24日，救援的德军部队离斯大林格勒仅有50千米远。但随后苏军制订了周密的作战计划，投入了强大的反击兵力，曼施坦因的顿河集团军群被无情地阻挡住了，并被迫后撤了200千米，最终导致了德军元帅保罗斯被俘和第6集团军的覆灭。

1943年春天，曼施坦因积极倡导和策动了库尔斯克战役，希特勒患得患失地相信了曼施坦因，希特勒的这一决定完全是基于对曼施坦因的无限信任和对胜利的无限渴望。重燃信心的希特勒在库尔斯克开展了战略大反攻，库尔斯克战役中面对严阵以待、力量对比悬殊的苏军，进攻的德军遭到灾难性的巨大损失，形势迫使希特勒终于作出决定，调回了曼施坦因的几个装甲师。

1944年1月4日，在拉斯腾堡，曼施坦因在要求允许其南翼部队后撤而遭到希特勒拒绝之后，便开始批评希特勒对东线战争的指导并要求机动作战的自由，遭到希特勒的再次拒绝。总体来看，曼施坦因擅长于组织计划周密的进攻战，但是防御战中他却浪费了过多的兵力且有过较为重大的失误，希特勒曾指责曼施坦因应对南方集团军群的恶劣处境负责。

1944年3月，希特勒最后一次召见曼施坦因，在这次接见中，希特勒给与了曼施坦因一项殊荣，武士铁十字勋章上佩戴了希特勒送与的宝剑，但随即用莫德尔接替了曼施坦因的指挥权。这位元帅从此开始了疗养的生活，这是他的不幸，但也是转机，这次离职使得曼施坦因避免了东线的凶险战火，可是对于一位统帅来说这又是一种莫大的悲哀。第二次世界大战结束后，曼施坦因被判以18年徒刑，但是因病在1953年就被释放了。66岁的老元帅从英国回到了德国艾申豪森，度过了晚年。

单纯以军人的角度看待就不难发现，曼施坦因完全执行了军人的义务，以人道的角度看待，他除了战争罪别无他错，曼施坦因的光辉和黯淡印证了纳粹的历程，当曼施坦因走向末路的那一天来临时，纳粹的丧钟也就敲响了。

英国人认为曼施坦因对战术、战役、战略都有自己比较成熟的观念，由于参与制定了进攻法国等完善的作战方案，他在德国享有"伟大战略家"的声誉是说得过去的，美国人认为曼施坦因是德军在第二次世界大战中最优秀的野战部队司令。1955年，曼施坦因出版了自己的战争回忆录——《失去的胜利》，直到1973年6月11日在西德巴伐利亚州的艾申豪森去世，他念念不忘的还是这场最后失去胜利的战争，这就是末路战神——曼施坦因。

"叼着雪茄的米老鼠"——"小胡子将军"加兰德

纳粹德国空军中，王牌飞行员阿道夫·加兰德除了拥有104个击落战果和橡叶双剑钻石骑士十字勋章，还官至战斗机总监，军衔升至中将。战争末期，他还组建了最后的Me-262喷气式战斗机部队，与盟军鏖战。就是这位在英伦战役中令对手尊敬的王牌飞行员加兰德，在现实中却遇到了不可战胜的"敌人"——作为优秀的战士，他不得不和专制政客和煽动者斗争。最后他回到了自己升起的地方——战斗机的座舱，以中将军衔领导一支特殊的战斗机中队。

加兰德是一位优秀的德国空军指挥官，也是一位创下击落104架敌机的王牌飞行员，他在德国空军中享有很崇高的威望，被大家尊称为"小胡子将军"。他在29岁就担任德国歼击机部队司令，在他的指挥下，这支年青的部队创下了令人惊叹的成绩，德国的最高荣誉钻石双剑橡叶骑士十字勋章一半为战斗机飞行员所得，第二次世界大战中德国战斗机飞行员击落百架以上的王牌高达107人，还有大批来自轰炸机部队的优秀飞行员。

加兰德，1912年3月19日出生在威斯特法里亚一个叫威斯特赫尔特的小村庄，家里共有4个儿子，他排行第二，他的哥哥是个律师，两个弟弟也是德国杰出的飞行员，都先后战死在沙场上。他的父亲是一名私人地产登记官，为人公允但很严厉，他的妈妈很好，战争期间她一直祈祷他们的基地被大雾覆盖，这样他们就无法升空作战了。

加兰德少年时的梦想成为民航客机飞行员，16岁时进入航空学校接受民航机飞行训练，经过3年的学习，他成为了一个不错的滑翔机飞行员，1933年他已经拿到了自己第一份飞行执照。此时的德国政府开始成立"黑色空军"，加兰德被"邀请"进入空军成为战斗机飞行员，在战斗机飞行员培训过程中，他接受的民用飞机飞行员课程帮了大忙。

1933年夏天，加兰德中断了飞行培训，赴意大利进行军事实习，随后，他便进入汉莎航空公司担任飞行员。1934年2月，年仅21岁的加兰德进入德累斯顿步兵学校学习，毕业后，加兰德少尉便可进入施莱斯海姆航空学校了，1935年4月，阿道夫被调到第一三二战斗机连队。

1937年6月，加兰德志愿即加入了在西班牙助战的兀鹰兵团——当时许多德国年轻飞行员都乐于加入"兀鹰军团"，同时期加入战斗的还有许多未来的王牌飞行员，如岗瑟·鲁佐，汉斯·昭特罗特，哈育·赫尔曼等，他们后来都成为未来德国空军中赫赫有名的指挥官。加兰德当时任第88大队第三中队中队长，西班牙内战期间他出击了 300 次，获得了西班牙黄金钻石勋章，这枚勋章在西班牙仅授出 12 枚，第三中队的队徽是米老鼠，米老鼠手里拿着短柄小斧和手枪，嘴里叼着雪茄，加兰德特别喜欢这个标志，而这个标志日后就随着加兰德到处游走。

当时在西班牙作战的德军作战部队一共只有 4 个中队，其中包括 3 个轰炸机中队和 1 个战斗机中队，此外还有一个侦察机中队，另外还有 4 个重型高炮连和两个轻型高炮连，以及相应的通讯部队，总兵力大约 5600 人，首任军团指挥官是雨果·斯佩勒中将，他自己曾亲自驾驶轰炸机攻击过卡塔赫纳港内的舰船。

1938 年 8 月中旬，荣获西班牙金质佩剑钻石十字勋章的加兰德返回至德国，他根据在西班牙作战期间所获得的经验，协助组建了最初两个战斗机大队，1939 年 9 月 1 日，德军入侵波兰，在波兰战役期间，加兰德驾着一架双翼的 Hs-123 对地攻击机执行了 50 多次任务，他在利用战场去验证自己的俯冲轰炸理论，他所在的大队取得了不俗的战绩，自身却仅损失了 10 架飞机。10 月 2 日，加兰德晋升为上尉并荣获了一枚二级铁十字勋章。

1940 年的不列颠战役对德国飞行员来说是一次艰苦的战役，加兰德被调往第 26 "施拉盖特"战斗机连队任第三大队指挥官，首次执行任务他就击落了两架战斗机。1940 年 8 月 22 日因他的击落战果达到 17 个而获得骑士十字勋章，并晋升少校，他是 JG26 第一位获此殊荣者。8 月底，德国空军大幅更替前线指挥官，戈林希望借着替换较年轻的指挥官能改善对英国攻击的成效，在这次变动中，加兰德接替了汉德瑞克少校任 JG26 "施拉格特"连队连队长。

自此，这位年轻军官的名字迅速为大家所熟知，9 月 23 日，当德国第 26 战斗机连队与英国第 17 飞行中队的"飓风"战斗机在泰晤士河口上空进行恶战时，被连队长加兰德所击落的敌机已达到了 40 架。第二天，他奉命赶赴柏林，领取橡叶勋章。到了 12 月 5 日，已经晋升为上校的加兰德涂在座机方向舵上的战果标记已达到了 58 个，他也因此名列德国空军王牌飞行员排行榜上的第一位。1940年冬至1941年春，战场上复归平静，第26战斗机连队也得以暂时休整。

1941年11月17日，战斗机总监莫德尔斯从俄国赶回时飞机失事身亡，沃尔纳·莫德尔斯上校是有史以来第一个击落100架飞机的王牌，在新战术发展方面颇有建树，莫德尔斯失事后，戈林任命加兰德为新的战斗机总监，加兰德更希望做一名战斗机飞行员，但军命不可违。1942年1月28日，希特勒第三次接见了加兰德，并在他的勋章上加上了钻石，他是全德军第二位得到所谓"钻石橡叶宝剑骑士铁十字勋章"荣誉的人，此时加兰德的战绩是96场。

1942年2月，德国海军战列巡洋舰"沙恩霍斯特""格奈森诺"以及重巡洋舰"欧根亲王"号穿越英吉利海峡的"瑟布鲁斯"行动中，加兰德组织了几个战斗机连队轮番担任舰队防空，以防英国空袭。虽然舰队因为水雷受了点儿损伤，但成功穿越英国重兵防范的英吉利海峡向北抵达德国本土。

德国空军战斗机也击落了不少英军飞机，德舰没有因空袭受到重大损伤。此一战果让他被提升为少将，30岁出头时又晋升为中将。

1943年5月22日，加兰德在奥古斯堡试飞了Me.262原型机后，对其赞不绝口，并留下了一句"就像天使在后面推送一样！"的试飞感言，并提出要求大量生产以对付仍在使用活塞式发动机的同盟国空军。然而喷气引擎的生产却一直跟不上来，直至1944年底，Me.262才正式进入实战阶段。

1943年，美军四发轰炸机频频入侵帝国领空让加兰德焦虑万分，作为一名颇有洞察力的军官，他很快就意识到德国空军是打不起这样一场消耗战的，但希特勒却拒绝承认局势的严重性，加兰德写道："我们的战斗机部队很快就会分崩离析。"他是根据飞行员匮乏、而非飞机匮乏的现状得出这一结论的。

光荣岁月过后，继之而来的就是危机岁月了。阿道夫与戈林的关系也开始紧张起来。尽管他开诚布公、仗义执言，也未能说服希特勒加快生产他曾亲自试飞过的Me.262喷气式战斗机。

在加兰德看来，戈林和希特勒都不是成功的领导者，戈林对希特勒言听计从，即便后者的意见是完全错误的，他很少真正关心德国空军建设；而希特勒则是"受陆地思想严重束缚的人"。

加兰德当时的境遇是，为了实现戈林和希特勒制定的目标，我必须同他们做斗争，却得不到他们真正的支持。

在大战的后期加兰德多次与希特勒、戈林为了德国空军的生产、配备、调度、使用而产生争吵。特别是 Me.262 的使用上，和戈林的冲突也越来越大，戈林常把盟军轰炸成功和德军的损失都归咎于战机飞行员，说他们是一群"懦夫"，最终导致了 1945 年 1 月战斗机飞行员的"反叛"，德国空军高级军官要求戈林以空军大局为重，自动辞职，结果加兰德被解除了战斗机总监的职务。加兰德因为被解职，而得到了成立他自己的 Me.262 中队的机会，加兰德将这个中队命名为第 44 中队，是因为在西班牙内战中，德国空军的第 88 大队为德国的空军史写下了历史性的一页，而 44 恰恰是 88 的一半，加兰德希望 JV-44 要是能有 JV-88 的一半成就他就心满意足了，也希望能够在战争的末期能再次唤醒德国空军的光荣。

加兰德自任中队长，他的中队成员包括格尔德·巴克霍恩、瓦尔特·克鲁平斯基、海因茨·巴尔、埃里希·霍哈根、京特·吕左、威廉·赫格特，个个都是得过骑士铁十字勋章的王牌。许多不讨戈林欢心的连队长、大队长们，都前来参加这个中将所领导的喷气机中队，1945 年 4 月 26 日是加兰德最后一次参与战争，在击落一架轰炸机后，他被护航的 P-47D 击中迫降，总击坠数 104 架。

加兰德灿烂有如彗星的军事生涯也随着德国战败而告一段落，当时他在巴伐利亚向美军投降。战后加兰德坐了两年牢，出狱之后，加兰德回到德国。1948 年初，他得到消息：阿根廷空军有意借助他的经验。同年 11 月，加兰德赴阿根廷，在阿根廷建立了一个航校训练飞行员。

加兰德可能是第二次世界大战飞行员中，在战后享有最高国际荣誉的，他在全世界都享有赫赫大名，往来全球航空界会议，接受颁奖与发表演讲。

他经常架着他的单引擎小飞机"波南查"往来各地，而不搭客机——他自己的解释是：他习惯于只靠一具引擎飞行。

"非洲之星"——汉斯·约阿斯姆·马尔塞尤

马尔塞尤是一位因击落了158架敌机而声震北非战场的德国空军飞行员，阵亡时年仅22岁。他是第二次世界大战西线战场上光芒甚至盖过元帅的天才飞行员，他也是个聪明绝顶、放荡不羁的大孩子，他是人们心目中的——"非洲之星"。

马尔塞尤于1919年12月3日出生于柏林一个法裔家庭，他的母亲在他年幼时即携子改嫁，马尔塞尤直到15岁时才知道他现在的父亲是继父，他的生身父亲吉科弗里德·马尔塞尤少将是第一次世界大战时德国空军的英雄，也许是血脉相通的缘故，少年时代的他就向往着天空，憧憬着"能像鸟儿那样自由地飞翔该有多好！"

18岁那年，他不顾父母的反对加入了空军，1938年11月7日，他进入飞行训练团开始飞行训练。当时德国空军要求很严，新飞行员必须带飞100个小时以上才放单飞，马尔塞尤以他的勤奋顽强和出众的空间感、灵敏性顺利通进了层层筛选，放了单飞。并于1939年3月13日拿到了初级飞行训练合格证书。

1940年8月，他所在的第52连队第4中队进驻法国北部的诺曼底，参加著名的"不列颠大空战"，在英国的上空，作为一名年轻的新手一展才华，以击落7架敌机的战绩令战友们刮目相看。一架由他驾驶迫降的Bf-109E经过修复后，漆成"白14"成为他的座机。

虽然马尔塞尤是一个技术出众的飞行员，但他也是个爱恶作剧的大孩子，有一次在飞行表演中，他的飞机掠地而飞，惊呆了所有的观众。落地后中队长告诉他："由于他的特技飞行玩得太过头，违反了不得进行50公尺以下的超低空飞行的禁令，他要因此受到惩罚。"还有一次他在单飞时看到地面上车来车往，突然心血来潮，一压机头，驾机向地面冲去。马达轰响的飞机轻盈地降落在宽阔的柏油马路上，傲慢地停在路中央。左来右往的汽车一下子被堵住了50多辆，路面乱成一团。马尔塞尤得意地驾着飞机起飞离地，冲司机们抖抖翅膀，扶摇而去。这次幸得教官力保，才免于被开除军籍。

他傲慢任性的作风和经常惹麻烦使得他不受长官的喜爱，他成了全连队里唯一还没被正式授予少尉军阶的候补军官，他自嘲自己是"空军最老的准尉"。不久他因为违抗命令而被调到第27连队，这个调令使他日后成为德国空军的传奇，并达到了战斗机飞行员生涯的顶峰。1941年春，希特勒决定从意大利手中接管北非战场，击败中东英军。马尔塞尤随整个连队来到了炎热的非洲战场。他的中队换装Bf-109F-4/Trop，他的飞机被涂装成"黄14"。当时德国空军派往利比亚沙漠的战斗机部队就像地面部队一样少，截至1941年年底，马尔塞尤所属的JG27"Afrika"是德国空军唯一派驻北非的战斗机连队，在空战中，他们常常是以寡不敌众。当时英军在沙漠中的主力大多仍使用"飓风"式战机，或美制的P-40以及少数的喷火式。马尔塞尤在换装了Bf-109F型之后战绩开始扶摇直上，1941年底他已击落36架敌机，1942年6月3日，马尔塞尔一口气击落6架P-40，以累积75架的战绩获颁橡叶骑士铁十字勋章。紧接着在随后短短的两周内，他的记录飙升达到101架，成为德国空军第11位击落百架敌机的飞行员，1942年9月3日，马尔塞尤获得了德国军人最高荣誉——钻石骑士十字勋章，非洲军团司令隆美尔元帅邀他一同回国参加授勋典礼，马尔塞尤达到了他人生辉煌的顶点。他以"空中英雄"的身份出现在国民面前，到处都受到热烈的欢迎。元首希特勒、空军元帅戈林先后召见了他和与他同来领奖的其他"英雄"。

德国本土的女士们，通过报刊杂志上的报道宣传，对这位20岁出头英俊年轻的小伙子无不向往，对马尔塞尤中尉的爱慕信如雪片般地涌往马尔塞尤所在的北非沙漠部队。在一次走位于奥古斯布尔格的梅塞施密特飞机制造厂时，他与哈瑞莉丝姑娘一见钟情，并定下了婚约。

1942年8月24日，22岁的马尔塞尤以德国空军最年轻上尉的身份返回北非沙漠，在他缺席的这两个月里，北非情势有了重大变化，7月份的第一次阿拉曼会战，消耗了隆美尔有限的兵力，此时，隆美尔的装甲师团正被困在阿拉曼止步不前。

9月1日，双方在地面展开了空前激烈的恶战，天空也再度喧闹起来。这一天，马尔塞尤打掉了17架敌机，这真是前所未闻的奇迹！在这个日子里，马尔塞尤的光芒盖住了隆美尔元帅，人们把他称为"非洲之星"。9月9日：他终于荣获最高奖——钻石骑士十字勋章。9月26日，他又一次出征获胜，但赢得非常艰难，这是马尔塞尤的第158次胜利，也是最后一次胜利。

1942年9月30日10时47分，马尔塞尤率三中队8架战斗机出击，掩护俯冲轰炸机攻击阿拉曼战线东侧的英军集结地域。他们在空中没有遇到敌机，11时左右开始返航。突然，僚机派德根发现马尔塞尤的座机冒出一股黑烟，马尔塞尤的战机发动机突然出现了严重的故障。"跳伞吧！"马尔塞尤痛苦地说了一声，伙伴们看见他抛掉了座舱盖，跳了出来。身体似乎与上翘的尾翼撞了一下，马尔塞尤像石头一样笔直坠落下去。11时36分，他跌落在沙漠中，伙伴们找回了他的尸体，发现他胸前开伞的锁针没有拔出，导致伞包没有打开。

马尔塞尤到死时一共382次出击，击落158架敌机，从未被别人击落过。德国第二航空队司令凯塞林将军在挽辞中说道："他是世界上最优秀的战斗机飞行员。"隆美尔元帅赞叹道："他的功劳顶得上一个装甲团。"英国人曾经因为马尔赛尤的出现而引起了一场恐惧，但当盟军的飞行员听到他因为飞机故障死亡的时候，无不觉得十分惋惜。

马尔塞尤是德国空军战技最佳的飞行员，也是德国空军的最佳射手，他的飞行技术与射击技巧和胆量都无人能及。他俊朗的外形，热情好客的作风则使他在各地都赢得朋友。他从不击杀跳伞后的飞行员，也从不对准敌机的座舱开火，他是名真正的空中骑士。

"一将无能，累死千军"——南云忠一

南云忠一，日本帝国海军中将，死后被追为海军大将，此人在第二次世界大战初期的太平洋战场上可谓是仅次于山本的实力人物，长期担任日本帝国海军一号王牌，他最著名的战役有珍珠港战役、中途岛战役，在这两次决定日本海军命运的海战中他一胜一负，正所谓"成也是他，败也是他"。

南云忠一，于1887年3月25日出生于日本山形县米泽市的信夫町，父亲为旧米泽藩士南云周藏，为兄弟6人中的次男。1908年海军兵学校第36期毕业，比山本五十六晚4年毕业。他是日本海军鱼雷战专家，历任海军第二舰队"高雄"号重巡洋舰舰长、海军军令部参谋、联合舰队参谋、海军大学教官。1941年，晋升日本海军中将军衔，并就任联合舰队主力即第一航空舰队司令官。由于美国与欧洲盟国于1941年7月宣布对日本进行禁运，日本认为终究会与美国一战，因此日本联合舰队总司令山本五十六大将决定攻击珍珠港，其目的是希望消灭美国海军在太平洋上的主力部队，南云忠一激烈的反对这一作战，但还是被任命为这一行动总指挥，虽然山本五十六是战略决策者，但是作为一线指挥官的南云忠一的表现直接影响着战役的胜败。

1941年12月7日，作为联合舰队机动部队总指挥，南云指挥日本海空军主力对珍珠港发动了突然袭击，美国海军太平洋舰队损失惨重，美国太平洋舰队的战列舰全部被击沉，以当时各国海军是以战列舰为舰队主力的观念来看，太平洋舰队的战力是被击垮了，但美国海军当时在太平洋上的3艘航空母舰都不在港里，珍珠港的海军船坞与海军油槽也无损，因此美国海军可以立刻反击，并且迫使美军改以航空母舰作为舰队主力。南云忠一因在此战中为日本帝国主义推行的"南进政策"立下了汗马功劳，而受到裕仁天皇的破例召见并受到嘉奖。一时间，他被称为继东乡平八郎海军大将以后日本海军的一员"勇将"。珍珠港事件后，南云忠一率领联合舰队机动部队挺进印度洋，在斯里兰卡附近海面彻底歼灭了英国远东舰队的残余舰只，为日本帝国再次立下"赫赫战功"。

不过南云忠一的患得患失就是从这里也表现出来了,在偷袭珍珠港事件中,当时山口多闻等人都强烈建议出动第三批舰载机以摧毁军港内的油厂等战略设施,南云忠一以不知美军航母在哪为由,仅仅发动两个攻击波,就决定返航。其实美军在太平洋的航母不过3艘,不知是没进取心还是目光短浅,否则对业已打瘫了的珍珠港再实施一次打击,不仅能使美军的舰只损失更大,而且会使美海军在近半年的时间内因油料不足而无法行动,那太平洋上的海战将会是另一种结局了,况且此战实属偷袭,用山本的话来说"是在睡梦中取人首级",实无"勇"字可言。由于美国太平洋舰队一时之间已无法威胁日军在太平洋上的行动,因此日军决定进入印度洋,以扫荡英国远东舰队,使之无法威胁日军在东南亚的行动。1942年3月26日,第一航空舰队,辖"赤城"号、"苍龙"号、飞龙号、"翔鹤"号与"瑞鹤"号等5艘舰只,从赛尔比斯岛史塔林湾出发,攻击了锡兰的可伦坡港和亭可马里军港,但都没取得多少战果。第一航空舰队与英国远东舰队的主力其实并没有实际接触,但对锡兰的攻击行动,让英国皇家海军退避到非洲东岸,因此对日本海军来说,原始的目的已经达成,第一航空舰队在结束印度洋攻击行动后即返回日本本土。

1942年6月初,美日海军进行的中途岛大海战中,南云忠一指挥的日本海军联合舰队第一航空舰队的4艘巨型航空母舰,瞬息之间被美海军舰载机部队一一击沉。中途岛大海战使日本海军从此一蹶不振,美国海军至此夺得了太平洋战争的主动权。南云忠一因为此次惨败受到了日本天皇、日本大本营和海军军令部的同声责难,一时间,解除南云军职的呼声甚为激烈。只是由于山本五十六的竭力包庇,并主动为他承担责任,南云忠一才侥幸保住第一航空舰队司令官的职务,但南云忠一的地位自此一落千丈。中途岛战役,南云忠一以他的行为诠释了"一将无能,累死千军"这句古话,4艘航母被击沉,完全是由他指挥不当所造成的,从几次海战来看,他实在算不上什么"良将",唯一可表的战绩是在对手没宣战的情况下取得的。

1942年10月的南太平洋海战中,虽然日军击沉美军航母与驱逐舰各一艘，重创一艘航母与两艘驱逐舰，此外，还击落 81 架美军战机。但日军这场战术胜利的代价极高，因为日军损失约 100 架战机，曾参与攻击珍珠港的老练飞行员至此几乎全部阵亡，另有两艘航舰与一艘重巡洋舰重创。在这次海战中南云统率的两艘航母"瑞鹤"号和"祥鹤"号在暴露目标后，在美机猛烈的空袭下竟然没有被击沉，南云忠一命令缺乏空中掩护的舰队及时躲进了暴风雨区，尽管此时的南云忠一中将已经在一定程度上恢复了再次突袭美舰的能力，而谨慎感使他没有再次发动攻击，而是选择了全身而退。虽然战果有限，但是就战役结果而言，尽管很不完美，但应该说南云忠一中将还是取得了这次海战的胜利。

1944 年初，日本大本营为了挽回急转直下的不利战局，重新起用南云忠一，派他前往塞班岛，就任刚组建的"中太平洋方面舰队"司令官，让他统一指挥中太平洋地区的全部日本海军和陆军部队，以阻止尼米兹将军指挥的美军大举反攻。1944 年 6 月 15 日凌晨，535 艘美国海军舰只载运了 16.7 万美军，由特纳海军中将指挥，在猛烈的海空炮火掩护下向塞班岛上的 4.3 万名日军发起了强行登陆战。小泽治三郎率领的 9 艘航母组成的机动部队解围失败，岛上的日军命运已经决定，南云忠一在塞班岛的一个洞窟里，以"中太平洋方面舰队司令官"的名义，向塞班岛上的全体守备队及平民发出了一道全体"玉碎"命令，7 月 6 日晚，南云忠一选择了杀身殉国，日方认定他为战死，因此南云死后，日本大本营于 7 月 8 日追晋他为海军大将。

在战前，南云忠一在海军内部的评价是："勇猛，富决断力，并且是未来担负海军责任的人。"但开战之后，一般来说，许多战史评论者认为他犯了很多错误，战后来看，南云忠一不是指挥大型航母编队的最佳人选，却是战争初期日本最重要的航母编队指挥官，这只能说是拥有当时世界上最强大航母战斗群的日本联合舰队的悲哀。

末日飞行——山县正乡

山县正乡，日本海军提督，独立空军的鼓吹者，第四南遣舰队司令，

1945 年 3 月 17 日，山县正乡中将乘一架水上飞机从广州飞回台湾时，于途中多次遇中美飞机攻击，在浙江临海县海门迫降后被中国水警队围击后引爆飞机自杀，死后追赠海军大将。

山县正乡是日本山口县人，1911 年毕业于海兵学校 39 期第 5 名毕业，同期的 4 名大将伊藤整一、远藤喜一、高木武雄和他都是战死特晋的大将。1936 年，山县正乡成为海军大学航空教官，极力强调航空兵的威力，建议废除战列舰和航空母舰，其激进的观点遭到了舰载机部队的一致痛骂，他主张建立一支独立的空军也在海军内部很不得人心，海军编造了种种理由来反对他的主张。1943 年，山县正乡中将调军令部，后调任台湾高雄警备府司令，最后任驻印度尼西亚第四南遣舰队司令。

1945 年初，由于战局恶化，日军开始收缩防线，撤退的部队包括第 4 南遣舰队。第 4 南遣舰队司令部人员奉命由爪哇转移到上海。东京、上海、爪哇之间频繁的电文被驻中国、澳大利亚和夏威夷的美海军无线电侦听部队截获，一些日军高级指挥官行动的密电被成功破译。日军第 4 南遣舰队司令部撤退准备的绝密事项，如飞行时间、航线、飞行高度和速度等飞行计划全被盟军截获。

1945 年 3 月，为保住日本在中国东南沿海的滩头阵地，日军大本营命令驻广州的华南派遣军第 23 军司令官兼香港总督田中久一中将召开紧急军事防务会议，山县正乡作为守备中国台湾海峡及日本南部海域的最高海军长官出席了会议。3 月 17 日上午会议结束，山县正乡随行人员有大佐、中佐、少佐、参谋、副官、机组人员等共 15 人，乘坐日本最新研制成功的有 4 台发动机的巨型水上飞机，从广州起飞回基地，山县正乡尚未知晓他的行动已经泄密，飞机一冲上蓝天，就被美国飞机发现，即行组织阻击。

看到美机从右边逼近，日机急忙转向南飞，加速到每小时 400 千米逃窜，不久，日机机长认为已摆脱了美机，转向北朝陆地飞行，可又发现美机在右后方追踪，日机只得重新转头向南，但美军 PB4Y-1 机头和背部的炮塔已经开火，只见几道火链射入"晴空"机身，日军一名海军大佐被贯穿座席的子弹击毙，日机也急忙用20毫米尾炮还击，美军飞行员看见日机中弹减速下降，考虑到飞机已处于巡逻区外，燃油消耗也不允许恋战了，于是驾机上升飞离，在强顺风条件下于22时返回克拉克机场。

山县正乡的座机因是运输机，体型大，没有作战能力，只好东躲西闪，小心翼翼地逃避着美机发起的一次又一次攻击，艰难地从广东上空逃到浙江上空，此时机上燃油耗尽，遂决定在日军占领区的甬江口镇海地区水面降落。其机滑翔过瓯江口后，映入飞行员眼帘的便是灵江口的海门宝塔，机组人员迫降心切，误把椒江的宝塔当作镇海的宝塔，结果降落到中国军队控制的海门老鼠屿江面上。

3月17日下午4点钟左右，当时任海门地区水警局第二大队第6中队队长的阮捷成步行向江边码头的步哨走去，看见了老鼠屿附近江面停泊着一架巨大的水上飞机，因距离远，看不清机上标记，这是哪里来的飞机？为何降落在此？正在阮捷成心中迷惑之时，那架大飞机突然贴着水面朝岸边滑行而来，几分钟后，阮捷成心中猛地一沉，他已看清了机尾上的日军大膏药标记，未及细想，那飞机已滑到距葭藏镇沿江码头仅七八米的地方，此时正在落潮，飞机的浮筒已触到泥岸，进不得，出不来。

这时阮捷成手下的100多人也赶过来了，还抬来了一挺重机枪。中国军队占据绝对优势，人多火力猛，而且在江堤上居高临下。枪战一个多小时，机内突然传出两声沉闷的爆炸声，旋即火焰从机舱内喷出，整架飞机笼罩在大火之中，飞机上回击的枪声顿时停止了，潮水开始上涨，飞机慢慢被海水吞没，这一仗中国部队无一伤亡，日军除5名被俘外，皆葬身于大火之中。

当日方得知山县正乡机座误降后，曾来营救，派海、空部队前来侦察寻找山县正乡等人的下落。18日上午从头门山方向突然驶来舰船两艘，停在海门港口，然后放下敌艇两支直驶向海门港上游，空中且有日机三四架掩护，往来于沿江上空侦察搜索。由于护航队和水警队的猛烈夹击，日舰无法近岸，到下午2时，敌艇向临海方向前进，驶至新亭头，仍找不到山县正乡等人的踪影，又遭到防守沿江两岸各自卫队的猛烈攻击，日艇怕自身难保，只好从原路撤回，事后，山县正乡被追晋为海军大将。

二战中美国头号空战王牌——理查德·邦格

1945 年 8 月 6 日，美国在广岛投下"小男孩"原子弹的同一天，一名驾驶美国新式 P-80"流星"喷气式战斗机的飞行员在进行试飞时，由于发动机故障而牺牲，虽然飞行员已跳伞，但很不幸伞衣未能打开，试飞员失事原本是很平常的，但他死后，美国举国悲痛，一座机场以他的名字命名，他的家乡建立了一座纪念馆，因为他的经历实在不平凡，他就是曾让日本空军闻之色变的美国第二次世界大战头号王牌飞行员——理查德·邦格。

邦格是第二次世界大战美国头号王牌飞行员，他拥有随时随地参加空战而无需上级批准的特权，1941 年 12 月 7 日，日本海军特混舰队偷袭美国海军太平洋舰队基地珍珠港，揭开了太平洋战争的序幕。虽然美国奉行"先欧后亚战略"，军队主力和战争资源的大部分在很长一段时间内都投向了欧洲战场，但太平洋战争并没有因此减色。尤其是构成太平洋战争主干的海空大战，更具独特风采，成就了美军在第二次世界大战中位居前列的一批空战英雄。

邦格出生于威斯康星州的圣玛丽，他是家中 9 个孩子中的长子，其父少年时从瑞士迁居美国，其母亦有英国贵族血统，他在校园里是个公认的优等生，而且热衷于体育，他还是钓鱼高手和猎手。1928 年，少年的邦格迷上了航空，因为他寄给总统的信被空运到白宫，他后来回忆道："当飞机从我家屋顶飞过时，我想我会成为一名飞行员的。"1941 年邦格入伍，参加陆军航空队学习飞行，第二年 1 月从航校毕业。在航校期间他是出名的调皮捣蛋鬼，由于他顽皮胆大，在飞行学员期间经常违犯军纪，捅了不少娄子，人们都叫他"坏小子"。

尽管如此，邦格却具有极高的飞行天赋，似乎天生就是飞行员的料，几乎是与生俱来的良好的空间感觉和灵敏的反应使他可以轻松完成各种复杂的飞行动作，成为校内出类拔萃的飞行员。一个 P-38 检测飞行员说："邦格是我遇到的最天才的空中飞行员，我无法在训练时摆脱他的尾追。"——

在当时一旦被对方从后"咬住"，往往就意味着自己已经被击落。

1942 年初秋，太平洋战争正酝酿着重大转折，日军南进的狂潮迅速席卷了中太平洋和东南亚，9 月间，一支新的美国陆军航空兵战斗机大队从本土来到了莫尔兹比，加入第 5 航空队序列。新大队带来了陆航飞行员盼望已久的一种新式飞机——P-38 "闪电"式飞机，这种飞机装有两台发动机，两中垂尾。它马力大，火力强，航程远，飞机速度和爬升率都胜出日本人的"零"式一筹，陆航飞行员终于有了能战胜"零"式飞机的利器。第五航空队司令乔治·凯利将军在新来的飞行员中，一眼就看见了他的老部下邦格，"现在，该让我见识见识你的真本事了！"凯利看着邦格对所有飞行员说："荣誉属于击落日机最多的飞行员。"邦格记住了这句话。1942 年 12 月 27 日，隶属于第五航空大队的邦格第一次驾机升空作战，12 驾 P-38 飞机从莫尔兹比基地起飞，在 5400 米空中遭遇 30 多架"零"式战斗机，邦格首战告捷，打下了他平生第一架敌机，在随后的 10 天之内，他又打下 3 架飞机，这使得他在同期参战的飞行员中第一个成为"王牌飞行员"。

1943 年 3 月，太平洋战争中美军展开了全面反攻，邦格在拉包尔上空大显神威，战绩扶摇直上，7 月底他已击落 16 架敌机，成为第五航空队的头号杀手。到了 1944 年初，邦格的战绩达已达到了 27 架，超过了美国人心中超级空战英雄象征的一战头号王牌飞行员里肯巴克。当年 5 月 3 日，邦格被召回国，在五角大楼作了报告，并参观了议会，与议员们共进午餐，还在一些基地访问和讲演，在国内，他受到社会各界的狂热欢迎，被报章奉为"伟大的战争明星"。

9 月 10 日，邦格再次回到西南太平洋战场，向已是远东空军司令的肯尼将军报到，但这次他的任务不是上场厮杀，而是被任命为空军基地的射击教练，并被禁止飞行——当时太平洋战局已日趋明朗，美国不愿在胜利的前夜再损失这些优秀的人才。这期间他在酒会上认识了一位漂亮的小姐玛姬，两人一见钟情，疯狂热恋并很快订婚，返回部队后，邦格立即将恋人的大幅肖像贴在自己座机的左侧机头，后面就是代表击落敌机数目的众多太阳旗标记，于是，他的座机被称作"玛姬—洛克希德闪电战斗机"。

1944年10月，美军在莱特湾登陆，第5航空队进驻它科班和达兰格军用机场，麦克阿瑟和肯尼亲自迎接，邦格利用这个机会请战并得到允许，10月27日下午，邦格又驾着他心爱的战机战斗了，他那停滞了半年的战绩纪录重新向前滚动起来，第二天纪录上升到了33架。凯利马上给阿诺德发出一封幽默诙谐的信："邦格，那个被建议不要参加战斗的飞行教官现在已把他的战绩提升到了33架。"阿诺德的回信同样幽默："邦格少校为他又击落3架日机所作的辩护已被司令部以一种快乐的怀疑主义情绪记录在案。"

12月12日，邦格成为了美国历史上最杰出的空战王牌飞行员，麦克阿瑟司令亲自为他举行了一个授勋仪式，并称赞"理查德·邦格是一个在新几内亚至菲律宾之间主宰了整个天空的人"。在获得勋章后的第三天，邦格少校获得了他的第40个战绩，书写了美国空军史上最辉煌的一笔。当月29日午夜，肯尼将军再次下达了邦格回国的命令，邦格回国后，奉命参加喷气式飞机的研制，担任试飞工作。在邦格离去以后，太平洋战场又涌现出一批空战新星，如威廉·肖莫，首次参战就赢得了7次胜利，一战成名，但他们都不足以对邦格的头号射手宝座构成威胁，邦格在美国王牌榜上的排名一直保持到战争结束。

1945年8月6日，美国在广岛投下第一颗原子弹的这一天，邦格在驾驶P-80式喷气式飞机起飞时因发生机械故障遇难殉职，年龄还不到25岁，9天后，他的战友们迎来了日本无条件投降的日子。第二次世界大战期间远东盟军空军司令乔治·肯尼在闻听到邦格殉职消息时说："我们不仅喜欢他，我们也为他感到自豪，为他骄傲。当我听到他的死讯时，他的每一个成绩都历历在目，邦格少校——战争之中美国王牌的王牌，将注定永远保持他的纪录！"

第四章

乱世名人的悬案秘闻

"神奇的卡拉扬"是纳粹战犯吗

卡拉扬的人生之所以传奇，一方面源于他在音乐指挥方面的过人天赋和杰出贡献，一方面源于人们关于他是否是纳粹战犯的争论。

1989年7月16日，被誉为20世纪最杰出的指挥家卡拉扬病逝，终年81岁。他终究没能活到1991年，以便参加他的同乡——最伟大的古典音乐大师莫扎特逝世200周年的庆祝活动。卡拉扬逝世后，世界乐坛乃至整个文化生活领域都陷入了悲痛之中，并举办了相当隆重的纪念活动。

卡拉扬的传奇人生不仅是因为他神乎其神的音乐指挥，还因为他在二战时的纳粹党员身份。许多认为，正是因为卡拉扬有着超乎寻常的音乐贡献，才使得他最终逃脱了被视为纳粹战犯的审判。

赫伯特·冯·卡拉扬于1908年出生在奥地利的萨尔茨堡。自童年时起卡拉扬就表现出了超乎常人的音乐天赋，他5岁时便公开演奏，俨然一位钢琴家。他的父亲——一位医生兼业余音乐家，如同莫扎特的父亲一样，渴望儿子早日成名，极力鼓励儿子从事音乐。然而，卡拉扬的音乐之路并非一帆风顺。

20岁时，卡拉扬在拿破仑曾涉足过的一个小城——乌尔姆开始了自己的指挥生涯。然而，5年后，他被解职，一无所有，正如他在自己的回忆录中写的"发现自己眼前没有任何合同，也没有地方过夜，饿着肚子，剩下的只有在乌尔姆市演出时的美好回忆"。但回忆不能填饱肚子，他走遍全国谋生，可连试用的机会也没有了。

于是，卡拉扬去了柏林，但当时柏林人才济济，像他这样来自一个小歌剧院的无名年轻指挥根本找不到合适的工作。一个偶然的机会，卡拉扬认识了亚琛的剧院经理，被邀请去那里指挥一次排练。卡拉扬排练了《菲德里奥》，9月份演出结束后，卡拉扬就被任命为亚琛的音乐指导。后来卡拉扬在亚琛迅速崛起，成为德国小有名气的年轻指挥家。1935年初，27岁的卡拉扬取代亚琛的音乐总监拉贝，成为德国当时最年轻的音乐总监。

而拉贝在离开亚琛音乐总监职位后，被任命第三帝国文化局音乐处处长，他的顶头上司就是兼任宣传部长的戈培尔。不久，戈培尔就宣布："文化，是第三帝国的宣传工具。"于是，作为亚琛音乐总监的卡拉扬成为了纳粹的拉拢对象。

据卡拉扬讲，正是那时他受到了参加纳粹党的压力。"我原来不是纳粹党员"，他说，"在亚琛歌剧院当音乐指导时，我在政治上也不那么引人注目。可是到了签订就任音乐总监的合同时，我的秘书来告诉我，亚琛纳粹党部的头儿已放下话来，说我的合同难以通过：被提名当音乐总监的人居然不是纳粹党员！"卡拉扬为了保住在亚琛的这份工作，不再重演失业的悲惨遭遇，他不得不向纳粹低头，加入了纳粹党。

也正因为卡拉扬这段纳粹党员的历史，第二次世界大战结束后，不少人要求将卡拉扬列入纳粹战犯受审。在二战结束后，著名的萨尔茨堡音乐节的组织官员们呼吁最伟大的指挥家之一托斯卡尼尼参加这一重大节日，但托斯卡尼尼的回答是："我不去，我决不与为希特勒服务过的孚尔特温格勒、卡拉扬之流混在一起！"可见那时把卡拉扬定为纳粹战犯的观点是有一定市场的。卡拉扬也确实因为有加入纳粹党的污点而成了首批被带到临时法庭而准备接受审判的犯人。

然而，也有许多人认为卡拉扬不是纳粹战犯，他只不过是政治牢笼中的一只囚鸟而已，并非出自自己的意愿加入纳粹党的。当时在纳粹强权及狂热的沙文主义气氛下，如果对抗这一强权便如同以卵击石，卡拉扬在那里服务也是自然的选择。即便他有为取得各种职位的私心和机会主义式的所作所为，在当时特殊环境下也是可以理解的。

人们争执的关键点在于卡拉扬加入纳粹党的日期上，这决定了卡拉扬加入纳粹党的主观倾向：到底是自愿加入纳粹还是被迫加入纳粹？卡拉扬自称他是 1934 年迫于纳粹压力加入纳粹党的，而保罗·莫尔在 1957 年发表了一篇关于卡拉扬的文章《投机者》中写道："赫伯特·冯·卡拉扬加入纳粹党不是在亚琛而是在萨尔茨堡，也不是迫于压力于 1934 年加入的。其加入纳粹时间是 1933 年 4 月 8 日，是在希特勒上台仅仅两个月零八天之后。他的党员登记卡编号是 1-607525。"

最终，政府考虑到卡拉扬在音乐上的杰出贡献而对其纳粹历史不予追究。卡拉扬也得以在后来的人生中继续他辉煌的音乐指挥生涯。到 1988 年 4 月 5 日，当他在全世界文艺界的祝寿中度过 80 岁的生日时，他已被全世界舆论界赞誉为"20 世纪的奇迹""艺术界的巨头"，以及"指挥界的帝王"。

无论如何，卡拉扬是 20 世纪最杰出的指挥家之一。在二战期间，至少人们能从卡拉扬的音乐中听到一丝精神安慰，"音乐代表着他们唯一保留着的被撕成碎片的尊严"。但是至于卡拉扬是不是纳粹战犯，至今仍是个未解之谜。

纳粹杀人魔王海德里希失踪之谜

"盖世太保弥勒"是一个在 20 世纪三四十年代令人闻风丧胆的名号，被如此称呼的不是别人，正是纳粹德国的盖世太保头目、大屠杀的头号杀人凶手、国际法庭的第 7 号通缉犯海德里希·弥勒。

二战后的若干年来，他一直活不见人、死不见尸，扑朔迷离的下落成为二战悬而未解的最神秘事件之一。

海德里希出身音乐世家，有一个当音乐学校校长的父亲；即便拥有优渥的家庭背景与极浓厚的艺术氛围，他依然成长为双手沾满无数人鲜血的纳粹爪牙，成长为一个不折不扣的杀人机器。

27 岁起，海德里希在德国纳粹党党卫队服役，并在党卫队内建立了仅次于嗜血恶魔希姆莱的地位。他的杀人手段极其冷酷残暴，有"纳粹的斩首官""金发的野兽"之称，他甚至被希特勒昵称为"铁石心肠的男人"。

在对海德里希身份的追查中人们发现了可怕的一点：海德里希在实际上是拥有犹太血统的，却是一名极端狂热的反犹分子——这与希特勒如出一辙；无独有偶，希特勒的"种族清洗"计划恰恰来自海德里希的一次演讲。

1941 年 7 月 3 日，希特勒钦点海德里希负责"种族清洗"任务。海德里希在元首的号令下拟就了无数疯狂的杀人计划：集体屠杀、毒气室、火化炉、活活饿死或是沉重的劳役……在种种丧尽天良的法西斯行径下，无数犹太人惨死在纳粹的尖刀利刃下。

作为盖世太保的首领，海德里希的无情还不止于此：1944 年 7 月 20 日，在"狼穴"开会的希特勒险些丧命——德军内部的反纳粹人士史蒂芬伯格在希特勒脚边放置了一枚炸弹，海德里希接管该事件的调查工作后，竟陆续处死了纳粹陆军元帅隆美尔、德国前参谋总长贝克、柏林警察部队总司令冯·赫尔道夫等 4000 余人。

此外，海德里希抓住每一个时机显示自己对希特勒的忠心耿耿。1945 年 4 月 30 日，即希特勒自杀当天，海德里希向正在柏林奋力厮杀的纳粹冲锋队下达最后一道命令："誓死保卫柏林，直至最后一个人、最后一颗子弹！"随后，他作别希特勒等人，表示自己要冲出柏林，集结德国境内的其他纳粹军回来援救。然而，海德里希转身离开地堡后，竟一去不回，再无音信。

盖世太保头目人间蒸发，世人对其下落自然争论不休。

有一种说法是海德里希失踪前早已在极度绝望中杀死了自己的妻儿，所谓"人间蒸发"，其实是海德里希在离开地堡后自决，尸首便横陈战场，无人能辨认。

德国的一些历史学家则认为，海德里希离开地堡后登上了提前准备好的装甲车，准备溜之大吉，却在突围过程中迎面撞见盟军的坦克部队，在狂轰滥炸下结束了自己沾满血污的人生。

战后，甚至有人宣称发现了埋有海德里希尸骨的坟墓。然而，经过化验尸体的头盖骨，科学家表示，这副尸骨的主人比海德里希年轻了至少15岁。

民间流传的说法也认为海德里希是临阵脱逃。据传，海德里希乔装打扮后逃脱了盟军的搜捕，逃逸到中东或者南美的某处，隐姓埋名，继续着自己的纳粹行径。这种说法传开后，不少人宣称自己见过海德里希，地点却千奇百怪，包括东德、瑞士、巴拉圭、阿根廷、新汉普郡、大马士革，甚至华盛顿。

另外还有两种观点表示，海德里希叛离了纳粹，转而投降盟军。一些说法称，美国人逮到了海德里希，成了美国人对抗苏联的冷战工具——部分英美的媒体报道支持了这一观点。另外一种观点虽完全对立于"美国特工说"，却在对比下显得格外耐人寻味：美国情报界和司法部人士多称，海德里希离开地堡后由苏联情报机构接应，后来还曾作为间谍被派往捷克斯洛伐克。此外，也有部分人称，海德里希在被苏联红军控制后，用重要情报换得了在苏联国土的平静的新生活。而流言越传越广，再后来甚至传出美国司法部特别调查办公室的言论，他们表示：要想解开海德里希最终命运的谜团，还得看苏联人的绝密档案。

直至今日，世人对海德里希真正的下落仍未得出最终定论。也许，真相将永远尘封在历史中，成为无解之谜。

神秘的纳粹战犯——施佩尔

希特勒从小就想去巴黎，但他只去过一次巴黎，在法国投降后的1940年6月28日，一共待了3小时，那是希特勒正志得意满的时候。他亲手创建的第三帝国西起大西洋，东到苏联边境，一洗德国1919年在凡尔赛宫所受的耻辱。希特勒的飞机于28日黎明前抵达巴黎布尔歇机场，出人意料的是，当时坐在他身边，和他一起体验这个军事胜利的伟大历史时刻的不是什么将军或纳粹党的领导人，而是他的两个私人建筑师——阿尔伯特·施佩尔与赫尔曼·盖斯勒，及其首席雕塑家阿诺·布雷克。

人们在谈论第二次世界大战中希特勒的手下时，知道最多的是戈林、戈培尔、希姆莱，以及军队中的将军和元帅，在希特勒众多的追随者和帮凶中，施佩尔以一个民用建筑师的身份被希特勒看中并提拔到纳粹核心领导集团，在政治中崛起之快、地位之高，是无人能及的；他比希特勒年龄小，相差达16岁之多，而与希特勒却成为至交，私交之深在整个纳粹领导集团中无人可及；他是一个建筑师，可是在希特勒让他担任战时军备部长的职务后，从没有工厂管理经验的他竟然采取一系列改革措施，极大地提高了纳粹德国军工厂的生产能力，为希特勒庞大的战争机器提供了物质保障；在希特勒被盟军打败败退本土，下达了炸毁德国基础设施命令时，施佩尔却利用自己的地位和影响拼死阻止这些命令的执行；在希特勒穷途末路被困在柏林濒临死亡的时候，他又不顾自己的生命危险飞到即将陷落的希特勒驻地去看望他……如果说希特勒能够有一位朋友的话，那么这个人就是阿尔贝特·施佩尔。

施佩尔于1905年出生在德国曼海姆一个富有家庭，父亲是这个新兴工业城市炙手可热的建筑师，他小时候酷爱数学，梦想成为数学家，但遭到父亲反对，于是决定跟随父亲和祖父的步伐，成为建筑师。他先后在卡尔斯鲁厄、慕尼黑和柏林攻读建筑，1927年获得了建筑师资格。

1930年12月5日是施佩尔人生的转折点，这天晚上，他遇见了希特勒。那晚，在一个叫"兔场"的啤酒馆里，希特勒向柏林的大学生发表演说。他在演讲中谈到艺术和建筑："人不能为了活着而活着。我们无法想象，在没有德国文化复兴的前提下，德国如何再次强大？"这番话触动了台下的施佩尔，他在回忆录中写道："当我第一次见到他时，他的吸引力就对我发生作用，此后再也没有把我松开……他那种德国南方人的魅力使我愉快地想起我的故乡。"随后，他申请加入纳粹党，并于1931年1月成为正式党员，党证号474481。

1933年3月纳粹上台之后，施佩尔受纳粹宣传部长戈培尔之托改建宣传部，施佩尔的组织才干受到希特勒的赏识，以后希特勒亲自指令施佩尔改建帝国总理府。

希特勒是一个喜欢效率而又缺乏审美的"艺术家"，在他流浪奥地利的年轻时代，有很多建筑梦，正如所有年轻人的想法一样，他的设计也是充满激情而又缺乏成熟感的普通作品，但随着纳粹掌权之后，元首却准备把他年轻时候不切实际的建筑作品付诸实践，去改变现有的德国建筑理念，这时他就需要找一个同他有相似风格的人来实践这个梦想，他找到了，施佩尔完美地体现了他的所有需求。

1933年1月30日，希特勒就任德国总理，施佩尔被戈培尔星夜召唤至柏林，他被告知，5月1日，成千上万来自各地的德国人将拥到柏林滕伯尔霍夫机场，参加纳粹党掌权后第一次大规模集会，施佩尔看到会场布置草图，马上自告奋勇设计一个更好的方案，因为原来的设计"既破坏了革命情绪，又伤害了建筑艺术感"。施佩尔的设计获得巨大成功，他在大型活动布置上的才能也开始为人所知。施佩尔第一个完整的作品是新的帝国总理府大厦，他把后哥特式风格和雅典的建筑风格融入到了这座新的大厦里面，称作"拟复古主义"风格。

多年来，希特勒一直梦想着为第三帝国修建一个不朽的首都，他需要一个能替他实现梦想的人。施佩尔就是这个人——年轻，有才华，又能无条件地迎合希特勒的建筑口味。在希特勒看来，施佩尔反映出希特勒想要看到的东西——艺术家的精神。于是，新的元首和他新的建筑师，首先开始了对柏林的翻修，欲将其打造成"日尔曼尼亚"。施佩尔后来在回忆录中这样写道："为接受建筑一所大厦的任务，我会像浮士德一样出卖自己的灵魂。现在我找到了我的靡非斯特。他的诱惑力似乎不亚于歌德笔下的那个魔鬼。"

1933年秋，年仅29岁的施佩尔成为了希特勒的首席建筑师，他的设计，经常使希特勒激动不已，并把完成这一规划当成他活着的唯一愿望。希特勒还经常带领他的亲信来参观，向客人做详细讲解。而施佩尔的父亲看过模型后，只是耸耸肩说："你们完全疯了。"

在很短的时间里，希特勒与比之年幼16岁的施佩尔间建立了密切的个人关系。施佩尔从此飞黄腾达。在纳粹德国的权力中心，施佩尔名列第五，前4位分别是：希特勒、希姆莱、戈林、戈培尔，但施佩尔与希特勒的私交远胜于排在他前面的几个人。在希特勒和爱娃聊私己话的时候，如果还能容进第三个人，那就是施佩尔。有一次宴会上，大家惊讶地看到，施佩尔披着希特勒那件缀着金质党徽的外套。"施佩尔每次到访，希特勒都异常兴奋，就如同与恋人相约。"一位希特勒的手下工作人员曾这样回忆，两人共同绘制图纸，制作建筑模型，常常通宵达旦。

1936年，希特勒正式将改造柏林的任务委托给施佩尔，同时转交的，还有他绘于20年代的一系列草图，包括两张铅笔素描——柏林大会堂和凯旋门。施佩尔自己却有独特的兴趣和目标，他对柏林进行了重新的规划和设计，他的宏伟的设计必须符合一个作为全欧洲甚至全世界唯一首都的地位，当然也必须是超越罗马和超越巴黎。

1942年，希特勒将另一项更重要的工作交给了施佩尔——德国军备和战时生产部长，帮助希特勒管理帝国经济。施佩尔的一切几乎都建立在和希特勒之间那种亲密的私人关系上，他当时在纳粹党里面资格很浅，可是希特勒选中他当帝国装备部部长，以供应战争所需的大量物资。在指导军备生产过程中，施佩尔创立了全面的"工业自行负责制"，使军备生产出人意料地飞速发展。有历史学家认为，战时的施佩尔对德国而言，在某种程度上比希特勒、希姆莱、戈林、戈培尔和那些将军元帅们更为重要，因为事实上是施佩尔在操纵战争这台巨大的机器。当美英盟军和苏军两面夹击、战争面临全面失败时，希特勒准备实行焦土政策，要全面毁坏德军丢失地区的工业设施。施佩尔曾经有几次说服了希特勒不要这样做，阻止了对被盟军和苏军占领地区的全面破坏，为战后的重建工作准备了基础。但是施佩尔说服希特勒的方法也是一贯典型的说服独裁者的方法，即迎合他的心理，告诉他说德军很快会收复失地，这些地区的工业能力能够很快为德军所用。这种对于局势的乐观预期对于希特勒来说，意味着战争还没有失败，他还没有走到山穷水尽的地步。

施佩尔对于希特勒的感情是矛盾的。一方面，作为希特勒发现和栽培的建筑师、帝国军备和生产部长，希特勒政权的核心要员，希特勒的宫廷侍从的小圈子里的常客，他对于希特勒有感恩、效忠和迷恋的心理。他自称如果希特勒有朋友的话，他可以称得上是一个。

另一方面，作为一个现实的工业生产的组织者和意欲保全"民族生存基础"的"爱国者"，当他看到了希特勒在面临失败时的垂死挣扎会给德国民族带来的灾难，因此起意要刺杀他。仅仅因为偶然的原因，阻止了他去实施计划中的刺杀行动。

施佩尔在战争中的作用之大，以及在战争后期的行为之怪异，在纳粹高层领导集团中是绝无仅有的。施佩尔是一道难解的谜：究竟是无辜的"好纳粹"，还是希特勒这个混世魔王的大帮凶？他也是众多历史学家们为其在战争中罪行和作用争论不休的少有的纳粹战犯之一。

在纽伦堡军事法庭上，施佩尔因"战争罪和反人类罪"被判刑 20 年，在持续了 10 个月的审判中，施佩尔表现出非常积极的认罪态度，加上他的建筑师身份，以及在庭审中宣称自己在战争后期曾打算毒杀希特勒，被普遍认为是他身为一级战犯却获得轻判的原因。

无论是在建筑史还是战争史上，施佩尔都是个充满争议的人物，没有人能说清，那些冠以斯佩尔之名的建筑到底属于他本人，还是属于他身后的那个希特勒。1966 年施佩尔出狱，这是当时轰动世界的新闻事件，来自世界各地的记者将施潘道监狱围了个水泄不通，出狱后他先后出版了三本回忆录——均成为畅销书，他将 80% 的版税捐献给了犹太人基金，1981 年 9 月 1 日，再次前往伦敦参加一次 BBC 访谈的施佩尔因心脏病突发去世。

纳粹德国元帅戈林临刑前服毒之谜

20 世纪的历史是悲惨的历史，期间爆发过两次世界大战，两次大规模的经济危机。而两次世界大战的挑起者都是德国，这给世界人民造成了无尽的灾难。在第二次世界大战结束的那一年的 10 月 20 日，纽伦堡国际军事法庭对战争的发起者——德国纳粹的二号人物帝国元帅赫尔曼·戈林进行审判。为惩罚戈林的罪大恶极，法庭对戈林宣判死刑，一年后执行。这位叱咤一时的乱世枭雄将要在一年之后受到正义的刑罚。

但令人奇怪的是，就在 1946 年 10 月 15 日夜这名历史的罪人即将接受刑罚的一分钟前，居然在严密的看守之下服毒自杀。

赫尔曼·戈林如何得到毒药？如何在严密的看守之下成功服毒的细节已经随着时间流逝越来越不被人们所关注。直到全球庆祝反法西斯战争胜利 60 周年，有关部门将戈林自杀时调查委员会的报告、现场证人的证词、医疗报告、戈林自杀留言等秘密文件披露时，戈林的死才再次得到人们的关注。也是随着这些秘密文件的披露，戈林的自杀才渐渐地成为人们心中的一个谜。

根据对戈林尸体进行尸检得到的报告称戈林死于氰化钾中毒。但戈林是如何将这种剧毒带入牢房，又是如何将氰化钾一直放置于牢房而没有被别人察觉？从调查委员会的报告中，可以知道看守人对牢房和衣物是经常搜查的。

因此如果戈林要藏匿毒药只可能将其藏在疏于检查的行李间的，而氰化钾则是随着行李一起被带到行李间的。根据调查报告，调查人员确实在行李间戈林的遗物里找到了另一个氰化钾胶囊。

如果氰化钾是被藏在行李间戈林的行李之中，那戈林是如何从行李间拿到毒药的呢？根据调查委员会的资料显示戈林并未请求去行李间取东西，但是资料同时也显示他曾经送给惠利斯中尉一份礼物以及送给他的律师奥托·斯塔马尔一个蓝色公文包。如果戈林未请求去行李间取物品，他的这些东西又是如何送出的呢？

这里只有两个可能性，一是戈林偷偷地跑到行李间取物品，而没有在行李间登记；二是有人帮助戈林从行李间取了物品。

根据记录当时只有四位监狱军官拥有行李间的钥匙，其中包括惠利斯中尉。于是人们开始怀疑是否惠利斯帮助戈林从行李间取得了毒药。

本·斯韦林根写的《赫尔曼·戈林自杀之谜》一书中得到了这种肯定说法。另外，人们对戈林的毒发身亡大为震惊，为查处究竟，对戈林的妻子进行了审讯。当戈林的妻子埃米·戈林被问到她丈夫的毒药是来自何处时，她回答曾有一名美国朋友送给戈林物品。28年后，埃米·戈林的女儿埃达也出面表示有人曾经帮助过她父亲。

在母女俩的推波助澜之下，惠利斯中尉把毒药给了戈林的说法甚嚣尘上。以上的观点非常在理，但与此相关的当事人大多都已作古，没有充分的证据证明。

除了戈林毒药的来源离奇以外，戈林的遗书也非常令人生疑。戈林遗书的落款日期是1946年10月11日，即行刑前5天。一个即将自杀的死囚犯为何会把遗书带在身边五天呢？这不是很容易就让事情败露吗？另外在戈林的遗书中提到了他向盟国管制委员会的申诉被拒的事，而这一消息直到10月13日他才听说，他是如何未卜先知的呢？

总之，关于戈林的死存在着太多太多的疑问，这些也只是冰山一角而已。也许公布戈林之死的资料本身就是一个错误，因为它带给了人们太多的疑惑。

蒙哥马利到底有几个替身

1944年1月14日的傍晚，伦敦早早地陷入沉寂。四周静悄悄的，明月依旧洒着银光，只是笼罩着一层薄纱，所以不能朗照。街边斜斜的树影和着朦胧的月光，诡谲的氛围中，一项重大的计划正在秘密地酝酿中。

这天，刚刚上任的艾森豪威尔来到伦敦和英军地面部队司令蒙哥马利商量诺曼底登陆的事宜。

两个国家的领导人罗斯福和丘吉尔把军队的核心力量集聚在伦敦，随时准备做最后一搏，横跨英吉利海峡消灭德军。

但是，盟军现在面临的问题是，德军防守固若金汤，如何才能保证登录计划万无一失呢？

联军指挥部思索良久，做好了各种战略部署，唯一剩下的问题便是登陆的地点和登陆的时间。而这两个问题却是战略部署中最重要的一环，一着不慎可能满盘皆输。指挥部在这个问题上开始踌躇。

一幅巨幅军用地图铺开在桌面上，将军们望着摊开的地图，眼睛一眨不眨，都在细细搜寻登陆的最佳地点。

通过地形的比较，英国方面的军事高官都认为从多佛尔海峡登陆较好，因为无论从海峡的宽度还是深度来看多佛尔海峡都占有很大优势。但战场上的老手艾森豪威尔及其幕僚并不这么认为。他觉得兵家之道"虚则实之，实则虚之"，如果每一步都按常规思路，那么对手也会想到。所以他选择了一个最出乎人们意料的登陆地点——法国西北部塞纳海湾的诺曼底。

各路军官认为虽然这种做法有些冒险，但如果实施得好的话，可以打德军一个措手不及，也不失为一个绝好的妙计。于是众人一致同意艾森豪威尔将军的建议。至于登陆日期的选择，艾森豪威尔根据气象局发来的潮汐和天气情报，把时间定在6月5日、6日、7日。时间和地点一经确定，强渡英吉利海峡的诺曼底登陆计划就此出笼。各位参加会议的军官被要求对此次行动绝对保密，除了最高领导以外，其他人均不得透露。而接下来的计划就是使希特勒相信盟军不会从诺曼底登陆。英国的蒙哥马利元帅很自信地包揽了这次任务。5月15日，蒙哥马利元帅搭乘首相专机开往直布罗陀和阿尔及尔，在此地纠集英美联军，并大张旗鼓地公布英国将在法国南部海岸登陆。希特勒觉得如此重要的计划不应该轻易地便传入自己耳中，于是就派间谍跟踪蒙哥马利的行踪，探听他的虚实。

不久间谍回报，英国似乎真要从法国南岸登陆。蒙哥马利将军已经派人前往中立国收购大量加莱海岸的详细地图。

另外盟军又派遣兵力达100万人的集团军进驻英东南沿海一带，一部分队伍已到达地点，后续部队正陆续赶到，准备攻击加莱海岸。希特勒非常震惊，认为联军真的会从法国南岸登陆。于是他立马调遣德军最精锐的第15集团军集中在加莱地区，只在诺曼底留下一个装甲师驻防。

6月6日凌晨，德军第15集团军还在加莱地区严阵以待，准备迎接盟军的攻击。忽然前方来报，蒙哥马利率领盟军正从诺曼底登陆，要求他们赶快前去救援。可是一切都太晚了，第15集团军还没赶到战场，盟军已经登陆并浩浩荡荡向德国本土进发了。希特勒可能到死都不明白，为什么在英东南沿海一带驻兵的蒙哥马利会突然出现在诺曼底。

后来根据揭秘的二战资料，人们推测可能是一名叫詹姆斯的中尉，假扮蒙哥马利元帅，在英东南沿海一带驻兵迷惑德军。但这一切也只是一个猜测。到底蒙哥马利如何做到分身有术的，还需进一步资料的解密。

"死亡天使"——约瑟夫·门格尔

"在逃亡的日子里，一个永远惶惶不安的人，却从不曾后悔。他长着天使的面孔，却有一颗魔鬼的心。他名义上是个医生，可实际上却是个恶魔。在他的医学研究中，用来作人体试验的是几千的犹太人，而不是白鼠。但他晚年却难逃恐惧的惩罚。"

约瑟夫·门格尔，1911年3月16日生于德国巴伐利亚州金茨堡一个富有的企业主家庭，拥有双博士头衔。第二次世界大战爆发后，门格尔作为一名党卫军军医，服役于武装党卫军"维京"师。第二次世界大战时，德国武装党卫军"维京"师是一支战将云集的部队，但在这些充满传奇色彩的大人物背后，有一个人不应该被遗忘，他没有指挥过一兵一卒，他拿手术刀的时候比拿枪的时候多，他在战场上以救人为天职，在战场下杀人为乐趣，他就是"维京"师军医官，有"死亡天使"之称的约瑟夫·门格尔。

门格尔在苏联前线获得过二级铁十字勋章、一级铁十字勋章、黑色战伤勋章以及一枚为德国人民服务奖章。1942年他在俄国前线受伤，并被部队宣布不适合继续服役，随后，被调到奥斯维辛集中营，成为奥斯维辛集中营医学和实验科研处处长、主任医生，并很快成为了奥斯维辛集中营的首席医务官。他经常炫耀自己是那里唯一一个佩戴这么多勋章的医生。

门格尔曾是纳粹德国设在波兰的奥斯维辛集中营的希特勒冲锋队军医，这个执掌生杀大权的"白衣天使"却是不折不扣的"死亡天使"。在众多纳粹集中营医生中，门格尔无疑是知名度最高的一个，素有"死亡天使""死神医生""屠夫"等称号。他尽可能多地"消灭"不能劳动的囚犯，惨无人道地用活人进行"改良人种"试验，先后有约40万被关押的无辜生命惨死在他手下，其中绝大部分是犹太人。当时，这个党卫军医生每天亲自接收那些从各地运来的犹太人，阴森森地挥舞着一根小棍，负责对俘虏进行筛选，决定哪些人被杀，哪些人被用来做苦力，哪些人用来在集中营里做试验对象。他把这些可怜人分成两行，一行直接走向焚尸炉，一行暂时留下来。据估计，从1943年到1945年，经门格尔之手就有38万人死于非命。

门格尔的杀人政策很古怪，例如他在距地面150~156厘米的地方画了根线，凡是身高不在这两根线范围内的孩子一律被送进毒气室。偶尔门格尔也亲自开开杀戒，他天生有洁癖，而且还是个完美主义者，他将那些皮肤上有斑点和小疤痕（如阑尾手术留下的）的人统统送进毒气室。

曾是奥斯威辛囚徒的亚历山大·德克说："我从来就无法接受门格尔认为自己做的是严肃认真的工作，他只是在试验他的权力，他完全可以开一家屠宰场。有一次我亲眼目睹一次腹部手术，门格尔在没给手术对象麻醉的情况下移走了他肚子里的器官。还有一次，在没有麻醉的情况下移走了心脏，这让人感到恐怖。门格尔在他的权力之下走向了疯狂，没有人问他为什么这个人会死，为什么那个人会死，在他手上死的人无法统计，他在科学的名义下做这些实验，但实际上这完全是疯狂的。"

门格尔的理论是："人和狗一样，都有谱系，有人在实验室里培养出了良种犬，我也能在里面培养出优良人种来。"这个恶鬼作为人种生物学家，还负责执行一项大规模的种族灭绝计划。他希望能发现一种遗传学上的秘密，来培养出纯种的雅利安人。为此，他在实验室里对200对孪生儿做了试验，通过这种试验，门格尔认为他可以使德国妇女生多胞胎，从而较快地为第三帝国提供公民。

在奥斯威辛，门格尔做了很多双胞胎试验，经过一系列试验，这些被他称之为"豚鼠"的孩子就一个个消失了。

他最为著名的试验是关于眼球的试验，门格尔将颜料注入孩子们没有麻醉过的眼球，孩子的眼睛大多因此失明，那种撕心裂肺的疼痛自不必说。

据另一位集中营医生说："1943 年 9 月，当我来到吉普赛营地时，看到一张木桌上摆满了眼球。所有这些眼球都被贴上标签、编上号码。眼球的颜色有淡黄色、淡蓝色、绿色和紫罗兰色。"

幸存者回忆起当年在奥斯维辛集中营，笑容可掬的"门格尔叔叔"给他们带来糖果和衣服。然后他们就被带上了涂有红十字标志的大卡车或者他的私人汽车，并被直接送往医学实验室。这个血债累累的门格尔在大战结束后，却奇迹般地逃脱了正义的制裁。据说，门格尔在战后一段时期曾伪装成一个普通医生相当平静地住在多瑙河畔他家的附近，只是到 1949 年，他在大屠杀中的罪行受到查询，自知罪大恶极的门格尔才带着其波兰情妇维尔玛仓皇出逃。1951 年他用一张西班牙的假护照逃到阿根廷，从此便从人间蒸发了。

战争结束后，国际社会对门格尔的追踪始终没有放弃，在维也纳还成立了专门搜捕门格尔的犹太人组织。

以色列曾向巴拉圭和哥伦比亚派出上百名特工暗杀门格尔，门格尔无论逃到哪里，追捕者经常是接踵而至，但总是让他逃之夭夭，有时简直是让他从手缝中溜掉。为了找到门格尔，一些犹太富翁几年来已花了上百万美元，德意志联邦共和国在 1981 年 1 月曾根据他的新罪证，发布了新通缉令，门格尔的头被悬赏十万美元。有人说，门格尔就像一只丧家犬，东逃西窜，陷阱处处——也许这种让他每时每刻都处在被追捕的恐惧之中的生活本身也是一种复仇方式吧！

1963 年，他曾进入巴西境内的坎迪多·戈多伊镇，那里居住着众多德国裔居民，打那以后，小镇的双胞胎出生率便一路飙升。在那儿，他终于有能力实现其未竟的梦想——打造金发碧眼的纯雅利安"优等人种"。国际社会试图抓捕他的努力进行了整整 35 年，但他还是安全地以各种化名过着隐居生活，直到 1979 年 1 月 24 日他在巴西游泳时溺水身亡，但是人们还是将信将疑，怀疑这可能是个骗局。直到 1992 年，当从遗骨上提取的 DNA 与从门格尔遗孀那儿得来的血样的 DNA 对上号后，终于盖棺定论："这的确是声名狼藉约瑟夫·门格尔的遗骸。"门格尔死亡的消息传出后，很多人感到快慰。搜捕门格尔的犹太人组织把为捉拿门格尔而募集的100万马克赏金捐赠给了150位曾被门格尔当作试验品而幸存下来的受害者。

圣保罗警方档案馆将门格尔的私人信件、日记以及公文公布于世。那些文件显示，这个臭名昭著的德国纳粹医生、在集中营毒气室杀害了几百万人的屠夫，直到临死时仍然毫无悔改之意，他的文化和政治观念仍然停留和定格在1945年。他从来没有认识到，当年在奥斯威辛所犯下的纳粹暴行应该受到谴责，他认为，自己只不过杀死那些已经被判处了死刑的人而已……

"友谊和平天使"——嘎丽娅

嘎丽娅，这是一个被尘封了60年的名字——她没有烈士的名分，却永远活在中俄两国人民的心中，她没有坟墓和传记，但普京却为她的纪念碑亲笔题词。

这是绥芬河历史上悲壮苍凉的一幕，一个生在绥芬河、长在绥芬河的17岁中俄混血少女，为了绥芬河的解放，走上战火纷飞的战场劝降日军而牺牲的故事。

嘎丽娅，1928年2月18日，出生于中国黑龙江省绥芬河市。父亲张焕新是中国人，母亲菲涅，则是白俄后裔。

嘎丽娅取俄姓名嘎丽娅·瓦西里耶夫娜·杜别耶娃，实际上，家人叫她嘎拉。嘎丽娅幼年和少年是在温暖的家庭关爱中无忧无虑度过的，1941年6月，和同学丽达共同获得俄罗斯侨民音乐会金百合歌手奖，所唱歌曲《白色的刺梅花》获一等奖。1942年12月，她14岁那年，在绥芬河露西亚俄侨学校毕业，1943年1月10日，留校代理音乐课、日语课，两个学期后回家帮助父亲打理生意。

嘎丽娅受过正规学校教育，又生活在多民族环境中，与日本邻居相处，她轻松地学会三国语言。嘎丽娅1.70米左右的身材，眉清目秀，端庄、秀丽，时值17岁豆蔻年华，但命运却让她走向炮火纷飞的战场，1945年8月9日零时 10 分，苏联 150 多万军队从东、北、西三个方向，在 4000 多千米的战线上越过中苏、中蒙边境，向日本关东军发动突然袭击。绥芬河市城区被苏军攻克，但天长山要塞内的日军还在负隅顽抗。这个要塞内有以石岛长吉为首的 450 名日军，也有佳津磨街长带领的 150 名日本百姓，苏军几次攻击未果，伤亡不少。

海拔 719 米的天长山位于绥芬河市阜宁镇，夏日，这里外表平坦，绿色葱茏，如果不是当地人介绍，根本想不到这是亚洲最大要塞群。自 1934 年日本侵略者把绥芬河作为军事禁区，修筑要塞，天长山成了绥芬河要塞的重要部分。天长山要塞群处于中俄边境，与东宁要塞群共同构成日本关东军对阵苏联的东部防线，在当时号称"东方马其诺防线"。

要塞里的日本妇女和儿童面临与日军同归于尽的命运，苏军不忍平民在战争中伤亡，在对天长山要塞发起进攻前，决定找个懂日语的人前去劝说日军保全要塞里妇女儿童的生命，缴械投降。

在苏联红军的登记处，一位负责人向在场的人们询问："谁会说日俄两种语言？"不知是谁用俄语回答了一句："嘎丽娅·杜别耶娃会说日语。"绥芬河几千人口，是个小镇，嘎丽娅人很出众，很多人认识她，大家都把目光投在她身上。嘎丽娅和苏联人谈过后走到母亲跟前平静地说："妈妈，红军军官让我当翻译，跟他们上北山去劝日军投降。"嘎丽娅的母亲不同意，嘎丽娅很镇静地说："不要紧的，要塞里面还有我的日本同学呢。"据后来的证据表明，要塞里有些日本小孩确实是嘎丽娅的朋友。

或许，她想日本人垮台了，此行有苏联红军的保护，不会有危险；或许，她抱定了决心，就是危险也要转告她的日本邻居和伙伴应该走出山洞，免得伤及妇幼无辜。我们无从知晓她究竟想了什么，只知道当时她是那么从容镇静。嘎丽娅的母亲流着泪，默默地把自己头上的一方新的红头巾摘下来，戴在心爱的女儿头上，望着女儿向天长山走去，而这一走，善良勇敢的嘎丽娅再也没有回来。从此，嘎丽娅走进了绥芬河人的心中，走进了传说，走进了永恒，走进了历史。

她随同 4 名苏联士兵走上了炮火纷飞的天长山要塞战场，深入虎穴，去完成劝降的使命。

据传说，嘎丽娅曾经到天长山去了三次，第二次去时，日本军官说再给一些时间准备，答应下午 3 时放下武器投降。第三次上去的时候，日军突然开枪射击，将同去的苏军打死，嘎丽娅被拖进了山洞。现场的情形没人看到，只能成了一个留在人们心中挥之不去的谜。

山下的苏军等了一个晚上不见人下来，知道坏事了，于是下令炮轰。1945 年 8 月 15 日，天长山要塞的日军投降，仅余 26 名士兵。战斗结束后，嘎丽娅仍不见回来，也没有消息。人们在山上只找到了嘎丽娅的红头巾，却一直没找到人。当时炮火将很多尸体炸飞，山洞都已被苏军炸塌，里面压着许多的尸体，花朵一样的嘎丽娅在战火中走了，走得如此安静，又走得如此轰轰烈烈。

战后，天长山要塞投降的 26 名日军被遣送回国，苏军也很快撤离，没有人为嘎丽娅的事作证，在那个年代，怎么会有人去关心一个死在炮火中的平民百姓啊，嘎丽娅的死成了一个悬疑，更没有人追认她为烈士。

在绥芬河当地概况和简史稿中只有"张焕新的混血姑娘三次上天长山劝降"的一句，没有任何具体记述，所有历史档案都没有。

如今，嘎丽娅在人间留下的只有一张她 15 岁时与其长兄张国列摄于1943 年的合影，照片中的嘎丽娅美丽、恬静、从容、含蓄，谁见了都会赞叹，张国列先把这张照片赠给朋友米苏林，嘎丽娅牺牲后，米苏林照片又送回了嘎丽娅母亲手里，并由她一直带在身边。

一位叫菲多尔琴科的苏联军官，因这次劝降行动而获得一枚红星勋章。30 多年后曾两次在电视节目中讲述了嘎丽娅的事迹，并认为勋章应该属于嘎丽娅。时隔 60 年，嘎丽娅才回到了绥芬河，绥芬河市人民纪念着"和平使者"嘎丽娅，筹建了以她名字命名的公园，在嘎丽娅公园，33 位苏联红军战士栽下了嘎丽娅喜爱的白桦树，中国抗日老战士栽下了嘎丽娅喜爱的云杉，有心人把白桦树和云杉组合成了汉字"唇"——蕴含着中俄两国人民一衣带水，唇齿相依。

1945 年 10 月 8 日，这个为了绥芬河的解放而献出自己 17 岁生命的中俄混血姑娘，如今化身成"友谊和平天使"的雕塑矗立在绥芬河和平广场上。中俄人民一起在新落成的嘎丽亚的塑像前献花，苏联老红军说："她永远昭示着人民对友谊与和平的祈盼和期待。"

在刚刚落成的嘎丽亚雕像前，来自俄罗斯远东铁路局退休老职工们组成小合唱团献上了写给战争的两首歌曲——《仙鹤》和《喀秋莎》。"我们把这两首歌曲献给永远 17 岁的嘎丽亚！"

嘎丽亚的青铜塑像由世界著名的俄罗斯列宾美术学院设计完成。塑像中的嘎丽亚步履坚定，手中挥舞着妈妈留给她的红头巾，回头望着家乡——这是一段凝固的历史，美丽勇敢的嘎丽亚将永远伫立在她所热爱的家乡。

俄罗斯总统普京亲笔致信建议在纪念碑刻上这样一段话："俄中友谊就是相互理解、信任，我们将铭记过去，展望未来。"

第五章

不可告人的惊天阴谋

"静坐战争"到底藏着什么目的

在希特勒制定"白色方案"决定进攻波兰时，德军将领多担心自己陷入两线做战的困境而反对这个计划，哈尔德将军说："只有几乎完全不顾我们的西部边境，我们才有可能在对波兰的进攻中取得胜利。以当时的德军实力看，的确还不足以在打东线波兰的同时再在西线与英法开战，当时德国在西线与法国 110 个师对峙的只有 23 个师，而且德军当时的军火"仅够三分之一的德军用 14 天的"，要想在 14 天内打败法军显然是不可能的。希特勒对德军将领们说，时间是站在我们的敌人那方的。但希特勒是个战争赌徒，他赌英法不会与德国开战。1939 年 9 月 1 日，纳粹德国对波兰发动了闪电战，与波兰订有条约的英法两国为了履行它们与波兰的条约，不得不对德宣战，第二次世界大战爆发。

在东线孤军奋战的波兰一心在指望着它的盟国，指望着西线的战争，它的盟国是宣战了，但实际上却是"宣而不战"，上百万装备精良的法国陆军面对着 23 个德国师，只是躲在钢骨水泥的工事背后静静地坐着，一枪不发，眼看着自己的盟国波兰被纳粹德国消灭了。这场战争，法国人称之为"奇怪的战争"，德国人称它为"静坐战"，英国人称它为"虚假战争"。

从英国来看，它对波兰的保证只是泛泛而论，但是对于法国来说，它对波兰的义务却是具体而明确的，在《法波军事协定》中明确规定：法国方面将"总动员令下达后不出 3 天的时间内，逐步对有限目标发动攻势"，条约还进一步规定，"一旦德国以主力进攻波兰，法国将从法国总动员开始后第

15 天，以其主力部队对德国发动攻势"，事实上，总动员令已在 9 月 1 日宣布，可法军却一直依然"按兵不动"。纳粹将领们在追溯往事的时候都认为，在波兰战役期间，西方国家没有在西线发动进攻，是错过了千载难逢的良机。

为什么会出现这场奇怪的战争？其实，奇怪的战争一点都不奇怪，在纳粹德国疯狂四下侵略扩张的时候，英法始终存在一种侥幸的心理，那就是"祸水东引"，它们指望着苏德两败俱伤而不想赶在苏联之前对德国开战，所以这时它只来了个"宣而不战"，可是他们万没想到，在希特勒的战争计划中，首先的目标是西线，直到德国入侵挪威，英法才如梦方醒，但为时已晚了。

由于长期采取了绥靖政策，英法两国对纳粹德国始终抱有幻想，总一心用牺牲其他国家的利益来换取自己的平安，而不是积极备战，在军备的增长上远远落后于德国，他们对德国的武器和空中优势怀有恐惧心理，法国政府从一开始就坚决要求英国空军不去轰炸德国境内的目标，生怕法国工厂会遭到报复性的打击。殊不知，如果对德国的工业中心鲁尔进行全力轰炸，很可能使希特勒遭到致命性的打击。许多纳粹将领后来承认，这是他们在 9 月间最担心的一件事。再就是英法在战略部署上存在分歧，双方都想在同盟中充当主角，但又都不愿派出更多部队，一直没能建立一个统一的指挥系统。这一切，导致了英法这场静坐战的产生，从而为自己酿造了 1940 年 5 月惨败的苦酒。

《苏德互不侵犯条约》是否有附加秘密协定书

第二次世界大战过后，国际上掀起对二战历史的反思热潮。各种秘密资料频频曝光。《苏德互不侵犯条约》的陈年旧事也被翻了出来。据英国 1946 年 5 月 30 日的《曼彻斯特卫报》报道称：《苏德互不侵犯条约》另附有一项秘密协定书，并对其内容进行了详细的列示。但编入苏联官方出版物《苏联对外政策文件汇编》第四卷的《苏德互不侵犯条约》未涉及到任何秘密附属协定书的条款。在其他的一切公开出版物中也不能找到《苏德互不侵犯条约》的秘密附属协定书的半点踪迹。如鲍爵姆金领导编写的《外交史》

第三卷、维戈兹基等人编著的《外交史》、阿赫塔姆江等人的《苏联军事百科全书》、萨姆索诺夫主编的《苏联简史》，就连曾参与苏德谈判的别列日柯夫在其回忆录中谈到《苏德互不侵犯条约》时，也只字未提秘密协定书，并且驳斥了各种关于《苏德互不侵犯条约》的"虚假报道"。

《苏德互不侵犯条约》是 1939 年 8 月 23 日苏联和德国在莫斯科签订的。1938 年伊始，苏联就逐渐陷入内忧外患的泥潭之中。1938 年 8 月日本于中苏边境张鼓峰挑起反苏武装冲突。1939 年 3 月希特勒通过《慕尼黑条约》，兵不血刃地占领捷克斯洛伐克。稍事休息后，又于 23 日占领立陶宛滨海城市默麦尔。德国一路势如破竹，很快到达波兰边境准备攻占波兰。5 月 22 日签订的《德国意大利军事同盟条约》使得苏联处于政治跟军事的孤援。1939 年 5~8 月日本在中蒙边境诺门坎地区大规模进攻苏联与蒙古。1939 年 8 月中旬，苏联全线陷入国际危机之中。

苏联也意识到危机的存在，4~8 月积极拉拢英、法通过缔结互助条约和军事协定，建立反侵略战线。英、法期待国外稳定环境建设国内经济而未与苏联合作，并且为了防止战火蔓延到本国，秘密与德国进行了一系列的谈判，企图以苏联来转移德军的注意力。为了缓解德军全线压境的压力，苏联开始迅速调节与德国的关系，同德国签订《苏德互不侵犯条约》，条约规定：条约双方互不侵犯，亦不协助第三方侵犯对方。条约双方保持密切联系，就一切争议事项和平谈判解决，反对采取任何暴力手段。

不少西方学者推测，从《苏德互不侵犯条约》的内容看，都是有利于缓解苏联危机的条款，作为强势的德国不会轻易签订条约，1939 年的《苏德互不侵犯条约》很有可能附有秘密议定书。这一观点得到很多资料的证明，许多描述第二次世界大战历史的书籍，对《苏德互不侵犯条约》的秘密协定书内容都有所列举。如原纳粹德国上将蒂佩尔斯基希《第二次世界大战史》、美国学者威兼·夏伊勒《第三帝国的兴亡——纳粹德国史》、法国当代著名史学家让·巴蒂斯特·迪罗塞尔《外交史》、英国著名学者阿诺德·托因比等人编的《大战前夕，1939 年》和英国学者艾伯特·西顿《苏德战争，

1941～1945年》等。

虽然史学界对《苏德互不侵犯条约》的秘密协定书的存在除苏联以外有着空前的一致性，但关于《苏德互不侵犯条约》签订动机、协议双方责任、协议性质和后果等许多方面存在很大的争论。

对于《苏德互不侵犯条约》的性质，总共有以下三派意见。

第一，"革命妥协"说。这种观点将视角放得更高，认为《苏德互不侵犯条约》既考虑到苏联的国家利益又考虑全世界进步人类的利益。是以一种挑起帝国主义之间矛盾的方式，有力地还击了帝国主义国家非正义的侵略战争，巧妙取得有利的国际环境的历史证明。

第二，"分赃"说。将《苏德互不侵犯条约》看作一份非正义的协议，是一份大国宰割小国，弱肉强食强盗逻辑的预分赃合同。

第三，"绥靖"说。第二次世界大战前期，整个欧洲因为经济危机的席卷并未将注意力放在与别国的战争上，而是试图建立一个和平的国际环境为恢复国家经济创造条件。所以绥靖政策成为二战前欧洲各国的普遍表现。从本质上说，《苏德互不侵犯条约》与《慕尼黑协定》并无区别。

关于《苏德互不侵犯条约》的后果史学界的看法更是百家争鸣，归纳来看，主要有以下四种。

第一，"不利"说。早期的苏联有能力击败德国而并不需要一年的休养生息。《苏德互不侵犯条约》的签订使得苏联不能帮助其他的反法西斯国家抵御德国的侵略，养虎为患，造成第二次世界大战更大的损失，且不利于激起世界人民反法西斯情绪。

第二，"弊大于利"说。虽然《苏德互不侵犯条约》为反法西斯国家取得最后的胜利奠定了基础，但它同时也为希特勒肆无忌惮地侵略各国助长了气焰，拖延了国际反法西斯同盟的建立，损害了社会主义国家在国际上的威信，造成苏联在莫斯科自卫反击战中的巨大损失。两者相权，弊者更重。

第三，"利大于弊"说。《苏德互不侵犯条约》为苏联韬光养晦战胜法西斯国家产生了积极作用。而同时绥靖政策的实施很大程度助长了法西斯气焰。通过两相权衡后，《苏德互不侵犯条约》为反法西斯国家取得最后的胜利起到的积极作用还是占主导地位的，总地说来，利大于弊。

第四，"有利"说。在《苏德互不侵犯条约》签订后的 22 个月时间里，苏联对战胜侵略者进行了充分的准备，同时孤立日本在国际上与他国的联系，为苏联赢得较为有利的国际环境，更为世界反法西斯国家和人民提供了一份坚实的力量。

这样，史学界关于 1939 年《苏德互不侵犯条约》的一系列问题莫衷一是，这也是此类问题成为史学界热点的一个原因。而这些问题的清晰明朗对于第二次世界大战史具有重要意义，这有待将来人们对此类问题的进一步研究。

西西里岛登陆与"马丁少校"的来历

二战期间有过多次著名的行动，例如诺曼底登陆，西西里岛登陆等，这些战斗靠的是良好的策略和行动。其中，西西里岛登陆还有一个著名的瞒天过海的"馅饼行动"，依靠这个行动的成功实施，盟军顺利在欧洲南部的西西里岛登陆，席卷整个意大利，以最快的速度从北非进入纳粹德国控制的欧洲。这次行动为以后的诺曼底登陆奠定了基础，积累了经验。英国的《二战杂志》1995 年评论称："'馅饼行动'是一次绝对的胜利。"

"馅饼行动"的主要目的是分散纳粹德国在欧洲南部的兵力部署，为西西里岛登陆减少障碍，因为当时希特勒在此有相当强大的兵力部署。

1943 年 4 月 30 日凌晨 4 时 30 分，负责此次行动的"六翼天使号"潜艇的艇长，时年 29 岁的朱奥亲手将一个金属箱沉入海中，为了掩人耳目，他告诉他的部下，这是一个气象观测设施。

但是，这个神秘的金属箱真的是气象观测设施吗？

明显不是。这里面实际上装着英国海军军官"马丁少校"的尸体和拷在他右手上的一个公文包。包里有两张剧院演出的戏票票根，一封来自"未婚妻"的热辣辣的情书，几张战略地图，以及皇家海军蒙巴顿将军致陆军元帅蒙哥马利的信函。在这封信中，有盟军"计不久从意大利西部的撒丁岛和希腊南部登陆欧洲"的重要秘密。

其实，这个公文包里的一切都是精心设计的，为了给希特勒传达错误信息，因为盟军的登陆地点其实是在意大利南部的西西里岛。装有重要计谋的金属箱在放入海中的时候就悄然打开，"马丁少校"的尸体被潮汐冲到了西班牙海岸附近，当地渔民发现后将此事报告了西班牙政府。此时的西班牙名义上保持中立，但是实际上已经被德国控制。所以，发现"马丁少校"身上携带的重要秘密后，西班牙情报部门将蒙巴顿将军致蒙哥马利元帅的信复制，并将信息报告给了德国。不久以后，英国在伦敦的报纸上发出通告，说明"马丁少校"在一次空难中不幸遇难。

随后，西班牙政府将"马丁少校"的遗物归还给英国军方。英国军方为"马丁少校"在西班牙海滨小镇维瓦尔举行了隆重的葬礼。

此时，得到重要情报的德国军方正在对这一信息的真假进行调查。他们派出高级特务潜入英国，对"马丁少校"的各类事件进行详细的调查——调查涉及马丁少校的各个方面，包括出售"马丁少校"穿着内衣的商店、存款的银行及未婚妻的住址等等。调查显示，这份情报是可靠的，最后为了再次确认情报的真实性，德国特工们故意暴露假的地址和身份，试探英国情报部门。但是，已经做了周密安排部署和考虑的英国情报部门并未打草惊蛇，让他们顺利回国。这样一来，德国情报部门彻底相信了这份情报的真实性。

其实，英国军队中根本没有"马丁少校"这个人的存在，德国情报人员所调查证实的信息不过是英军情报人员精心策划的骗局而已。

那么，那具"马丁少校"尸体又是何人的呢？虽然战争已经过去了很多年，关于这个功劳很大的"马丁少校"，人们的兴趣和疑问都很多。这个不存在的人的身份究竟是什么呢？很多人对此展开了调查，但是，至今仍然没有一个确切的答案。

如今流传着两种比较普遍的两种说法。

一种是学者柯林·吉提出的尸体其实是一个叫作马丁的英国水兵，全名叫作汤姆·马丁。这是他通过十多年调查走访得出的结果，在英军为"马丁少校"举行的葬礼上，曾经有一个钱包，里面有一个姑娘的照片，还有一个耶稣受难十字架和一枚圣克里斯托弗奖章，证实这些东西是属于马丁水兵的，人正是马丁的妹妹，她在柯林·吉没有给予任何提示的情况下说："我的哥哥钱包里总爱放一个耶稣受难十字架和一枚圣克里斯托弗奖章。" 1939年，马丁所在的英国皇家海军的航空母舰"冲击者号"在苏格兰海岸发生爆炸，马丁就是当场牺牲的 379 名水兵中的一员。

那么，这样的说法是否有说服力呢？官方又是怎么说的呢？

1997 年，伦敦公共档案办公室称"馅饼行动"中所用的那具尸体是威尔士无业游民格林德瓦·迈克。他于 1943 年患肺炎后服鼠药自杀。据当事人说明，这具尸体只是朱奥从伦敦克莱德一座太平间里随便搞到的一具尸体，但是，如果是服毒自杀而死，那么与英国给西班牙的情报是空难就有很大出入，这样子是很难骗过西班牙和德国的情报人员的。

既然当时都没有了解这个人的具体来历，到了今天，我们就更无从知晓了。

德军"黄色计划"泄露，盟军为何毫无防备

1939 年 9 月，为摆脱经济危机的德国想到利用战争促进经济的方法。他的第一个目标就是波兰。在德国的狂轰滥炸之下，波兰很快被占领。在如此短的时间占领波兰，这个速度不仅令世界很意外，令希特勒本人也很意外。为了早日征服欧洲，希特勒决定快马加鞭实施自己的西进计划，他让主持制定进攻波兰的曼斯坦因，制定旨在征服欧洲促进西进的"黄色"计划。

曼斯坦因开始制定"黄色计划"时以"施利芬计划"为参照，之后对作战双方的情况深入研究过后，决定做适当的调整。他把西线攻势的目标确定为陆军，原本攻击 B 集团军群的主力军也换去攻击 A 集团军群，目的是以 A 集团军群以地形复杂的阿登地区为掩护，出其不意地攻击敌人，取得胜利后，可直接从高耸的阿登地区挥师直下，马不停蹄到达索姆河下游，与比利时的盟军右翼作战，以居高临下的优势全歼敌人，占领索姆河下游地区也就

占领了进攻法国的咽喉地区，为在法国境内赢得最后胜利奠定基础。

计划周密，但是一环紧扣一环的"黄色计划"一开始并未获得希特勒的同意。因为谨慎的希特勒觉得一个声东击西的计划太过冒进，倘若失败，后面的计划都不能得以实现。为了取得希特勒的同意，以实施自己的计划，曼斯坦因请求希特勒的副官施蒙特帮助自己。终于在1940年2月17日，希特勒被施蒙特说服，同意实施计划。2月20日，陆军总司令部向所有西进军队颁发"黄色计划"内容，并要求军队上下对这个计划高度保密，以免盟军知道德国的真正意图。但德军的保密计划并非一帆风顺。

陆军司令部在向各个军队发布"黄色计划"时，发生了一些问题。带着秘密计划的德军少校瑞恩伯哥，在乘着一架德国轻型飞机飞往驻扎在比利时边界的军队时，突然飞机引擎发生故障。为了保全自己的性命，瑞恩伯哥不得不选择在比利时境内紧急迫降。他穿着便服装扮成商人从飞机上走了下来，寻觅着时机，准备一有机会就将计划销毁。

从飞机上走下来的瑞恩伯哥受到比利时军队的盘查，他被带到哨所中接受询问。哨所的火炉烧得很旺。瑞恩伯哥决定趁比利时士兵松懈时，将计划扔进火炉中销毁。在哨所中，哨兵们因为瑞恩伯哥来自德国而对他很是客气。瑞恩伯哥也与他们谈笑风生，聊得甚是投机。

就在哨兵们开始放松警惕时，瑞恩伯哥跳将起来，从上衣掏出一沓纸扔进炉火之中。哨兵们震惊了，此时只有比利时的地方长官艾米利奥·罗致上尉反应过来，飞快地跑到火炉边把已经开始燃烧的纸卷拿了出来，而艾米利奥·罗致上尉的手也因此被严重烧伤。

瑞恩伯哥见事情败露，害怕希特勒怪罪自己，立即箭步冲到罗致的跟前去抢他的左轮手枪。罗致上尉虽然手严重烧伤，但搏斗起来依然不含糊，两人很快扭打在一起。在一旁的其他比利时士兵见状立即冲上来制服了这个寻死的德国少校。

之后，罗致上尉把部分被火烧焦的纸片交与情报机构。情报机构很快就复原了纸上的信息，从残留的纸片上，依然能得到"德军'黄色计划'，西线德军将在北海和摩泽尔河之间发动进攻……"的信息。

比利时的士兵震惊了，他们开始惴惴不安——德国将占领比利时，并以比利时为据点进攻法国。为了更加确定这项计划的真实性，比利时军方允许瑞恩伯哥少校与德军通话，然后在一边窃听。

失魂落魄的瑞恩伯哥拨通了威林戈少将的电话，为减少自己的罪责，他先向威林戈保证说自己已经成功地将"黄色计划"烧掉。威林戈少将将他的话汇报给希特勒。希特勒根本不相信瑞恩伯哥，用手捶墙，陷入狂怒之中。他发了疯似的见着部下就骂，骂他们鲁莽和愚蠢。比利时军官得知此事后更加确信计划确有其事。

无独有偶，叛逃的德国间谍也偷取了德军的"黄色计划"文件，向英法联军透露此次行动。此时的英法联军正在马其诺防线与德军处在对峙状态，战争一触即发。自德军征服波兰与联军对峙开始，到当时已经几个月了，但德军依然没有半点动静。于是外界开始猜测这次战争的真实性。

如美国参议员威廉·鲍瑞、英国首相张伯伦都称这次战争为"虚假的战争"，认为德国人不会主动发动进攻。除非英法先动手，而德国正在为英法先动手制造理由。因此，当叛逃的德国间谍把高度机密的"黄色计划"文件带来时，英法守军的长官只是付之一笑，认为是德军玩的一个诡计。

德军"黄色计划"的消息走漏并不限于此，盟军从很多渠道都得到了德国"黄色计划"的消息。墨索里尼的女婿齐亚诺伯爵就向意大利王子的妻子玛丽·朱丝透露了德国的此次行动，她毫不犹豫地立即通知比利时国王雷鲍德；英国最秘密的密码破译机构截获并破译了数百个德军关于"黄色计划"的无线电信号；一个名叫约瑟夫·穆勒的著名律师带领着反纳粹组织"熊色管弦乐队"尽全力通知英国和法国希特勒要实施"黄色计划"。但这些人冒着生命危险传递的情报都没有得到重视。

希特勒自己也知道"黄色计划"的消息已经走漏，正准备取消这次计划。但他万万没想到的是，盟军对这个消息竟然没有半点防备。喜出望外的希特勒，马上集结由101个师，其中9个装甲师，6个摩托车师组成的250万德国军队到达法国、比利时和荷兰边界。

1940年5月10日的凌晨3：30，希特勒一声令下，百万德军黑压压的一片，降临南部城市亚琛。战争未持续6周德军就大获全胜，把英国军队赶出了欧洲大陆，征服了法国、比利时、卢森堡和荷兰。

后世的史学家在研究这段历史时，时常对盟军的行为大惑不解。为什么这么多种渠道都显示，德军会发动"黄色计划"，但盟军依然不为所动。

所谓三人成虎，就算不相信德军的"黄色计划"，也应该对比利时边界加强防备。但盟军一点动静也没有，比利时边界虽然借有地利，但依然不堪一击。难道真如传言所说，"黄色计划"具有某种魔力，使得众人视而不见？这个问题至今还没有得到解答。

希特勒使用什么计谋令"少年敢死队"甘心为其效劳

纳粹德国的统治者希特勒为了实现自己称霸世界的目的，采用了各种疯狂的行动。他组建的令人不寒而栗的"少年敢死队"便是其中之一。因为盟军很难想到小小少年也会有很强的攻击性。

希特勒在《我的奋斗》一书中这样写道：捕食的猛兽，其眼睛里将发射出自由灿烂的光芒。许多德国少年便在他的煽动下进入了"少年敢死队"，有的年龄才十一二岁。

20世纪20年代初期德国青少年运动开始发展。到了20世纪30年代，随着德国经济的复苏和军事力量的强大，青少年运动声势越来越大，逐渐向大规模标准军事组织过渡。

在1944年11月，大批1929年到1930年出生的男孩被送进了专门的训练基地，接受纳粹国防军和党卫军严格的军事训练，以便日后能参加沿线游击战。最初的时候，他们经历了基本的步兵科目训练，主要承担空袭报警、救火和向导的任务。在纳粹教官们的督促下，他们又学会了如何使用毛瑟枪、掷手雷，如何毁坏交通线路，切断敌人电话线等等。1940年时女孩子们也加入进来。许多少年在很短的时间内就成为了致命的杀手。

　　"少年敢死队"的孩子们深受纳粹毒害，非常可怕，专门从事各种破坏和恐怖活动，完全丧失了作为孩子的纯真天性。他们为了所谓的"元首"，不惜献身，发誓要为他们"伟大的帝国和元首"战斗到最后，这些孩子比成年人更狂热、更危险。

　　这些"少年敢死队"队员平时身着便装，在衣服里藏有刀子、手枪，甚至手雷这样的战斗武器。他们表面看来可爱单纯，但内心极其凶狠。有的少年能借机开枪杀死对方，根本就不惧怕死亡。

　　1944年6月，盟军在诺曼底登陆，在纳粹总参谋长赫尔穆特·墨克尔的建议下组建了"少年敢死队"，并以纳粹"少年英雄"赫伯特·诺库斯(Herhen Norkus）的名字命名。他们除了打击国内的投降派，还开展各种恐怖暗杀和侦察活动。

　　1944年12月底，纳粹的"少年敢死队"开始了更为疯狂的袭击。

　　伏击战给盟军造成很大损失。一次在比利时南部，美军遇上了"少年敢死队"的伏击，结果美军伤4人，死1人。虽然之后车队继续向前行驶，但又因为前面的桥被炸毁而被迫停了下来。"少年敢死队"进行的游击战也给美军带来了严重的威胁，特别是纳粹的小侦察兵威胁更大。为了阻止盟军进攻德国，这些少年进行了一系列的疯狂行动——撒铁钉、埋地雷、设陷阱、切断电线、转换路标……

　　一些少年被抓住过，虽然被盟军释放了，但是他们深受自己心中所谓的"元首"——希特勒的蛊惑，终不悔改，又加入各种破坏组织。

　　1945年4月，德国纳粹大势已去，但是这些"少年敢死队"仍然不接受希特勒即将灭亡的事实。他们继续展开袭击行动，在行车道路上设陷阱，在盟军可能入住的大型建筑物里埋地雷，还杀害许多希望战争能尽早结束的无辜群众。

　　1945年5月德国终于投降，数千名疯狂少年躲进巴伐利亚南部山区，仍然负隅顽抗。在之后5个月的围困中，大批的少年被盟军逮捕了。这样，希特勒的"少年敢死队"组织最终走向了灭亡。至今，那些疯狂少年的袭击，对盟军的士兵们来说，仍然历历在目。一个个敢死少年，在硝烟中毁掉了自己的青春，他们充满战火的生命令人唏嘘不已。

因为许多文件在希特勒死之前就被摧毁，所以当年有多少无辜的少年参加"少年敢死队"而葬送了宝贵的一生已经能够很难说清，后人恐怕永远也无法统计出准确的结果。

珍珠港事件是美国的苦肉计吗

珍珠港事件是第二次世界大战当中非常著名的事件，它可以说是直接导致美国参战的重大原因。一般人都知道，在这个事件中，美国遭受了极其严重的损失——击沉和受重创战列舰 8 艘、轻巡洋舰 6 艘、驱逐舰 11 艘，损毁飞机 270 架（一说 180 架），伤亡 3400 余人。然而，随着近些年的研究和发现，有人开始怀疑珍珠港事件是美国的"苦肉计"，美国政府是故意承受日本这一袭击的。这一观点在史学界引起了轩然大波。

1941 年 12 月 6 日晚，在美国白宫，美海军部长诺克斯、海军作战部长斯塔克、陆军部长史汀生、陆军参谋长马歇尔和商务部长霍普金斯少见地聚在一起，与总统罗斯福一同消磨时光。他们似乎在等待一件大事的发生。

12 月 7 日，日本海军特混舰队长途奔袭，以舰载机偷袭了美军太平洋舰队基地珍珠港，12 月 8 日，罗斯福走进国会大厦，向国会发表宣战演说："为了保卫国家的安全，我要求国会自日军进攻时起，宣布国家与日本处于战争状态……"他的演说赢得了热烈的掌声。最后，参议院以 82 票对 0 票，众议院以 388 票对 1 票通过了宣战决议。美国公众彻底放弃孤立主义，投入到对轴心国的战争中。

白宫历史性的一幕是由当时在场的海军部长诺克斯对其密友詹姆斯·斯泰尔曼透露的。它给人们留下一个谜——美国到底是否知道日本要偷袭珍珠港？

在 1935 年，美国陆军重新组建监听机关——信号情报处，它由密码专家威廉·弗里德曼领导，与随后成立的海军信号保密科被冠以"魔术"的称号。

　　"魔术"得到不断发展，至 1941 年，已能截获并破译出绝大多数日本人用九七式打字机发出的"紫色密码"外交电报；1941 年底，他们破译的秘密外交电报数量已经非常多了，包括许多有关珍珠港的情报。美军已经能知道日本海军太平洋舰队军舰 1941 年 9 月 24 日在珍珠港的停泊位置。接下来的日子里有更多信息：11 月 15 日，日本外务省要求驻檀香山总领事馆每周至少报告两次珍珠港美军军舰的动向；11 月 18 日，日本驻檀香山总领事馆向外务省汇报了美军军舰进珍珠港后航向变化角度和从港口到达停泊点的时间；11 月 28 日，日本外务省要求檀香山总领事馆销毁密码和密码机……

　　在珍珠港事件的前一天，海军部又截获了一份日本政府给野村大使的电报，并破译了出来。其主要内容是：通知美国政府，日本政府拒绝美国政府的建议，并强调"谈判实际上已经破裂"。因为这份电报长达 14 段，所以被称为"14 段电报"。"14 段电报"的前 13 段破译出来后马上送到罗斯福手中，他读完之后说："这么说，战争是要爆发了。"之后，电报的最后一段被破译出来：要求野村大使于 1 点钟整，将电报准时转交给美国国务卿马歇尔。海军部认为，1 点钟是日本发起进攻的时间。这份电报不仅表明了日本要发起战争，而且还说明了具体进攻时间。但美国最高当局没有采取任何紧急措施，以至于珍珠港没有任何防范。

　　珍珠港事件发生后，珍珠港事件调查委员会就要求时任美军参谋长联席会议主席马歇尔进行解释。本来应对如此重大情报加以重视的马歇尔却始终无法给出明确的回答。早在珍珠港事件的半个月前，美国通过所截到的电报就获知日本必定要发动突然袭击，"14 段电报"难道不是一份"最后的通牒"吗？美军方面为什么未采取任何预防措施？这不得不令人怀疑。

　　1995 年 9 月 5 日，一名名叫海伦·哈曼女士写给当时的美国总统克林顿信中透露了一些相关信息。她在信中称，她的父亲史密斯因为曾在二战时任美军后勤部副主管，所以知道一些内幕。她父亲告诉她，珍珠港事件爆发前不久，罗斯福总统紧急召开了一个由极少数军官参加的秘密会议。会议上总统讲明了美国高层已经预见到日本将要偷袭珍珠港的行动，可能造成大量人员伤亡和财产损失，所以他命令与会者尽快在美国西海岸的一个港口集结一批医务人员和急救物资，准备随时待命。罗斯福总统特别强调禁止将会议内容向外界透露，连珍珠港的军事指挥官和红十字会的官员都不能知晓。为了化解与会者的不解，罗斯福给出了如下解释：只有当美国遭到纳粹攻击时，美国民众才会同意他让美国投入战争。

这封信引起了很大轰动，令许多人惊讶不已。然而哈曼毕竟不是她父亲，况且她父亲史密斯又已于 1990 年去世，人们更难从中得到更加有说服力的证据。

不久，美国红十字会夏威夷分会的工作人员在查阅相关财政年度报告的影印件和有关国家档案时，发现美国红十字会和美军后勤医疗部队在珍珠港事件前一两个月曾进行过非常规的人员和储备物资的紧急调动。

从 1941 年 11 月的美国红十字会总部的月度报告也可以看出，那个月夏威夷分会共接收了 2534 名医护人员，其中许多人员是被秘密调去的临时人员。在那段时间里，国家红十字会总部拨给夏威夷分会总价值 2.5 万美元的医疗急救物品；同时，还有价值 5 万美元的药品和物资是通过秘密渠道接收到的。这批额外补给，在偷袭珍珠港事件后的急救工作中发挥了重要作用。

更奇怪的是，当日本偷袭珍珠港时，太平洋舰队的主力——3 艘航空母舰和 11 艘巡洋舰、11 艘驱逐舰组成一个编队，恰巧全部外出执行任务，因此逃过劫难。

美国史专家查尔斯·比尔德和著名作家约翰·托兰等人分析认为：罗斯福总统和他的高级幕僚们为了消除国内浓厚的孤立情绪，为了使美国投入战争，粉碎德国和日本法西斯全面征服欧亚大陆的企图，才演绎了这场损失惨重的"苦肉计"。与此同时，为了减少损失和应对后期工作，他命令将 3 艘航空母舰调出了珍珠港，并将一批医护人员和急救物资悄悄运去。

虽然有如此多的资料一再令人怀疑珍珠港事件是美国为了投入战争而实施的"苦肉计"。但由于人们至今仍未找到更有力的直接证据来进行证明，有关"苦肉计"之说仍然是一个存在无数争议的话题。

第六章

风云变幻的谍海迷雾

"皇家橡树号"被击沉之谜

1939 年 10 月 13 日，此时距离英德开战已有 6 个星期。这一天发生了一件震惊世界的事情，英国海军设备先进的"皇家橡树号"战舰被德国的潜水艇击沉，导致船上 832 名船员以及船长——海军少将布拉格若全部身亡的惨剧。而这次事件，也被纳粹党盖世太保塞林伯格看作说明"谍报工作和军事行动完美合作"的重要性的首要例子。

首先，让我们来回顾一下当时的场景。10 月 13 日晚，一艘由德军上尉盖瑟·皮恩指挥的德国 U 型潜艇悄悄地沿着英吉利海峡曲曲折折的海岸线，并顺着英国舰队的驻扎地斯卡帕湾的潮水前进。这个在苏格兰东北部奥科内岛的海湾里停留着英国海军的"皇家橡树号"战舰，而此时，舰上疏于防守的 1146 名船员对于德军的 U 型潜艇的悄然靠近毫无察觉，有一大半的人在昏睡之中，谁也没有想到厄运即将来临。

到达目的地后，皮恩上尉下令向战舰发射了 3 枚鱼雷，并全部命中"皇家橡树号"，使之在短短的 15 分钟之内就沉没在冰冷的海水中，给英国带来了重大损失。而出色完成此次任务的皮恩和他的船员回到柏林时，受到了英雄般的欢迎，受到了希特勒本人的亲自接待，希特勒还亲手向皮恩颁发了武士十字勋章。

那么，德军是如何如此轻而易举就将英国的一艘战舰炸沉，是谁引导他们进入了原本潜艇不可能进入的斯卡帕湾，英国方面怀疑 U 型潜艇是在奥科内岛德国间谍的引领下进入斯卡帕湾的。为了彻底查出此次事件背后的间谍情报者，英国反谍报部门——军情五处随即派出了精英人员，让他们马上进入奥科内岛对此事进行调查。但是，尽管情报部门用尽各种方法，依然没有得到什么有用的消息，事情进展得相当缓慢，而在岛内，则有一种人人自危的氛围。

战后，军情五处的负责人科尔总参谋长写道："德国人得到过一名间谍提供的最新情报。"事后，一位美国记者同时也是谍报专家科特·瑞斯说："邓尼茨根据魏赫云发来的A-1情报，派皮恩指挥潜艇进入斯卡帕湾，袭击了'皇家橡树号'。魏赫云在斯卡帕湾的入口处登上了U-47潜艇，作为舰上的领航员引导潜艇进入了禁地，并且随着潜艇带着极大的成绩回到了德国。"

1942年的春天，在这次事件发生了一年多以后，一家美国流行杂志《周六晚间报道》刊登了一篇文章，文章指出：斯卡帕湾的间谍是德国海军前军官阿夫雷德·魏赫云中尉。魏赫云1928年加入德军情报部门后，就一直待在斯卡帕湾，因为德军认为，斯卡帕湾是对英战争中的战略要地。魏赫云化名为阿尔勃特·奥特并化装成一名瑞士钟表匠，在奥科内岛上开了一家小商店。潜伏12年后，魏赫云终于等到了机会。他将斯卡帕湾的军事设施，令人难以预测的洋流以及航行障碍等详细情况汇报给了U型潜艇长官邓尼茨。

然而这种说法并没有得到证实。因为没有可靠的证据证明就是魏赫云向德军提供的信息。于是，人们将这件事称为"斯卡帕湾的幽灵"，而这件事也成为谍报学中的成功例子。正如前文所说，盖世太保的头目之一塞林伯格把斯卡帕湾的成功看作说明"谍报工作和军事行动完美合作"的重要性的首要例子。在"皇家橡树号"被击沉6年之后，第二次世界大战结束，英国又重新恢复了和平，而那些在"皇家橡树号"上牺牲了的生命也终能得到慰藉，人们对魏赫云仍然持怀疑态度。只是，到底是谁将这样重要的信息给了德军？难道真的存在过一个长期潜伏在奥科内岛的纳粹间谍吗？这些都随着历史成为了未解之谜。

苏联的超级间谍契诃夫娃之谜

在第二次世界大战中，不但有真枪实弹的激烈战争，还有一种没有硝烟的信息战，两方的间谍战更是激烈。俄国著名作家契诃夫的侄媳奥尔加·契诃夫娃就是其中的一员。但是，对于她的间谍身份，直到去世，奥尔加·契诃夫娃也没有正式承认。

她究竟是否是一名苏联打入希特勒内部的间谍，她又传递了多少信息，她有着怎样传奇的经历呢?

1898年，奥尔加·契诃夫娃出生在俄国一个显贵家族，父母是被强制俄罗斯化的日耳曼人，对于刚刚出生的奥尔加来说，这没有任何特别意义。然而，在来到德国之后，日耳曼血统对她的生活产生了非常巨大的作用。

优越的家庭环境和良好的教育，加上倾人的美貌使得契诃夫娃从小就在上层社会崭露头角，她游刃有余地出没在俄国贵族和知识分子圈子，受到众人的追捧。

1914年，奥尔加在姑妈家中结识了影响他一生的初恋——米沙·契诃夫，一位小有名气的年轻演员。不久，陷入爱情的两个人一起私奔，年仅16岁的奥尔加和米沙结了婚，并生下一女。爱情的开始总是很美好的，但是随后，奥尔加渐渐发现米沙是一个典型的花花公子，而且喜爱酗酒，加上各种原因，最终两人分道扬镳，奥尔加一直珍惜着这段感情，以后一直沿用契诃夫娃这个姓氏。

1922年，再婚后的奥尔加和丈夫——匈牙利电影制片菲林茨·雅诺什从苏联出发前往德国，开始了她明星和间谍的两种生活。

1945年，苏联红军攻克柏林，一架由前苏联反情报局首脑维克多·阿巴库莫夫派出的秘密飞机将奥尔加接回莫斯科。此后，奥尔加受到了斯大林的接见，并被授予"列宁勋章"，并且奥尔加及其家人受到苏军驻德集群的反谍机构领导人瓦迪斯的特殊保护。

1949年，奥尔加搬到了西柏林，拍电影，登台演出，继续她的演艺事业。

1955 年，奥尔加息影从商，投资开了一家非常成功的化妆品公司。

1980 年，83 岁高龄的奥尔加死于脑癌。这就是奥尔加的一生，短短几百字的经历中却蕴含着很多未解之谜。这些谜和她的间谍生涯有很大关系。首先，奥尔加什么时候，为什么又怎样成为了一名高级间谍？

在和丈夫离开苏联前往德国之前，苏联军事情报局主管扬·别尔津找到了奥尔加，并成功说服她成为一名间谍。至于中间的过程，由于苏联方面的保密以及奥尔加本人坚决否认自己和苏联特工机构有过合作的原因而至今仍是一个谜。有人认为是奥尔加的哥哥，同在苏联情报机构任职的，主要负责监控出逃德国的沙皇余孽的莱夫·克尼昔，将妹妹拉入间谍的行列中，最终发展成为一名"沉睡的间谍"。

奥尔加接受了作为间谍必须掌握的密码、接头暗号以及各种器材使用等严格的培训，对于这项工作，她的丈夫一无所知。别尔津还将她的母亲和女儿作为人质留在了苏联，随后，奥尔加前往德国，开始了她的间谍生涯。

到达德国柏林不久，奥尔加就在德国演艺圈获得了很高的声誉。她成功出演了德国导演弗雷德里奇·穆瑙的新影片《沃吉洛德城堡》的女主角，随后以每年 8 部的数量接拍着电影，到 20 年代末，奥尔加·契诃夫娃已经成为德国最出色的女演员，成了众多德国人心中的偶像。

那么，奥尔加的情报从何而来？和众多美女间谍一样，奥尔加主要利用自己明星的身份在高官中游走。20 世纪 20 年代，奥尔加结识了德军作战指挥部的上校克维林凯姆以及陆军总参谋部的赫弗腾和芬克三位身居德军要职的年轻军官，利用他们获取德军情报。但是，她更多的情报来自于另一个更大的头目——希特勒。

当时的奥尔加在德国家喻户晓，她的头号大粉丝就是这位叱咤风云的纳粹头子希特勒。他是奥尔加的忠实影迷，认为她是最伟大的演员，以内阁总理的名义，颁给她"德意志帝国国家演员"荣誉称号。希特勒为什么会如此迷恋奥尔加，有分析指出，这和她的日耳曼血统息息相关。

奥尔加有着很高的敏感性，在她的间谍生涯中最为惊险的一幕莫过于当时盖世太保头子弥勒开始怀疑她的身份，并准备突袭她家，将她抓回审问。聪明的奥尔加察觉到了这一计划，当天将希特勒请入家中做客，迫使弥勒放弃了这次行动。奥尔加也平安度过她在德国的间谍生涯，二战结束过后返回莫斯科。

人们至今也不清楚，奥尔加将多少重大秘密传到了克里姆林宫中，有历史学家甚至怀疑，奥尔加是一个双重间谍。当她被接回苏联过后，阿巴库莫夫对她进行过审问，但最后结果如何，我们就不得而知了。唯一可以肯定的，直到战败，希特勒也不知道这位自己非常欣赏的女明星居然是一名超级间谍，纳粹德国强大的情报机构也没有察觉到她的身份。奥尔加算是成功完成了她的使命。

谁击落了"海军之花"山本五十六的座机

1943 年 4 月 18 日，日本的海军大将山本五十六乘坐双引擎轰炸机去往前线视察，遭美军伏击毙命，命丧布干维尔岛。山本之死疑点重重，一直是历史学家们甚为关注的战争遗谜。

当日上午 9 点 45 分，山本五十六按计划准时起飞，朝着布干维尔岛的卡伊里机场方向驶去。刚刚起飞，山本就遭到了突袭，其座机被击中坠毁。

在座机的残骸中，山本的遗体仍被安全带绑在座椅上，头部因中弹垂下了，但仍然握着佩刀，挺着胸。事后，日本政府为山本追授大勋位，并授予他元帅称号。

在日本，山本一直是"英雄""军神"，被称为日本"海军之花"。可想而知，山本的死将引起日本朝野上下的极大震动。山本五十六是怎么死的？是飞机故障，还是遭到暗杀？当时的火拼双方，日本和美国都把这次战斗当成一次偶然的空中遭遇战。

直到后来，据传是当时亲手击落了山本座机的美国空军上校托马斯·兰菲尔发表回忆录，才披露了山本之死的真相：山本不仅是海军大将和联合船队司令官，更是日军的精神领袖，还是偷袭珍珠港的策划者和指挥者——正因为这样，他成了美军的眼中钉、肉中刺；一次偶然的机会，美军获知了山本的行程，山本之死是一场经过严密计划的复仇行动。

然而，山本的行踪是极端机密的，为什么会被美军知道呢？

同年春天，在瓜达尔卡纳尔群岛附近海域，日军方面一艘载有一种新型密码资料的潜艇被美舰追赶触礁；艇上的部分资料被美军获得。后来，日军方面关于山本行程的电报刚一发出就被美军截获。

4月14日清晨，美军利用在日军沉船上所获得的密码本，将电报全部译出。美国人欣喜若狂，这不正是山本五十六的死亡时间表吗！山本五十六这个让美国人恨之入骨的家伙，这次必死无疑。

但是美军内部对此举棋不定，原因有三：第一，美军深知在日本除了日本天皇，恐怕山本在日本的影响就是最大的了，一旦美军击落山本，那就可能震撼日本海军甚至日本全国，而以日本人的复杂心理，后果将很难预料，如果幸运，日本将就此一蹶不振，但如果日军群情激奋，满腔热血化作复仇的引子，结果就很难预料了；第二，一旦对山本进行伏击，就说明美军已经破译了密码，这样一来，也等于暴露了美军自己的机密；第三，谁能保证山本一死，日军会不会找到更能干的联合舰队司令长官呢？

不过，美国人最后还是抛开一切顾虑，将拦截计划上报给总统。时任总统罗斯福在午餐会上决定：击落山本座机！这次计划因此被称为"复仇"。

关于山本五十六之死，争论还不止于此。当时是哪位飞行员亲手击中其座机并当场将山本击毙的，这仍是人们争论的焦点。

根据各种流传的说法，世人普遍认为首先向山本五十六的轰炸机开火的是巴尔博，是当时的空军上校兰菲尔的僚机；而兰菲尔则声称他本人也开了火。由于当时的战斗机上根本没有空中照相机，再加上这次行动被当作秘密行动执行，后来不但所有证据被销毁，被误当作杀敌英雄的兰菲尔也被秘密遣送回国。因此，两人的陈词因而无从考证了。

等到真相大白于天下时，时间又已经过去了好些年。究竟是谁首先开的火？这已经很难说清楚了。

兰菲尔已经去世，巴尔博也八十多岁了。巴尔博在回忆起往事时不无遗憾地说："如果我们在击落山本五十六后马上将事情全过程晓之天下，那就不会反目成仇。我和兰菲尔战时关系非常好，他信心十足地认为是他先开了火，只不过他做得有点过分了。"

山本五十六死在仍硝烟不断的战场上，却逃过了世界人民的审判。但即使没有审判，作为太平洋战争的直接发动者，他的手上还是沾满了无数无辜人民的斑斑鲜血，是一个名副其实的"甲级战犯"。

不管是谁干的，伏击山本五十六确实是二战的一个重要转折点，也是全人类的胜利。然而，争论还得继续下去。因为历史要还正义一个公道，英雄应当获得全人类的嘉奖。

"帝国之花"——南造云子

南造云子，曾用名廖雅荃，其父为老牌日本间谍。1922 年，南造云子从中国上海被送回日本，就读于特务学校。

1926 年，被派往中国大连从事情报活动。1929 年以学生身份潜入南京，收买和拉拢国民党政府官员，组织间谍网。1937 年因间谍罪被拘押，后越狱逃往上海。1942 年被国民党军统特工击毙，卒年 33 岁。

南造云子是日本侵华期间直属帝国大本营的特工，有日本第一女间谍之称，国人大都知道川岛芳子，其实川岛芳子的作用还不及南造云子一次获得情报的零头。南造云子于 1909 年在上海出生，家住虹口日租界的横滨路，其父亲南造次郎是一名老牌间谍，公开身份是正金日文补习学校的教师。他能讲一口流利的中国话和上海话，参加过以头山满为首的"黑龙会"，满脑子日本军国主义思想。南造云子从小就受到他的思想熏陶，瞧不起中国人，总认为大和民族是世界上最优秀的民族，13 岁时她被送回日本，进入神户市一所特工学校学习，她的老师就是日本侵华的大特务头子土肥原贤二。

17 岁时，南造云子被派到中国大连，专门从事间谍工作。为了配合日军攻打南京，1937 年 7 月中旬，南造云子化装成"家庭贫困失学的青年学生廖雅荃"，混在难民中秘密潜入南京。在南京汤山温泉饭店当女招待，进行隐蔽活动。这个长得娇俏动人的廖雅荃还真是有些交际手段，终日周旋于高官巨贾之间，一会儿和这个打打招呼，一会儿向那个抛个媚眼，碰上一些重要人物，更是主动热情，不费太多力气，便能搜集到许多有价值的情报，国民党的许多高官，都成了她的座上客。没多久，她结识了刚刚晋升为行政院主任秘书的黄浚，南造云子没费什么力气便让这位早稻田毕业生拜倒在自己的石榴裙下，迅速将生活糜烂的黄浚和外交部副科长黄晟（黄浚之子）发展为间谍。这就使得南京政府的大量军事和政治情报源源不断地通过南造云子送到了上海虹口的日本间谍机关，在日军的侵华战争中发挥了重要的作用。

1937 年 7 月，中国人民抗日战争全面爆发。在中国华北，日军攻势步步进逼，在上海，日军也在增兵遣将，上海的一场中日大会战一触即发。8月 6 日的这一天，日军驻武汉总领事和在长江驻屯的日军海军将领正在武汉出席宴会，席间领事突然接到一份密报，阅后神色大变，在传阅电文后，所有日本海军军官匆忙退席，事情的原因是中国最高机密的泄露。

1937 年 8 月初，蒋介石在南京中山陵孝庐主持最高国防会议，决定采用"以快制快""制胜机先"的对策，抢在敌人大部队向长江流域发动大规模进攻之前，选定长江下游江面最狭窄的江阴水域，在江中沉船，堵塞航道，再利用海军舰艇和两岸炮火，将长江航路截断，将江阴江面彻底封锁，动用陆军和空军力量将日军在此地区的军事力量一举歼灭。

命令下达后，相关中国部队都进入了一级战争状态。然而就在要开始行动之际，突然长江里的所有日本舰船都开足马力驶向了黄浦江，在各港口城市工作的日本侨民也都毫无征兆地逃离，这项抗战初期中国最重要的军事计划，还没来得及实施就宣告失败。虽说长江中的日军舰艇只占日本联合舰队吨位的一个零头，但却集中了日本海军几乎所有适合江河内水作战的浅吃水舰艇，这对后续入侵中国的作战行动非常重要。情报上的泄密，使国军的围歼计划落空。而导演这次谍报大作的日本间谍，就是南造云子。南造云子成为日特机关的一张王牌，被她的同伙们称为"帝国之花"。

连续几次最高军事会议的泄密，使蒋介石意识到有日本间谍打入了中枢部门，因此，他密令宪兵司令谷正伦秘密调查内部，限期破案。由于黄浚平时生活放荡，与日本人素有来往，被破案小组列为重点嫌疑对象。谷正伦派员策反了黄浚家的女仆莲花，令她监视黄浚的行动。经过特工的盯梢，以及莲花的密报，黄浚被秘密逮捕，黄浚对日谍一案供认不讳。

间谍案破获后，蒋介石下令将黄浚父子判处死刑，南造云子则判处无期徒刑，关押在南京老虎桥中央监狱一间单独牢房里。按照戴笠给南造云子的承诺和她的判断，她的性命暂时无虞，但南造云子不是一般的犯人，她是大日本帝国的王牌女谍，曾有过多少男人被她玩弄于股掌之中。没几天，一个又干又瘦、形象猥琐的看守狱警就被她勾引上了，几个月后，在两名狱警的协助下，南造云子成功越狱，潜往上海继续从事情报活动。戴笠接到南造云子神秘失踪的报告后，气急败坏，马上把行动股长找来成立了追捕、刺杀南造云子小组。小组的人员从南京一路追踪到上海，可南造云子已经潜入上海租界，隐蔽了起来。

太平洋战争爆发后，南造云子在上海日军特务机关任特一课课长，经常进入英、法租界，抓捕过大批抗日志士，还摧毁了军统留下的十几个联络点，诱捕了几十名军统特工人员。

以丁默邨、李士群为首的汪伪特工总部，也是她一手扶植起来的。国民政府情报部门对她恨之入骨，多次策划暗杀行动，都因她太狡猾而未得手。南造云子成功越狱后的4年中，国民党军统特务曾数次执行过暗杀她的计划，但终因这女人太狡猾了，而告失败。南造云子曾得意扬扬地对她的同伙们说："这些'支那特工'根本不是我们日本特工的对手。"

1942年4月的一个晚上，因为屡次成功脱逃而有些疏于防范的南造云子单独驾车外出，她要到霞飞路上的百乐门咖啡厅去会见一位重要的客人。这一次出行，南造云子可没有那么走运了，"军统"提前探知了这个消息，一路跟踪并在咖啡厅门口设了埋伏，就在南造云子刚把车停好，准备走向咖啡厅大门的时候，三个"军统"特工同时掏出手枪对其进行接连射击，南造云子身中数弹，在送往医院的途中死去，时年33岁，这朵"帝国之花"得到了她应得的下场，凋败在上海滩。

川岛芳子死刑真的执行了吗

1948年3月25日，从北平第一监狱的行刑场上，一声枪响过后，一位神秘的女子应声倒下，结束了她颇具争议的一生。然而，她虽然倒下了，谜团却从此而生。

这位被执行死刑的女子就是具有"东方魔女"之称的间谍——川岛芳子。

川岛芳子，原名爱新觉罗·显玗，汉名金璧辉，是肃亲王善耆的第14位女儿，6岁的时候其父将她送给日本友人川岛浪速养育，取日文名为川岛芳子。由于从小接受民国仇恨意识的影响，受到了日本军政人士占领中国、恢复清室的思想灌输，她的性格遭到扭曲，17岁时被养父玷污，从此开始了她风流的间谍一生。她相继参与了皇姑屯事件、"九一八事变"、煽动起上海"一·二八事变"等祸国殃民的事件，并担任了伪满"安国军司令"。

1947年10月15日，北平高等法院法官正式作出判决：判定金璧辉是叛国者，并处以死刑。判决文称：一、被告虽有中国和日本双重国籍，但其生身父亲为肃亲王，无疑是中国人，应以汉奸罪论处；二、被告同日本军政要人来往密切，在上海"一·二八事变"中扮男装进行间谍活动，引发了事变；三、被告参与将溥仪及其家属接出天津，为筹建伪满洲国进行准备工作；四、被告长期和关东军往来，并被任命为伪满"安国军司令"。

这些判决足以看出川岛芳子作为一名卖国贼和汉奸所犯下的滔天罪行。那么，人们对她的争议究竟又在哪里呢？

很多人相信，川岛芳子在被处死的时候并没有真正死亡。当时媒体拍摄到的场面不过是川岛芳子的替身，真正的川岛芳子又活了30多年才因病去世。对于这种说法，人们的态度莫衷一是，至今仍是一个未解之谜。

1948年3月25日是川岛芳子临刑的日子。一大早就有很多记者赶到北平第一监狱，但是当局只让两名美联社的记者入内，其余记者被挡在了门外。早在这天之前，当局对川岛芳子的被捕以及处决就见诸报端，人们对于这位女间谍的判决拍手称快，关注度非常高。但是，为何到了最后这一步却弄得如此神秘。媒体对此纷纷提出质疑。

3月25日凌晨，法警在宪兵队的护卫下，来到川岛芳子的牢房。因为川岛芳子的"身份特殊"，所以即使是被捕入狱，仍然"享受"极高的待遇。她住在单人间牢房，这个已经关押川岛芳子一年多的牢房不大，里面有木床和马桶以及一颗和隔壁牢房公用的小灯泡，川岛芳子被准许不戴手铐，所以，人们猜测，在这一年时间里，川岛芳子的生活应该是不太差的。

在临刑前，川岛芳子要求洗澡换衣服，但是因为时间关系被否决了。她还要求给她的养父川岛浪速写一封信，这个要求被当局批准，随后，川岛芳子被执行枪决。

当守在外面的记者被准许进入刑场之时，川岛芳子已经倒在了血泊之中，一位记者描述道："该尸头南脚北，弹由后脑射入，由鼻梁骨上射出，头发蓬乱，满脸血污，已不能辨认。后来尸体被火化处理。"

面目全非的尸体让人们无法确定这就是川岛芳子。人们纷纷提出质疑，但是当局一直坚称川岛芳子已经被执行了死刑。

日本东京大学的渡边龙策教授在他所著的《女间谍川岛芳子》中质疑道："报道引出了各种疑问。过去一直把川岛芳子作为杀一儆百的典型，进行大肆宣传，甚至将公审的部分情况拍成纪录片。为什么最为关键的行刑场面，却搞得如此神秘？处理得那么简单？为什么无视惯例，连新闻记者都被赶出现场？为什么只许两名外国记者进入现场？为什么将面部等处弄那么多血污和泥土，以至于难以辨认人的面目？为什么单单选择辨认不清面孔的时间执行死刑？"

在当时，民间广泛流传着一种说法：川岛芳子死刑中使用的是替身，而这个替身其实就是同在狱中的一名叫作刘凤玲的女子。当时刘凤玲病重，当局为了将川岛芳子救出，便用10根金条说服刘凤玲的母亲，让刘凤玲代替川岛芳子执行死刑。刘凤玲的母亲在当局的威胁和重赏之下，答应了这个条件。随后，刘凤玲被处死，刘凤玲的母亲在去相关地方领取剩余的6根金条后，再也没有出现过。刘凤玲的妹妹找不到自己的母亲，便向媒体揭露了此事。但是，这件事情最后不了了之，其真实性也无从考证。

这种质疑的声音还有很多，川岛芳子的死刑存在太多的破绽和疑问。

最近几年，关于川岛芳子死刑中是否使用替身出现了新的证据。2009年2月，有人在将川岛芳子的DNA、指纹、"替身"影像以及生前照片和行刑后图像进行骨骼对比后得出结论：川岛芳子被执行死刑时使用了替身。一名叫作张钰的女子甚至拿出了川岛芳子的遗物，证明川岛芳子后来隐姓埋名于长春郊区的一个农户家，当地人称为"方姥"。

这一结论得到了川岛芳子生前密友李香兰的证实。因为川岛芳子生前爱女扮男装，所以李香兰一直称呼她为哥哥。

张钰向李香兰展示了一幅方姥戴墨镜叼烟坐在躺椅上的图片，李香兰很肯定地说，这正是她的"哥哥"川岛芳子。如果此事为真，那么，就可以证明川岛芳子确实使用了替身。

而宁波大学历史系教授谭朝炎则给出了另一种说法，他的父亲曾是民国政府的宪兵观察员，亲身见证了川岛芳子死刑的过程。他的父亲很肯定地认为，当时被枪决的就是川岛芳子本人。人们对于此事质疑只是因为对法院不公开行刑感到不满而已。当然，这种说法因为缺少更多的证据而至今存疑。

到了今天，斯人已逝，我们无法完全还原当时的场景。东方魔女川岛芳子之死仍是一个谜。

扑朔迷离的纳粹德国谍王——卡纳里斯

威廉·弗兰兹·卡纳里斯是第二次世界大战时期纳粹德国军事谍报局局长、海军上将。他的一生不仅充满了神秘的传奇色彩，还留下了许许多多的不解之谜。原美国中央情报局局长艾伦·杜勒斯称他为"现代历史上最勇敢的人"，德国情报机构称他为"空中飞人杂技员"。意大利驻柏林武官对他的评价是："毫无顾忌，智力超群。"德国军事情报局说他"诡计多端"。而德国党卫军的突击队队长奥托·斯科尔兹内则说他是"最大的叛国者，自始至终都在直接地、故意地向英国出卖自己国家的军事机密"。

卡纳里斯出生于德国北部多特蒙德市郊的一个十分富有的资产阶级家庭。1905年加入德意志帝国海军，并于1914年升任为德国海军的一名副舰长。1916年夏天，被德国间谍机关派往西班牙，开始了情报生涯。1923年，在慕尼黑啤酒馆暴动中他结识了戈林，并向戈林表示，自己可以利用军队里的情报机构协助希特勒上台，很快他向希特勒送交了有关德军全体军官的政治倾向、人品素质和经济情况的材料，这对希特勒日后控制德军军官层级为有用。

1933年1月希特勒上台，10月在德国海军司令雷德尔的推荐下，卡纳里斯出任局长负责整个德国的情报工作，卡纳里斯一跃登上了德军最高统帅部军事谍报局局长的宝座，并于1936年被授予海军少将军衔，从此他飞黄腾达，并掌握整个德国的情报大权达十年之久。卡纳里斯出任军事谍报局局长后不久，希特勒亲自接见了这位新任局长，并对卡纳里斯满怀希望地说："我想建立一个像英国情报局这样的机构，团结一群人，满腔热情地去工作。"为了重建德国军事谍报局，希特勒赋予卡纳里斯几乎无限的权力，给了无数的资金。卡纳里斯不负重托，他的军事谍报局表现得也很出色，由于1937年前希特勒禁止在英国进行大量的特务活动，因此，卡纳里斯的军事谍报局在英国的工作实际上是白手起家，但到战争爆发前，根据德国军事谍报局自己的档案材料，它在英国安插各式各样的特务不下253名，其中包括几名安插在英国高级官员家的佣人。在仅两年时间中，他下属的人员就猛增到1000人，而战时的人员更高达1.5万人，卡纳里斯也随军事谍报局规模的扩大而很快于1940年晋升为海军上将。

卡纳里斯的特工本领也确实令希特勒叹服，1938年慕尼黑会议期间，法军的动员令居然在法国海军司令达尔朗海军上将签署前，就全文落到了卡纳里斯手里，英国陆空军的协作计划，他也有本事搞到。作为一个为法西斯头子希特勒立下过汗马功劳的间谍首脑，卡纳里斯在谍报工作中表现出来的卓越能力和非凡的天分，曾令盟军反间谍机构吃尽苦头，卡纳里斯因而被誉为纳粹的"谍报大王"，并备受希特勒的宠信。希特勒早期的间谍王国主要是卡纳里斯所带领的军事情报局，卡纳里斯以其极出色的个人能力和传奇经历统领军事情报局，成为第二次世界大战期间德国纳粹机关最重要的关键人物。

卡纳里斯的发家一开始便是依靠纳粹上台，他在负责情报局工作的十几年间，也为希特勒和他的纳粹党作了巨大贡献，但后来他却走上反对希特勒的道路，至少是因为这个罪名被捕而处决的。这个过程不但充满戏剧化，而且扑朔迷离，至今真相仍隐藏在历史的背后。

1938 年，卡纳里斯开始对希特勒采取敌对态度，以后他在对第三帝国的敌人进行间谍活动的同时，广为保护反政府的阴谋分子，卡纳里斯实际上成为了英国间谍或称"双重间谍"。

具有双重人格的他私下里曾不无忧虑地对心腹说："我觉得德国在这场战争中如果遭受失败，无疑是个灾难，但如果希特勒获胜，那将是更大的灾难，因此谍报局不要做哪怕使战争延长一天的事。"

卡纳里斯在暗中帮了盟国许多的忙，例如法国的吉罗德将军（后来曾一度和戴高乐一起同任法兰西民族解放委员会主席）被纳粹投入监狱后，纳粹头目曾命令将他处决，然而不会讲一句德语，而且是独臂的吉罗德居然越狱成功，英国情报机构后来得到情报，得知卡纳里斯与吉罗德有联系。英国谍报机关对于卡纳里斯有这样的评价：他的插手干预往往令人难以捉摸，使各种诡诈行动变得扑朔迷离。

1942 年，盟军准备在北非实行火炬计划，在直布罗陀集中了大量舰船，盟军舰队中没有航空母舰，明显开往北非的。作为资深海军将领明明知道这些船将开往什么地方，可他却告诉希特勒舰队开往马耳他。1943 年 7 月，意大利发生了政变，墨索里尼倒台了。希特勒为了摸清意大利新政府的态度，派卡纳里斯飞往威尼斯与意大利军事情报头子塞扎尔·阿米会谈。卡纳里斯明知意大利打算与盟国缔结和约，他却对希特勒说："巴多格利奥打算继续站在德国一边战斗下去，意大利是最忠诚的盟国。"这是因为，在卡纳里斯的心中，意大利迅速地无条件投降能使战争早日结束。

然而，如果说希特勒此前还能容忍卡纳里斯的情报工作一而再再而三地失败的话，那么当意大利新政府真的于当年9月3日与盟国签订停战协定时，希特勒开始怀疑德国军事谍报局不仅无用，而且还背叛了纳粹德国。卡纳里斯的行为开始引起了纳粹秘密警察头子希姆莱的注意。1943年3月，希姆莱的秘密警察逮捕了一名偷运外币的谍报局特工，这名特工供出了谍报局内部的一些"背叛"情况，1944年2月18日，希特勒下令解散谍报局。

1944年7月20日，谋杀希特勒事件发生后，希姆莱从搜查到的大量文件和日记中发现了卡纳里斯参与推翻希特勒密谋活动的证据，于是把他逮捕。1945年4月8日晚，按照希特勒的命令，在德国南部巴伐利亚外佛洛森堡监狱他被处绞刑，此刻，巴顿率领的盟军坦克纵队离此地仅100英里，距欧战结束仅29天。

党卫军中央保安局局长卡尔登勃鲁纳战后在纽伦堡国际军事法庭上接受审讯时声称："我断定，卡纳里斯是最大的叛国犯。"从来没有直接的证据表明卡纳里斯与英国情报机关有联系，卡纳里斯究竟是不是英国间谍？战时英国特工首脑、原英国情报局局长孟席斯将军断然否定了这个说法。他说："卡纳里斯从来没有把他的国家的秘密出卖给我，或出卖给英国方面的任何其他人，虽然他手下有人这么干，但他确曾帮过我的忙。"既不否定卡纳里斯曾与英国情报部门有过接触，但又断然否定卡纳里斯是英国间谍，孟席斯将军的一番话，更使人如坠云里雾中。丘吉尔首相在英国国会也只是对卡纳里斯等人的反希特勒活动的高度评价："它属于全人类历史上已有的最崇高、最伟大的抵抗运动。"

随着有关档案的不断解密，人们才开始逐渐了解这个习惯将自己藏于幕后的谍海大师，也才能够第一次比较完整地勾勒出他传奇而又悲壮的一生。但由于大批原始档案的毁灭和当事人的死亡，传奇谍王卡纳里斯的真实身份和真实死因或许永远都是一个解不开的历史之谜了，他的一生不仅充满了神秘的传奇色彩，还留下了许许多多的不解之谜。

007 的原型——达斯科·波波夫

007，一个全世界都熟悉的著名间谍。可是真的有 007 这个人吗？有，他的原型就是达斯科·波波夫。但波波夫认为电影、小说和现实是有区别的，有时候是残酷的。他说，"有人告诉我，伊恩·弗莱明说他小说中詹姆斯·邦德这个角色在某种程度上是按照我的经历写成的。如果真的有那么一个邦德，恐怕在间谍舞台上他难以生存 48 个小时。"

在 007 的每一部电影中，邦德绝对是影片中的焦点，是人人都想效仿的英雄人物。但是，在现实生活中，如果邦德所展示的一切都是招摇过市、引人瞩目，那么他将会十分失败。因为世界上最具有效率的间谍更像是白天黑夜里隐形的幽灵，他们只窃取机密，并不希望引人注意。

一般情况下，最适合当间谍的人包括以下几种：

军人，具有天生的优势。

移民，并且在原籍地的军营、国企等要害部门工作过。

大学生，特别是新闻系的大学生，因为他们毕业后一般都能进入新闻部门或者是外交领域做最便于收集情报的记者。

具有特殊才能的人，比如盗窃高手。

高官子弟，特别是军警世家的高官子弟，他们一般都受到过良好的教育，并且低调地在国家要害部门工作，比如国家安全部门、军事机关等。

波波夫出身于南斯拉夫的富豪家庭，属于人脉极其广泛的类型。具有明显的间谍特质。在波波夫 28 岁之前，他还是当地一个有名的律师。但是，1940 年的那个圣诞节，一封从德国柏林发来的电报，彻底改变了波波夫的命运。电报上写着"急需见你，建议 2 月 8 日在贝尔格莱德塞尔维亚大饭店见面。你的挚友约翰尼·杰伯逊"。

约翰尼是波波夫大学时最好的朋友，两人都把彼此当成了最亲密的生死之交。所以接到电报后的波波夫毫不犹豫地赶到了约定的地点，约翰尼跟波波夫说出了他的担心：希特勒正在把德国人培养成傻子，在那些狼犬间谍的帮助下，他很可能会吞并全世界。约翰尼还告诉波波夫，德国有5艘商船被封锁在特里斯特，其中一艘是约翰尼的。约翰尼已设法搞到许可证，想把它卖给某个中立国家，现在需要波波夫通过他的社会关系来帮他。

很讲朋友义气的波波夫直接找到了英国驻巴尔干国家的商务参赞斯德雷克，说出了自己的计划：假借某个中立国之名，将5艘商船弄给英国。英国方面批准了这个计划，并且汇来了购船的钱。

这个时候的波波夫还不知道，他在无意中已经开始迈出了间谍生涯的第一步。原来，约翰尼是德国军事情报局的人，约翰尼请他帮忙是上司的意思。波波夫已经被德国情报局的人看中。当时希特勒在英国铺开了全面的间谍网，但是大部分间谍都被英国的反间谍机关抓获。所以希特勒急需在英国发展本土间谍网络，利用他们的身份作为掩护，然后再利用他们的人脉打入英国军部获取更准确、更可靠的内部情报。

德国军事情报局在指令约翰尼发展波波夫之前就已经对他的家庭情况和个人情况调查得清清楚楚，甚至对他的星座和性格特征也进行了很认真的研究，他们最后认定波波夫是天生做间谍的料。可他们绝对没有想到的是，波波夫居然会成为一个危险的双料间谍。既是纳粹间谍，同时也为英国情报部门工作。

对于波波夫来说，双料间谍注定充满了风险，要付出沉重的代价，甚至是生命！有一天，有人将波波夫为英国情报局做事的行踪报告交到了德国情报局，幸好被他的好友约翰尼截获。如果落到了纳粹情报人员手里，他将死无葬身之地。受到惊吓的波波夫仔细回忆了那段时间自己身边发生的每一个细节，很吃惊地发现，那个内奸居然是家里的老佣人。他没有想到自己当间谍以来，策划要干掉的第一个人竟然是这个在他15岁就教他开车，并带他成长的人。

作为双面间谍，谎言是掩盖身份的最常用手段。有一次，德国情报局准备请柏林专家对他们已经有所怀疑的波波夫进行审问。提前得知信息的约翰尼为了能使波波夫通过考验，提前对他注射了测谎血浆进行了试验：

你不喜欢德国人吗？

不。

不喜欢纳粹党徒吗？

不。

不喜欢希特勒吗？

不。

你为什么在奥斯兰俱乐部里捣乱那次集会呢？

只是闹着玩。

你自己知道你干的什么好事，你在进行政治煽动。

我当然知道，我要不知道那才怪呢。不过，不管你怎么说，反正不是什么太了不起的事情。

……

几个小时后，波波夫又被注射了 50 毫升注射测谎血浆。约翰尼增加了审问难度，波波夫还是没有透露任何信息，最后他晕过去了。约翰尼后来开玩笑说波波夫可以拿到奥斯卡金像奖的最佳失去知觉演员奖。

随后，德国情报部门对波波夫进行了长达 9 个小时的审讯，但没能从他嘴里掏出些什么来。除了这种药物审讯，德国情报部门还经常派出不同的间谍对波波夫进行探测。波波夫所面临的危机就是，双重间谍在隐藏身份的同时，必须出来继续执行双方的任务，这样他也就面临被第三方、第四方怀疑的可能，随时都有可能遇到致命的危险。这是一般人难以通过的考验。

有一次，德国情报部门把波波夫派往英国，要求他搜集英国城市地貌、人口分布、政府机构、军事设施等情报，为"海狮行动"提供轰炸目标。半个月后，波波夫与其他间谍接上头后，又被告知情况有变，海狮行动计划暂时搁浅，空军总司令戈林元帅要亲自指挥战鹰狂轰伦敦和英国的港口，因此原定行动不变。经过特工头目再一次的严格审查之后，他被命令住进了阿维士饭店。

当波波夫进了饭店之后，每次抬头都能发现一个迷人的姑娘在朝他放电抛媚眼。他们每一次不小心"偶遇"，都能看到姑娘火辣辣的眼神。当他淋浴出来后，突然发现，那位美丽动人的姑娘已经躺在他的床上，媚笑着同他打招呼了。她那假装羞答答的样子使波波夫顿时起了疑心，对她的兴趣也抛到了九霄云外。但他也假装暧昧，顺着姑娘的意思讲了一大堆自己的经历。看得出来，姑娘对他编造的故事十分满意，因为还没等他讲完，她继续诱惑的热情早已经降到了零点。波波夫的猜测没错，她的确是德国间谍，是德国情报局故意派来探测他的。第二天，当波波夫向德国间谍上司汇报完工作之后，上司告诉他："关于那姑娘的事，你再不要追查了。头对你的警觉性很满意，他期待着你从伦敦带来的好消息。"

带着德国情报局的"厚望"，波波夫又跟英国情报部门接上了头。但是英国方面依然对他进行了4天的例行严厉审问，只差对他进行严刑拷打了。在证明一切都真实可信之后，他才与英国情报部门头目接上了头。在英方的协助下，他们进行了大量的"情报搜集工作"，比如拍摄伪造飞机场的照片，拍摄海军方面的"情报"，记录一些军舰和飞机的数目和型号，描绘重要地区的地形……这些都是德国人十分感兴趣的东西。

当他带着大量伪情报与德国情报头目接头后，德国方面再次对他进行细致持久的审讯，对他提供情报的每一个细枝末节都向猎犬一样寻根究底，从不同角度进行论证。

为了阻止毒气战，波波夫通过一个代号叫作"气球"的双重间谍向德国送去了"情报"，说明英国方面已经对毒气战做好了充分的准备，从而打消了纳粹们发动毒气战的念头。同时，波波夫还给德国情报局很多对战争没有直接影响的政治情报，提高他在德国间谍界的威望，这让德国情报局对他一直深信不疑。

长期的间谍生涯已将波波夫从当年的一个公子哥训练成一名职业的间谍干将，在风险丛生的环境中，学会反间谍技巧是保护自己生命的重要手段之一。例如一只普通的手提箱，看起来没有什么特别，一般人不会注意在箱子的拉链的合口处，有一根细细的头发丝，如果外人打开箱子后，又合上箱子，那根细细的头发丝就没有了，就会泄露出有外人来过这里，动过这个箱子，就会引起间谍的警觉。

1940 年到 1946 年 6 年时间里，波波夫经常在葡萄牙和伦敦之间往返飞行，他把纳粹的秘密交给伦敦，然后再把编造的秘密送到柏林交到德国人手里，然后再从德国人手里拿到大笔的现金供他自己从事情报工作和挥霍。他曾按照自己搜集到的情报预测到日本有可能要袭击珍珠港，但是美国情报局并没有给予重视。

二战结束后，波波夫谢绝了英国政府提供的公民资格，在法国南部定居下来，开始写他的回忆录《间谍与反间谍》。1981 年达斯科·波波夫去世。在他 1974 年出版的回忆录中，对间谍生涯有这样的描述：

"这是一群神秘的人，他们无孔不入、无处不在，胜利了不可宣扬，失败了不能解释。我的武器就是谎言、欺骗和谋杀。但我并没有觉得内心不安，因为这只是战斗对我的考验。"

潇洒英俊的外表，强健的身体，聪明冷静的头脑和过人的技能以及风光体面的身份和挥金如土的奢华生活。即便同时拥有所有这一切，007 们依然时常要面对死里逃生的痛苦境地。波波夫不像电影中的 007 那样招摇过市。因为对一个真正的间谍来说，最重要的就是不露痕迹，不动声色，不被注意，不被跟踪。

正如达斯科·波波夫自传里那句名言所说，"要让自己在风险丛生的环境中幸存下来，最好还是不要对生活太认真"。

"二战"期间，许许多多的间谍有的活了下来过上了正常人的生活，有的离奇死亡或消失。而对那些我们根本就不知道，根本就没有资料证明他们曾经存在过的间谍呢？对他们隐姓埋名的生活，他们的生死我们又知道多少呢？他们都是谁，我们又能从哪里找到线索呢？也许有一天，他们的档案资料会跟达斯科·波波夫的一样重见天日。

希特勒悬赏 100 万法郎缉拿的女间谍——珀尔·维什林顿

　　第二次世界大战期间的英国女间谍珀尔·维什林顿离世后不久，英国国家档案局解封了她的秘密档案，令这位谍海英雌的英勇事迹一一曝光。

　　珀尔·维什林顿（1914~2008 年），第二次世界大战期间最著名的女间谍之一，2006 年获英国军方颁赠英国皇家空军勋章，她曾领导并组织 2000 多名游击队员从事破坏活动，展开游击战，炸毁了 800 多条德军控制下的铁轨和公路补给线，有效确保了盟军成功实施"诺曼底登陆"，希特勒一度悬赏 100 万法郎的重金，要买她的性命。

　　珀尔·维什林顿于 1914 年 6 月出生在法国巴黎一个英国移民家庭。维什林顿的母亲一共生了 4 个女儿，她在家里是老大。维什林顿全家生活在巴黎郊区的一幢房子里，生活宁静却不乏乐趣。

　　揭秘档案显示，维什林顿第二次世界大战前在巴黎上学，在法国沦陷前途经西班牙回到英国，之后曾在皇家空军部待过一段短暂的时间。由于厌倦文书工作，她主动请缨加入了英国情报部门"特别行动执行机构"，因为她精通法语，擅长社交手腕，并且枪法和记忆力过人，不久后被提拔加入"特别行动处"，亦即"军情六处"的前身。经过 7 个星期的特别训练后，维什林顿 1943 年 9 月 22 日深夜乘一架英军飞机，经过超低空飞行伞降到法国中部卢瓦尔河地区。维什林顿后来回忆说，那次跳伞非常危险，夜色很浓，飞机距地面高度大约为 100 米，仅接受过三次跳伞训练的维什林顿犹豫了两次，第三次方才奋力一跳并最终在黑暗中安全着陆，但不幸的是，她丢失了自己的两个手提箱——里面有所有的钱、换洗衣物和私人物品。"情报人员永远得不到足够多的衣服，丢了鞋则是最大的遗憾。"事后在一份任务报告中，维什林顿这样写道，那年她 29 岁，主要任务是作为法国抵抗组织的情报联络官，传递重要情报。

　　由于维什林顿法语流利，她被要求假扮成一名化妆品推销员，化名"图扎兰"，前往法国活动，在此后 8 个月内，她从事着危险的信使工作，表面上，维什林顿在法国是一名化妆品售货员，实际上她的任务是向法国抵抗运动的成员传递情报，并将情报通过无线电发报员传回伦敦。1944 年 5 月，维什林顿迎来了她间谍生涯的一大挑战，她的顶头上司，地下抵抗组织的负责人莫里斯·绍斯盖特被德国盖世太保抓了起来，瘦小的维什林顿被组织上委以重任，指挥绍斯盖特手下的 2600 多名反德战士。起初，这支反德武装的成员都是一群衣着破烂的农民，他们的枪支类型也不全面，而且弹药匮乏。在同为间谍的男友亨利·科尔尼奥里的帮助下，维什林顿成功地重组了代号为"摔跤手网络"的地下组织，在她的组织和领导下，这支反德武装组织总共炸毁了 800 多条德军控制下的铁轨和公路补给线，有效确保了盟军成功实施"诺曼底登陆"。并且他们还曾经拦截来往巴黎至波尔多的火车数百次，希特勒甚至一度悬赏 100 万法郎的重金欲取她的人头！

1944 年 6 月，盟军登陆法国之后，由于维什林顿名声响亮，在她的活动地区竟有 1.8 万名德军主动向她投降。

后来在维什林顿回忆那段往事时说："最危险的时候则是诺曼底登陆之后的几天，6 月 11 日早晨，我们被 2000 多名德国士兵攻击了，当时我们只有 40 来人，没有武器，没有经过训练，我们展开了一场让人刻骨铭心的打斗，还好，附近一支约有 100 余人的游击队赶过来帮了我们一把。"对于她的这个故事，实在是令人难以置信。

1944 年 9 月，维什林顿与男友亨利双双潜回英国伦敦，一个月后举行了婚礼，1945 年，第二次世界大战结束后，凭借在第二次世界大战中的英勇表现，维什林顿战后被提名获得英国军方的十字勋章，但因为英国军法规定，十字勋章不得授予女性，维什林顿没有得到军人应有的荣誉，最后却被授予英国公民所能获得的最高荣誉——大英帝国勋章，但维什林顿拒绝了这一奖项。维什林顿说："这是一项授予平民的荣誉，对于我来说，我所做的事情与平民没有任何关系。"维什林顿在自己的拒绝信里面写道，这项荣誉对她来说是不公平的。"我所从事的是在敌方占领国内的反纯粹的军事活动，我自己领导过 2000 多名游击队员从事破坏活动，并展开游击战！"

有意思的是，这个组织力极出色，被誉为第二次世界大战最杰出间谍之一的维什林顿，当年竟被教官认为不是"当领导的材料"。据英国国家档案馆最新解密文件显示，一名教官在训练后居然认为："该学员忠诚可靠，却过于小心谨慎，缺乏首创精神和进取心，很难成为领导人物。"

在此后的很多年，维什林顿和家人过着宁静不受打扰的生活，她拒绝撰写任何回忆录和传记，因为她担心这和许多战争故事一样，会被改编成爱情片，虽然她和亨利的爱情的确是在第二次世界大战中发展成熟的。60 多年过去了，当年的英国皇家空军跳伞教官考希尔 2002 年在电视上偶然看见了关于她的一段访谈，于是专程前往法国拜访，女英雄的往事这才被公之于众，2004 年，英国女王向维什林顿颁布了英国最高级别的巴思爵士奖励。两年后，她终于获得了应得的伞兵飞行勋章，也就是在她去世的前两年才终于拿到她梦寐以求的英国军方勋章——皇家空军的翼型勋章。

对此维什林顿欣喜若狂地说："我太兴奋了，等了这么多年之后终于盼来这枚奖章，要知道在过去整整 63 年中，我不停地向周围每一个人抱怨自己遭受的不公正待遇。"

两年后，维什林顿在法国巴黎去世，享年 94 岁。她的讣告用简短的一行字讲述了她传奇的间谍故事——"她曾经指挥抵抗组织杀死 1000 多名德军士兵，并接纳了 1 万多名投降的德军，然后组织他们开展抵抗运动。"英国历史学家邓顿说："她显然是相当勇敢的女性，曾突破盖世太保的防线，协助空军逃到安全地方，又在战场跟纳粹军战斗。"

"白鼠"——南希·韦克

美丽、睿智、勇敢的南希·韦克是第二次世界大战中最富有传奇色彩的人物之一，总能出色地完成艰巨的任务，同时她也有着超凡的逃逸技能，盖世太保们都对她敬畏有加，德国纳粹因总是抓不住她而送了她一个称号"白鼠"。2011 年 8 月 7 日在伦敦一家医院辞世，享年 98 岁。"我憎恨战争和暴力，但如果它们来了，我想不通为什么女人只能挥手送别男人上战场。"——这几乎是贯穿南希·韦克一生的信条。

1912年8月30日，南希出生在新西兰惠灵顿，是六兄妹中最小的一个，她的母亲是个固执、严谨的教徒，她有个不靠谱的父亲：一个记者，想拍摄一部有关毛利人的电影，为此，他私自卖掉家中的房子并一去不返，南希、哥哥、姐姐和母亲随后被人逐出家门。

南希的叛逆性格，或多或少与这种家境有关。1岁时，南希跟随家人搬到澳大利亚悉尼，在那里度过了近20年的青少年时光，16岁时，她离家，到一家医院做护士，20岁时，她从一个新西兰阿姨那里获得200英镑遗产，她决定用这笔钱去冒险——乘火车到英国伦敦等欧洲城市旅游，20岁的韦克只身来到欧洲，成为一名自由记者，她这样说那时的自己："我是一个怀有美好梦想的孤独者。"

1933年，南希接到任务，采访刚当上德国总理的纳粹头子希特勒。那时，他们大概都没想到，两人会成为不是你死就是我活的对手，不久，她在奥地利首都维也纳并且亲眼看到纳粹对待犹太人的残暴，这个场面使她开始对纳粹产生了由衷的反感，最终使她勇敢地走上了反法西斯的道路。1939年11月30日，南希与法国商人亨利·费奥嘉结婚，两人住在马赛一套豪宅里，南希说："他（亨利）非常英俊，探戈跳得棒极了，他是我一生的爱。"就在南希婚后6个月，德国纳粹占领了法国，从此，南希开始了抵抗纳粹的行动，成为一名反法西斯的坚强战士和组织者，她冒险穿过德军封锁线，投入刚刚萌芽的反法西斯运动，作为一名信使，她设法将信息和运送食物给法国南部的地下组织。她利用富商夫人身份弄到假证件，继续留在法国沦陷区，她买了一辆救护车，用它先后帮助1000多名潜逃的战俘和盟军飞行员，穿过法国边境逃到西班牙。

1942年，盖世太保开始怀疑南希是自由法国（抵抗）组织的成员，但没有证据，只好把她标注为"身份不明的间谍"。由于南希总能躲过搜查和抓捕，盖世太保还给她起了一个绰号"白鼠"，意思是她敏捷灵活、不易抓捕。1943年，在盖世太保的通缉名单中，"白鼠"位居榜首，悬赏金额高达500

万法郎。同年11月,由于自由法国(抵抗)组织出现叛徒,南希转入地下工作,组织认为风险太大,一再要求南希离开法国回到英国。

南希说,她离开法国前,丈夫亨利对她说:"你必须走。"她记得出门时对丈夫亨利说:"我去买点东西,很快会回来。"可是,她再也没有见过他。留在法国的亨利,因为不愿透露南希的行踪,被纳粹残忍杀害。

1943年,南希几经辗转从意大利抵达英国,加入了反法西斯的英国特别行动组,这是有470人、其中39人是女性的组织,任务是尽可能多地破坏纳粹占领地的设施。

在行动组,南希接受了英国国防部的间谍训练,包括求生、暗杀、徒手格斗、爆炸、密码传送、无线电运用、监视、夜间跳伞及各种枪械使用等技能。随后,她成为一支小队的队长。

1944年4月,南希和特别行动组另一队员潜回法国中部奥维涅省,负责在当地招募和组织抵抗力量,建立秘密武器库,并负责与英国的无线电联系。

南希领导的抵抗军的袭击目标是当地德军的武器装备和人员,目的是在诺曼底登陆日之前削弱德军的抵抗力量。她领导的抵抗军,从开始的3000多人发展到最后的7000多人。

一个战友后来描述南希说:"她是我见过最有女人味的女人,不过,一旦战斗打响,她能顶5个男人。"南希曾说,她希望历史记载的自己是"拒绝了7000个'饥渴的'法国抵抗军男兵的女人"。

第二次世界大战结束后,南希获得很多荣誉:法国颁发的军人最高荣誉——"法国荣誉军团勋章"等,美国的自由勋章,英国的乔治勋章。西方媒体把南希评为"第二次世界大战十大间谍",她的故事也成为作家的创作灵感。韦克是获得盟国授予勋章最多的女性,唯独在她视为祖国的澳大利亚,韦克却长期没有得到公正的评价,澳大利亚政府拒绝了南希的老兵权利申请,理由是她并非正宗的澳大利亚人,而且从来没有作为澳大利亚军人参加过战争。

2001年,南希迁居伦敦,租住在一家酒店,由于穷困潦倒、没有子女,她把所有荣誉勋章作价7.5万英镑卖掉,用来交房费,英国王储查尔斯得知此事后，代交了南希的所有酒店费用。

"被遗忘"很多年后，2004年，访英的澳大利亚总督杰弗里终于为南希颁发最高荣誉勋章，而这时她已92岁。她曾说，自己不会接受澳政府的勋章，因为"没有爱的奖章是毫无价值的"。

南希生前说，她唯一的心愿是：死后能将骨灰撒在她与战友曾并肩战斗过的法国山冈上。

澳大利亚总理朱莉娅·吉拉德发表声明，评价南希·韦克"特别勇敢，足智多谋，敢于冒险，挽救了数以百计的盟军生命，协助法国终结纳粹占领的历史，今天澳大利亚悼念不平凡的南希，她的无私和坚忍会永载史册"。

侵华日军中的红色间谍——中西功

中国现代史上鲜为人知的日本籍中共党员、战略间谍、日本人中西功，公开身份是日本社会活动家、日本共产党中央委员、作家。曾打入日本侵华日军的心脏部门和战略情报中心"华中派遣军司令部"，在隐蔽战线作出了具有战略意义的贡献。

在中国抗日战争的烽火岁月里，曾有一批日本革命志士站到了中国人民一边进行反法西斯斗争，成为中共党员的日籍情报人员中西功就是突出代表。他在隐蔽战线作出了中央称道的具有战略意义的贡献，为了信仰，舍生忘死和临危慷慨凛然的气概连敌手也为之惊叹。

中西功是日本三重县人，1910年出生于该县多气郡一户贫苦人家，从小学习勤奋，19岁时以优异的成绩获得公费留学资格，前往中国上海，进入东亚同文书院读书，该校主持教学的是中共秘密党员、留日归国的著名经济学家王学文。

当19岁的中西功抱着国内同龄人惯用的"浪人"方式闯荡到上海时，他对这个陌生的国度几乎一无所知。在日本质朴善良却受过许多对华歪曲教育的中西功，到沪后发现周围的中国人常用异常眼光看着他们，开始时他认为是"支那人"对日本的固有敌意，经过王学文老师讲解，再认真了解历史，他才知道这是日本的侵华政策所造成的。

东亚同文书院，是日本豪门近卫家族在中国开办的文化交流机构，同时也是日本专门针对中国开办的老牌间谍培训基地。其在日本特工组织中，酷似黄埔军校在民国时代军界的作用。

书院的毕业生，凭借严格的训练在日本各特工机构中占有优越地位，同窗之间又彼此协助提拔，仕途上往往飞黄腾达。中西功就读之时，校长就是后来的日本首相近卫文麿。

中西功是东亚同文书院的高材生，他与同学西里龙夫关系甚好，上学期间，他们加入了同学中的一些左的进步团体，随着对中国现实了解的加深，开始从内心同情中国，反对日本的法西斯独裁。

很快，中西功就对马列主义产生了浓厚的兴趣，并与同学一起建立了意味着同中国团结斗争的组织"日支战斗同盟"。

1930 年，日本海军士官生队到沪参观，实际是为侵略熟悉战场。中西功得知内情后赶印了宣传反战的传单向他们散发，结果被领事馆中的便衣宪兵"特高课"发现，把他关押了 9 天，释放后还勒令停学一年。第二年，日本海军陆战队发动"一·二八事变"，强令日籍学生参战，中西功马上以"撤出侵沪战争"为口号组织斗争，迫使领事馆同意他们回国。

在回国的船上，中西功遇到了尾崎秀实这个改变他一生的人，那一年，中西功 22 岁，尾崎秀实 31 岁。当时，尾崎秀实的公开身份是《朝日新闻》常驻上海的特派员，而他的真实身份则是共产国际远东情报局的成员。在中国的三年时间里，尾崎秀实和从事情报工作的苏联共产党党员、德国人理查德·佐尔格合作，经常把日本在华的重要情报转送莫斯科。

1934 年，中西功经尾崎秀实介绍回到中国，进入东北满铁调查部工作。满铁调查部是日本在中国最重要的间谍机关之一，因为中西功提供了一系列描述中国内部情况的分析文件，被认为极有价值，他于 1938 年被提升为满铁上海办事处调查室主任，并兼任日本支那派遣军特别顾问，日本"中国抗战力量调查委员会"上海负责人。

同年与中国共产党东北党组织取得联系，随后加入了中国共产党。此后，以中西功、西里龙夫为核心的红色间谍网迅速成立，中西功还在上海建立了一个"特别调查班"，其中包括了大量中共情报人员。

中西功的这个特工小组，一开始就有清晰的中共烙印，其成员大多是日籍中共党员，由当时上海的中共地下组织负责人潘汉年领导，在中共上海情报科吴纪光的指导下负责对日战略情报侦察。

1939年，中西功参加满铁调查部"支那抗战力量调查委员会"，打入日本"华中派遣军司令部"这一侵华日军的心脏部门和战略情报的中心。他配合同为日籍中共党员的西里龙夫，把包括日军统帅部的重大战略情报，源源不断地供给了中共的地下组织，传到陕北的中央最高领导机关，这项工作只有他和西里龙夫才能做到，是其他任何人都无法代替的。

从1938年年底建立，中西功的情报小组在日军心脏里活动了三年半之久，当时日军的重要行动，未经发起，我方均能提前得到可靠情报。

1941年，东京"佐尔格小组"暴露，尾崎秀实和佐尔格先后被日本"特高课"秘密逮捕，尾崎秀实被捕，与之关系极密切的中西功显然要受到追查，1941年底，中西功收到了化名"白川次郎"的人从东京发来的电报，内容是"速向西去"，这个暗号的意思是劝告中西功"从速撤走"，即避往解放区。但中西功却相信尾崎不会供出自己，又考虑到这一岗位他人难以替代，便以高度责任感在半年内迟迟未走。1942年5月，日军第13军发动了浙赣线战役，中西功设法取得了"从军调查员"的资格，打算到达浙赣线后相机出走，前往后方根据地。不幸的是，到杭州后，中西功突然被东京直接派来的"特高课"特务诱捕，并押往东京。从得到警报开始，他足足坚持了8个月，就在被捕的前一天，中西功还发出了日军进攻中途岛的绝密情报。

经长期审讯，1944年秋日本法庭下令将佐尔格和尾崎秀实绞决，并将中西功等人判了死刑。宣判书以惊叹的语言称："彼等不怕牺牲，积极努力，用巧妙之手段，长期进行侦察活动，其于帝国圣业、国家安全、大东亚战争及友邦胜负，危害之大，令人战栗。"

在东京法庭上，中西功反驳"叛国罪"的指控时说："制止日本侵华战争，能使日华人民从毁灭性的灾难中解脱出来，实现日华和平和日华人民世代友好，这是两国人民的莫大幸福和根本利益所在。"正是出于这种理念，他与帝国主义的间谍完全不同，提供情报完全出于信仰而从不要报酬，党组织困难时还以个人积蓄倾囊相助。

幸运的是，死刑并没有马上执行。1945 年 8 月，日本宣布战败无条件投降，中西功亲眼看到了日本法西斯的失败，并于不久后出狱，出狱后的中西功，继续从事着革命活动。

1946 年 6 月，他加入日本共产党，并于同年参加设立中国研究所，1949 年当选参议员，1973 年，62 岁的中西功患胃癌去世。弥留之际，这位老人仍然惦记着中国，他断断续续地说："我真想去看看！看看那些街道，那些胜利的人们，他们有了自己的人民共和国……"

性感女谍——约瑟芬·贝克

约瑟芬·贝克于 1906 年出生于美国圣路易斯一个贫穷的黑人家庭，10 来岁时她前往纽约，靠在夜总会唱歌和跳脱衣舞谋生，她梦想是成为一名舞蹈家和歌星。1925 年，19 岁的她只身从纽约前往法国开拓演艺生涯，她在巴黎首次登台演出的剧目是《黑人滑稽喜剧》，随后便进入一家名叫"疯狂牧羊女"的著名夜总会演出，很快名声大振，成为滑稽喜剧主要演员。

虽然美国人不看好她，但是在法国，她那性感的舞蹈和独特的香蕉裙却大受欢迎，许多艺术家和作家宣称约瑟芬为他们的创作带来了灵感。

约瑟芬·贝克迅速蹿红，受到了皇后般的礼遇，一夜之间成了欧洲的超级明星。第二次世界大战前的巴黎，几乎没有人不知道黑人舞女约瑟芬·贝克的名字。

舞台上，她造型前卫，蓄着短发，像一座漆黑的雕塑，加之音乐强劲、动感十足，时而像人体，时而又像机械，约瑟芬·贝克以其性感大胆的舞蹈和柔美歌声一时红遍了法国，被人们誉为世界上第一个"黑人超级女明星"。

尽管在当时，约瑟芬·贝克的性感舞蹈和过于暴露的服装遭到众多非议，但世界一些著名艺术家、作家们却纷纷为她正名。

20世纪美国最伟大的小说家海明威被她的惊人美貌倾倒，称赞道："她过去是、现在是、将来也是全世界最漂亮的女人。"而20世纪最伟大的画家毕加索则被她的惊人美貌和双眼深深迷醉。法国妇女们蜂拥到美发店要求做和她一样的发型，而她表演的夜总会也场场爆满。

1927年，在来到巴黎仅两年后，她就成为全世界价码最高、曝光率最高的明星之一。然而鲜为人知的是，在那耀眼的聚光灯背后，约瑟芬竟然还有另一个"双重身份"——为法国政府工作的秘密间谍。

1937年，约瑟芬成了法国公民，对于这个给予她声誉的第二故乡，约瑟芬充满了感激之情。约瑟芬·贝克是在1940年初被法国军事情报官阿布泰招募为间谍的，阿布泰后来回忆说："我们需要一些能够四处旅行而不引起怀疑的人，于是有人向我推荐了约瑟芬·贝克，她无疑是理想人选。最重要的是，她热爱法国，比法国人更像法国人。"

面对阿布泰让她充当间谍的要求，约瑟芬毫不犹豫地答应了。身为黑人的她在美国遭到过种族歧视，但法国却抛弃种族偏见，让她成了一个超级明星。约瑟芬·贝克对阿布泰说："法国造就了我，巴黎人全心全意对待我，我已准备为他们献出生命。"

在情报部门的安排下，她对抵抗组织进行了大力帮助，她给了他们一切，她的房子、汽车、私人飞机、钱。更重要的是，她还利用自己的名望，将抵抗组织的人员安排在自己身边一起旅行，让他们可以打探到更多情况。

由于德军的封锁，法国境内的情报很难传递到盟军手中，约瑟芬·贝克于是利用自己的明星身份，经常由西班牙前往中立国葡萄牙，把秘密情报带给驻扎在那儿的英国间谍。

第二次世界大战爆发前夕，约瑟芬·贝克在整个欧洲和中东四处巡回表演，表面上，她的工作是劳军挣钱，但她的每一次旅行都为英法情报部门搜集情报。由于她在战前就和纳粹德国的外交官员建立了密切联系，因此她经常身着华丽的晚装出现在各个大使馆、舞会、夜总会并周旋于高官之间，与一切她认为有利用价值的人调情，从而搜集了大量极有价值的情报。

约瑟芬·贝克经常将德军要塞的照片塞进了内衣，而她随身携带的乐谱则用密写药水写满了轴心国军队调动的情报。有时，她甚至还会将听来的信息密密麻麻地写在两只胳膊上。

她很清楚自己面临的巨大的危险，1941年，约瑟芬·贝克乘坐最后一批船只逃往了阿尔及利亚，接着又前往摩洛哥，继续为盟军提供有价值的情报。第二次世界大战结束后，约瑟芬·贝克重返巴黎，法国总统戴高乐亲自授予她"战争十字勋章"和"抵抗奖章"。

1975年4月，约瑟芬·贝克在巴黎表演了最后一场音乐会后不到一周就离开了人世，数万人出席了她的葬礼。为表彰约瑟芬为国家作出的杰出贡献，法国政府为这位平民的葬礼鸣放了21响礼炮。2002年，巴黎市长还在巴黎的蒙巴纳斯修建了约瑟芬·贝克广场，法国对她的推崇，由此可见一斑。

使伦敦免遭毁灭的法国"业余间谍"——米歇尔·霍拉特

第二次世界大战期间的一天，一个矮个子、结实、46岁年纪、名叫米歇尔·霍拉特的法国人，正准备跨越边境，偷偷地进入中立的瑞士国土。他的肩上扛着一麻袋土豆，手里拿着一把斧子。

从外表上看，他是一个地地道道的伐木者。当这个伐木人迅速向前奔跑时，清晨的阳光已经透过茂密的树林。这个时候发出任何一点声音都可能意味着死亡。因为在森林里和小山冈后面有好多耳朵在竖着倾听——德国巡逻队队员和德国警犬的耳朵。

一位从未受过正规谍报训练的法国商人秘密携带着一份重要的图纸，成功地偷越了法国和瑞士边境。他就是被誉为世界上最有胆魄、最成功和最勇敢的战争间谍——米歇尔·霍拉特。

米歇尔·霍拉特带来的一包粗略绘制的图纸被送到了英国情报部门军情六处，正是这份图纸拯救了伦敦，使之免遭毁灭，从而也改变了第二次世界大战的进程。霍拉特原是一名工业设计师，为了拯救自己的祖国，他变成了一名法国间谍，他曾偷越边境进入瑞士达 49 次之多，每一次他都带有递交给英国政府的军事情报。

他和他的同伴经常精确地描绘出纳粹德国在法国的秘密机场和海岸炮兵群的位置，或者报告整个德国师团的调动情况，这都是十分有价值的情报，然而所有那些机密都不可能同他这一次携带的相比。

1943 年，米歇尔·霍拉特年仅 46 岁。他出生在法国，是一个富有的、受过良好教育的中年男子，第二次世界大战爆发后，他于 1941 年成立了独立于盟国和其他抵抗组织的自己的谍报网络。

霍拉特的组织代号是"行动"，他们从不使用降落伞投送情报，也不冒险使用无线电发报机与外界联系，两年多来，几乎完全是靠霍拉特一个人投资运作。在这一段时间，他找了几个法国人做帮手，他们中有铁路工人、卡车司机、酒吧间雇员、旅馆看门人，一共 5 个人作为核心结成了一个组织，取名为"行动网"。最后这个组织发展到 120 人，这 120 人中有 20 个人后来被德国人抓住处死了，有些人受了伤，许多人都有难以置信的逃生经历。

霍拉特自己有一次深夜从瑞士回来，居然傻得在嘴里叼着一支点着的香烟，当德国人发出"站住"的命令时，他仆倒在地，然后把燃着的香烟插在树上，当他爬行着离开时，两颗子弹钻进了树皮。

1943 年夏天，霍拉特的手下、一位在卢昂工作的铁路工程师向他报告说，整个诺曼底地区突然冒出了大量异常复杂的建筑工地，霍拉特立即伪装成一个新教牧师去了卢昂，他说服一个傲慢的地方官员向他提供了建筑工地的明细。他告诉官员说，他所要做的是确保那些被征用的法国劳工精神上保持安宁，并让官员们查看他手提箱内装满的诸如"基督教婚姻""疾病的根源"等小册子。

一番周折后，他进入到了奥费的工地上，换上了工人的蓝布服装。他到了一块空地，那里有好几百名工人。人们正在浇灌混凝土，在盖新的房子。最吸引他注意的是一个 45 米长的光秃秃的水泥台，上面有一条笔直的蓝线指示标，他拿出指南针发现这个平台——显然是某种发射塔的方向正好直接对准伦敦。

关于德国工程的情报引起了英国的警惕，霍拉特因而被要求全力以赴弄清这个秘密工程，事后表明这个决定是非常正确的。霍拉特和他的助手安德烈等4人开始骑着自行车环游法国北部，他们在3个星期内发现共有60多处同样的神秘的建筑基地，后来又发现了另外40个。

所有这些基地都集中在一条320千米长、48千米宽的走廊地带，大体上同海岸线平行，并且方向都直指伦敦！

但是，它们到底是干什么的呢？机会终于来了，一天，掌握图纸的德国工程师上厕所时看报纸时间过长，忘记了一份重要图纸就放在厕所外挂着的大衣兜里，霍拉特的手下便迅速地将总体规划图临摹下来，图纸显示出，那是世界上最早的无人驾驶的飞行武器之一、V-1型飞行炸弹的发射场，同时显示出导弹发射场正在法国北部建造，其核心部分是一个带有导航轨道的倾斜跑道，飞弹目标直指英国首都伦敦。

在伦敦，盟军的领导人，包括温斯顿·丘吉尔和艾森豪威尔将军，都十分关注德国人在搞些什么名堂。从霍拉特得到的情报似乎表明，那里正在发展一种"无人驾驶飞机"。

另外，在波恩霍尔姆的海滩上，一个丹麦人发现有一种显然是从天上掉下的某种奇怪武器的残骸。这一切都说明，有一种新的闪电式武器正在试制，但这种武器究竟是怎么回事？有多大危害？谁也说不好。在巴黎，霍拉特和安德烈一起把总蓝图和他们从其他地方弄到的图纸配合起来描摹，然后他们把描摹好的图纸和现场观察加以核对，最终断定，这竟是一份V-1火箭基地的详细蓝图，而V-1火箭正是希特勒寄以厚望的"杀手武器"。

其实6个月以来，英国当局曾接到过一些不确定的情报，说纳粹正在德国北部研究开发一种秘密武器。

他们也从霍拉特那里收到了关于一个神秘发射场正在法国西北部施工建造的报告，霍拉特跨越法国和瑞士边境带给英国驻伯尔尼使馆的那份图纸，最终使英国情报部门完全相信了 V-1 飞弹对伦敦迫在眉睫的威胁。

为了尽快把图纸送到伦敦，霍拉特决定铤而走险，肩扛麻袋的霍拉特已经渐渐靠近法国和瑞士的边界，甚至能够看见隔离边界的铁丝网。他迅速地跑到铁丝网下，动作麻利地把斧头和土豆扔向铁丝网的另一端，接着，猫起身子试图钻过铁丝网。猛一抬头，一名哨兵正端枪站在他面前，不过，幸运的是，这是个瑞士哨兵，他的枪口对准的是两名正企图朝他开枪的德国兵。

双方僵持了一会儿，那两个德国兵只好悻悻地收起枪走了，霍拉特终于长舒了一口气。

对于霍拉特这次送来的情报，英国方面反应很迅速。从 1943 年 12 月底开始，在法国的那些发射点，即从诺曼底浅滩至加来那片弧形地段中的 103 个 V-1 型飞弹发射场均遭到英国皇家空军的猛烈轰炸，飞弹发射场受到了摧毁性打击，可没过多久，还是有一批 V-1 飞弹打到了英格兰。接下来的 6 个多月里，德国人又建起了 40 个规模较小、更加隐蔽的发射场，但很快都被盟军攻占。

作为希特勒王牌的飞行炸弹，比它原来的发射计划晚了 6 个月，而且仅有很小一部分得以实施，原来的大规模发射计划是每天至少发射 300 颗，而且要连续发射 8 个月。

霍拉特又回到了法国，几个月之后，由于一个同事的疏忽造成的差错，他在一家小酒店里被捕了，与他同时被捕的另外 3 个人中，一个死在集中营里，其他两个过了三个月被释放了。

霍拉特受到了残酷的折磨，可是他没有向德国人提供任何情报，由于在他身上没有找到同谋犯罪的证据，他未被枪毙，被送到"诺因加默"集中营去了。但他大难不死，最终逃过一劫，一直活到 97 岁高龄。

艾森豪威尔在他的回忆录中说：一旦纳粹德国大规模 V-1 飞弹的攻击得逞，盟军 1944 年 6 月在诺曼底的登陆计划很可能会泡汤，这将使战事延长数年，还将给后来德国的 V-2 型飞弹的研发以可乘之机，整个战争的结局可能被彻底改变。而令人难以置信的是，这一空前的谍报行动竟然是由一名不具备"间谍身份"的人完成的。

对于米歇尔·霍拉特在战争时期的活动,英国某军团司令官、陆军中将布赖恩·霍罗克斯爵士给予了很高的评价,他说:"谁都不会怀疑,霍拉特完全有资格在勇敢方面获得最高荣誉勋章,可以毫不夸张地说,他是一个拯救了伦敦的人!"

大难不死的间谍——菲尔比

哈罗德·金·菲尔比是世界间谍史上最著名、最成功的间谍之一,他本人是英国人,早期就信仰共产主义,1934 年在维也纳进入苏联情报机关成为情报员。1940 年,他打入了英国秘密情报局,在该局步步高升,最终成为英国情报机关的一名高级要员。他利用职务上的便利条件,为苏联提供了大量重要情报,成绩卓著。1963 年,他由于身份暴露出逃苏联,为表彰他的事迹,苏联政府给他很高荣誉,授予他"红旗勋章"。

1912 年 1 月 1 日,菲尔比出生在印度的安巴拉城,父亲是英国伯爵,是英属殖民地的印度做高级文官,后来还担任过美索不达米亚的内政部长、丘吉尔的顾问等职务。

1929 年,17 岁的菲尔比以优异的成绩进入剑桥大学三一学院学习,这个时候恰逢社会主义运动在欧洲如火如荼,菲尔比在这里开始了他思想上的重大转变,当他拿到大学学位离开剑桥时,他同时确立了要把他的生命贡献给共产主义的信念。

1933 年,菲尔比毕业后,前往欧洲大陆旅行,途经维也纳时,菲尔比接触到了苏联的情报机关,当时苏联急需在英法等国建立自己的情报网,像菲尔比这样的人正是他们所需要的,于是苏联情报机构向菲尔比发出了邀请。素来对共产主义充满好感的菲尔比欣然同意,从此成为了一名苏联间谍。

菲尔比成为间谍完全是出于信仰,在他为苏联情报机构服务的数十年里,没有向组织索取过一分钱报酬。

菲尔比回到英国,先是加入亲纳粹的组织英德联谊会,后来他拉着几个朋友创办了一本名叫《评论的评论》的杂志，并自任主编，大肆为纳粹摇旗助威。在生活方面，他开始频繁出入于交际场所，和一些交际花打得火热，夜夜笙歌，醉生梦死。1940年夏天，菲尔比以他显赫的家世以及在欧洲各国游历、工作的经验，引起了英国情报部门的注意。当时英国急需拓展国外间谍网络，英国情报当局通过《泰晤士报》的一个新闻编辑，向菲尔比转达了吸纳他为英国情报人员的意图。

此时菲尔比也正头疼于如何获得更多的情报，双方一拍即合，在经过了简单的审核与询问之后，菲尔比正式成为了英国的情报人员。从此，这位苏联间谍开始了他的双面间谍生涯，并慢慢向英国情报部门的核心靠近。

为了更一步接近英国情报核心，菲尔比也为英国的情报部门作出了不小的贡献，其中让菲尔比名声大噪的是成功破坏了德国的"博登"行动，菲尔比因此受到了上级的重视，职位不断提升，1942年开始独当一面，成为英国情报机构在北非以及意大利地区的负责人。

德国军方使用的恩格玛密码在1941年时就已经被英国破译了，但英国并没有和苏联共享这一成果。即使是在库尔斯克会战最激烈的时候，首相丘吉尔在某些方面与苏联进行了大量的沟通，但大部分详细的情报依旧没有告知苏联。

当菲尔比代理科长职务之后，获得了更高一级的权限，有权查看英军破获的德国有关库尔斯克会战的情报，于是这些重要的军事情报全部被苏联掌握。这些情报对于苏军来说简直是无价之宝，正是有了这些情报，苏军才得以在库尔斯克会战中获得最后的胜利。

从1940年开始，菲尔比就一步比一步更接近秘密情报局的核心，而现在他已位于情报局的正中心了，在菲尔比担任新合并的第五科负责人之后，伏尔科夫案件发生了。

这个案件不仅本身很有趣，而且它差点断送了菲尔比的远大前程。苏联驻伊斯坦布尔副领事康斯坦丁·沃尔科夫决定叛逃，向英国提出政治避难申请，作为交换条件，他许诺将会交待出潜伏英国外交部的两名苏联间谍以及在英国情报部门的 5 名苏联间谍。沃尔科夫强烈要求英国情报机构不得用电报谈论此事，因为他知道英国的电报密码已经被苏联破译了，英国大使馆只得用邮包将沃尔科夫交待的材料寄回英国。

沃尔科夫不仅是苏联驻伊斯坦布尔的外交官，还是苏联情报机构的高级负责人，他手中掌握的机密绝不只是几个间谍的资料，此人叛逃的结果将是苏联在英国甚至整个欧洲情报网的末日。

当这份材料摆在英国秘密情报局局长斯图尔特·孟席斯的桌上后，他紧急召见菲尔比，征询他的意见。但当他看到这份材料时不免一惊，为了使思想平静下来，他有意目不转睛地盯着文件，他对局长说："我希望有点时间来进行一下深入的研究，根据进一步的情况，提出适当的行动措施。"局长同意了他的意见，要他第二天一早就向他报告。这件事的结果是当英国情报机关的人再去联系沃尔科夫时他已经不见了，经多方了解，原来是"沃尔科夫酒后失言，不小心走漏了风声，被苏联情报机构秘密逮捕了"。

第二次世界大战结束后，东西方两大阵营之间在政治和外交上的对抗、冲突和竞争日趋激烈，菲尔比在担任对苏情报处处长期间，他曾将英美联合向阿尔巴尼亚派驻反共分子的计划泄漏给苏联，当英国情报人员秘密潜入阿尔巴尼亚时，被早已张网守在那里的阿尔巴尼亚人逮了个正着。

在 20 世纪 40 年代末至 50 年代初，英美两国针对苏联的颠覆行动中，这种事先计划周密、结果却一败涂地的行动计划绝非偶然，它们背后都有着菲尔比的影子。在这一时期的世界两大阵营的间谍战中，欧美国家屡战屡败，菲尔比当居首功。

1949 年，他还被英国政府派往华盛顿，成为英美情报交流系统的首脑人物，同美国中央情报局往来密切。

罗斯福、丘吉尔、杜鲁门等人都曾给予他高度的评价，人们相信，不久他就将成为英国情报局的头号人物。当时英美两国正在联合调查多起重要机构中的泄密事件，联邦调查局确信这些泄密事件大部分是苏联间谍所为，但很长时间内一直无法确定这些间谍的身份。

直到美国人破译了苏联内务部的电报密码后，事情才有了实质性进展，很快中央情报局的特工就将目标锁定在了英国使馆中的几名高级官员身上，菲尔比很清楚这个即将暴露的同事的身份——英国外交部美洲司司长麦克莱恩，在他的通知下，很快麦克莱恩便逃出了英国，辗转到了苏联。

英国情报局从 1951 年起开始怀疑菲尔比的身份，但是他们花了十年时间也无法证明菲尔比是一个双重间谍。直到 1962 年，苏联情报机关的一名高级官员乔治·布莱克被捕，通过布莱克的供词，菲尔比的间谍身份最终暴露。就在英国情报机构决定正式逮捕菲尔比之前，菲尔比凭着自己多年老特工的本事嗅出了暗藏的危险，他借一次参加晚宴的机会，在途中摆脱了跟踪他的特工，然后乔装成一个阿拉伯人，步行 300 英里，成功逃脱。半年之后，菲尔比在莫斯科突然现身，并且高调接受了苏联当局授予他的代表最高荣誉的"红旗勋章"。

菲尔比到达苏联 5 年后，于 1968 年出版了自传体小说《我的无声战争》，讲述了自己身为双重间谍传奇的一生。

1988 年，这位冷战时期最成功、最具破坏性的双重间谍在睡眠中安详地离开了人世，享年 76 岁，他被安葬在莫斯科郊外的一个公墓里，苏联政府为他举行了国葬，享受了最高的国葬待遇。

在他的墓碑上简单地刻着："哈罗德·金·菲尔比（1912.1.1~1988.5.11）"。菲尔比死后三年半，他为之奉献了一生的苏联解体了。

孤独到死——弗里茨·科尔贝

2001 年 3 月 18 日，英国《星期日泰晤士报》和美国媒体以显著的版面刊出一段惊人的历史真相：一个第二次世界大战期间潜伏在纳粹德国外交部的间谍向盟国提供了上至德国军队作战方案、日本海军作战部署，下至纳粹大屠杀真相等价值不可估量的情报。

美国国务院在解密这些情报时评价说，科尔贝提供的这些情报使第二次世界大战欧洲战场提前结束，挽救了无数人的生命，使日本海军遭到毁灭性打击，他是第二次世界大战中真正的头号间谍。

弗里茨·科尔贝 1900 年出生于德国柏林一个社会下层家庭，父亲是一个正直的鞍具匠，十分注重对孩子的教育，在弗里茨小的时候，父亲常常对他说"要做好事"，"德国人的主要缺点就是顺从"，"要忠于自己，热爱自由，不要盲从"。

中学毕业以后，弗里茨在铁路部门工作，可是他不满足于只是做一个写写算算的小职员，通过业余学习，他考进了外交部，由于他对工作的责任心和勤奋，他被提升为外交部政治和军事事务局领导卡尔·里特尔的助理，此时的他对纳粹发动的那场战争渐渐有了清醒而明确的认识，他反对这场战争，反对希特勒对犹太人惨无人道的种族灭绝，他决定要利用作为卡尔·里特尔的助理，接触许多机密文件的有利条件，把有情报价值的外交部文件偷偷地提供给纳粹的敌对国，帮助他们尽早结束这场罪恶的战争，建立一个新生的和平的德国。

科尔贝的上司名叫卡尔·理特尔，是外交部与纳粹军方高层的联络员，他的大办公桌上，放着大量军事行动细节、外国间谍活动、秘密谈判等等机密文件。每天，科尔贝帮着理特尔整理收到的电报，并编写摘要，之后，再负责将电报或文件销毁，科尔贝利用各种机会窃取绝密情报，有时他偷偷地把文件带回家，并把它们复制下来，开始的时候是靠手抄写，后来改成拍照，利用销毁文件的机会，他顺便将其拍摄下来。

1943 年 8 月，他才得到了一个公务旅行的机会——前往瑞士首都伯尔尼任外交信使。科尔贝意识到这是个传递情报的绝佳机会，于是他把办公室的门从里面反锁，脱下裤子，把两个装满绝密文件的大信封绑在大腿上，又用内裤套住。15 日晚 8 时 20 分，他搭上了前往伯尔尼的火车，他随时可能被抓住，但是他很幸运地躲过了搜查。

8 月 22 日，他先去到了瑞士伯尔尼英国领事馆，指名道姓要见领事馆情报部门的最高负责人，情报官员立即将其带进领事馆情报部门负责人亨利·卡特怀特上校的办公室里，卡特怀特冷冷地看了一眼自称是纳粹德国外交部高级官员的这个德国人，扫了一眼他带来的自称是绝密情报的文件，因为那些文件实在太惊人了，这位英国上校根本不敢相信其中的内容，所以他断定这是纳粹设下的一个圈套，于是他冷冷地指着他办公室的门喝道："先生，别把我当成傻瓜，我知道你是一个想让我掉进陷阱的双重间谍，我不会上当的，请你立即滚出去。"

半个世纪后，历史证明这位英国上校是第一号傻瓜，他赶走了第二次世界大战中最伟大的间谍，并使英国抱憾终生。

23 日，也就是在科尔贝被英国人武断拒绝后的第二天，他决定到美国人那里试一把，美国驻瑞士伯尔尼的联络官吉拉德·迈耶尔对科尔贝的情报同样是将信将疑，但他不像英国人那样一口就回绝了，而是决定当晚就安排美国情报战略局的主管艾伦·杜勒斯与这个德国官员碰一次面。

艾伦·杜勒斯简直不敢相信自己的眼睛，一个其貌不扬的家伙在他面前展示了一大堆绝密文件的复制材料，这些材料具有难以估量的情报价值，杜勒斯清楚这些情报将对盟军产生巨大的帮助。

杜勒斯问迈耶尔是否是德国境内反希特勒、反纳粹的秘密斗士成员，科尔贝回答说，他不是，虽说他认识一些反纳粹人士，但他基本上是单独行动，杜勒斯接着往科尔贝身边靠了靠说："说真的，我们现在没法证明你是不是双面间谍。"科尔贝非常冷静地回答说："如果你没有这种怀疑的话，我还觉得你太天真了呢。我现在确实无法证明我不是双面间谍，但这也是我之所以带来如此绝密文件的原因。"为了证实他所说的一切，科尔贝出乎杜勒斯和迈耶尔意外地掏出一卷微型胶卷，当即就递到杜勒斯的手上，并且告诉他微型胶卷里装着他偷偷拍下的 186 页纳粹德国外交部绝密文件。

由于科尔贝提供的材料实在太好、太有价值了，以至于盟军对这些情报的真实性产生了怀疑。许多人怀疑科尔贝是德国人的诱饵，目的是将盟军引诱到错误的方向上去。

1943 年 8 月，美国情报专家立即对科尔贝带来的情报进行仔细的研究，他们先是激烈争论科尔贝会不会是纳粹德国设下的一个圈套，但他们最后断定，这是货真价实的纳粹德国绝密情报。这些情报随后被迅速送到美国总统罗斯福的手中，他一看到这些情报就断定这绝对是真的，立即指示应该把科尔贝发展成美国安插在德国境内最重要的间谍，美国战略勤务办公室决定正式启用科尔贝作为潜伏在纳粹德国外交部里的美国间谍，代号"乔治·伍德"。在战争期间，科尔贝一共向盟国提供了1600份情报，这些情报要用好几个巨大的盒子才能装下，摞起来足足有10米高。所有这些情报代号是"波士顿系列"。对于科尔贝提供这些情报的价值，美国政府在解密后的正式评价是：这些情报挽救了无数人的生命，缩短了第二次世界大战在欧洲战场的时间。

直到第二次世界大战结束，科尔贝的间谍身份也没有暴露，战争结束后，他继续为在柏林的美国人工作，帮助美军查出隐匿起来的纳粹分子，但是科尔贝最终在纽伦堡审判中作为证人出庭，却葬送了他想回到新的外交部工作的打算，新的外交部里仍然充斥着曾在纳粹手下工作的官员，他们把科尔贝视作盟军的走狗和祖国的叛徒，说他是"靠不住的家伙"，科尔贝也没能在联邦德国其他官僚机构中谋到职，他失去了工作、朋友和声誉，战后很多年中，科尔贝在自己的国家被视为"叛国者"，他的名字没有在任何历史书上提及。无奈之下，科尔贝来到美国，但在那里他也没有交上好运，只找到一个在瑞士代销美国电锯的工作，艰难度日，孤独终老。

从那以后直到他死，谁也不知道他在哪里，值得一提的是，终其一生，科尔贝也没有因为他从事的间谍工作而收取过任何报酬。科尔贝为何甘冒生命危险充当盟军间谍呢？用科尔贝自己的话说："我的目标是为了我不幸的同胞尽早结束战争，为在集中营中的囚犯避免再受痛苦。"

第二次世界大战期间这个"不顾生命安危反抗纳粹的无名英雄和在没有任何帮助下完全凭良知而战的德国人"、盟国最伟大的间谍似乎就这样永远消失了，美国政府各个部门出于保密考虑，战后50余年间对科尔贝超级间谍一事只字不提，科尔贝于1970年默默无闻地死去，没有任何人公开承认他在第二次世界大战中作出如此大的贡献，许多德国人甚至至今仍认定他是一个叛国贼，但科尔贝对自己所作的一切没有丝毫的后悔，对于科尔贝来说，这样一个认识是坚定的："他不是叛国者，希特勒才是叛国者，希特勒及其统治应该被推翻，一个新的民主的德国将会建立起来。"

一吻夺命——韦芳菲

1944 年，犹太女孩韦芳菲 20 岁，正是花儿一样的年龄，这一年，她像一朵蒲公英，在狂风暴雨中被吹离自己的家乡，辗转飘零，终于停留在了英国的一所难民营。她的父亲母亲都已经丧生在纳粹的屠刀下，年幼的妹妹夭折在逃难的一路风尘中，韦芳菲早就学会了坚强，她要活下去，等待战争结束的那一天，看一看，和平该是多么的美丽。

1943 年 8 月，英国军情五处处长皮特里收到了一份密电："德国正在加紧研制无声武器"，军情五处在忙碌半个月后调查出了明确结果：希特勒正组织科研人员在七二一研究所中秘密进行一项研制细菌武器的计划，这种细菌武器是指具有极大危害性的细菌炸弹，估计几个月后希特勒就会将这种可怕的战争产物投入战场。军情五处的任务下来了："必须阻止这样的武器研制出来。"

英国军情五处的特工们对德军负责研究细菌炸弹的七二一研究所做了大量的侦查，七二一研究所设在德国史德格内市一处建筑物的地下室里，该研究所守卫森严，整个细菌研究所直接从事研究工作的大概有 50 人，都是忠诚于希特勒的纳粹分子，很难在这些人中策反成功，唯一可能的就是潜入研究所内部进行破坏。至于如何潜入研究所进行破坏，特工们想了一个最简单的办法，那就是把七二一研究所里一个普通的职员谢丽娜绑架出来，然后再用一个长相酷似谢丽娜的女特工偷梁换柱，混入研究所伺机破坏。

皇天不负有心人，在英国的一所难民营里，军情五处的特工们发现一个和谢丽娜长相酷似的女孩，她的名字叫做韦芳菲。

军情五处负责此次行动的莫森立即赶到难民营，向韦芳菲说明了来意，本来他还比较担心自己能否说服女孩，但韦芳菲的态度与决心彻底打消了他的担忧。确实，家庭经历已经让这个不幸的姑娘恨透了德国纳粹分子，现在有这么个机会她当然不会放过。

三个月的时间过去了，韦芳菲已经不再是一个普通的难民，几天后她坐在一架双座飞机的后座上，飞过了德军的边境线，跳伞回到了自己的家乡。在这几个月的训练中，她学会了很多东西，包括跳伞、怎么用定时炸弹以及怎么把氰化钾胶囊藏在自己的牙缝里，现在的韦芳菲，已是英国军情五处的一个情报人员，一个女间谍。

1944年2月的夜晚，英国某空军基地，一架没有任何标志的皇家空军飞机冲上夜空，韦芳菲顺利降落在史德格内市郊区，前来接应的奥伯带她到城中某处地下室，这里关押着被英国情报特工绑架的谢丽娜，韦芳菲惊呆了，椅子上的女孩也惊呆了，她们两个，果真如情报说的，长得一模一样。从谢丽娜口中韦芳菲了解了七二一研究所里所有的人，他们的长相、爱好、工作范围，她特别注意到其中一个关键人物——亨利博士。

据谢丽娜介绍，亨利博士是个年轻的天才，这次研究计划的核心人物。他对身边的美女谢丽娜很有意思，经常借工作之便与她见面、聊天，有时还抓起她的手说个没完没了，韦芳菲心中一动，这不正是她想要的吗？

利用谢丽娜的面貌和证件，韦芳菲轻松通过了层层盘查，进入了细菌武器的研究所，工作人员们热情地跟她打着招呼，谢丽娜的工作是整理一些文件和图片，韦芳菲很快熟悉了这个工作，一切都很顺利，可一切都才刚刚开始。手拿着一叠文件，韦芳菲走进了亨利博士的办公室，年轻的亨利博士是这个研究所的主管，也是这次研制细菌武器的核心人物，他对美丽的谢里娜倾慕以久，韦芳菲通过和亨利博士的接触得知所有研究数据都放在博士身后的保险箱里。

1944年3月，韦芳菲接到英国情报部门的通知，必须在四五天内将亨利的研究成果毁掉，韦芳菲想只有毁掉亨利的成果，才能避免一场更大的灾难，她决定要让亨利打开保险柜。

韦芳菲来到亨利博士的办公室，把文件放在亨利博士的桌上，当她转身要走却被亨利从身后拦腰抱住，博士深深的吻着韦芳菲，韦芳菲转过头去阻止博士的亲吻，她盯着那双痴迷的眼睛说："你真的爱我吗？你愿意为我做任何事情吗？"亨利坚定地说："当然，哪怕是天上的月亮，我也愿意为你去摘。""那你能把你身后的保险箱打开给我看吗？"亨利转过身去把保险箱打开了，"你看，我打开了，我对你说的每一句话，都是真的。"亨利说着。

"这是我新研究的一种细菌培养方法、生长过程的记载。这是我的心血，上头可是非常重视它的安全呢。"

……

第二天，韦芳菲把炸药藏在一堆馅饼中，带到了亨利的办公室，趁着亨利博士吻她的时候，她掏出一条浸有麻醉剂的毛巾，猛地盖到他的脸上，用力堵住他的嘴，亨利立刻昏了过去。

她马上解下博士的钥匙，用它打开了柜门。她把炸药放在那堆文件和样品中，然后关上了保险箱的门。一分钟后，炸药就会自动引爆。韦芳菲做完这一切后，立刻从亨利博士的办公室中退出。

爆炸声响起，细菌炸弹的研究成果付之一炬，但是韦芳菲却没能逃脱，她被研究所的警卫抓住了。在研究所的审讯室里，韦芳菲已经做好了死的准备，这时一个人走了进来，是亨利博士，这次爆炸他只受了点轻伤。"为什么这样做？"亨利博士问韦芳菲。

"我要阻止你的研究，我不想看到那么多人被你们的武器杀害。"

"你对他们说，你是因为恨我才这样做的，那样你就可以活下去。你知道吗，我也不愿意进行这样的研究，是他们逼我的，现在他们又逼我把被毁掉的资料恢复，你做的一切其实没有任何意义。"亨利的目光是韦芳菲从未见过的哀伤和真诚。

"你真的爱我吗？"

"爱，我现在依然爱你。"

"那你可以给我一个吻吗？"

亨利紧紧抱住了自己爱的人，深深地吻了下去，他的动作没有任何迟疑。几秒钟后，亨利的脸色变得青黑，嘴角流出黑色的淤血，最后无力地倒在地上，韦芳菲咬碎了藏在牙缝中的氰化钾胶囊，把剧毒的毒药分了一半顺着唾液给了吻她的博士。绑在椅子上的韦芳菲看着倒在自己脚下的博士，闭上了的眼睛，那年她才 20 岁。

从难民营到训练营，她用三个月由难民转变为间谍，从乘机降落到完成任务，她用一个月炸毁了德军细菌武器的全部实验成果。没有她，也许希特勒的一个战争阴谋又将得逞，没有她，也许半个伦敦亦将遭受史无前例的细菌战。100 天，韦芳菲的如花生命瞬间消逝，100 天，英国间谍史上又多了一位巾帼英雄。当英国军方为无数英雄立碑纪念时，韦芳菲的名字赫然在列。

台儿庄大捷的谍报英雄——夏文运

1938 年 3 月下旬，日军第十师团向台儿庄发动进攻。4 月 3 日，中国军队以 4 万人的优势兵力，包围进攻台儿庄之敌，并击退由临沂增援之敌第 5 师团一部，至 4 月 6 日，取得了歼灭日军约 2 万人的胜利。一场荡气回肠的"台儿庄战役"在 8 年抗战史上写下了浓墨重彩的一笔。然而很少有人知道，这场战役中有一位大连人曾深入敌人"心脏"，为这一战役的胜利作出了巨大的贡献，他就是台儿庄战役中重要军事情报提供者——夏文运。

夏文运是大连市金州七顶山人，父亲名叫夏日明，在兄弟中排行最小，俗称"夏老九"，是个车把势。1905 年 12 月，夏文运出生，他上有两个姐姐，下有一个弟弟夏文玉，而叔伯兄弟有好几十个。由于他长得白白净净，又聪明又腼腆，所以被大人们戏称为"夏大姑娘"。1929 年，夏文运考入了日本京都帝国大学文学部硕士研究生，由于经济拮据，他过着半工半读的生活。1932 年 3 月，他于日本京都帝国大学文学部毕业后回到大连，应聘为奉天冯庸大学教授兼校长秘书。同年暑假，他再次返回日本进行论文答辩，拿到了京都帝大文学硕士学位。"九一八事变"后，日本侵占了东北，冯庸大学被迫迁往北京，夏文运因此失业。后经人介绍进入伪满洲国政府机关工作。因其学历过人，日语甚好，被日军看重，于同年担任侵华日军参谋部第二课课长和知鹰二的随身翻译，夏文运因此得以结识了大量的日军高层军官。

1931 年至 1936 年间，两广处于半独立状态，日本侵略军则利用这种分裂局面，打算派遣各色人等去广州游说桂系军阀李宗仁，由于日本关东军参谋部情报课课长和知鹰二与李宗仁有过多次接触，他便派遣得力助手夏文运担当此项重要任务。李宗仁在与夏文运的交往中觉得他为人正派，年轻热情，却不明白他何以甘心事敌，背叛民族，便找机会约夏文运一谈。

见面后，李宗仁诚恳地说："我看你是位有德有才的青年，现在我们的祖国如此残破，你的故乡（大连）也被敌人占据，祖国的命运已经到了生死存亡的边缘，你能甘心为敌服务无动于衷吗？"夏文运经此一问，顿时泪下，当即向李表示："如有机会替祖国报效，万死不辞！"

1937 年 7 月 7 日，日本军队挑起了"卢沟桥事变"，发动了全面侵华战争。12 月 27 日，日本华北方面军占领济南。两军得手后，马上将目光对准了中国南北大动脉津浦线和东西大动脉陇海线的重要枢纽——徐州。在此危急关头，第 5 战区司令长官李宗仁临危不惧，决心在徐州门户台儿庄地区给日军迎头痛击，以彻底粉碎日军阴谋，鼓舞全国的抗日士气，与此同时，身在上海的夏文运闻风而动，冒着生命危险收集、传递日军绝密情报。由于夏文运得到和知鹰二庇护，在沦陷区行动自由，他利用与和知鹰二等人多年培养的交情以及与土肥原贤二等日本侵华派的极熟关系，获取了许多极为重要的机密情报，然后通过设在上海法租界一位日籍友人寓内的秘密电台发出。中国第 5 战区情报科以专用电台接收，专用密码译出。李宗仁对夏文运提供的情报在价值及迅速、准确方面甚是钦佩，称其情报在抗战初期"独一无二的"。

1938 年 2 月上旬，李宗仁接到夏文运密报：坂垣师团从胶济线进军蒙阴、沂水等地，李宗仁据此料定坂垣将进攻临沂，因此命令庞炳勋军团驰往临沂，堵截敌人。庞军团实际上只有 5 个步兵团，浴血奋战到 3 月中旬，渐渐抵挡不住号称"陆军之花"的坂垣师团，向李宗仁求援，而此时南北战线都很吃紧，李宗仁手下无兵可派。危急关头，夏文运又从上海发来密报：日军北动而南不动。李宗仁像吃了一颗定心丸，迅速抽调张自忠的 59 军北上。庞部、张部并肩作战，在临沂歼敌 3000 多名，使日军后退 90 余里，彻底粉碎了坂垣、矶谷两师团会师台儿庄的企图，从而为台儿庄大捷创造了条件。

现代战争，首先是情报战争。事隔多年以后，李宗仁才向世人披露，台儿庄战役的胜利，与准确、及时的情报是分不开的。他在回忆录中感慨地写道："何君（即夏文运，化名何益之）冒生命危险，为我方搜集情报，全系出乎爱国的热忱。渠始终其事，未受政府任何名义，也未受政府分毫的接济。如何君这样的爱国志士，甘作无名英雄，其对抗战之功，实不可没。"

此后，夏文运一直为李宗仁和国民党重庆方面提供情报。1940年12月，他致孔祥熙一封密函，报告他在同年赴日期间搜集到的各种情报，内容非常翔实。太平洋战争爆发后，何一之频繁递送情报的活动引起日方警觉，不久，夏文运遭到日军搜捕，被迫逃出上海。

1943年至1945年4月，夏文运任伪山西省政府建设厅厅长，据夏文运的女儿回忆，夏文运在担任伪山西省建设厅长期间，曾利用自己的特殊身份，经常与八路军进行物质交换，并掩护、解救过包括无产阶级革命家董必武在内的许多共产党人。日本投降后，夏文运在北平被国民政府逮捕入狱，并移交山西省高等法院审判。期间，民国山西省政府建设厅函复山西省高等法院检察处称："伪建设厅厅长夏文运罪行无案可稽。"

1947年，夏经北平行辕主任李宗仁保释出狱，1948年回上海定居。

1949年上海解放后，上海军管会曾将夏文运以汉奸名义逮捕，但不久即释放。50年代初，夏文运辗转去了日本，与日本妻子及孩子定居东京，退休后以经营料理店为生，1970年11月15日，夏文运因脑溢血而瞌然去世，终年72岁，葬于著名公墓东京上野林光院。大连人几乎没人知道夏文运，其实抗战很多大战役，都是夏文运提供了重要情报，但夏文运自始至终都与李宗仁单线联系，所以解放后夏文运一度被冠以"汉奸"名头，要不是李宗仁在回忆录里提到了夏文运的付出，估计就没人知道了。现在，他的英名已载入《大连人物志》，其故居也被有关部门列入修复规划。

瞒天过海——编谎大师"嘉宝"

1944 年的诺曼底登陆战被称为第二次世界大战中的"转折之战"，为了这场战役，盟军进行了庞大而周密的准备工作，利用间谍也是其中之一。在那些有着传奇色彩的间谍中，被认为发挥了最大作用的是一个代号"嘉宝"的间谍。英国广播公司日前披露的一份文件显示，在盟军成功登陆诺曼底几天后，"嘉宝"仍让柏林方面相信，盟军的诺曼底行动是佯攻，纳粹因此未及时调整兵力部署，从而保证了欧洲第二次世界大战场的顺利开辟。

有意思的是，尽管"嘉宝"彻底愚弄了希特勒，但深受信任的他在一个多月后却被希特勒亲自批准授予铁十字勋章。

1912 年 2 月 14 日，普吉·加西亚出生在西班牙的巴塞罗那，家庭经济条件不错，属于中产家庭，自由主义政治倾向浓厚。1939 年第二次世界大战爆发后，他特别厌恶弥漫着法西斯主义气味的纳粹德国，对德国的死敌英国颇有好感，很想成为一名对德间谍来帮助英国。

1941 年，这个相貌平平、不苟言笑、个子矮小的秃头男子，三次在马德里和里斯本向英国政府代表表示自己想成为间谍报效英国，但他的热情每一次都被粗暴地拒绝。

满怀狐疑的英国人很难判定这个西班牙人是一个疯子，还是一个骗子，这个人就是普吉·加西亚——后来赫赫有名的间谍"嘉宝"。

普吉·加西亚在英国人那里碰了壁后并没灰心，他又找到了德国驻西班牙的德国情报站，德国情报机构之一的军事情报局设在马德里有一个半公开的情报站，普吉找到这里，声称自己是西班牙政府的政府职员，狂热支持纳粹，因为将要被政府派去英国伦敦工作，想借此为德国在伦敦做点事情。

对于这位找上门来的家伙，德国情报官员最初有些怀疑，但是考虑到纳粹德国的影响力正如日中天，且确实需要在伦敦建立更多的情报点，就收纳了这个"狂热的"支持者。

对于普吉·加西亚的价值，德国人最初也不是很当真，但普吉·加西亚不断发来情报，说他发展了几个下线，并陆续提供了不少翔实的信息，引起了德国人的关注。实际上普吉·加西亚只不过从马德里去了里斯本，通过当地的图书馆和报刊资料加以想象，编造了相关情况。

也许他的故事编得太出色了，于是德国人安排他参加了间谍速成班，学习了秘密书写情报等方法，告诉了他联络密码，还给了他600多英镑这么一大笔启动资金。对于普吉·加西亚，德国人最初并没有抱有特别的想法，给了他一个普通的任务，就是到了英国去努力建立情报网，按照马德里的指示提供一切可能提供的情报。但普吉·加西亚并非真想投靠德国，他还是想站到同盟国一方，英国使馆不赏识他，他就跑美国使馆，终于说服对方他可以利用德国谍报员的身份为盟军服务，这才去到了伦敦。

他在伦敦的任务是协助英国情报机构，向德国驻西班牙的德国情报站发送真真假假的各种军事情报，他的情报站的上级接到消息后，再加密发回德国，英国人通过截获德国的加密信息，再对照普吉·加西亚的原信，很容易地搞明白德军当天的加密法，由此破获了大量德国情报。

1942年4月，普吉·加西亚向英国情报机关展示了自己的这些成果后，果然获得了英国人的重视，并被接到英国"为德国人传递情报"。靠着凭空想象，善于说谎的普吉·加西亚"发展"出一个有着不少于27位情报员的情报网。这些人身份各异，经历丰富，有威尔士的雅利安人至上主义者，有常常醉酒的英国皇家空军军官，有厌恶共产主义的语言学家，有愤愤不平的转业军人，这些人唯一的共同之处就是他们都是虚构出来的，都由普吉·加西亚一个人来扮演。英国的军情五处从1940年开始成立了一个发展双面间谍的部门，以求收到对德作战的奇效，普吉·加西亚被安排在这个部门里，碰巧的是这个部门的负责人托马斯·哈里斯能说一口非常流利的西班牙语，这在无形中拉近了他和普吉·加西亚之间的距离。和其他一些在死亡威胁下被动行事的双面间谍不同，普吉·加西亚和哈里斯一样，主动积极而又充满对抗纳粹德国的理想和热情，由此从1942年起直到第二次世界大战结束，他们之间建立了亲密无间的合作关系，两个人在情报工作上的特殊潜能都得到了充分的激发，组成了在英国情报史上组成了堪称最有灵感、最有创造性而又合作最密切的一对组合。也从这里开始，普吉有了一个代号"嘉宝"，而他在德国情报机构里的代号则是"阿拉贝尔"。

在整个谍报运作过程中，普吉·加西亚简直像小说家一样优秀，他之所以代号"嘉宝"，就是因为他一人分饰多角的表演水平太超群了，他能让同一条消息从多个想象渠道及不同的角度获得，有的说消息是真的，有的怀疑消息的来源，他本人再作为那27位想象谍报员的上级，对每个渠道的消息和观点予以分析评论，从容地提出总结性建议，一旦有某个分身引起德军怀疑，他便轻松杜撰出种种意外消除疑点，骗得德国人团团转。

普吉·加西亚关于英国战备的情报经由西班牙源源不断地传出，"淹没"了在西班牙的德国情报机关，使得他们几乎没有再找别人渗透到英国的想法，他们的工作也很受德国上级赞赏。

普吉·加西亚的大胆和创造力更令英国情报机关惊奇，他的英国上级称他是"世界上最伟大的演员"，这之后，普吉·加西亚又通过自己的行动让德国人对他的信任达到无以复加的地步。

此后，普吉·加西亚的情报工作有了质的变化，他不是一个人在战斗，而是拥有了和德国情报机构相媲美的英国情报机关这样一个团队的支持，从此他的工作更为细致、缜密，更具威胁性和欺骗性。

在1942年底盟军的北非登陆战中，普吉·加西亚发出情报，称盟军动用了一支包括运兵船和军舰在内的舰队，并涂有地中海特点的伪装色，这份情报很有价值，但情报到达德军情报机关时，登陆战已经开始。普吉·加西亚被告知："我们很遗憾情报来的太晚了，但是你的这个报告是非常出色的！"德国人对他表示了特别的肯定。"嘉宝"最大的贡献是成功使德国人相信诺曼底登陆是盟军的佯攻，真正的登陆将发生于法国北部的加莱海峡（巴顿将军的"水银行动"）。

诺曼底登陆之后，德军几个月内都没把加莱海峡地带的兵力撤出对抗盟军，否则，第二次世界大战说不定要再延长上一年。

1944 年 1 月，德国人告诉普吉，盟军正在准备一场大规模的欧洲大陆登陆行动，期待他时刻关注相关动态。德国人的判断是准确的，美英两国确实正在准备实施诺曼底登陆行动。

但德国人不知道的是，这次登陆行动还包含一个很大的情报骗局，普吉则是其中重要一环。在这个时候，普吉的工作紧张而又繁重，从 1944 年 1 月到后来的 6 月 6 日诺曼底登陆日的日日夜夜里，500 多条情报以几乎一天 4 条的高频度，从普吉这里经过马德里，被直接转发到柏林，盟军希望引导德军认为登陆的可能地点之一是加莱，普吉的情报发挥了巨大作用，甚至希特勒都认为最有可能盟军登陆之地就是加莱。

具有讽刺意味的是，在整个诺曼底登陆行动中，普吉·加西亚的声望在德国人那里得到进一步加强。

1944 年 7 月 29 日，他非常意外地被通知，因为他的卓越贡献，希特勒特地批准授予他纳粹铁十字勋章，并称他为特别罕见的能够配得上这个荣誉的人。普吉·加西亚则谦逊而又诚恳地回复道："自己的工作确实不配这个称号。"其实几乎就在同时，英国人秘密授予了他大英帝国勋章。

这么出色的一位双料间谍，一般说来应该是为了钱而干这么危险的事儿，但"嘉宝"普吉·加西亚不是。

在第二次世界大战中，德国通过秘密渠道给了他大量金钱，用以支持他的虚构谍报网，第二次世界大战结束后，他的德国上级最后给他一大笔奖金，作为他为德国精忠服务的奖励。

普吉·加西亚拿出这些钱跟英国政府合作，实际上是用德国情报机构的资金来支援了英国情报机构的运营，而他自己什么都没要，缓慢退出视线，1949 年死于非洲安哥拉。

第七章

千奇百怪的武器秘密

纳粹曾秘密研制飞碟吗

在二战末期，为了挽回败局，以希特勒为核心的纳粹头子们，曾经一度处心积虑地秘密研制过飞碟之类的奇幻飞行器，并幻想借助神秘的魔幻力量征服整个世界。

1940 年末二战已处于白热化状态，盟军开始全线向德军发动进攻。随着时间的延续，德军渐渐不支，战场开始向柏林推进。为了赢得战争德军决定研制一种新型的空军武器，以与盟军抗衡，进而征服整个世界。

为了提高研制完成的速度，德国专门成立了一个名为"爆破手研究室—13"的秘密机构。这个机构的成员都是德军从第三帝国搜罗的最杰出、最优秀的专家、工程师和试飞员以及在征服欧洲时党卫队秘密逮捕、扣押的许多航空专家。他们被集中在奥地利和罗马尼亚的秘密基地，专门负责代号为"乌兰努斯行动"的研究、制造秘密飞行器的任务。而为了把兵力尽可能地调用到战场上，德军抓来了大量的贫民、战俘到基地中充当苦力，用于搬运和组装各种机械装置。在如此规模宏大的专家智囊团的倾力研制下，一年过后，科学家们终于制造出一种名叫"别隆采圆盘"的碟形飞行器。

"别隆采圆盘"的周围共装置了 12 台发动机，运转时只需要水和空气。它通过发动机在上方不断大量地吸入空气，使上空形成真空区来维持自己的飞行。如果需要改变方向飞行，只需要向反方向喷射水蒸气流，通过强大的反作用力使自己改变方向。水蒸气流则是用水冷却发动机形成。"别隆采圆盘"研制成功后进行过一次试飞。飞行时，它仅仅用 3 分钟就到达了 15000

米的高空，平飞速度更是快得惊人，高达 2200 千米／小时。这样的飞行水平在当时远远超过了苏联、美国、英国成为世界第一。

之后，它在与美军的一次战斗中展露头角。此时的盟军已经攻入柏林，一架美军战斗机带着炸火炮来到柏林上空，发现一架德国空军战斗机试图拦截自己。正准备发射火炮时，忽然一个圆形的碟状飞行器擦着他的机翼飞过。美空军飞行员被这架飞碟的飞行能力惊呆了，马上向上级做了汇报。盟军知道德军的战斗能力有了大幅度提升，决定赶在德军大批量生产这种飞行器之前，将德军打垮。于是希特勒在接下来的狂轰滥炸中自杀。

盟军攻占柏林过后，对德军这种奇怪的飞行器进行搜索。他们从党卫队那里缴获了大量设计蓝图和草稿，并且在一座废弃的仓库里还发现了被德军破坏的飞碟残骸。盟军由此更加确定，当时遇到的飞碟就是德军的战机。但因为盟军此时找到的图纸已经不全，所以无法复原这种先进的飞行器。

这仅仅是野史上记载的一种说法，究竟德军是否制造过飞碟，至今没有专家学者考究到上述的证据，这依然是有待人们解答的谜。

JV-44——"加兰德的马戏团"

1942 年 7 月 18 日，首席试飞员弗·文德尔在德国的莱普海姆机场上空举行了一次划时代的飞行，大战中最成功的实战型喷气战斗机 Me.262 问世了，在第一次试飞 Me.262 之后，加兰德兴奋不已地说："坐在 Me.262 上，你的感觉就像托着天使的翅膀飞翔，这不是前进一小步，这是一个飞跃！"他相信这样的飞机被用于战场必会产生极大的作用，可让他失望的是，希特勒对这种新式战机的重要性并没认同，只是淡淡地说可以把它用于轰炸上——而不是如加兰德所期望的那样用于空中的格斗。

"在我看来，Me.262 是整个战争中最优秀的战斗机，是一个足以扭转战局的杀手。但幸运的是，德国空军始终没能装备足够数量的 Me.262。否则，欧洲的天空将在它的翼下颤抖。"英国皇家空军著名试飞员艾瑞克·布朗过后这样评价它。

在德国空军中对 Me.262 的使用一直存在争论，加兰德和战斗机部队指挥官们希望所有生产的 Me.262 都是战斗机，用于对抗盟军的大编队轰炸机群，而希特勒和轰炸机部队指挥官们希望得到一种"闪电"式的战术轰炸机，并不断要求工厂将其作为主要生产型号。希特勒在 1943 年 11 月 26 日宣布了将 Me.262 当作"闪电轰炸机"使用的命令后，他勉强同意了 Me.262 战斗型的测试继续进行，但前提是不能影响 Me.262 轰炸型的生产。1944 年 7 月中旬，第 262 试飞分队对 Me.262 的战斗型的测试终于开始了。他们尝试着攻击飞越试飞基地上空的盟军远程侦察机，以检验 Me.262 的实战效能。

1944 年 7 月 25 日，一架隶属于英国皇家空军第 144 中队的哈维兰"蚊"式侦察机在慕尼黑附近遭遇了一架 Me.262，皇家空军飞行员华尔中尉随即加大油门并推杆让"蚊"式进入俯冲状态以增加速度，并向左急转弯，通常这一套机动对于摆脱纳粹空军的战斗机非常有效，但这次 Me.262 却很快就追上了他。华尔发现很难甩脱追击者，在逃入云层之前，Me.262 居然从容地对他进行了三轮开火。这就是盟军飞行员第一次遭遇 Me.262 时的情景，事后华尔在谈到这种德国空军的新式战斗机的时候仍心有余悸，在接下来的一个月里，"诺沃特尼"大队宣称取得了 5 个战绩。

1945 年，已到了第二次世界大战的后期，德国的前景越来越糟，颓废的戈林只是把战败的责任推到空军的指战员身上，前线指挥官们被无理地指责为懦弱、说战争的不景气都是因为他们的无能所至，这引起了部下极大的不满。1 月，德国空军高级军官们集体联名，要求戈林以空军大局为重自动辞职，戈林把这一事件称为"叛变"，其结果是加兰德被解除了战斗机总监的职务。

当月下旬，加兰德被告知元首希望他能成立一个只有一个中队建制的小规模单位，来证明他本人一直宣称的："Me.262 是一种优秀的战斗机。"

戈林还告诉加兰德，他可以自己来选择该单位的名称及代号，但不能包括本人的名字，加兰德选择了 JV-44，部分原因是对 1944 年亲眼见到的曾经是那么显赫一时的德国空军以及他本人的衰败加以嘲讽，另一部分是为了纪念他自己所指挥的第一支部队，西班牙内战时德国兀鹰军团第 88 战斗机大队的第三中队，该中队外号"米老鼠中队"，加兰德希望不敢太高，JV-44 要是能有 J88 的一半成就他就心满意足了，也希望能够在战争的末期能再次唤醒德国空军的光荣。

对于 JV-44 的成立，身为空军中将的加兰德非常高兴地说："我对能在战争的最后时间里重新回到前线的激烈作战中去深感满意，在这最伟大的、也是我最后所在的单位中留下的美好的记忆将伴随我的一生。"连队长沃尔夫冈·施佩特少校说："我们尊敬加兰德，在极不公正地被戈林解除职务后，他没有退缩，也不会呻吟着钻进某些蜗牛壳里去，相反的，他组成了一个仅有中队建制的单位开赴前线，在最后的日子里保卫着自己的祖国，他是军人的楷模。"

加兰德因为被解职，反而得到了成立他自己梦寐以求的建立 Me.262 中队的机会，1945 年 4 月 5 日，在希特勒的亲自干预下，戈林准许被解职的原战斗机总监阿道夫·加兰德准将组建并亲自指挥 JV-44，以慕尼黑附近的雷默为基地投入战斗。

当时许多其他的战斗机部队由于缺乏各种作战物资而无法正常运转，大量有经验的飞行员阵亡，鉴于此种情况，加兰德便把许多著名的王牌飞行员召集到 JV-44，以便充分发挥 Me.262 的作战能力。加兰德自任中队长，他的中队成员包括格尔德·巴克霍恩、瓦尔特·克鲁平斯基、海因茨·巴尔、埃里希·霍哈根、京特·吕左、威廉·赫格特，个个都是得过骑士铁十字勋章的王牌。许多不讨戈林欢心的连队长、大队长们，都前来参加这个中将所领导的喷气机中队，该中队不属于任何连队、航空师、航空军或者航空队——它是彻底独立的。

JV-44 也成为了名副其实的精英中队，它又被称作"专家中队""尖子中队"和"全明星中队"，当时在德国空军各部队很快流传起这样的说法："如果你想加入 JV-44，那最少你得有骑士十字勋章"，加兰德曾经形容那里"铁十字勋章在我们单位就像制服一样普遍！"但那里又是一个绿洲，一个远离战争末期疯狂的营地，聚集着一群追梦者，他们是天空中最后的骑士，空战精英们驾驶着当时最先进的 Me.262 捍卫着德国空军最后的荣誉。

一名加入了 JV-44 的成员说道："听说加兰德在勃兰登堡成立了一个新的喷气式战斗机单位，所以我从利岑菲尔德打电话给他要求加入，他的回答是：'当然没问题，很高兴你能来，不过你要带一架喷气机一起来！'所以我去了利佛海姆的喷气机工厂，想得到一架 Me.262。我对他们说了我正在为组建 JV-44 部队而收集飞机，但那里竟然没有人听说过这个单位！无论如何，在那个时间形势已经非常混乱了，我还是设法搞到了一架飞机并且直接飞往勃兰登堡－布瑞斯特。"——这就是 JV-44 得到人员和装备的典型方法！

JV-44 于是成为了众人皆知的、在某些人眼里甚至是臭名昭著的飞行单位——主要是由于它那令人眩目的飞行员名单，那里面的家伙们除了是天才战斗机飞行员外，还是些"顽固"的捣乱分子、不服从管理的"造反派"，在他们眼里除了加兰德就再也没有值得一提的上司了。4 月 5 日，刚组建的 JV-44 第一次执行截击任务，出动 5 架战斗机击落了两架美国的轰炸机，随着盟军的地面部队不断深入德国境内，摧毁了大部分德国空军战斗机的地面控制站。

因此即使对于这些身经百战的王牌飞行员来说，简单的起飞和降落都变得困难重重，一天出勤 10 次或是击落 5 架盟军飞机都变得十分艰难，在战争结束前才匆匆投入战斗的 JV-44 根本没有引起盟军的注意。

1945 年 4 月 10 日，来自各部队的 50 架 Me.262 战斗机被美国轰炸机和为其护航的 P-51 "野马"式战斗机击落了 30 架，而德机则击落了 10 架美军轰炸机——这也是整个战争中喷气式战斗机最惨重的一次损失，其余的飞机在返回机场后由于缺乏燃料只能停在机场坐等战争的结束，此时盟军已快速推进到德国腹地，一个又一个的 Me.262 基地被迫放弃，到了 4 月底，已经没有 Me.262 能够飞翔在德国的天空了。

1945 年 5 月 3 日，JV-44 接到了命令，改编为 JG7 的第 4 大队，但这时战争基本上已经结束了。当 Me.262 拖着喷气发动机凄厉的尖啸掠过盟军的千机编队时，宣告了喷气机时代的来临，Me.262 成为了第三帝国日渐西沉的天空之中最亮丽的一抹余晖。

Me.262——第一种投入实战的喷气式飞机，一种有可能改变战局的飞机，一种给盟军造成巨大的心理压力和损失的飞机，一架标志着人类航空技术向前迈进一大步的飞机，Me.262——这个名字本身就是一个传奇。有人说它是为人类航空事业带来曙光的天使，有人却说它是插上了翅膀的魔鬼，但有一点是肯定的，作为争论的焦点，Me.262 有着恒久不变的魅力。

悲风英豪——法国的"CharB1"坦克

第二次世界大战初期，作为欧洲第一军事强国的法兰西共和国，在纳粹德国的闪击战攻击下，仅仅支撑了 6 个星期便宣告投降，法国的战败让我们来不及端详法国坦克的真实面目，也常常让人们忽略了法国坦克设计独树一帜、可圈可点之处。法国第二次世界大战前装备使用的重型坦克 CharB1，虽然有机会防卫法兰西的平静，但面对强悍的德军，加上设计和使用上的缺点，使得这些坦克注定只能是悲风英豪。

一战结束之后，在被称为"法国装甲兵之父"的埃司丁将军的提议下，法国设计人员提出了一种十分大胆的设想，欲将新型坦克定位成多用途坦克。根据陆军最高指挥部重新评估后的结果，该坦克的要求被改为能够抵御所有的步兵武器，平均行驶速度达到每小时 15 千米，车体安装 75 毫米火炮，旋转炮塔装有两挺机枪的步兵支援坦克，这种坦克将替代原来所有的坦克和自行火炮，它安装无线电通讯设备和搜索用探照灯，能够轻易地越过障碍，完成各项任务。

1935 年，德国积极重整军备并于当年重占莱茵地区，面临着纳粹德国不断的扩军压力，法军方急需将这种坦克立即投入批量生产并装备部队。这促使法国当局立即开始生产改进过的 CharB1。这种坦克换装了配备 47 毫米 L34 炮的铸造炮塔，发动机功率增加到 250 马力，使这辆超过 30 吨的战车时速达到了 27 千米，不过最大行程也减小到 200 千米。由于时间紧迫，未待所有改进工作完成就已经生产出 35 辆，在法国战役中，CharB1 重型坦克装备了法军的 4 个后备装甲师。CharB1 重型坦克当时可能是第二次世界大战初期世界上最先进的坦克，它采用了许多当时的新技术，比如静压转向系统、电起动机、自封式油箱、油嘴组润滑等等。而且，它的火力和防护性能也优于德国当时的各型坦克，但是由于作战思想的限制，这种坦克的行驶速度较慢，而且其通讯设备较德军坦克有较大的差距，到 1940 年法国投降为止，CharB1 重型坦克仅仅生产了 403 辆，因此无法对战局起到决定性的作用。

客观地说，B1bis 在火力和防护上比较出色，它的 47 毫米炮比德军的 Pz.Kpfw.III 和 IV 威力更大，它的 75 毫米炮炮口初速度为 490 米 / 秒，使用的 1915 型高爆榴弹装有 740 克高爆炸药，威力惊人，发射 1910 型穿甲弹时可以在 400 米距离上以 30 度角贯穿 400 毫米厚的装甲，射速每分 15 发。其 47 毫米 L35 炮发射 1932 型高爆榴弹时初速为 590 米 / 秒，发射 1935 型被帽穿甲弹时初速则达到了 700 米 / 秒。由于该车防护坚固，比当时德军坦克外形更加高大威猛，在第二次世界大战初期遇到 Char B1 的德军冠之以绰号"巨人"。在短暂的法国之战中，面对占绝对优势的德国军队，盟军遭到了惨败；但是法军的 B1bis 坦克在战局极为不利的情况下，与在强大的空中支援下的德国军队进行了殊死的战斗。在很多时候，他们是在缺少步兵协同，没有空中支援，甚至是单枪匹马的情况下，与德军的优势部队作战，并取得了重大的战果。虽然法军在短短的一个月的时间里就遭到了全面的军事失败，但是 B1 重型坦克部队的作战还是可圈可点的。

在 30 年代后期，CharB1 是当时世界上最为先进的坦克之一，也是第二次世界大战爆发初期法军投入使用的最重的坦克，但单人炮塔的设计思想显然不合时宜，因为必须操作 47 毫米炮和并列机枪，车长无法全神贯注的指挥车辆、观察敌情和控制通讯。而车体上方粗大的天线常常在突入敌阵时，被弹片和密集的反坦克火力击毁而造成通讯中断，相比之下，德军 Pz.Kpfw. III 坦克及其后继型号成员工作的合理配置，则使车长能够高效的进行战术通讯指挥和指定打击目标。

CharB1bis 坦克防护良好，其前装甲可以抵御德军 37 毫米 Pak36 反坦克炮的打击，如果想要给它们致命一击，德军 Pz.Kpfw.IIIF 型坦克必须在 500 米距离内命中其薄弱部位。

在斯通尼镇的战斗中，一辆由比洛特中尉指挥的一辆 CharB1 坦克在没有任何支援的情况下，突入了德军刚刚占领的小镇。袭击了德军第 8 装甲团的一支纵队，它击毁了至少两辆 4 号坦克，11 辆 3 号坦克和两门 Pak36 反坦克炮。小镇中的德军部队用手头的各种反坦克武器向这辆坦克射击，但是没有一发炮弹能够穿透它的装甲；据战后统计，这辆坦克至少被击中了 140 次；之后，这辆坦克安全的穿过了斯通尼镇，此战之后，比洛特中尉的战友们称他为"斯通尼屠夫"。

基于诸多原因，在战争爆发初期，CharB1 没能抵御住德军装甲集群的进攻，但我们不能以此否认法国坦克设计上的开创精神。

CharB1 最后的辉煌是在 1944 年，当年自由法国军队在解放鲁瓦扬港的战斗中使用了少量的 CharB1 坦克，这些敦刻尔克撤退中幸存下来的坦克，在自己曾经沦陷的国土上驰骋的情景，令人兴奋不已！

CharB1 系列坦克的命运是悲哀的，在进攻中，坦克经常由于机械故障、地形恶劣或战损而丧失机动能力，而法军糟糕的战场维护能力则将这些坦克悉数拱手让给德军，德国国防军则会很快修复它们，并让它们成为纳粹的附庸，甚至到了诺曼底战役时，盟军还常常要面对这些坦克呼啸的炮火。

在法国投降之后，大约有 160 辆 B1 坦克完好无损的被德军缴获，德军将其命名为 B2（f）中型坦克，在其坦克部队中服役，其中，还有部分 B1 坦克进行了改装，从 1941 年起，该车被配属给驻法国的德国坦克部队，在泽西和奎恩西等地使用。法国获得解放以后，随即进行了阅兵仪式，而法国民众对于香舍丽谢大街上出现的各国坦克并不感兴趣，却对法国自己在战前的 CharB1 坦克异常喜爱，这也许就是民族的自豪感吧。

二战中德军秘密武器——V-1"滑翔炸弹"

第一次世界大战后，德国即着手研究火箭武器，将火箭武器作为未来战争中的杀手锏。第二次世界大战开始后，又建立了研发火箭武器的专门机构。当时有三家德国公司参与了导弹的制造工作。Fiesler 公司负责制造导弹的机身，Argus 公司（Schmidt 就是其老板）负责制造脉冲式喷气发动机，Askani 公司负责制造导弹的导航系统。1942 年，V-1 火箭已能成批生产。1944 年 6 月 13 日到 7 月 15 日，德国从法国北部的发射场向伦敦共发射 4 帮 360 多枚 V-1 火箭，其中有 2500 枚射入英国境内，被击落 1250 枚。1944 年 9 月，英美地面部队占领法国北部发射场，德军便从荷兰境内使用 He-111 型飞机携带 V-1 进行空中发射，但空中发射效果较差，只有 66 枚命中伦敦。用轰炸机发射 V-1 导弹被证明是一件很危险的事情，V-1 导弹很重，并且在发射时很容易造成机毁人亡，空中的发射行动在 1945 年 1 月中旬取消了。V-1 导弹是一种临时上马的独创性武器，设计的出发点就是可以大规模使用的廉价武器。早期的导弹主要是金属做成的——虽然很快的就开始使用木质的机翼。V-1 通过一套简单的导航系统飞向目标，依靠一套与导弹一体的陀螺仪维持飞行的稳定，一个磁性罗盘控制导弹的方位，还有一个气压高度器控制其飞行高度。

在第一次世界大战期间，德国和美国就分别研制和试验过无人驾驶的双翼飞行鱼雷，但它们没有制导装置，一般认为世界上第一枚导弹是德国的 V-1 型飞弹。1943 年 5 月 26 日，纳粹党的高层人员在波罗的海城市 Peenemunde 视察了导弹的测试情况，以评估这种导弹的发展状况。高层的结论是他们全力支持开发完成这种武器，并且希望要加快研究的进展，同时也批准了建立一个导弹的发射基地，并制造相应的发射架。

V-1 飞弹在第二次世界大战期间研制成功，1944 年 6 月 13 日首次实战发射攻击英国南部地区。V-1 外形像是一架小飞机，以喷气发动机为动力，装有 700 千克普通炸药，射程 370 千米，其制导系统很简陋，只有自主式磁性陀螺和一套机械装置对飞行高度、状态和弹道进行控制。因而也有人不把它看作是真正的导弹，认为只是无人飞机型炸弹，他们认为世界上第一种真正的导弹是德国的 V-2 型导弹。

德国人在 20 世纪 30 年代就开始使用无人驾驶的飞机开展导弹方面的研究、实验工作。导弹的试验原型在 1942 年 12 月由一驾 FW-200 进行了空投滑翔试飞，并在圣诞节那天完成了自身动力推进试飞。第一次自身动力推进试飞所表现出来的效果令人感到痛苦，它只飞行了 1000 米，并且原型机在这次试飞中失控坠毁。随着德国在 1939 年至 1941 年所进行的军事行动，导弹方面的研究计划的预算和投入都减少了。然而在 1942 年 6 月，英国皇家空军的炸弹突然在德国城市上空投下，而德国空军轰炸机在对英格兰的报复性轰炸中却损失更多的飞机和飞行员。德国空军开始考虑用其他的方法对英格兰进行空中打击。1944 年 6 月 13 日，德国从法国北部的发射场向伦敦发射第一枚 V-1 导弹。在 6 月 15 日的三次袭击中共发射 200 枚 V-1 导弹，其中 33 枚被击落，77 枚命中伦敦，其余的失败。V-1 是一种小型而又廉宜的导弹，这种导弹计划射程在 250 千米，可携带一个 800 千克的弹头，能够打击到特定的某个城市的某个区域，导弹依靠很快的速度和超低空飞行来避开拦截的飞机和炮火。

英国在火箭袭击未开始时，曾根据空中侦察判读结果，在 1943 年 8 月 17 日派出 570 架"兰开斯特"轰炸机，对佩内明德火箭研究中心进行轰炸，投弹 2000 余吨，炸死德国火箭技术人员和工人 700 余人，使工厂和设施遭到严重破坏。当第一枚火箭射向英国时，盟军已在诺曼底登陆一个星期了，用火箭袭击阻滞盟军登陆行动的计划破产。

尽管 V-1 导弹的精确性不高，但是德国人还是利用它们对英国造成了严重的损害，而且不定时的导弹攻击很容易使人们身心疲惫而失常。特别是有时候导弹本身也会"演戏"。它的发动机有时会停转，然后又重新启动，或者有时候导弹会在某个区域的上空转来转去的。事实上，曾经有一枚导弹在发射场来了个 U 形转弯，命中了发射场的一个指挥所，而这个指挥所正是希特勒预定来参观发射场将要去的地方。有时候它们又出奇地准确，有一枚准确的命中了盟军最高指挥官艾森豪威尔的指挥部，致使很多人认为其安装了精确的制导系统。

英国对 V-1 导弹的袭击，使用战斗机、高射炮、阻塞气球布成多道防线截击。在 10 个月的火箭袭击中，德国共发射 1.2 万余枚火箭（V-1 1.0492 万枚；V-2 1403 枚），射到英国境内 4646 枚，击中伦敦市区 2937 枚，被击落（V-1）3954 枚。英国因火箭袭击死亡约 1.2 万人，伤 6.6 万人，炸毁房屋 2.6 万余幢。

由于此时盟军在欧洲大陆的迅速挺进，德国人已经又发展了一种远程的 V-1 导弹改进型号。改进后的导弹减小了弹头的体积，增加了燃料的携带量，射程可以达到 400 千米。德国人在 1945 年 3 月，由荷兰境内向英国发射了约 275 枚远程 V-1 导弹。但是英国的防御体系很轻松的就解决了这些最后的喘息式的进攻。正当伦敦市民庆幸自己从被谑称为"嗡嗡炸弹"的 V-1 巡航导弹的骚扰下解脱出来的时候，一种全新的威胁又降临到他们头上。1944 年 9 月 8 日傍晚，德国向英国伦敦发射了第一枚 V-2 导弹，炸弹在伦敦市区爆炸。这是 V-2 首次成功袭击英国本土，在伦敦引起了很大的恐慌。战争发展到 1945 年 3 月，德国终于结束了对英国的 V-1 导弹打击，在 1944 年 9 月开始的 V-2 火箭攻击也同时结束了。

世界上第一枚导弹是德国的 V-1 型飞弹，世界上第一枚弹道导弹是德国的 V-2 型飞弹。V-2 型飞弹掀起了一场科技革命，人类迎来了太空时代。战后，美、苏两国以 V-2 导弹为基础，研制出不同类型的洲际弹道导弹和航天运载火箭。

"红色铁骑"——苏联的装甲列车

它曾有过辉煌，但那都已经过去，现在它已退出了历史的舞台，人们已经把它渐渐地淡忘。装甲列车，一般是指在铁路沿线对部队进行火力支援和独立作战的铁路装甲车辆，通常由一台铁甲蒸汽机车、两节以上的装甲车厢或二至四节作掩护用的铁路平板车构成。装甲蒸汽机车位于装甲车厢之间，装煤和水的车朝向敌方，机车上备有通信设备和射击指挥器材。装甲车厢装备两门火炮、8挺机枪，位于车厢两侧和旋转炮塔内，各节车辆采用刚性连接。由于装甲列车具有极强大的火力配置和极大的机动性，被人们称为"陆地巡洋舰"。最早的装甲列车于1861年至1865年美国国内战争期间用来对骑兵作战，1870年至1871年普法战争和1899年至1902年英国—布尔战争中，大量出现了装甲列车。

由于疆域辽阔，地广人稀，俄国的铁路有着重要的地位，因而它也是最早发展和使用装甲列车的国家之一。在日俄战争期间，俄军有7个铁道兵营参加了在中国东北地区的作战，虽然俄国军队输掉了这场战争，但多次解救危难的俄国铁道兵，却在战争中证明了自己的价值。在1918年俄国爆发内战的时候，作为苏维埃政权南方特派员的斯大林就与装甲列车结下不解之缘，当时哥萨克白卫军正在伏尔加河下游发起进攻，目标是夺取交通枢纽察里津。由于哥萨克骑兵的机动性太强，红军不得不从东线和莫斯科调来15辆装甲列车，斯大林就是乘坐其中的"列宁"号列车赶到察里津，并亲睹装甲列车遏制住哥萨克骑兵的突击，这段经历给斯大林留下了深刻印象。

在第二次世界大战中，由于航空兵和装甲坦克兵的发展，大大降低了装甲列车的作用，装甲列车从战斗的张一线转为二线，多用于对后方铁路交通线的警戒，装甲列车上的战炮被拆除，普遍装备有高射炮和高射机枪，用于掩护大型铁路枢纽和铁路车免遭敌航空兵的袭击。

苏军在第二次世界大战初期仍十分强调装甲列车的作用，但在战场上德军坦克部队已显示出极大的优越性，德军坦克在装甲防护和火炮威力上都大大超过了装甲列车的水平。尽管装甲列车的劣势已暴露出来，但战争初期苏军处境困难，不得不在一些战斗中仍使用装甲列车，并在一些装甲列车上加装四联装"马克沁"机枪或一些特殊的组合防空武器，包括T-34坦克炮塔、高射炮和火箭炮（苏联人所称的"喀秋莎"）等，这使它具备了相对强大的火力，这种装甲列车被称作特种防空列车。

第二次世界大战时，每个国家对装甲列车的运用理念也不尽相同，德国主要在装甲列车上搭载二线装备，把装甲列车作为清剿游击队的利器，而中国、日本、苏联等国则把装甲列车当作一线的主战武器之一。其中第二次世界大战中苏联的装甲列车更是将 T-34 坦克炮塔、"喀秋莎"火箭炮之类的先进装备都搬上装甲列车，使装甲列车的发展达到了一个高潮。

1945 年 7 月，即纳粹德国败亡两个月后，为讨论战后欧洲命运以及苏联对日作战等事宜，斯大林决定前往柏林，参加波茨坦会议，他赴会的"座驾"既非战舰又非飞机，而是由 8 列装甲列车车厢组成的豪华武装列车。据当年的见证人回忆，斯大林出巡时乘坐的装甲列车由两个装甲火车头、数节装甲车厢、一节燃料车厢、置放轮式车辆的平板车、秘书车厢、几节后勤车厢、印刷车厢、无线电车厢、洗浴车厢等组成。更有意思的是，列车上还备有两架轻型飞机，用于紧急逃生。

在第二次世界大战爆发前，德国已装配了 7 列装甲列车，在吞并了奥地利，占领了捷克斯洛伐克和波兰之后又缴获了他们国家的装甲列车。标准的德国装甲列车有 12~18 节车厢，还有一个烧煤的火车头。这种列车通常作为指挥车，其主体是战地指挥所，挂有步兵车厢、炮兵车厢和高射炮的车厢，还担载有 2~3 辆坦克，用于在指挥官决定侦察周围的情况和追赶攻击者时支援步兵，在车尾还装有平台货车用于运载燃料或用于扫除地雷。不过纳粹德国发动入侵苏联战争后，大批军用装备被德军缴获。其中就包括苏联的装甲列车，德军非常欣赏苏联人的装甲列车设计，他们发现，红军的标准装甲列车包括 4 节运兵车厢、4 节有旋转炮塔的火力支援车厢、两节高射炮车厢和一个装甲机车头；各车厢均可通过装甲舱口进入，而这些舱口盖都是密封的，观察哨和所有窗口均有装甲板保护。每个车厢内都有机车蒸汽供暖系统，增强了士兵冬季作战的舒适性。

苏联军事专家是这样评价装甲列车的："装甲列车的最大优点是行驶速度快，即便是面临敌人地面和空中打击，装甲列车在一天内也能行驶约 500 千米，而且一般轻兵器和炮弹破片无法穿透其装甲，因此，这种列车能够与敌人近距离交战，车载的至少 4 门火炮和 8~12 挺机枪可以形成强大的火力，而且还有防空能力和运载步兵的能力。"装甲列车的缺点是，无法离开铁轨作战，只要铁轨有一点小的损坏就能使列车失去机动能力。

装甲列车在第二次世界大战中起过一定的作用，战后，各国不再发展这种完全依赖铁路机动作战的装甲车辆。在一个多世纪后，俄军铁道兵和他们的装甲列车再也不能像苏联歌曲中唱到的那样"停靠在铁路备用线上随时准备战斗"了。随着导弹等精确打击武器登上战争舞台，俄国防部决定在 2015 年前让俄军最后两列装甲列车退役。从第一次世界大战、第二次世界大战到冷战后的两次车臣战争，俄军装甲列车都在各个战场上大放光彩，但技术的进步终于让它等到驶出战争舞台的时候，曾被当作俄陆军精神图腾的装甲列车黯然离去，也证明俄军装备更新进入到一个新的阶段。

"斯大林的管风琴"——"喀秋莎"火箭炮

《喀秋莎》是苏联卫国战争时的一首爱情歌曲，描绘的是俄罗斯春回大地时的美丽景色和一个名叫喀秋莎的姑娘对离开故乡去保卫边疆的情人的思念。这首爱情歌曲在战争中得以流传，在整个苏联，到处传唱着这首歌曲。1945 年 4 月 16 日，红军对柏林外围开始进攻，前进中，许多部队齐声唱起了《喀秋莎》，而为这歌声伴奏的，是 2000 多门喀秋莎火箭炮的呼啸声。一位随军记者当时激动地写道："天哪，这是怎么了，简直就是'喀秋莎'的歌声在向柏林进攻。"然而，苏联士兵就是因这个他们最喜爱的歌曲和他们心目中最美丽姑娘的名字，命名了他们喜爱的火炮——苏联的火箭炮"喀秋莎"。

20 世纪 30 年代末，年轻的苏联火炮设计师利昂契夫发明了一种新式火炮，它设计新颖，结构巧妙，机动灵活，威力巨大，是一种车载式多管齐发火箭炮。1941 年 6 月 28 日，苏军决定组建一个特别独立火箭炮连，这个火箭炮连仅有 7 门刚生产出来的火箭炮，连长是 36 岁的伊万·安德烈耶维奇·费列洛夫大尉。7 月上旬，独立炮兵连被编入西方方面军，来到了危如累卵的斯摩棱斯克前线，在苏德战场的奥廖尔会战时，苏联设计的火箭炮在战场首次亮相。

1941年7月15日，法西斯德国一支部队侵入白俄罗斯的奥尔沙市。下午2时许，气势汹汹的侵略军占领了火车站。大批坦克、装甲车辆就在车站附近稍事休整。坦克手从闷得透不过气的"乌龟壳"中钻出来，各种车辆在路旁检修、加油。士兵们卸下沉重的武器装备，三五成群地在树阴下用餐、休息。突然，车站旁响起了震天动地的爆炸声，坦克的炮塔被炸得飞向空中。弹药车中弹后燃起熊熊大火，连锁反应般地炸毁了四周的车辆和装备，苏军的独立炮兵连对德军发动了这次猛烈的火力突击，用刚刚装备的7门火箭炮，一次齐射可发射出80发火箭弹，"喀秋莎"初次出征便一鸣惊人。

火箭炮首战告捷，沉重地打击了侵略者的嚣张气焰。后来，在激烈的斯大林格勒大会战中，苏军曾使用M-30式火箭炮，大量摧毁了德军阵地，破坏武器装备，杀伤有生力量，并给德军精神上以沉重打击。从此M-30式火箭炮大显身手，在反法西斯战场上大放异彩。由于极端保密，连炮兵连的人员都不知道火箭炮的正式名称。他们见炮架上有一个K字（共产国际工厂的第一个字母），便爱称其为"喀秋莎"。这个名字后来不胫而走，几乎成为红军战士对火箭炮的标准称呼。

"喀秋莎"火箭炮原装备苏军摩步师和坦克师的炮兵团，主要用来消灭敌集结地域有生力量，压制或摧毁炮兵发射阵地，破坏多种野战工事和支撑点。早期的"喀秋莎"采用乌拉尔-375型载重车改装而成，最大行驶速度70千米/小时，以后改用轮式四轮越野车，最大速度达到85千米/小时。在车体后部的大型旋转架上有40个发射管，可在18秒内发射40发子母弹，摧毁20千米远的各种目标。它发射时无数子炮弹铺天盖地袭来，就像晴朗的夏天突然袭来的冰雹一般。德国人把它称为"呼啸的死神"，由于密集的火箭弹在飞行时发出刮风般的嘶鸣声，因此又把它戏称为"斯大林的管风琴"。

1941年10月初，德军发起了进攻莫斯科的"台风"战役。10月7日夜，正在行军的费列洛夫连在斯摩棱斯克附近的布嘎特伊村不幸与德军渗透的先头部队遭遇。炮兵连沉着应战，炮手们迅速架起火箭炮，其他人员则拼死挡住德军的冲锋，为火箭炮的发射争取时间。在打光了全部火箭弹后，为了不让秘密落到敌人手里，苏联炮手彻底销毁了7门火箭炮。由于发射火箭弹和销毁火箭炮耽误了时间，炮兵连被包围。在突围过程中，包括连长费列洛夫大尉在内的绝大部分苏军官兵壮烈牺牲，苏军的第一个火箭炮单位就这样悲壮地结束了战斗历程。

德国情报机关对这种新式火炮觊觎已久，还在设计论证阶段，德国驻苏武官就收买了利昂契夫所在研究所的一个守门人，潜入利昂契夫的办公室，偷拍了有关资料。可是装有胶卷的皮包在送往柏林的途中还没有离开苏联就被一个小偷窃走，纳粹德国第一次盗窃"喀秋莎"计划就这样戏剧般的功亏一篑。意外失手后，纳粹情报部门派出了老牌间谍彼得罗涅斯库。彼得罗涅斯库于1915年曾经在敌国成功地绑架过一位年轻的潜艇设计师，这次他又故伎重演，不过绑架的对象换成了火箭炮设计师，德国党卫军首脑希姆莱给他的任务就是把利昂契夫活着带回柏林。也许是"喀秋莎"当真是德国人的克星，苏军在莫斯科附近击落了一架德军飞机，从机上德国飞行员和间谍的尸体上，苏联反间谍人员发现一个密写小本子，经过技术人员分析，完全破译了"天狼星"计划，于是苏联人上演了守株待兔的好戏。当彼得罗涅斯库一行带着被麻药麻倒的"列昂采夫"赶到前来接他们的飞机那里时，发现等待他们的不是盖世太保，而是荷枪实弹的苏联红军。

1943年2月。苏军取得了斯大林格勒会战的伟大胜利，1530门"喀秋莎"在战斗中发挥了巨大作用。为了对付德军的坚固火力点，苏军投入了刚刚研制成功的新型的"喀秋莎"火箭炮。这种"喀秋莎"火箭弹比203毫米榴弹的威力还大，可以摧毁战争后期德军的坚固火力点。1944年后，在布达佩斯、布拉格、科尼斯堡和柏林等城市攻坚战中，这种"喀秋莎"火箭炮都发挥了巨大的威力。到战争结束时，苏军已拥有7个火箭炮师，火箭炮部队已经成为苏联红军整个炮兵中最具威力的部分。战后，随着科技发展，"喀秋莎"

性能不断改进。苏联继续发展了多种先进的火箭炮，其型号之多、数量之大遥遥领先于其他各国，堪称"喀秋莎"王国的"巨无霸"。

在车臣战场上，俄军使用的"龙卷风"火箭炮，发射的火箭弹重达800千克，最大射程达到70千米，它采用了先进的制导技术，在发射管上装有一个"黑匣子"，可为每发弹自动编制程序，被誉为目前正式列装的武器中射程最远、威力最大、精度最高的火箭炮。

八路军手中的"袖珍大炮"——日军掷弹筒

在中国抗日战争期间，日军步兵普遍装备了八九式重掷弹筒，它口径50毫米，全炮长410毫米，炮筒身长260毫米，全炮重2.7千克，炮筒重1.6千克，最大射程700米，有效射程500米。这种掷弹筒的主要优点是造价低，重量轻，易于携带，可提供及时的火力支援，被美军认为是"日本陆军在第二次世界大战中唯一值得评价的兵器"。

掷弹筒在中国称作"小炮"，因为其发射筒和人的前臂差不多长，所以又被称为"手炮"。

实践证明，掷弹筒在当时的作战条件下的确是一种行之有效的武器，因此抗战期间国共双方都曾大量仿制这种武器并有所改进，它们和被中国军民缴获的日制掷弹筒一起，成为打击日本侵略者的有力武器。

日军的掷弹筒从本质上来说是一门迫击炮，它的主要特点是射角大，弹道弯曲，射程不远。

主要用来杀伤躲藏在工事和隐蔽物后的敌人，或者在远距离杀伤敌人有生力量，它的杀伤效果好，操作方便，可以伴随由单兵携带随一线步兵移动，对一线步兵进行支援。由于单兵携带且可以隐蔽在障碍物后发射，它的隐蔽性很强。

89式重掷弹筒发射小型的89式榴弹和89式发烟弹以及91式手榴弹，类似微型的迫击炮。便于携行，特别是山地作战。战斗中发射的速度单兵一分钟为20发，二人操作，一分钟可发射40发，是日军所独有的步兵面杀伤的轻型兵器。

第二次世界大战中的日军大量装备这款武器，每个日军步兵小队下辖三个步兵班和一个装备三具掷弹筒的掷弹筒班，掷弹筒是日军小队火力的支柱，据说日军大多数的掷弹筒手都是身经百战的老手，实战中在400米内命中率高达85%~95%，十分惊人。进攻战中，日军掷弹筒小组跟随一线步兵作战，主要打击对手的机枪火力点。

在淞沪会战中，18军42旅的36挺重机枪就被日军用掷弹筒打掉了32挺，当时的重机枪手回忆，他们一般只能打几百发就要转移阵地，不然日军的掷弹筒就会准确的打来。

1937年9月，我八路军115师首战平型关，歼灭日军第五师团第21旅团1000余人，击毁汽车100余辆，马车近200辆，缴获野炮一门，以及大批步枪、轻重机枪，其中就有掷弹筒20余具。那个时候，我们部队还缺乏使用日本掷弹筒的经验，缴获大批掷弹筒，不能及时用上。后来，一个叫中西的日本兵俘虏就担任了这方面的教官，教八路军战士使用掷弹筒。

在抗日战争中，中国军队在防御作战中经常受到日军掷弹筒的猛烈攻击，却无有效的还击手段，日军在中国的战场上，还曾经用迫击炮和掷弹筒大量使用化学弹头，如发射催泪性气体和喷嚏性气体，后期又使用剧毒的糜烂性毒气芥子气和路易氏气，造成了中国士兵的大量伤亡。整个8年抗战的某些战役中，中国军队有20%左右伤亡在化学武器上。

在这种情况下，国民政府兵工署命令已迁往重庆的陕西第一兵工厂筹备处，在日式掷弹筒的基础上研制同类武器，以达到"以其人之道还治其人之身"的目的。1938年底，以江元方为主的研究人员试制出一种新式掷弹筒，经试射，效果较日式为优，特别是射程比日式稍远，于是定名为"二七式掷弹筒"，所用弹药基本仿照日式，仅在工艺和个别结构上予以改良。

二七式也可以发射日制弹药，因此日军曾在太平洋战场上使用过掳获的二七式掷弹筒。

抗日战争中，八路军吃了不少日军掷弹筒的亏，特别是百团大战中，八路军在阻击日军发起的近距离冲击时，常常遭到日军掷弹筒的杀伤，难以发挥我军近战优势。在关家垴战斗中，八路军386旅在攻击通道上遭到日军数挺机枪和掷弹筒的封锁，部队遭到严重的杀伤。对此，八路军副总指挥彭德怀提出"敌人有掷弹筒，我们也必须有"的要求，要八路军军工部考虑试制。

1941年4月由太行军工部成功的试制出了第一批掷弹筒与掷弹，由于适当增加了掷弹筒筒身的长度，既保证了射击精度，又将射程增加到700米，使八路军有了与日军相抗衡的步兵火力。

掷弹筒因其轻便、机动性好，特别适合八路军、新四军的游击战术，因此倍受战士的青睐。从1941年起到抗战结束，仅八路军总部军工部各厂就生产掷弹筒2500具、炮弹20万发，装备近30个团。其中129师等八路军主力部队基本做到每个战斗班配备一个，很大程度上缩短了和日军之间的火力差距。

新四军则和八路军不同，由于水乡作战的特点，新四军以生产迫击炮为主，掷弹筒生产数量较少，整个抗战期间，新四军只生产了400个掷弹筒，掷弹筒榴弹的产量有两万发。

掷弹筒的主要缺陷在于其瞄准和精度上，掷弹筒没有类似于迫击炮一样的精确瞄准器，它只能进行概略的瞄准。简单的来说，就是射中射不中，主要靠的是射手的感觉和经验。虽然在有经验的老兵手中可以做到每发必中，但是如果由没有经验的新兵来发射，很容易造成每发都不中的情况。随着迫击炮技术的飞速发展，迫击炮的价格重量逐步和掷弹筒接近，加上迫击炮有射程和精度上的优势，掷弹筒的被淘汰已经是在所难免的。

如今，它们中间的一部分仍作为8年抗战和内战的历史见证，保存在国内各大军事博物馆中。它们时时告诫我们侵华日军在20世纪曾侵略、践踏过中国的土地，让我们的父辈们流了太多太多的鲜血，正如抗日老战士迟浩田上将所言，这是不能忘记的历史！

德国的"喀秋莎"——二战中的德军多管火箭炮

火箭炮的主要作用是引燃火箭弹的点火具和赋予火箭弹初始飞行方向。

由于火箭靠火箭炮本身发动机的推力飞行，火箭炮不需要有能够承受巨大膛压的笨重炮身和炮闩，也没有后坐装置。火箭炮能多发联射和发射弹径较大的火箭弹，它的发射速度快，火力猛，突袭性好，但射弹散布大，因而多用于对目标实施面积射击。

第二次世界大战期间，火箭炮这种新兴炮兵武器出现在了人们的视野中，当时各主要国家都对火箭技术进行了研究，虽然在火箭弹技术的军事运用方面，苏联人取得了不俗的成绩，研制出了第二次世界大战中大名鼎鼎的"喀秋莎"火箭炮，但德国人在这方面的研究更早，他们不仅在炮兵使用的火箭弹上有一定研究，而且还积极地把火箭弹运用在了空军部队的战斗机上。

德国人研究火箭炮的历史相当悠久。早在 1909 年，德国的克虏伯公司就购买了瑞典人温格中校的固定火箭炮的专利，并独立进行了改进和试生产。在第一次世界大战期间，这种火箭炮曾在战场上试用，但是还没等大量生产，大战就结束了。

第一次世界大战结束后，对于战败受《凡尔赛条约》限制的德国国防军来说，发展用火箭为推力的投射武器，能避开对德国研制生产包括常规火炮在内的各种武器所做的严格限制，德国在火箭研究上，最初目的是绕过《凡尔赛条约》，研究出能够代替大口径火炮的投掷武器，用于攻击进行壕沟堡垒防守的敌军，以及发射化学弹药、燃烧弹等。1915 年，德国国防军和苏联红军在拉帕洛协定下，秘密地交换和共享了双方在火箭领域的资源。

1933 年夏天，德国国防军专门调拨一个火炮营给火箭实验站，为了保密对外声称是烟雾发射实验部队。在随后的几年里，该营分别参与 100 毫米、110 毫米、180 毫米火箭的实验，一直到 1937 年 Do-38 火箭弹定型成功。1936 年，火箭炮部队正式定编为国防军的一个兵种，在肩章和领章上有自己兵种的颜色——酒红色，烟雾发射部队的对外名称一直沿用到战争结束。该部队编制 100 名军官、320 名军士和 1612 名士兵，装备 96 个各类火箭发射装置和 484 辆车，是不起眼的小兵种。1939 年，根据战争需要，该部队扩编为 4 个营。

德国人重视多管火箭炮的研制工作，首先是因为它的火力密度大，结构简单，可以在极短时间内向敌方阵地倾泻大量钢雨，杀伤威力极大，而且在射击后可以用牵引方式迅速转移阵地，是一种物美价廉的炮兵武器。火箭炮的最大缺点是弹道不稳定，射弹散布大，火箭弹的外弹道轨迹容易暴露自身。为此，德军规定火箭炮射击后应迅速转移射击阵地，采取"打了就跑"的战术。

希特勒上台后，疯狂进行扩军战备，纳粹军队的闪电战战术主要依靠空军俯冲轰炸机和装甲部队突击来完成，火箭炮部队列为炮兵辅助二线部队。但随着德军的闪电攻势在东线陷入停顿和德军制空权的丧失，火箭炮发射速度快、火力猛、突袭性好。对面目标、集群目标饱和射击效果好，可以用杀伤爆破火箭弹歼灭、压制敌有生力量和技术兵器，可以配用特种火箭弹进行布雷、照明和施放烟幕等特点渐渐发挥出来。德军从 1942 年开始，在许多战役中投入了大量制式火箭炮，作为突击火力和攻坚利器来应用。

德军最先装备部队的多管火箭炮，是 41 式 150 毫米多管牵引式火箭炮，1941 年末开始装备火箭炮营。这种 150 毫米火箭炮的生产总数达 5769 门，1941 年 6 月 22 日，火箭炮部队 7 个营、224 门 41 式 6 管 150 毫米火箭炮配属中央集团军群，参加了德军进攻前的炮击准备，开创了火箭炮在军事上的大规模运用。

41 式 150 毫米多管牵引式火箭炮由 6 个捆绑在一起呈星型分布的圆形发射管和 Pak36 37 毫米反坦克炮的炮架组成，最大射程 7000 米。发射间隔为 2 秒，再装填时间为 90 秒。41 式火箭弹的 6 发齐射只需 10 秒，射程达 6千米，散布面积小于 130 米 × 80 米，这个精度在现在看来虽然不是指哪打哪，但在第二次世界大战时期已经足够了。这种火箭炮服役后，在前线多用来发射杀伤弹，被越来越多地用于火力支援。

火箭炮是一种威力大、火力猛、机动性好的高性能武器系统。火箭炮覆盖面积大，可以打多个瞄准点，最适宜攻击面积大、定位不太精确的目标，但不能用来攻击距离己方部队太近的目标，也不能用于己方部队即将占领或通过的区域。实战表明，150 毫米火箭炮是十分有效的炮兵兵器。不过，由于它是牵引式，进入和撤离炮兵阵地感到不便。为此，1942 年，德军开始研制自行式的 150 毫米火箭炮。选用的底盘为半履带式装甲车，改装的过程是，将装甲车的后部改装成火箭发射转台，上部装上 10 具火箭发射筒。发射转台可以左右旋转 270°，火箭发射筒的俯仰角为 −12°~+80°。车体内装 20 枚火箭弹，10 枚火箭弹打完后，乘员要打开后车门来装填火箭弹。弹药基数只有 20 枚，作战时有专门的弹药车来配合作战。

1941 年 7 月 14 日，苏军用"喀秋莎"火箭炮在奥尔沙地区给德军以致命的打击，引起德军高层对发展火箭炮的重视，德国人在 41 式 150 毫米烟雾发射器的基础上，发展出 210 毫米火箭炮。

该火箭炮发射装置和 41 式类似，只是筒式发射管由 6 个改成 5 个，最大射程 8000 米，齐射时间 8 秒。行军时可由半履带装甲车拖曳，整个战争中共生产了 2600 余门，以及 40 万发 210 毫米火箭弹。

在进攻"斯大林防线"的战役中，德军的重型火箭炮发挥了惊人的攻坚作用，中央集团军很快突破苏联的防线。第二年，在克里米亚，火箭炮再次被大规模用来支援曼斯坦将军的第 11 集团军对刻赤地区的进攻。苏联红军 5 个师的增援部队，在德军火箭炮的饱和打击下损失惨重。

重型火箭炮又配合各种大口径火炮，参加了德军对苏联堡垒城市塞瓦斯托波尔的攻坚战，再次显示了强大的打击力。在年底的斯大林格勒战役中，重型火箭炮也参与了对城区的轰击。

与苏联大规模集中使用火箭炮、靠大量的弹药短时间覆盖目标来达成目的不同，由于在火箭发动机领域的优势，德国人更注重重型火箭弹远距离精确打击，故每个德国火箭炮发射装置最多是 10 管，而苏联火箭炮最少是 16 管以上。

在火箭炮径方面，德国更倾向于 210 毫米，而 150 毫米和 201 毫米火箭炮只能算轻型火箭炮。

希特勒于 1944 年 7 月命令生产 360 万发各种口径的火箭炮弹，并要求军工部门于当年 10 月 20 日完成 1500 门各类发射装置的生产，作为其在西线反击盟军的资本。此时，德军火箭炮部队的规模扩大了50倍，拥有5300余名军官、1.8万多名军士和近9万名士兵，编成17个火箭炮旅，装备4800余门火箭炮。在12月16日开始的德军"守望莱茵"的行动中，8个旅的火箭炮部队分别配属在德军三个集团军，参加了德军对阿登地区的反攻，给了美军以沉重的打击。

在第二次世界大战末期，各国都非常重视火箭炮的发展与应用，火箭炮又有了新的进步，其性能和威力日益提高，已成为各国炮兵的重要组成部分。第二次世界大战结束后，德国在火箭领域的技术和人才被美国和苏联瓜分，多姆贝格尔和冯·布劳恩被"请"到美国，继续他们在火箭领域的研究；而苏联则拿德国技术改进了他们的火箭炮的技术，保持在这一领域的领先。两国在火箭领域的竞争一直延续到今天。

当今的火箭炮基本采用多联装自行式，口径大多在200毫米以上，配用多种战斗部，并已开始配用以计算机为主体的火控系统，射程在20~70千米，用于弥补战术地地导弹与单管火炮之间的火力空白。

"扑向大地的死神"——JU-87"斯图卡"式俯冲轰炸机

JU-87"斯图卡"式俯冲轰炸机，是第二次世界大战德国的著名俯冲轰炸机。它采用双人机组，防御火力为由驾驶员控制的固定在机翼两侧的两挺8毫米机枪和由后座无线电员操纵的1挺8毫米机枪。机身腹部中心线可悬挂1枚500千克重型炸弹，两侧翼下另可加挂110千克炸弹各1枚。"斯图卡"机体非常牢固，故能以80°的角度向下急剧俯冲。在"斯图卡"式的机头冷却进气口装有一个空气驱动的发声装置，在俯冲时发出类似空袭警报的凄利的尖啸声，在炸弹还没落下以前，已对地面的人的心理造成极大的冲击，加强了打击效果。

"俯冲轰炸机"这一概念在第一次世界大战中首次出现，当时英法飞行员经常低空飞行用机枪扫射德国士兵，虽然造成的伤亡并不大，但是对德国士气打击还是比较严重的。英国皇家空军曾试制了世界上第一架俯冲轰炸机–SE5a，但由于在试验中被模拟对空炮火打得"千疮百孔"，因此宣布失败，没有继续进行研究。

JU–87型俯冲轰炸机是德国容克斯公司研制开发出来的机种，通称JU–87"斯图卡"，它是纳粹德国于第二次世界大战投入使用的一种俯冲轰炸机。"斯图卡"外形怪异，翼面低垂，垂尾倒置，飞行员视野开阔，尾部炮塔能提供全向火力，但是令人十分担心它的飞行稳定性。

新兴的德国空军中以一战中的二号王牌乌迪特将军为首的将领，认识到了俯冲轰炸的潜力和优势，相对于传统的大型"水平轰炸机"而言，小型的"俯冲轰炸机"的攻击精度和成本有明显的优势，为了即将到来的"闪电战"，他们开始紧锣密鼓的研制用来支援陆军突击部队的俯冲轰炸机——"斯图卡"。

德国空军的第一个俯冲轰炸机单位于1937年诞生，并且有一部分"斯图卡"交付给派往西班牙执行军事干涉任务的空军部队。当时德国空军中的很多军官对"斯图卡"式轰炸机并不感兴趣，认为其飞行速度太慢，且过于笨重，容易成为敌军战斗机的靶子。然而，"斯图卡"在西班牙优异的表现，终于赢得了大多数德国空军军官广泛的赞誉，在进攻波兰的战役中，超过300架"斯图卡"式轰炸机参与了对波兰的空袭行动，并且有相当出色的表现。

在德国空军中当时有很多人反对制造俯冲轰炸机，理由和一战时英国空军提出的"低空武器威胁论"一样，所幸俯冲轰炸机最大的支持者——一战航空队英雄恩斯特·乌德特将军于1936年6月出任空军技术总监，他否定了这些指责，使"斯图卡"得以顺利试制。

JU–87"斯图卡"式俯冲轰炸机于1940年5月正式进入了世界航空专家和军事家的眼中。在夏季的天空中，"斯图卡"黑色的身影给地面上成群结队后撤的法国军队和难民带来了数不尽的恐惧。在奉命轰炸交通枢纽，尤其是摧毁可以阻碍盟军集结的桥梁的任务中，"斯图卡"上的飞行员常常发现他们的目标上，布满了逃难的法国难民。然而"斯图卡"在伴随着尖利刺耳的警报声进行了外科手术式的精确轰炸之后，再一次用机载机炮轰击残存的生还者。

"斯图卡"式俯冲轰炸机最容易辨认的地方就是它那双弯曲的机翼、固定的起落架及其独有低沉的尖啸声，它于德国在开战初期发动的闪击战取得非常大的战果。在 1940 年以后，德国在非洲战场及东部战线大量投入这种轰炸机，尤其在东线战场，它更发挥出其强大的对地攻击能力。这种轰炸机不但为地面目标给予大力的打击，其独有的发声装置所发出的尖啸声，亦为地面的士兵给予心理上的恫吓，加强打击的效果。

"斯图卡"式采用了简单而实用的方法来帮助飞行员判断角度——于驾驶舱右前方的挡风玻璃上画出一系列的斜线来协助飞行员判断。当这些斜线中的某一条与地平线平行时，则表示一定的俯冲角度，其范围从 30°~90°。90° 俯冲是十分令人心悸的，人在座椅上有被极度前推的感觉，且总觉得飞机会随时翻身失控，当时极少有俯冲轰炸机可进行 70° 以上的俯冲，因此 JU-87 的垂直俯冲能力应当算作一项惊人的能力。

在 1940 年进攻法国和低地国家的行动中，"斯图卡"的表现则让世界为之震惊。英国、法国、比利时以及荷兰的军队数量和坦克数量都超过了德军，而德国空军牢牢地掌握着制空权，这使得德军地面部队能以惊人的速度迅速向前推进，"斯图卡"式俯冲轰炸机在这之中起到了相当关键的作用，"斯图卡"就像一门会飞的火炮，具有大范围的作战能力和灵活的攻击性，在盟军的阵线后方集结的法军装甲部队常常在运输途中就遭到了"斯图卡"毁灭性的打击。

在第二次世界大战最初 18 个月的欧洲战场上，没有一个字能像 JU-87 "斯图卡"带给人们如此极端的恐惧——对成千上万拥塞在各条道路上的难民和溃退的士兵来说，命中率极高的"斯图卡"代表着从天而降的死亡。平心而论，"斯图卡"的确是当时有效且投弹准确度极高的轰炸机，其圆概率误差在 30 米内。另外，其慑人的外形和鬼哭神嚎般从天空垂直而下的攻击方式，的确令人心惊胆战。

在一战中，德军始终无法突破西线协约国军队的防线，其中一个主要的因素是防御的一方总能迅速的调集大量的援兵去填充战线的缺口，然而，"斯图卡"颠倒了这个程序，德军可以利用装甲摩托化部队快速的挺进，而盟军则在自己的防区中举步维艰，盟军部队犹如爬行般的行进速度是因为德国空军不停顿的反复空袭所造成的。然而，"斯图卡"俯冲轰炸机之所以有出色的表现，还是得益于当时德国空军具有压倒型的空中优势。但是即便如此，在法国的空战中，"斯图卡"轰炸机还是暴露出其防御能力不足的弱点，在以后的日子中，随着制空权的丧失，"斯图卡"的风光也渐渐地失去。

第二次世界大战的头一年，"斯图卡"配合纳粹德国的"闪击战"而横行于波兰和法国，在所有战事中均有"斯图卡"的上佳表演。至"不列颠空战"之役时，"斯图卡"遭英国战斗机致命打击，并被迫有法国瑟堡地区后撤至卡莱斯。此役除打破了"斯图卡"无敌神话外，还基本宣告该机已无法再立足西线战场。但"斯图卡"仍未完全过时，随着俄国战场的烽烟，"斯图卡"又开始如曾经摧残法军一样击溃了苏军早期的抵抗。在1941年，苏联空军彻底被德国空军所压制，290架之多的"斯图卡"轰炸机在前线根本没有任何受威胁的感觉而从容的对目标发动攻击。德军王牌飞行员汉斯·鲁德尔在使用了装备着37毫米反坦克炮的号称"坦克棺材"JU-87G型"斯图卡"轰炸机之后，取得了击毁519辆坦克的惊人纪录，被人们称为"坦克杀手"。

"斯图卡"于法国战场上盛极一时，后中落于英伦三岛，最后殒灭于苏联，虽然"斯图卡"有为数众多的缺点，但自1939年9月1日凌晨首度出击参加第二次世界大战起，至战争结束前数个月转属夜间攻击大队，不愧为老而弥坚的"战士"。"斯图卡"或许不是一种成功的飞机，但不管怎样，当驾驭过"斯图卡"和对抗过斯图卡的人们在硝烟散尽之后来到博物馆参观这曾一度使他们兴奋和恐惧的武器时，他们所能感受到的，都是历史的一部分，因为"斯图卡"确实是一种极具魅力的飞机，在第二次世界大战的空战史上，它有过无限风光的展示。

纳粹铁翼——梅塞施密特 "Bf-109" 型战斗机

"Bf-109" 型战斗机的起源是德国空军部 20 世纪 30 年代的战斗机设计竞赛，1933 年，在希特勒上台后组建的德国防军空军部，要求 4 家德国飞机制造公司按他们的要求分别提出一种新型战斗机的设计方案，参与竞赛的还有另外三种飞机：Fw-159、Ar-80、He-112。

"Bf-109" 由巴伐利亚飞机厂公司设计的，它的设计指导人是单翼高速战斗机的热心倡导者梅塞施密特教授，在设计中采用了当时最先进的空气动力外形、可收放的起落架、可开合的座舱盖、自动襟翼、下单翼等，在试验中 "Bf-109" 以无可争辩的优势击败了其他对手，在 1936 年开始生产，首批型号为 "Bf-109B"。

"Bf-109" 是一种单翼高速战斗机，当时由于受 1912 年一份 "单翼飞机不全" 的研究报告的影响，还有相当一部分德国空军领导人对单翼机持怀疑态度，由于其设计思想在当时是太先进了，以致空军技术室负责人看到 Bf-109 的设计蓝图后也说："这根本就不是一架战斗机。" 1935 年 9 月，在大批德国空军技术人员的注视下，首次升空试飞的 Bf-109 飞向蓝天，在只临时装有一台英制克列斯特里尔发动机的情况下，其飞行时速竟达 497 千米，最终 Bf-109 战胜其他竞争对手，被选中担任德国空军主力战斗机。

梅塞施密特 Bf-109 有多项特点，它的机翼位于机身下方、具有全罩式座舱、可缩回起落架以及全金属制造的机身与机翼，Bf-109 不仅仅是液冷式引擎战斗机的杰作之一，也是第二次世界大战时期最有名的机种之一，它于 1935 年 5 月首次飞行，一直到大战结束，成为纳粹空军的标准战斗机。在战争中，Bf-109 的衍生机型包括战斗轰炸机、夜间战斗机和侦察机等等。

1937 年 7 月，德国派 Bf-109 参加在苏黎世举行的国际航空展，它的出色性能震惊了出席的各国航空专家。同年夏天，德国空军志愿人员组成的 "兀鹰军团" 投入了西班牙内战，其中的两个战斗机中队就是装备 Bf-109B 型战机。对方空军配备的是苏制 I-15 双翼战斗机和 I-16 单翼战斗机，性能与

Bf-109 相差甚远，很快被逐出了西班牙上空。大批德军飞行员也在实战中取得了宝贵的作战经验，从中创立了较先进的编队队形和空战战法。继横扫波兰、挪威天空之后，Bf-109 再度扬威西欧战场，摧枯拉朽般地击溃了法国空军主力 11 个 MS-406 战斗机大队和少量的 D520 新式战斗机，此时 Bf-109 已经改进为 Bf-109E 型。Bf-109E 型的出现使第二次世界大战德国在前期的制空权得到了完全的掌控，空中少有敌手。与同时期的飞机相比，Bf-109E 型的优势很明显。它速度较快、爬升和俯冲性能好、加减速性能突出、火力较为强大，在与英国空军的空战中，德国人充分利用了 Bf-109E 型的优势，利用太阳光刺眼不好看清的特点从高空俯冲攻击后脱离，将英国空军的"飓风"式战机比于马下。

Bf-109E 型真正棋逢对手是在 1940 年夏秋时节的不列颠大空战期间，8 月 31 日，1300 多架 Bf-109 战斗机掩护 150 架轰炸机进袭英国的霍恩彻奇和比金希尔等军用机场，遭到英国刚研制出来的"喷火"式战斗机 978 架次的有力拦截。

"喷火"式战斗机成了 Bf-109E 型的死敌，从数据上看这两种机型性能不分上下，"喷火"式还要稍好一点点。在速度方面是"喷火"式小有优势，爬升和俯冲仍是 Bf-109E 型的天下，加减速性能与低速性虽然 Bf-109E 型占到便宜，可是转弯率"喷火"式又超出 Bf-109E 型很多，可谓是死敌一对，空中双雄。在当天的激战中，英德战损比为 39：32，其中 Bf-109E 型被击落百余架，另有 200 多架因燃油耗尽而坠海。

在英吉利海峡和不列颠战役中，Bf-109E 型棋逢对手地遇到了"喷火"式战斗机，也暴露出它航程较短的弱点，航程短的弱点使它不能伴随德国轰炸机对伦敦进行轰炸，也不能在英国纵深自由行动，这是德国空军在不列颠战役中受到挫折的重要原因。大不列颠空战后，为了弥补航程较短这一弱点，德国继续对 Bf-109E 加以改进，主要改型有专为对付"喷火"式战斗机而研制的 Bf-109F 型和在机体结构强化及适应高空作战方面作了重要改进的 Bf-109G 型。其中 Bf-109G 型的主要作战对象是英美对德国本土实施轰炸的战略轰炸机群。由于其攻击火力炽烈，取得了相当的战果，也因此成为英美护航战斗机的首要打击目标。仅在 1944 年，Bf-109G 型机的生产总数就达到 1.4万架。随着美国 P-51 "野马"、P-47 "共和" 等高性能战斗机出现，Bf-109G 逐渐感到力不从心，但 Bf-109G 系列仍然持续生产到 1945 年。最后的生产型号是 Bf-109K 型，因为盟军的轰炸不断升级和德国的形势日益恶化，"K" 系列只生产了不足 2000 架。

长达近十年在德国空军担任主力战斗机的历史，加上优良的技术性能，令 Bf-109 成为传奇性的战斗机，同时也造就出大批传奇性的飞行英雄。第二次世界大战中产生的德国空军王牌飞行员绝大部分都是以 Bf-109 为座机。在北非战场，Bf-109F 型于 1941 年就开始支援隆美尔军团，号称 "非洲之星" 的王牌飞行员马尔塞尤曾创造一天击落 12 架敌机的战绩，他的那架 Bf-109F 型 "黄色 14 号" 座机也成为空战史上的传奇之物。德国头号王牌哈特曼少校长期使用的也是 Bf-109 型飞机，他个人击落敌机 352 架，创造人类战争史上的空战绝对纪录。据统计，在大战期间，德国空军总战果中的一半以上是由 Bf-109 取得的。

Bf-109 是唯一一种生产过程从第二次世界大战前持续至大战结束后的战斗机，至 1945 年 5 月德国宣布投降，Bf-109 共生产了约 3.3 万架，超过了第二次世界大战期间生产的其他任何一种战斗机的产量。战后，还由西班牙和捷克继续仿制多年，直到 1958 年最后一架 Bf-109K 型机在西班牙出厂后才宣告该机的生产结束。

"太平洋上的海盗" ——二战美军 F4U 战斗机

作为第二次世界大战中最杰出的舰载战斗机，F4U 战斗机加速性能好，火力强大，爬升快，坚固耐用，特大号的螺旋桨和装配弯曲的鸥型翼的组合，造就了第二次世界大战中最优秀的战斗机。它的火力、爬升性能和速度超过任何一种敌机。是美国第一种超过 400 m.p.h. 的战斗机，也是速度最快的活塞式战斗机之一。"海盗" 除空战外，亦担当战术轰炸机的角色，它被日本人称为"呼啸死神"。

F4U 海盗式战斗机是美国研发的一种舰载机，服役于 1942 年至 1952 年，之后 F4U 在部分国家仍服役至 1960 年。太平洋战争上，F4U 与 F6F 并为美军主力，成为日本战斗机的强劲对手。大战结束后，据美国海军统计，F4U 的击落比率为 11∶1，即每击落 11 架敌机才有一架被击落，拥有着骄人战绩。

美国海军航空办公室有着提出苛刻指标来推动航空新技术应用的传统，这刺激了飞机制造企业为了达到目标而使用新技术。1938 年 2 月 1 日海军办公室向"美国航空制造公司"（沃特的母公司）发出了高性能舰载战斗机的技术指标。沃特的总裁 C.J.McCarthy 指派公司的首席工程师 Rex Beisel 来完成这一任务。

从一开始，Shoemaker 就决定使用有着高可靠性的帕拉特—惠特尼 R-1830 黄蜂空冷星型发动机，因此 V-166-A 型的设计就围绕这种发动机展开。但是到了 1940 年，海军航空办公室为了提高速度，决定使用 XR-2800-4 双黄蜂，并在 XF4U-1 原型上安装两极增压器。在 1940 年的时候，R-2800 是世界上马力最强的发动机，每个气缸可以产生 100 马力（74.6kW），F4U 共有 18 个气缸。F4U 在很多方面都与当时的飞机有很大差别。首先，飞机的机翼采用了倒海鸥翼的布局。其次，F4U 采用了当时出力最大的活塞发动机——普惠公司 R-2800，马力达到 2000，而同时期的军机多数的引擎马力只有 1000。而这些特征也成为了 F4U 当时其一瞩目焦点。1940 年 10 月 1 日，原型机 XF4U-1 在一次测试飞行中就创下了当时一项飞行速度纪录，达到 405 千米 / 小时，成为第一款超越 400 千米 / 小时的美国战斗机。

因为在航母上着陆需要经得起很强的冲撞，因此一个短而结实的起落架是必需的。另外，机翼中也没有足够的地方存放过长的起落架。但是如果缩短螺旋桨的话，双黄蜂的马力就会被损失掉。因此沃特的工程师们设计了倒鸥型机翼，这也成了 F4U "海盗"特有的标志。倒鸥型机翼使得飞机可以既可拥有短而坚固的起落架，大型的螺旋桨又不会碰到甲板。另外的副产品是，改善了飞机的空气动力学特性，使得飞机可以飞得更快。

F4U 战斗机加速性能好，火力强大，爬升快，坚固耐用，机型凶猛粗犷，总体性能超过著名的日本"零"式战斗机，是第二次世界大战太平洋战场陆战队和海军航空兵的主力战斗机之一。

F4U 战机翼展 12.5 米，机长 10 米，机高 4.6 米，起飞重量 6350 千克，最大平飞速度 680 千米 / 时，升限 1.2 万千米，航程 1700 千米，爬升率 867 米 / 分。装 6 挺 12.7 毫米机枪，可挂装两枚 450 千克炸弹或 8 枚火箭，全副武装的 F4U 简直就是可怕的战争机器。但它也不是没缺点的。在航母上，飞行员必须以相当低的速度着陆，为的是让尾钩挂住减速索，但是 F4U 低速性特别差劲，当降低到航母着陆速度的时候，左侧机翼就会像石头一样往下落。这使得飞机起落架损坏，造成飞行员受伤，使飞机受损。飞机降落撞到航母甲板的时候，反弹力会把飞机弹回空中，尾钩有时会错过阻力索。假如这种事情发生在直甲板航母的时候，这就意味着飞机会冲进前边停放的飞机。再就是因为 F4U 的"长鼻子"限制了飞行员的能见度（尤其是在起飞和降落时），因此事故频发，留下了"少尉谋杀者"（美军新手飞行员从航校毕业时一般的军衔）的恶名，它也被海军指挥官认为不适合在航母上作业。

由于"海盗"被海军判定为不适合在航母上服役，它被分配到美国海军陆战队陆基飞行队，并且取得了很好的战果。根据惯例，当海军认为自己的飞机不是那么好时，它们就给海军陆战队。"海盗"被限制在陆基飞行，为海军陆战队提供空中支援。海军陆战队非常高兴有热门的新式战机替换老旧的"野猫"。

不久之后，"海盗"也对所有人证明它的能力。艾塞克斯和他的黑羊中队就是把"海盗"性能发挥到极致的最好例子。

1945 年 1 月 3 日，艾塞克斯的 F4U 中队第一次参加实战，掩护第 4 中队的 TBM 鱼雷机轰炸嘉义机场。天气很糟糕，深灰色的云层低垂，编队一直飞过了奇摩岛才掉头从西侧进入攻击路线。轰炸机低空穿过防空火网，将炸弹扔到跑道、机库和停机坪，海盗在机场上空往返，扫射防空阵地和基地建筑，总共有 30 架日机在这次空袭中被击毁在地面上。F4U 中队在奇摩中部山脉上空重新编队集结时，米林顿中校发现就在集合点附近有两架双发飞机正在爬升，是川崎的二式战斗机，中队长一头冲过去，朝最近的一架打出一个长长的偏差射击，那架屠龙很快起火，掉进云雾缭绕的群山中，另一架赶紧也钻入云中逃跑了。

当美国海军还在为海盗的着舰性能皱眉头时，英国人已经开始全面改造了，1943 年，英国接管了位于纽约的罗斯福中心和位于缅因州的布伦瑞克改装中心，那年夏天皇家海军的"1803"和"1833"两个中队在美国成立，他们装备的是首批 95 架 F4U-1，英国人称之为海盗 I 型；随后是 510 架 F4U-1A，这被称为海盗 II 型，布鲁斯特公司的 F3A 是海盗 III 型，固特异公司的 FG-1A/D 是海盗 IV 型。

最早装备海盗 I 型的两个中队被派到印度，1944 年 4 月 3 日，在距离海岸线 120 英里的地方，121 架英国战机分两波起飞，乘着黎明的微光突袭阿尔腾峡湾。欧洲燕和塘鹅负责压制高炮火力，费尔雷的梭鱼轰炸机低空投弹，海盗则在高空提供掩护。由于德国空军在北欧的力量相对分散，JG-7 的战斗机没能及时赶到战场。这种情形注定了海盗在欧洲的命运：未能与德国空军交手。

帮助 F4U 最终大规模上舰的不是护航航母训练计划本身，而是日本人。1944 年，太平洋海面上出现了一种全新的攻击方式——神风特攻，在菲律宾，美国的战舰特别是航母，成了日本飞行员冲撞的目标。美国海军决定重新尝试让 F4U 在航母上服役，最终获得了成功。这个决定被证明是完全正确的。随着自然环境的变化，"海盗"也产生了变化。F4U-2 是 I 的夜间战斗型。由于美国海军的命名原则，飞机被定为第二型，而不是 F4U-1N。II 相对于第一型的改变是，在右侧机翼和机身无线电仓安装了可以接收 XAIA 的手动雷达装置。

为了安装雷达天线，移除了右侧机翼最外端的 0.5 英寸机枪。无线电移到驾驶员座位底下，雷达被放到无线电仓，飞机发动机安装了排气管火焰抑制器，当加装了雷达以后，改型比第一型轻了 235 磅。

在第二次世界大战结束后的几个月，1945 年 12 月五型原型机试飞。这种型号集成战争中发展的所有的技术，最后成为了 F4U-5 "海盗"，飞机性能更加稳定。五型以前的上机翼蒙皮和控制舵还是由织物覆盖的，当高速飞行的时候，织物会变形并导致飞机速度降低几英里每小时。

F4U-5 用铝合金取代了所有的织物蒙皮，F4U-5 进行了一些改进来增加飞行员的舒适度，座舱加热器被重新设计，控制更加简单，还加装了自动驾驶仪。座椅上安装了扶手，可以用来休息手臂。由于换装了 R3350-32W 发动机，五型可以很容易地在 4.5 万英尺（13.716 米）操作。

日本海航超级王牌岩本彻三曾经这样评价过 F4U："西科斯基是一种活动的空中堡垒，坚固无比。而 6 挺 50 毫米机枪构成了可怕的死亡火力，并且除了座舱，其他地方都对子弹免疫。"

"空中眼镜蛇" —— "P-39" 战斗机

P-39 绰号 "空中眼镜蛇"，是美国贝尔飞机公司设计的战斗机，1937 年，第二次世界大战正是山雨欲来之时，战机制造商们抓住时机，纷纷推出自己的新产品，向美国军方兜售。一贯喜欢标新立异的贝尔公司，一反当时将发动机安在机头上的做法，将发动机安放在飞行员身后的飞机肚子里，设计出一款名为 P-39 的新战机，取名为 "空中飞蛇"。

P-39 的总体设计完成后，美军当局觉得，由于美国的独特地理位置，敌人的高空轰炸机要想轰炸美国本土是不可能的，作为空战飞机的 P-39 没有必要飞的那么高。陆军航空队要求取消 P-39 上的增压发动机，导致 P-39 的性能一落千丈。

P-39 战斗机，是战争期间一种很有特色的飞机，该机装有 4 挺机枪，在发动机延长轴内还布置了一门 37 毫米机炮，在第二次世界大战中这也算得上数一数二的强火力。不过，结构的革新并不一定受到欢迎。美军对这种飞机评价甚低，太平洋战争爆发后，美国海陆航空兵很快发现他们驾驶的 P-39 简直就是 "空中棺材"，日本的 "零" 式战机很容易便可以爬上万米高空，然后一个俯冲就能将在低空游弋的 P-39 干掉，这让美国陆军航空队对它失去了所有信心，特别是当时美国有多种新式战斗机可供选择，失宠的 P-39 被降格当教练机，在美国国内训练新飞行员。但该机的操纵性能不是很好，新手飞行事故率比较高，所以连飞行学员也不喜欢它。当时航空学员中流行着一首俚歌："39，39，发动机装背后，翻来转去打筋斗，刨出一个大窟窿——嗨，嗨! 不要给我 39。"

在与德国人的空战中损失惨重的英国人一度曾饥不择食，从美军那里租借一批 P-39。可是，英国人很快发现，它除了火力强大之外，一无是处，在"租借"了 600 架后，英国人也不再"租借"它了，P-39 很快被美国和英国打入冷宫，沦为"鸡肋"，很少再参加实战。

但是，一个新的战场让 P-39 找到用武之地，苏德战争爆发了，战争初期，苏军节节败退，成堆的飞机还未起飞就变成了一堆堆的废铁。美国宣布，将原先针对英国制定的《租借法案》扩大到苏联。于是，大批军火、载重卡车、粮食从各方向运向苏联，P-39 也随之来到苏联的天空。在苏联人眼里，P-39 的缺点根本就不是缺点，稳定性差，原来飞的伊 -16 稳定性更差，飞惯了伊 -16 的苏联飞行员根本不在乎 P-39 的稳定性，不能高空作战也不要紧，只要和别的机种搭配就行了，至于逃生性能差对苏联人来说那根本就不是问题，在当时苏联的战场上是不考虑逃生这个问题的。在苏联战场上，P-39 也确实争气，捷报频传。同盟军第二号王牌，三次"苏联英雄"称号获得者亚历山大·波克雷什金上校就认为 P-39 是远超过当时其他苏联飞机的现代化战斗机，他就是驾着 P-39 打下了 59 架敌机，他所辖的几个大队曾全部装备 P-39，号称"飞蛇大队"。

由于 P-39 装备了大口径机炮，在东线还常常担任对地突击任务，并且获得了极大的成功。P-39 上那门每秒钟只能打两发炮弹的航炮，在苏德战场上一次又一次地击落德国人的飞机，整个第二次世界大战期间，苏联总共向美国租借 P-39 及其改进型飞机 7300 架，发挥了巨大的作用。P-39 大起大落的传奇经历真是让人感叹，一款美军认为的"鸡肋"飞机在苏联发挥出了它的价值，在战争期间，有不少苏联飞行员凭借 P-39 跻身王牌飞行员的行列，在 P-39 上诞生了数十位"苏联英雄"奖章获得者。

当苏联人用 P-39 在苏德战场上取得一个又一个的战果的时候，身在美国的贝尔公司的设计人员也没有干闲着，他们在 P-39 之后又推出了 P-39 的重大改进型号，这个型号的飞机得到了一个全新的编号——P-63（眼镜蛇王）由于苏联人对 P-39 赞不绝口，所以 P-39 的改进型 P-63 也很很快得到了苏联人的"租借"。在美国"租借"给苏联人的1.2万多架飞机中，P-39"空中飞蛇"和 P-63"眼镜蛇王"占了其中足足的一半还多。

太平洋上空的神话——"零"式战斗机

1940 年 9 月 13 日，中国四川境内又响起了凄厉的空袭警报，日寇的轰炸机群再次飞临重庆上空。中国空军的伊 -15、伊 -16 等战斗机相继起飞迎战。中国的战斗机逼近日寇混合机群时，发现伴随轰炸机的战斗机外型和以往的日本陆军 97 式和海军 96 式有所不同，是一种新式战斗机，这种战机速度快、灵活性强和火力凶猛，经过一场惨烈的交战，中国战斗机被击落 13 架，受伤 11 架，10 名飞行员牺牲，而日本战斗机无一损失，这是抗战以来中国空军最惨重的一次失败，日寇的这种新型战斗机就是著名的"零"式战斗机。

"零"式战斗机是 20 世纪 30 年代后期和 40 年代初期，日本海军航空兵和陆军航空兵装备的主要机种之一，1939 年 4 月该机首次试飞成功，1940 年 7 月，"零"式飞机进入正式编制，正好这一年是日本纪元 1600 年。为纪念这个年份，新飞机被命名为"零"式舰载战斗机。

"零"式采用了当时所能采用的一切先进理论和技术成果，具备了重量轻、转弯半径小、机动灵活、火力强、航程远、速度快等世界级优秀战斗机所具有的一切优点，可以称得上是日本飞机设计的重要里程碑。"零"式舰载战斗机在第二次世界大战初期性能大大超过了盟国战斗机，它就像笼罩在浩瀚的太平洋和广阔的东亚大陆上空的魔鬼，统治了大半个太平洋的天空，成为日本法西斯手中一把锋利的屠刀，造就出所谓的"零战神话"。

在第二次世界大战初期，在太平洋战场上，日本基本控制着制空权。日本的"零"式战斗机可以说是所向披靡。

1940年在中国战场的空中，这种轻巧、灵活的战斗机也没遇到对手，盟军仅有的亮点是由陈纳德的"飞虎队"创造的，1941年12月20日，日军轰炸昆明时"飞虎队"首次参战，"飞虎队"的飞行员在参战前就已经知P-40和"零"式在平飞速度上基本一致；但"零"式的机动性，特别是上升率和转弯半径远优于P-40，只能利用P-40坚固的机体结构和优越的俯冲速度，先将飞机尽量爬高到占位高度，然后朝敌机编队高速俯冲，开火攻击。

"零"式性能优势的最大来源就是轻，因为轻，翼载小，完全弥补了发动机动力的不足，保证了极大的续航力，转场航程高达2300千米。"零"式第二个特点是具有极其优异的垂直机动性能，它的爬升率达到惊人的水平，这一优点使"零"式在战斗中占尽优势。

其他飞机与"零"式缠斗，很难从背后将其咬住，甚至还会遭到"零"式的反转被其咬住。

"零"式最后一个特点是火力猛，除了有两挺8毫米机枪外，还有两门20毫米航炮，当时世界上的战斗机配置航炮的寥寥无几。

但"零"式的优势，也是它自身的弱点所在。由于对重量的要求，也省去了装甲防护，而且由于大量铝合金的采用，导致机体极容易燃烧和解体，生存力不好。这也是当时所有日本飞机的共同弱点，所以日本飞机多有"空中打火机"的美称。只是由于战争初期"零"式相对性能过于优异，因此弱点并没有暴露，而且通过飞行员素质和机动性能可以完全弥补。

在太平洋战争初期，"零"式性能超过所有盟军飞机，特别是其机动性和续航力更是独步天下，无人能及。当时美国的F2A"水牛"、P-40"战鹰"等战斗机面对"零"式可以说是一筹莫展。在香港、新加坡、菲律宾甚至印度洋，"零"式统治了整个天空。携带炸弹的零战也可以作为战斗轰炸机使用，有"万能战斗机"之称。

1941年12月7日珍珠港事件爆发时，日本海军已经有"零"式400架，珍珠港事件中，"零"式负责对美军机场、防空阵地等目标进行扫射和同美军飞机进行空战。

在袭击中，共击落美军飞机4架，8架"零"式被地面炮火击落。珍珠港事件后，驻台湾的日本陆基航空兵也大举空袭菲律宾的美国克拉克等空军基地，袭击结果是15架美军飞机在空中被击落，50架飞机在地面被炸毁，驻菲律宾美军空中力量遭到重创，在菲律宾上空第一个击落美军飞机的是著名的日本王牌飞行员坂井三郎，他击落一架P-40，两天后，坂井又击落了一架B-17空中堡垒，到12月13日，菲律宾上空已经没有美军飞机了。

1942年6月4日，一架"零"式战斗机被美军炮火击中后，迫降在荷兰港东北阿克坦岛南岸，那架迫降的"零"式飞行员忠吉少尉在着陆时误将沼泽看作平地，不仅自己在迫降时丧生，而且飞机也陷入泥潭。5个星期后，海军飞行员威廉姆·塞尔斯上尉，在空中侦察时发现了一架近乎完好的"零"式战机，这是一次战斗中一名日军飞行员迫降丧生而遗弃的，塞尔斯上尉亲自率领侦察小分队将其分解拖回。

经过修复和随后的结构分析与测试，发现"零"式在较低航速下才具备极佳的操作性和极小的转弯半径，而当其航速达到370千米/时以上时，"零"式性能将毫无优势。空战中，对手只要垂直方向进行俯冲并打开加力，或在高速时向右横滚，就可以立刻摆脱"零"式的缠斗，这个发现令美军航母上的一线战机飞行员信心倍增。

1943年后，随着美国对"零"式性能的熟悉以及针对"零"式而推出的F-6F"泼妇"战斗机，"零"式的性能优势丧失殆尽。

F-6F"泼妇"战斗机，又称"地狱猫"，是美国专门针对"零"式而研发的新式战斗机，许多美国海军飞行员都称"泼妇"（也称地狱猫）为"铝坦克"。6挺0.5英寸勃朗宁M2机枪，当进行暴风雨般攻击的时候，没有日本飞机能够逃脱被摧毁的命运。战后，日本飞行员谈到他们战时的恐惧与绝望的时候，总是会提起"泼妇"。另一方面，"泼妇"可以经得住严重的攻击并仍能把飞行员带回航母。飞行员经常的口头禅是"这是一种多孔的飞机"和"通过孔洞的空气比通过飞机周围的多"。

"零"式战机为减轻重量，没有安装密封油箱和任何灭火装置，飞行员也没有装甲保护，机体表面中弹就可能引起飞机着火，美军为此特别研制了穿甲燃烧弹，这种子弹极易穿透"零"式的铝合金蒙皮，并引燃整架飞机，于是，就有了闻名于世的马里亚纳猎火鸡。1944年6月19日的马里亚纳大海战中，108架"零"式战斗机掩护俯冲轰炸机、鱼雷轰炸机进攻斯普鲁恩斯的58特遣舰队，在途中遭到F6F的截击，日本飞机被击落300余架，没有一架突破"泼妇"的屏护圈，这天被美军称为"马里亚纳猎火鸡"。

从此，日本海军元气大伤，再也无力组织大规模的袭击了。随着美国"地狱猫"战斗机的出现，让昔日的"零"式战机杀手再无招架之力，"地狱猫"拥有速度快、火力强、构造坚固等优点，日本的空中优势迅速瓦解，"地狱猫"战斗机在第二次世界大战中总共击落了将近5300架日本飞机，它的杀伤率是美军所有战机当中最高的。

在第二次世界大战中，"零"式战斗机总产量为10500万架，为日本第二次世界大战飞机产量之最。"零"战有多种型号，其中"零"式21型是战争初期最主要的型号，这种"零"式曾鏖战于珍珠港和中途岛上空，是"零"式神话的创造者。

"零"式各型的相对性能随时间推移开始愈加落后，1944年的主力"零"式五二型时速只有565千米，最终改型"零"式六四型也只有572千米，而当时各国主要战斗机时速均已达到600千米以上，甚至700千米，"零"式战斗机在战争后期，几乎无法胜任空战的任务，只好沦为自杀飞机。

不过日本在战时的工业潜力和技术发展水平十分低下的情况下，能生产出如此优良的战斗机还是令人惊叹的，"零"式战斗机已成为日本在第二次世界大战中空军的代名词，"零"式作为一种著名的战斗机，亦以第二次世界大战期间最优秀的战斗机载入史册。

"空中野马"——"P-51"战斗机

P-51战斗机，绰号"野马"，是美国陆军航空队在第二次世界大战期间最有名的战斗机之一，也是美国海陆两军所使用的单引擎战斗机当中航程最长，对于欧洲与太平洋战区战略轰炸护航最重要的机种，P-51"野马"战斗机一直使用到朝鲜战争为止。

P-51"野马"也许是第二次世界大战中最著名的战斗机，或者这样说：最好的活塞螺旋桨战斗机，"野马"的生产数量庞大，其中美国生产了1.5万架、澳大利亚生产了100架，仅次于P-47"雷电"。

美国政府订购了头两批超过600架的"野马"战斗机，并依照租借法案供应给了英国空军，美国参战后，有相当一部分的"野马"转交给了美军。

P-51"野马"的研制带有传奇色彩，1939年9月德军入侵波兰，第二次世界大战爆发。德军以惊人的速度向北欧和西欧进击，与欧陆一海之隔的英国感到了空前的压力和危机。

1940年春，英国派出一个飞机采购团向美国订购战斗机，此时美国所能适时提供的仅有P-40型，即英方所称之"战斧"式，此机性能虽逊于英制喷火式及德制梅塞施密特Bf-109战斗机，但其构造坚固，火力亦佳，极适地面支援作战，以及低空对抗敌机仍具功效，英国军事采购委员会准备购买寇蒂斯公司研制的P-40战斗机来对抗德国的Bf-109战斗机，但北美航空公司认为P-40这种飞机已经落后，不愿意再生产，建议以同样的发动机设计出一种更好的飞机，并许诺在120天内即可拿出试验机供英国选择。果然，经过120天的研制，10月11日样机制成，10月26日试飞成功，新机服役编号定为P-51，英国人给它取名为"野马"。

P-51"野马"战斗机布局没有特别之处，但它将航空新技术高度完美地结合于一身，航程达到1400千米，足以掩护B-17轰炸机进行最远距离的攻击。英国订购大量P-51"野马"战斗机后，飞行员反映它是美国最出色的战斗机。美国陆军了解到这一情况并研究了北美航空公司的样品机资料后，也大量订购了这种飞机。

P-51 "野马"战斗机属于轻型战斗机，其机体尺寸与英国的"喷火"战斗机、日本的"零"式战斗机和德国的 M-109 相差无几，但总体性能要优越一些。该飞机的最大时速为 630 千米，飞行高度 9600 米，爬升率为每分钟爬升 1000 米，创造了当时战斗机的最快的爬升纪录。

P-51 "野马"战斗机的武器系统强大，它的机翼两侧前缘装有 4 挺勃朗宁 12.7 毫米机枪，各备弹 350 发，机翼下可以携带两枚 230 千克炸弹或是 8 枚火箭。

美国研制的这批"野马"在英国"骑手"的驾驭下开始竞逐蓝天，英国空军利用 P-51 "野马"战斗机实施"零高度攻击"（在 10 米高度以下飞机高度表指示为零），猛烈打击德军地面部队和运输线。

1943 年秋，战斗性能大大超过 A 型机的 P-51B 型机问世，它首先装备了美国陆军航空兵第三五四战斗机大队。

1942 年，北美航空公司和英国罗罗公司合作，对 P-51 "野马"进行了一系列改进，包括采用轻重量机体，新型螺旋桨，全视界塑料座舱盖，新型翼型等，使其性能和机动性进一步提高，最大速度达每小时 788 千米，航程 3900 千米，所带武器包括 6 挺机枪，并可外挂炸弹 9000 千克。

在 P-51 "野马"出现之前，英国战斗机的航程实在过短，而重量级的 P-47 及 P-38 在护卫任务上不尽理想，因此轰炸机最后的三分之一的航程必须在没有任何飞机的护卫下，顶着德军地面部队的枪林弹雨和德国空军战斗机的追杀维持队型进行轰炸，在所谓的"黑色星期四"中，出击的 330 架轰炸机甚至有高达 100 架被击落，有了 P-51 "野马"的护卫，轰炸机可以减少来自德国空军战斗机的威胁而专心对目标进行轰炸，进而给德国带来毁灭性的打击，赫尔曼·戈林在战后接受访问时曾说："当我看到 P-51 战斗机在柏林上空飞行时，就知道大势已去！"

"野马"战斗机被盟军广泛用于亚洲和欧洲战场，不仅用于空中格斗，还用于护航、截击、对地攻击，还曾改装成侦察机。1943 年 10 月 17 日，首批"野马"战斗机抵达中国云南省昆明的巫家坝基地，首先装备了美国在华的第14航空队，这是中国境内第一次出现的"野马"战斗机，第二年，中国空军也换装了P-51"野马"战斗机。

在中国抗日战争最后两年中，中美飞行队的"野马"战斗机以广西、湖南西南部地区为依托，先后参与豫西、鄂北及湘西会战，并出击武汉、南京、上海、杭州、南昌各地敌军机场及重要军事据点，在"野马"战机的冲击下，日本空军渐渐地失去在中国的制空权，一直到战败投降为止。

在第二次世界大战中，P-51"野马"战斗机立下了显赫的战功，据不完全统计，仅在欧洲战场上，P-51战斗机就出动1.4万架次，投弹5700吨，击落敌机5000余架，击毁地面敌机4100多架，被誉为"歼击机之王"。

1945年8月，日本宣布无条件投降后，中美混合团第5大队的6架P-51"野马"战斗机，将一架日本百式运输机押解到湖南芷江机场，日本洽降代表、副总参谋长今井武夫在这里正式向中国军政当局投降，P-51"野马"战斗机与"芷江受降"一道载入了中国抗日战争史册。

航空史学界P-51"野马"战斗机有很高的评价，认为它达到了活塞式飞机的最完美境界，其飞机机体和发动机都是最成功的，由于飞机的性能极为优秀，P-51战斗机在第二次世界大战后期的空战中屡建奇功，在战争结束后，仍然在许多国家的空军服役多年。

在战争期间，P-51"野马"战斗机总共生产了1.5万余架，是美国生产量最大的战斗机，直到20世纪70年代还在飞行，P-51"野马"战斗机被许多航空史专家和权威人士评为第二次世界大战中的最佳战斗机。

第八章

鲜为人知的军事真相

希特勒的原子弹梦是什么原因被摧毁的

回顾历史，人们不难发现，20世纪的物理学领域是德国人的天下。就有关"原子弹"的理论问题，德国人遥遥领先，在当时已经具备了相当程度的认知，这一点从海森伯格关于反应堆和原子弹的理论著作、魏茨泽克与豪特曼斯关于钍的研究成果报告中都可以得到印证。

如果没有美国的原子弹，同盟国对轴心国的贸然宣战，未必能以胜利画上句点。好在当时的日本还没掌握核武器研发技术，而两颗空降的原子弹，则彻底地摧毁了日本人必胜的信念，继而迅速投降。

据说，当时的德国占有很好的铀资源，并早已在实验室里分离出铀235，发现了核裂变，也开创了强大的化学工业。那么，究竟是什么原因导致当时强大的纳粹德国未能造出原子弹呢？

根据以往的说法，希特勒的"铀俱乐部"人才济济，汇集了顶级的科学精英。之所以迟迟没有研制出原子弹，也正是因为这些精英。

据说，当时的德国科学家内部在对待核武器的态度上出现了极大分歧，部分参加德国核研究的人意识到一旦核武器研究出来后，将造成极为可怕的后果，因而心情很消极，也就没有全心全意投入研究工作。比如德国的诺贝尔物理学奖得主、量子力学之父维尔纳·海森堡，人们说他怀着和平的愿望，故意拖延核武器的研究进度。后来，科学家们还故意搁置了对原子弹的研究，研究方向转向反应堆和回旋加速器，这是德国原子弹研制工作迟迟没有突破的一个重要原因。德国战败后，听说美国用原子弹轰炸广岛，被盟军俘获的著名物理学家冯·魏茨泽克表示："我们之所以没有制出原子弹，首先是因为我们当中的大部分事实上并不想突破……如果我们希望德国获胜，怎么会造不出来？"

然而，对于魏茨泽克的这一表态，人们却有所质疑，证据正是当时维尔纳·海森堡的态度。1941年，正当希特勒志得意满地在欧洲大陆上四处侵略、大举进犯别国时，海森堡到丹麦登门拜访了好友兼导师，丹麦物理学家尼尔斯·玻尔。而周日发行的《泰晤士报》日前也刊文，表示西方学者新近发现了一些关于二战的史料，其中包括一封迟迟未寄的信，是玻尔写给海森堡的。信中，玻尔细细叙述了两人的这次会面。当时，海森堡向他的导师透露，为了研究原子弹，希特勒已经成立了一个专门的"铀俱乐部"。海森堡还表示，战争很可能会因为核武器的出现而结束，而海森堡本人所从事的正是核武器研究。在与玻尔的交谈中，海森堡丝毫没有表现出为纳粹工作而产生的道德困惑，也没有显示出希望想办法阻止纳粹进行核研究的意愿。此外，其他科学家还给出了不同的解释，分别把焦点放在了条件限制、人才流失和政府忽视上。

众所周知，制造原子弹离不开反应堆，而反应堆中必须有减速剂，减慢中子的裂变速度。起初的德国科学家找到了两种控制中子裂变的物质，一是重水，二是石墨。德国科学家自己表示，德国最开始采用的反应堆是石墨沸水堆。对石墨的判断原本是正确的，因为著名物理学家费米也采用石墨作原子反应堆的减速剂，且在1942年获得成功。那么，德国为什么做不成反应堆实验呢？1954年，《纽约时报》刊登了美国原子弹之父奥本海默的著文，他说："本来布雷格教授会比美国早两年造出原子弹的，只是由于他的一个差错，才使得人类免遭一场全面的浩劫。"原来，负责进行核试验的布雷格教授向总工艺师埃尔温·施密特订购了大量规格特殊的石墨，生产任务重而紧迫。因而总工艺师猜出了石墨的用途，开始对石墨片中的二氧化铁、二氧化硫、二氧化钙等杂质视而不见。毫不知情的布雷格利用含杂质的石墨片试验，自然是屡试屡败。然而迟迟无法成功的他最后不得不怀疑是自己的设想错了，只得另辟蹊径。

在此基础上，英国特工的努力就把德国研制原子弹的可能性彻底断绝了。石墨不纯，德国科学家只好把关注点转到重水身上；当时德国主要的重水来源是被占领的挪威的"努尔斯克"重水工厂。意识到这一点，英国突击队就和当地挪威的地下抵抗组织联合起来，摧毁了这个工厂。就这样，重水的供应一直卡着德国核研究的脖子；加上前线告急，德国的工业再也负担不起核反应堆的建造和原子弹的研制任务了，对挪威重水工厂的破坏使得德国的原子弹计划陷入了停滞状态。

此外，许多民主人士说，纳粹对犹太科学家的迫害造成了大量优秀科学家的流失，因此德国在核研究方面的人才变得极度匮乏；而美国热情地接纳了德国的犹太裔科学家，因而成全了美国的核计划。再有，学者们认为，希特勒本人对科学研究的认识不足，认为没有原子弹照样可以取胜，加之当时的科学家对核裂变的规律还没有完全把握，他更觉得没有必要大费周章地研制核武器了；相反，希特勒从发动战争的实用需要出发，重视的一直都是火箭武器的研发。

以上种种说法都有一定道理，但细细读来，实则大多是英美两国邀二战大功的说辞，其他的则因为缺少确实的史料而变得不可考。至于到底是什么摧毁了希特勒的原子弹梦呢？世人对答案的探寻还在继续。

"海狮计划"的夭折与英德空战中德军失败的战术有关吗

二战中的"海狮计划"是纳粹德国为了对付英国而制订的计划，然而这个计划始终没有实施。至于其中的原因是什么，这还得从纳粹德国入侵法国说起。

1940年5月10日，法国遭到纳粹德国的全面入侵，英法联军全线溃败。5月26日，英国下令英国远征军从敦刻尔克撤回，即有名的"发电机计划"；6月17日，法国向德国投降，至此德国能直穿法国而抵达英吉利海峡；7月16日，希特勒命令部队做好入侵英国的准备，"海狮计划"便被下达，命令陆、海、空三军准备横渡英吉利海峡后，在英国登陆。第一批登陆 26 万人，一支由 6 个装甲师和 3 个摩托化师组成，第二批登陆部队是机械化部队，将在英国登陆 40 个师，并要在 1 个月内击垮英国。

但是本该在 9 月 15 日实行的计划却一再拖延，没有得到实施。随后，希特勒又将用于"海狮计划"的部队和舰只另作他用，下令将"海狮计划"推迟到 1941 年春。

为什么希特勒在局势对他非常有利的情况下没有实施"海狮计划"？这激起了许多人的兴趣。

有专家认为，希特勒企图通过"海狮计划"来蒙蔽苏联，使苏联忽略当时德军在东线集结的军队，减轻苏联对东线的防备之心。战后披露的材料表明，1940 年，在"海狮计划"下达后，德国陆军首脑冯·勃劳希契接到命令准备好进攻苏联；7 月 29 日，进攻苏联的日期被确定为 1941 年春；8 月 26 日，希特勒开始把步兵师和装甲师调到东线；12 月 18 日最后决定了突袭苏联的"巴巴罗萨计划"，随后，他还发布了第 21 号指令，进攻苏联的时间确定在 1941 年 5 月 5 日。之后因为要进行巴尔干战役，6 月 1 日"巴巴罗萨计划"才实施。所以，希特勒几乎是在同一时间内，既声称要入侵英国，又积极准备"巴巴罗萨计划"进攻苏联。因此，"海狮计划"只是德国转移苏联视线的假象。

德国人对于"海狮计划"的观点和上述观点类似。被希特勒指定的"海狮计划"登陆部队总指挥冯·伦斯德陆军元帅，在 1945 年战后纽伦堡审讯中表示，"海狮计划"不是一个要被认真执行的计划，德军将领们都没有把它当回事。许多德军高级将领都还称，希特勒没有想要入侵英国，只是希望英国会在当时紧张的局势下投降。英国二战史专家利德尔·哈特在战后也表示了同样的看法，他说"海狮计划"只是一种假象。

英国、法国和许多其他国家的一些历史学家和军事史专家认为，"海狮计划"夭折的原因，是因为德国考虑到了海空力量相对不足的缺陷。在之前的挪威战役海战中，德国海军的 1 艘驱逐舰、1 艘袖珍战列舰、1 艘战斗巡洋舰、

2 艘巡洋舰以及若干艘驱逐舰被击伤遭受了重创。所以，德国没有足够的运输船只将第一批 20 万人和重型装备一起运送过英吉利海峡，也没有足够多的护航舰只在 320 多千米的海线上提供护航，更不能达到减少缩短战线的目的。德国陆军认为这种做法极其冒险，认为这是要葬送掉登陆部队。如果德军无法掌握海峡的制空权，就难以对付英国海空力量的同时进攻。

当时，戈林元帅对德国的空军极为有信心，认为自己的空军有着极大的优势，还想只凭空军就打败英国。然而，在"不列颠之战"中，英国皇家空军反而占了上风，他们凭着熟练的空战技术和刚强坚毅的斗志，不断地挫败德国空军的进攻，直至最后的胜利。

苏联官方在多卷本《第二次世界大战史》中抨击了英、法等国的观点。该书指出，德国完全能够掌握对海峡的战略制空权，因为英国空军的优势远远比不上德国空军的。

英国海军在敦刻尔克大撤退后，损失了大部分先进武器装备，而且已经很难在短期内整编出一两个有战斗力的师。当时英国皇家海军只有几百艘小型战舰在英吉利海峡，加上空中没有支援，英军是不能在战斗中取得主动权的。所以纳粹德国空军无力在海峡上空掩护渡海部队的说法无法成立。

战争风云变幻莫测，往往令人难以预料，"海狮计划"夭折，疑团重重，就算再有新的历史资料出现，后人也难以给出最准确的答案。

希特勒运用什么战术取消了"费利克斯计划"

1940 年的初秋，希特勒向英国首相丘吉尔提出和平共处的计划，妄图以之前闪电战的经验，使敌人放松警惕然后突然袭击对方，夺取胜利。但丘吉尔并未接受希特勒的提议，反而号召全国上下，誓死抵抗德军的进攻。希特勒一计不成，又生一计。通过对军事地图的详细观察，希特勒决定从法国北部和比利时跨海峡进攻英国，并让手下策划了进攻英国的海滨计划。

他希望一举将英国人赶出西地中海。希特勒手下通过详细的策划，把计划的核心定在了直布罗陀山这块英国直辖殖民地。只有占领了这块军事要地，希特勒才能实现自己的目标。

直布罗陀山海拔 420 米，坐落在西班牙海岸南部的一个半岛上。它的地势并不险峻，却挨着欧洲与非洲形成的一条约 2.4 千米长的海峡。这条海峡是连接地中海和大西洋的交通要塞。因此只要占领直布罗陀，把守住这条通道，盟军将永远无法从大西洋进入地中海。

野心勃勃的希特勒明白此地重要的战略意义后，紧急召开德军高层会议，形成了一个名为"费利克斯"的计划。计划中他们决定于 1940 年的 10 月下旬进攻直布罗陀。

但直布罗陀属于独裁者佛朗哥领导下西班牙的地界，而西班牙自二战以来一直保持中立，且略微倾向同盟国，并未与希特勒建立外交关系。于是希特勒命令德国反间谍机构的头目威海姆·卡拉瑞斯设法迫使佛朗哥加入此次行动，并负责侦察直布罗陀山周围情况。

德国反间谍机构的头目威海姆·卡拉瑞斯不但是此次间谍行动的总指挥，他还亲自参与了费利克斯计划的制订。为完成自己亲自设计的计划，这名反间谍头目显现出以往未曾有过的狂热。

他率领他的高级助手汉斯·皮克布鲁克上校，德国在西班牙间谍的总头目威尔汉姆·雷森司令官，穿过直布罗陀海峡来到西班牙大陆勘查地形，以制订完整的作战计划。

狂热的卡拉瑞斯觉得仅仅勘查地形还不够，需要渗透到西班牙内部了解它的情况。于是他又接连派了大批的侦察人员奔赴西班牙调查情况。一时间，阿勃韦尔的间谍争先恐后到西班牙，一边欣赏西班牙的名胜古迹一边完成间谍任务。

可就在 1940 年年末间谍们大功告成之际，希特勒却下令放弃夺取直布罗陀要塞的计划。

当时间谍组织已经将直布罗陀地区的防御情况，包括机枪和水雷的位置，都详细地绘制下来，只要进攻直布罗陀就肯定能够夺取胜利。但什么原因使希特勒放弃了这个计划，史学家仍在探索之中。

第二次世界大战期间的日本"神风"突击队

在日本，所谓的"神风"就是现在所说的台风，据说，1274 年，元世祖忽必烈先后两次派出强大的舰队攻打日本九州，每次都是在眼看日本就要被征服时，海上突然刮起强烈的台风，使元军船毁人亡，全军覆没。素来崇尚神灵的日本国民便把这两次葬元军于鱼腹、救日本于转瞬的暴风称之为"神风"。

进入 1944 年，即第二次世界大战结束的前一年，战争局势对日本愈加不利，特别是在太平洋海战场上，日海军更是连连受挫，节节败退。其航空兵却为此元气大伤，面对日本全线崩溃的危局，刚刚就任日本第一航空舰队司令的大西泷治郎中将认为："最大效率地使用我们的微薄力量的唯一办法就是组织由'零'式战斗机编成的敢死攻击部队，每架带上 250 千克炸药，俯冲撞击敌航母，只有这样，才有可能阻止住美军的锐利锋芒以挽救危局，此外，别无他法。"

大西泷治郎的想法得到了许多狂热的日本飞行员的欣赏。10 月 19 日深夜，大西召集第一航空舰队的精华，成立了以寻歼航母为目的"神风"突击队。当大西泷治郎询问上尉关行男，是否愿意带领此种史无前例的"神风"突击队，据闻当时 23 岁，刚刚结婚才 4 个月的关行男，闭起了双眼，低下头沉思了 10 多秒，才说出"请让我去带领他们"。如此，世界上第一个"神风"突击队小组产生。而关行男成为了这一小队的第 24 名队员，无法跟自己的太太再见一面，就在自杀式的攻击中阵亡。

后来，日本的"神风"突击队全部由十六七岁的青少年组成，他们的任务危险艰巨，生还的概率很渺茫，通常是为了扭转战局才付以使命。

在太平洋战争中，面对盟军的最后进攻，一批又一批稚气尚未脱尽的日本青少年，在空战中高呼"效忠天皇"的口号，驾驶飞机冲向对方与之同归于尽。

1944 年 10 月 17 日，历史上规模最大的海战——莱特湾海战拉开帷幕，而一场血淋淋的"神风"特别攻击亦在此战中首开先河。

25日上午10时50分，莱特湾海面一片寂静，突然，美"范肖湾"号护航航母的瞭望哨发现9架日机直奔美航母编队而来，由于日机飞得很低，雷达没有发现，不一会儿的工夫，只见5架"零"式战斗机从天空你追我赶的混乱中出现，朝着航母编队的方向俯冲下来，这5架日机是由新婚不久的关行夫海军大尉率领的。其中一架"零"式战机扫着机枪朝着"基昆湾"号护航航母冲了下来，此时"基昆湾"号上的舰员们还认为它会再次拉起来，不料它却直冲着航母左舷的狭窄通道撞去，只听一声巨响，飞机炸成碎片，"基昆湾"号甲板上顿时血肉横飞。

另外两架则咆哮着冲向"范肖湾"号航母，显然也是要撞击它，庆幸的是"范肖湾"号上的舰面火力将其击中，飞机在临近航母的刹那间解体。最后两架日机则对准了"怀特普莱恩斯"号航母，在"怀特普莱恩斯"号猛烈的舰面火力打击下，两架日机均被命中，然而其中一架却拖着长长的浓烟，一个右转弯向着"圣洛"号航母冲了过去，似乎是要降落，但在着舰的瞬间，飞行员把飞机一翻，轰隆一声坠毁在"圣洛"号的飞行甲板上，停机甲板上顿时成为一片火海，继而引起舰内一连串剧烈的爆炸，久经海战片甲未损的"圣洛"号航母却因此葬身海底。

莱特湾海战，日"神风"突击队共出动"神风"机55架，击沉美航母一艘，重创4艘，轻伤1艘；击沉巡洋舰1艘，重创1艘，另击沉，击伤其他各种小型舰船若干。莱特湾之战首开有组织的自杀飞机攻击的先河，此后，"神风"特攻愈演愈烈。由于自杀式飞机能高速飞行，在飞行员的操控下，它相当于一颗精确制导炸弹，爆炸效果非常不错，一架自杀式飞机如果击中目标，有可能炸沉美军一艘驱逐舰甚至航空母舰。这也就成了日后日本军部为何大规模运用自杀飞机进行攻击的原因之所在。"神风"突击队被普遍称为"特种部队"——飞行员们没有把自己称为"神风"突击队员，但这个词很快就传开了，并深深印在西方人的脑海里。

最初的特种部队都是被他们的上级直接要求自愿执行这种任务的，但后来飞行员们还是被要求填表声明他们是否愿意执行这种任务，绝大多数飞行员都说他们愿意。因为飞行员们知道他们的生还机会微乎其微，所以当时他们一心想着应该抓住一切机会阻止敌军登陆日本海岸，这样他们才不会白死。

前"神风"突击队员中岛说："没有人追求死亡或试图自杀——我们这样做是因为我们有责任保卫我们的国家。对我来说，两者有重大区别。"但也有报道说部分"神风"突击队队员是被迫的，尤其是在战争后期，指挥官甚至命令其空军的优秀飞行员一并充当敢死队。他们强求志愿送死，年纪轻轻便要接受为祖国、家人，甚至神的荣耀和家人的荣誉去送死的命运，因此即使心中有不愿意也必须默默接受。不能否认，有不少"神风"突击队员是在这种状态下踏上飞机的。

这种把人当成导弹驾驶仪，把飞机变成导弹的方法是迄今为止战争史上规模最大、最残酷的自杀攻击行动。这种疯狂的行为令美国人不寒而栗，眼睁睁地看着一架飞机不顾死活地向你的舰只撞来，飞行员决心和你一起炸得粉身碎骨，这真是使人周身血液都凝固了。"神风"攻击产生的最直接的后果，是使美国对在日本本土进行登陆作战的代价作了最充分的考虑，最终决定在广岛和长崎投下原子弹，迫使日本投降。大西泷治郎中将在天皇裕仁宣布投降后，为对他推出的战术造成的约4000名日本青年的死难及其家属致歉，切腹自杀身亡。目前还活着的"神风"突击队员大约只有几百人，而驾机出击之后尚能生还的更是极少。

神秘"24拐"公路在何方

"24拐"公路在战争期间，曾经运输过来华援助的美国人和直接来华作战的美国军队，这条滇缅公路可谓运输大动脉。通常美国的援华物资经过滇缅公路到达昆明以后要想送达前线和当时中国的"陪都"重庆，这段"24拐"都是必由之路。美国总统罗斯福曾在滇缅公路开通时派遣驻华大使进行考察，并且美国新闻界对此发表了大量赞誉公路和中国人民抗战的文章。其中，"24拐"照片以其独具的魅力更具表现这条运输线上罕为人知的"超现实的图景"而成为了媒介的重头戏，于是在世界各地广为流传。

可是，奇怪的事情发生了。战争结束后，当人们想重返这段公路重新体味"24拐"的纪念意义时，它却消失了。无论是在史迪威公路或者滇缅公路上，竟然没有它的半毫踪迹。

直到2001年，戈叔亚还只是无数苦苦寻觅"24拐"者中的普通一人。而就是在那年年底，戈叔亚通过互联网和在日本工作的中国电视人朱弘交流时得知，当年的日本老兵和学者也都说"24拐"是在滇缅公路或史迪威公路上，而在这些众口一词的说法之外却有一个名叫森山康平的编辑说，它可能是在贵州，当年他曾编辑出版了一本介绍滇缅作战的写真集。

2002年2月26日，戈叔亚从昆明坐火车到贵州安顺市开始了他的寻找之旅。安顺公路管理局的人员说："好像是在兴义地区的晴隆县、普安县或者是六盘水市的盘县之间的公路上。"

接着，戈叔亚干脆直接到长途客车站询问老司机。司机们看了老照片后，当即把地点说得非常清楚准确："从晴隆县往昆明方向出去1千米。到了那里说'24拐'，谁都知道。"

3月1日中午，疲惫的戈叔亚到达晴隆县。果然街上的每一个出租车司机都知道"24拐"，他们告诉他这条公路是"美国人在二战时修的"。

就这样，一辆三轮车把戈叔亚送到了他朝思暮想的那条神秘公路面前。原来一切得来的是这么容易！为了拍摄和老照片完全一样的照片必须爬到对面的山巅上，并且在使用50毫米镜头的情况下，还必须站在距离万丈深渊的峭壁边缘不到30厘米的地方。此时戈叔亚的喜悦也许只有他自己能够体会。

贵州省交通厅综合计划处处长周明中说："'24拐'的确是在距贵阳200多千米的晴隆。现在，'24拐'属于320国道。它仍旧是泥路。"60年代末，在"24拐"附近的另一个坡面上，筑路工人把纵坡放缓，修了一条新路，以方便行车，但老路还保留并养护着。只是当年的"24拐"早已成为了"21 拐"。1991 年出版的《贵州省志·交通志》详细记载了关于"24 拐"修筑、管理、改造的历史，并有"24 拐"改为"21 拐"的地质图。

值得一提的是，改造"24 拐"的方案是战争期间由美国人提出来的，美国工程兵当时便驻扎在当地维修公路。

然而，为什么广为人们所知的云南著名的"24 拐"却跑到了贵州呢？

很多学者看到戈叔亚的新照片后，都对在贵州找到这个路段感到不可思议。罗伯特·安德森先生说，他对这张照片太熟悉了，因为他就曾亲自在云南怒江附近寻找过它，但是大家都一直认为它应该在滇缅公路上。

戈叔亚说，云南省交通厅的人员也不相信这个地方在贵州，这幅照片和云南人血肉般地联系在一起已半个多世纪了。省外事办的人员也在电话里惊叫起来，连说不信，因为该办接待过的日本老兵都认为"24 拐"是在云南。

戈叔亚认为，发生错误的原因，是当年蒋介石宣布把中印公路改名为"史迪威公路"，使美国人认定，从印度利多到中国重庆的所有公路，都是史迪威公路，所以，"24 拐"在史迪威公路或滇缅公路上，也便顺理成章了。

"24 拐"是与无数逝去与将逝的生命以及感情中最微妙的单元联系在一起的。"24 拐"究竟应该属于谁，当初为什么会出现这样的差错，以及现在的地域名分与利益之争，也许都不再重要了，因为世界只会去记住另一些更加刻骨铭心的事情。

第九章

匪夷所思的事件谜团

二战后苏联男女失衡——苏联女人与日本战俘的情缘

1945 年 8 月 9 日零时 10 分，集结在苏联远东边境一带的苏联红军外贝加尔方面军、远东第一方面军、远东第二方面军 150 多万军队越过中苏、中蒙边境，从东、西、北三个方向向盘踞在中国东北等地的日本关东军发起了突然袭击。截至 8 月 30 日，突袭战争宣告结束，中国东北和朝鲜北部的关东军各部队全部被解除武装。最初，近 60 万日本战俘暂时滞留在中国东北临时日军战俘营里，1945 年秋，几十万日本战俘陆续被从中国东北押解到苏联境内，开始了漫长的劳役岁月。

日复一日的劳役生活也使日俘对异性的渴求愈发强烈，于是，在劳改犯与看押犯人的苏联妇女之间便迸发了难以遏止的恋情，从整体上讲，日本战俘表现得非常好，听话、顺从、态度好，工作比较卖力，还经常参加社会主义劳动竞赛，主动打扫卫生，但让苏联人感到"气愤"的是，虽然身陷囹圄，没有自由，整日在泥煤开采场劳动，但日军战俘却色性不改，还在想着性爱之事，时常说什么"俄罗斯花姑娘的干活"。

原战俘营看守人员斯维里多夫回忆说，一个日军少佐看上了一个名叫维拉的女看守，"我那时虽然只有 15 岁，却已经明白了一些事情。有一次，他请求我帮忙：'请您换一下夜班，让我和维拉在一起吧，她已经同意到我的帐篷里去了。'我知道，这是不允许的，但我开始可怜他们了，这毕竟也是爱情，我就同意了。"

连续的战争使苏联失去了数千万精壮男性，也使千千万万苏联妇女成了寡妇，据统计，苏联集体农庄男女性别比例由 1940 年的 1 ∶ 1.1 拉大到 1945 年的 1 ∶ 2.7，于是在劳改营日本战俘与苏联女看守之间便迸发了难以遏止的爱情。

苏联妇女之所以愿意跟外国战俘同居，原因比较复杂，或因为纯洁的爱情，或因为生理方面的需要，或因为精神上的孤寂，或因为物质上的诱惑。有俄罗斯研究人员说："劳改营女管理人员有时出于'物质上的意图'跟外国战俘同居。"比如，有一个劳改营的女护士请一个战俘帮她搞一块手表，很快她就得到了手表，在得到手表的同时她还收到了一张字条："我给你手表，不过你应为此跟我保持亲密关系。"跟外国战俘有染的苏联妇女不仅要冒被开除党籍、开除公职的风险，还要冒健康受损的风险，她们的行为不为组织纪律所答应，也不为社会舆论所支持，尽管如此，苏联妇女跟外国战俘保持密切关系的事件却始终屡禁不止。

当时，苏联政府对待各国战俘的态度存在着一些微妙的差别，至今都无法解释这样做的原因。比如，苏联允许一小批日本战俘同苏联妇女结婚，日本战俘也是唯一被允许留在苏联定居的外国战俘。但是，苏联却不允许德国、意大利、匈牙利等国的战俘同苏联妇女结婚，不允许他们在苏联定居，1946 年秋天，德国战俘马克斯·哈尔特曼给苏联内务部战俘和被拘留者事务管理总局寄去了一份申请书，请求允许他加入苏联国籍并同一名苏联女公民结婚。此前他已经给斯大林写过三封信。结果，原先被解除看管的战俘马克斯·哈尔特曼又重新被看管起来，而他的苏联姘妇则被打发到列宁格勒，处在国家安全机关的监视之下。

然而，苏联政府却准许少数日本战俘同苏联妇女结婚，日本人在第二次世界大战期间并没有侵入苏联本土，此外日本人守纪律、服从管理、吃苦耐劳等特点也为他们被准许与苏联妇女结婚提供了一定的便利。在哈萨克地区，就有 19 名日本战俘经过批准加入了苏联国籍，他们留在了哈萨克并与当地妇女组建了家庭。不过，苏联政府也绝对不会随随便便就给日本战俘开绿灯，只有那些为苏联的利益效力的日本战俘，才有可能被允许留在苏联定居。相当多因为爱情的缘故而希望留在苏联的日本战俘则被拒绝，并被遣返回日本。

季娜伊达在克维托克幼儿园里做厨师，她的第一次婚姻很不幸，当看到村子里出现了一个安静、通情达理且很勤劳的日本男人之后，她情不自禁地爱上了他。谁也不知道这个日本人叫什么名字，大家干脆管他叫伊万。他性格温和善良，完全不像其他人，尽管没有任何的书面证明文件，两人还是住到了一起。

伊万拿定主意，要使自己在苏联的定居合法化、加入苏联国籍，并得到证明其身份的书面证明文件。为此，一天清晨伊万早早起身，吻别了妻子，动身前往泰舍特市，不料这一去就再也没能回来。从一封便函里，季娜伊达获悉自己爱人的真实名字叫做二木，作为到地方当局交涉请求加入苏联国籍的日本战俘被运送到远东地区去了，他将从那里被遣返回日本。

爱情本来就不总是甜蜜的，这种在特殊年代、特殊背景下生发的异国恋情和婚姻，就更为脆弱，稍有寒流袭来，爱情之花就会凋谢。

劫后余生——千余盟军战俘东北逃脱日军屠杀

在辽宁省沈阳市的东郊，有一座鲜为人知的日军沈阳战俘营，它曾经是日本军国主义在第二次世界大战期间设立的规模最大、级别最高的中心战俘营，这里先后关押了 2000 名盟军战俘，其中包括美军驻菲律宾最高军事长官温莱特中将和美军巴丹守军司令爱德华·金少将。

1942 年 11 月 11 日，盟军战俘 1500 多人从菲律宾马尼拉被运送到中国沈阳，这时的中国东北已经被日本殖民统治达 10 年之久，沈阳改称为奉天。战俘们来到日军奉天战俘营。战俘营里除了美国战俘外，还有英国、荷兰、澳大利亚的盟军战俘，他们来自东南亚战场，共 1500 多名。日军奉天战俘营位于沈阳的东郊，原来中国东北军的驻地，日本占领东北以后，就把这里变成了关押战俘的集中营。在这座破旧的战俘营里，中国东北的严寒给这些刚从热带过来的战俘们以沉重一击。天气真是太冷了，冷雨夹着冰雪，简直糟透了，那个地方让人心情灰暗。除却严寒饥饿和疾病的煎熬，战俘们还无法逃脱无时无刻不在的恐惧，按照战俘营的规定，点名时，战俘们必须要用日语从左到右喊出自己的战俘编号。

战俘营里的二号人物石川上尉满脸横肉，大家给他起了个绰号"公牛"。在奉天战俘营里，几乎每个战俘都领教过"公牛"的凶暴。英国陆军忠诚团第二营列兵瑞莫尔的下巴被"公牛"狠狠地打了几拳，理由是，他给日本人鞠躬时没把手中的煤筐和铁锹放下。

在饥饿和寒冷的威胁下，疾病开始袭击战俘了，战俘们得的病很多都有传染性，所以病菌在营房里迅速传播，患病人数一度达到 800 人，超过战俘总数的一半。第一个冬天就有 200 多名战俘死去。在战俘营，患病的战俘最怕进医院，因为日本人只有等病人奄奄一息的时候才让住院，而进了医院的人，由于根本无药可医，加上无人照料，绝大多数最后都进了停尸房。

1943 年 7 月，奉天战俘营司令松田大佐突然宣布了一个意外的决定：战俘营要搬家。战俘们的"新家"位于当时的奉天东郊，是一个新建成的专用战俘营，条件的改善使战俘们的健康状况逐渐好转。让战俘们感到惊奇的是，有一天日本人突然宣布要给他们发钱，前提是他们必须到新战俘营西边的工厂去劳动。20 世纪 30 年代，日本为了更快地掠夺东北的物质资源，在沈阳建立了一个大规模的工业区，满洲工作机械株式会社是日本三井公司和美国福特公司合作的一个机床厂，太平洋战争爆发后，由于美国人的撤出，工厂需要大量懂英文的技术工人，所以，美军战俘自然成为日本人的首选，在这个工厂里工作的还有大量中国工人。于是，约 600 名战俘开始到一家名叫"满洲工作机械株式会社"的工厂上工，生产和加工机械部件。这样的日子过了一段，终于有一天，平静被打破了。据美国战俘格罗凯特回忆：一次他和许多接受过机械培训的美国陆军和水兵被安排到工厂劳动，日本人交给他们一些图纸，要求他们按照图纸的要求去完成，战俘们打开图纸一看，大吃一惊：日本人要他们生产的，竟是战斗机起落架上用的齿轮。此时，战俘们终于明白，日本人是要让他们去生产武器，而这些武器即将被用来与自己的国家作战。战俘们决定反击，但他们清楚，如果采取极端手段，日本人肯定会对他们施行残酷的惩罚，于是，他们想了一个办法，当格罗凯特拿来图纸后，他们把左侧的那套图纸扔进炉子。本来要加工左右各 64 套战斗机起落架齿轮，结果做的全是右边的一套。生产的齿轮只能全部作废。初次反击的成功给了战俘们极大的鼓舞，更多的抗争无声地展开了。英国战俘克里斯蒂说："虽然远离了硝烟弥漫的战场，过着艰难的生活，但我们每个人仍然在同日本人战斗！"接着，战俘们又开始打起日本人车床的主意。他们生产出的产品总是不符合要求：不是螺丝拧不上，就是尺寸不对。战俘们的反抗，日本人并非没有察觉，而是因为他们找不到太多的理由来惩罚，更何况他们还得依靠战俘来生产更多的产品。

1944 年 11 月，美国战俘格罗凯特的一位中国朋友突然告诉他：100 架美国轰炸机轰炸了日本皇宫西北仅 16 千米的飞机发动机制造厂。格罗凯特明白，盟军已将战火烧到了日本本土。12 月 7 日，奉天战俘营里突然拉响了凄厉的警报声，天空出现了黑压压的轰炸机编队，美国战俘一眼就认出来，那是自己的 B-29 "超级空中堡垒"轰炸机。这时，一架轰炸机突然飞临奉天战俘营上空，紧接着，三枚炸弹投到了战俘营。尽管有 17 名战俘丧生，但战俘营的人们没有抱怨，他们终于看到了结束自己噩梦的希望，这次轰炸让日本人感觉自己即将失败。不过，日本人并没有消极等待失败的降临，他们制订了一个绝密的计划。

1945 年 4 月，奉天战俘营陆续押来许多盟军高级军官战俘，其中包括帕克少将等 26 名美国、英国和澳大利亚的将军，由于日军在东南亚的溃败，他们将这些原本关押在那里的重要战俘陆续转移到中国东北，据说，在菲律宾被俘的美国最高军事长官温莱特中将也被转移到了这里，消息被截获后，美军决定筹备营救计划，5 月，美国战略情报局成员李奇抵达中国昆明，接受跳伞训练。

1945 年 8 月 6 日，奉天战俘营里的日本人突然变得疯狂起来，他们见人就打。日本人把战俘们集中到操场上宣布：今天谁也不用去工厂，都站在这里，谁要是站歪了，马上拉出来枪毙。原来，这天上午8时15分，美国名为"小男孩"的原子弹在日本广岛爆炸，巨大的火球在瞬间就摧毁了广岛60%的城区，有近20万人死亡，这其中就有奉天战俘营里日本人的亲属。

1945年8月15日，日本天皇通过广播向全世界宣布日本无条件投降，第二次世界大战结束，然而，正在憧憬回家的战俘们并不知道，危险正在悄悄逼近，也许，他们中的任何一个人都不能踏上回家的路。根据截获的一份绝密文件显示，日军已做好最终处置俘虏的准备，宗旨是决不允许任何一人逃跑，全部镇压，不留证据。日本人决定实施那个绝密计划，战争结束前一周，战俘们都收到了日本人发放的鸡蛋般大小的14个小土豆，他们被告知要离开，这14个土豆是他们三天的粮食。原来，日本人是要把他们带到一个煤矿，并在那里将他们全部处决，美国战俘已知道，日本政府曾下过指令，如果美军进犯日本，他们就杀光战俘。

1945年8月16日，就在日本天皇宣布投降的第二天，凌晨4时30分，一架B-24"解放者"轰炸机从中国古城西安起飞，机舱内有6名背着伞包的军人，他们就是美军派往奉天执行营救计划的行动小组。营救小组抵达奉天上空。10点20分左右，营救小组人员依次跳出飞机，营救队员着地后，开始询问战俘营的位置，一名中国人主动给他们带路。这时，从前面的一条小路上过来一伙日本兵。他们端着上了刺刀的步枪，营救小组告诉日本人，战争已经结束了。随后，营救队员们被带到日本秘密警察的所在地。营救小组是第一支抵达沈阳战俘营的盟军部队，他们的及时到来，终止了日军企图屠杀战俘的计划。

第二天，营救队员来到奉天战俘营司令官松田大佐的办公室。松田不习惯有这么多的美国人坐在自己的周围，而且也没有向他鞠躬，营救队员说要见战俘营里的最高长官，过了几分钟，美国将军帕克被带了出来，营救队员在奉天战俘营的名单上没有找到温莱特将军的名字，后来，他们从松田那里得知，温莱特将军被关押在离奉天240千米外的吉林省辽源市战俘营，那是他们下属的一个分战俘营，在那里还关押着41名盟军高级将领，营救小组决定，第二天由李奇带着医生前往辽源。火车行驶一天一夜后，李奇等人来到了辽源战俘营。这是一个非常隐蔽的营区，位于一个被树木掩盖的半山坡上。当营救队员见到温莱特将军时，发现他被日军折磨得瘦骨嶙峋。

1945年8月8日，苏联红军出兵中国东北，8月20日，苏联红军解放奉天，接收了日伪机关，控制了机场、铁路等重要目标，其中还有奉天战俘营。战俘们又一次被集合起来，在他们的对面是日本军官和士兵，一名苏联红军少校以苏维埃军事委员会的名义宣布解除日军武装，这时，戏剧性的一幕出现了：一些战俘被挑选出来，一对一地站在日本哨兵的面前，接过日本士兵交出的枪，并转身成为了持枪的哨兵，而原来的日本看守则成了俘虏。

一周后，在苏联红军的协助下，温莱特将军等41名高级军官也顺利到达奉天。麦克阿瑟派直升机将温莱特将军从中国东北直接接到东京湾的密苏里军舰上，请他见证日本签署投降协定的那一刻，在日本东京湾停泊的"密苏里"号战舰上，参加了日本投降协定的签字仪式。意味深长的是，当盟军统帅麦克阿瑟签署完受降书后，转身把刚刚用过的钢笔交给了曾在战场向日本人投降的温莱特将军。

在奉天，由于苏联红军提供了交通的便利，战俘们终于开始踏上他们的回家之路，1945年8月24日，第一批29名急需救护的重患战俘乘坐飞机离开奉天，随后，1583名美英等国的战俘也陆续乘火车前往大连，他们分别搭乘美国海军的"救援"号医疗舰和当时最先进的APA-145型运输舰离开大连，在经过40天的海上航行之后，美国战俘们终于抵达了他们久违的国家。

绑架隆美尔——二战中英国特种部队最大胆的计划

1944年，英国特种空降部队的一支特种兵队伍接到了一项"不成功则成仁"的任务——在法国的一座别墅刺杀或抓捕纳粹最强的指挥官之一隆美尔。

6月6日，诺曼底战役打响之后，盟军开始陆续解放被纳粹德国占领的欧洲大陆。1944 年 7 月 20 日，空降特勤队司令麦克利奥准将发布了这道堪称第二次世界大战最为大胆的计划，他要求手下的特种兵队员们，要么将正在战场和盟军作战的德国陆军元帅隆美尔击毙，要么将他绑架到英国，以此作为对希特勒的一个"威胁和打击"。隆美尔被誉为"沙漠之狐"，是希特勒最为倚重的前线指挥官，他曾在北非和西欧地区对盟国军队实施多次打击，给第二次世界大战局势带来很大影响。因此，英国特种部队的精英空降特勤队将隆美尔作为"袭击"目标，并不出乎意料。

起程前，初次上阵的英军特种兵，英国皇家空军特种空勤团（SAS），向来被视为王牌中的王牌，尽管被寄予厚望，参与此次行动的士兵班尼特却并不感到自豪。他写道，众人起程前吃了一顿"只有国王才能享用的饭菜"，"看那架势，就好像我们要上绞刑架似的"。

绑架计划首先要在隆美尔作战的区域寻找适当的空降地点，并有必要进行短时间据守，根据侦察情况决定是否实施绑架。此外，麦克利奥在命令中还提到将隆美尔击毙的可能性。"击毙隆美尔显然比绑架他容易。宁可确保击毙隆美尔成功，也比试图绑架他但失败要好。"

根据日记记载的内容，麦克利奥的命令被标注为"绝密"级别，麦克利奥要求，"以下要点应牢记在心：如果绑架隆美尔，并将他带回英国存在可能性的话，结果将会产生巨大的宣传价值，针对当地居民的报复行动也将因此减少或者得以避免。"然而，当 4 名空降特勤队的精锐士兵准备好跳伞空降于一座法国城堡实施计划的前几个小时，这项突击行动却被临时叫停。原来，一场意外的事故让隆美尔逃脱了盟军的刺杀。

1944 年 7 月 17 日，隆美尔正在诺曼底前线与英国军队鏖战，没想到他乘坐的汽车却遭遇英国空军飞机的轰炸，隆美尔受伤，被随后赶到的参谋们从沟中救出，送到附近的贝尔内空军医院。当地医生用碎布条缠住隆美尔凹陷流血的头部，随后又给他注射了两瓶樟脑油。这种急救方法虽然比较简陋，但挽救了隆美尔的性命。随后他将指挥权交给副手，回到德国进行治疗和养伤。因此，麦克利奥之前制订的绑架计划失去了实际操作的可能性，这项任务被取消了。

"沙漠之狐"虽然逃脱了盟军的生擒或刺杀，却卷入刺杀希特勒未遂的行动。7月20日，在东普鲁士腊斯登堡一座简易木板房里，希特勒正召集高级将领举行军事会议。突然"轰"的一声巨响，一颗预先放置的定时炸弹爆炸了，霎时间，烟雾立即弥漫了整个会场。这是德国反希特勒分子们策划的一次暗杀行动，但希特勒仅受了一点轻伤。为了查清真相，希特勒逮捕了一批可疑军官，在这股清洗浪潮中，不乏隆美尔的老战友和下属。

1944年10月14日，"沙漠之狐"隆美尔被迫服毒自杀，希特勒还假惺惺地为他举行了国葬。一代名将就这样被自己效忠的领袖置于死地，获知情报的盟军在庆幸之余不胜欷歔。当然，对SAS官兵来说，这样一个为自身扬名的良机就此失却，可能更是他们永远的遗憾。

是侵略者还是受害者——揭秘"日本开拓团"

向中国东北移民，是日本既定的国策，"日本开拓团"是在"九一八事变"之后，为了真正占领中国，日本向中国派来的组织，不光有军队，还有大量的移民。据不完全统计，日本在侵占中国东北期间，共派遣开拓团860多个、33万多人。为推行移民侵略政策，日本在进行移民的同时又大肆掠夺东北地区的土地。1932年，日本在东北成立"日满土地开拓公司"，通过验收、抢夺并销毁地契等方式，大量掠夺东北农民。

"开拓团"强占或以极低廉的价格强迫收购中国人的土地，然后再租给中国农民耕种，从而使500多万中国农民失去土地，四处流离或在日本组建的1.2万多个"集团部落"中忍饥受寒，其间冻饿而死的人无法计数。这些无偿强占或以极低廉的价格强迫收购了中国人土地的日本人，由于人均占有的土地太多（20町步，近乎20垧），绝大多数都无力耕作，大部分都租给中国农民耕种，成了地主，而一些日本人对邻近的中国人肆意地强奸、殴打、偷抢，其罪行与真正的侵略军一样令人发指。

1936年5月，日本关东军制定了所谓的"满洲农业移民百万户移住计划"。

大批日本农业贫民源源不断地拥入中国东北,成为"日本开拓团"。到1945年,日本组织了共计14批次、总数为7万户、20万人的集团式开拓移民团侵略中国东北。

1936年8月25日,日本把向中国东北移民列为"七大国策"之一,准备从1937年起,利用10年时间,向中国东北实施移送100万户、500万人的庞大移民侵略计划。据日本估计,伪满人口将在30年内由当时的3500万人增至5000万人,而日本人要成为"满洲国"的五族之一,其人口至少应占到十分之一,即500万人。据日本史料记载,伪满时期仅黑龙江地区就有日本移民13万人。其险恶的目的是,日本想借此改变东北的民族构成,造成日本人在东北的人口优势,反客为主,霸占东北。当时日本拓务省曾指出:"现在满洲国的人口约有3000万人,20年后将近5000万人,那时将占一成的500万日本人移入满洲,成为民族协和的核心,则我对满洲的目的,自然就达到了。"

关东军特务部制定《关于满洲农业移民要纲案》提出:"农业移民,是以在乡军人为主体,在警备上是屯田兵制的组织,具有充分的自卫能力。"6月,所谓"满洲开拓之父"的东宫铁难大尉向日本政府提出《屯垦意见书》,主张由在乡军人为主干,编成吉林屯垦军基干队。这种移民当时被称为"拓务省集团移民",又称"试验移民""国防移民"。由于这种移民招收对象均为在乡军人,按军队形式编组,并配发武器,因此他们更多地被称为"武装移民"。在策划首批武装移民入侵行动时明确指出,是"从维护治安的角度着眼"。规定武装移民要"承担关东军任务的一部分",其作用是配合关东军"镇压反满抗日武装部队"和维持"满洲国"的治安。

通过对各种资料的研究表明,日本对我国东北进行移民侵略的目的是把日本移民组织成强化的武装集团,侵入中国农民居住区,形成由日本人组成的特殊村落或"移民团",以监视和镇压当地人民。"移民团"依其规模分为"集团移民团""集合移民团""分散移民团",日本还把农家的次子、三子以下的未成年人集合起来,经过训练后派往中国东北,成为所谓的"满蒙开拓青少年义勇军"，1940年，日本帝国主义为稳定"青少年义勇队"移民，使之永远扎根于中国东北，实行"大陆新娘"政策，募集在日本、伪满洲居住的17岁以上至25岁以下的日本独身女子，进行为期一年的"女塾"训练，内容主要是营农和农家事务实习。1943年，日本在中国东北设置了12个开拓"女塾"训练所，训练结束后，这些女青年与"义勇队开拓团"团员组成家庭，定居中国东北。伪滨江省开拓女子训练所即是其中之一。

1945年8月15日，日本宣布投降后，其在东北的殖民统治机构及伪满当局设立的企事业立刻土崩瓦解。在这一历史的瞬间，分驻在东北各地的日本军队和散居各地的日本侨民害怕遭受报复，一片惊慌，那时局势十分混乱。有的"开拓团"声称接到了奉命回国的指示，有的则认为关东军的命令是要求他们集体自杀。由于形势不明、处处受阻，亡命途中的日本开拓民在山林里狼奔豕突，无路可走。饥饿、疾病交加，一路上倒毙和自杀的不计其数。在得知日本投降的最初一段时间里，一些人觉得回国无望、前途渺茫，集体自杀现象频频发生。

所有人都盼望早点回国。此时的日本政府已顾不上这些开拓团民了，8月20日，日本外务省发布的训电说："现在还谈不到遣送驻外侨民，应尽可能使驻外侨民停留在现地。"这实际上是抛弃了这些移民。

1945年8月，黑龙江省方正县成为日本开拓团成员的聚集地，9月中旬，佳木斯附近的汤原、桦川、桦南几个县的开拓团团民集体步行前往牡丹江，想在此乘火车回国，但是牡丹江的火车已经中断，这些人又折返至方正县境内，人数达1.5万人。因长途跋涉、体力耗尽，加上传染病流行，开拓团民纷纷倒毙，死亡人数超5000人，其尸骨被收集起来合葬在现在的方正地区日本人公墓。

"万岁崖"——塞班岛日军丑名千古

塞班岛最早是由菲律宾等地移民建设起来的岛屿，它的原始美丽被世人所认识，是在1521年航海家麦哲伦环球旅行之后，第一次世界大战结束时，

塞班岛变成日本的海外领地，大批日本移民在当地经营达 20 余年，1944 年
7 月，美军经过奋战夺取这里，塞班岛成为第一批被盟军攻克的日本属岛。
塞班岛是马里亚纳群岛的主要岛屿，守岛日军为小畑英良中将和南云忠一海
军中将所辖部队等共 4.3 万余人，塞班岛战役开始于 1944 年 6 月 11 日，结
束于 1944 年 7 月 9 日。

塞班岛是马里亚纳群岛的第二大岛，长约 21 千米，宽 4 千米至 8 千米
不等，面积约 184 平方千米，地势中央高四周低，岛上多山峰、丘陵、沟壑、
岩洞，制高点是岛中央海拔 450 米的塔波乔峰，岛西海岸有一条覆盖整个海
滩的珊瑚礁，加拉潘角将其一分为二，北面形成天然良港——塔那潘港，该
港也是塞班岛以及马里亚纳群岛的经济、文化中心，南面为平坦的马基奇思
海滩，是理想的登陆滩头。

1944 年 6 月，美国以 7 万人的兵力包围了日本海军司令部所在地塞班岛，
在这仅有 120 平方千米的土地上，美国人 3 周内投下 50 万枚炸弹，使塞班
岛成为汪洋中的一片火海，岛上的大部地面工事被摧毁。

15 日，美国第二陆战师、第四陆战师在塞班岛西岸查兰干诺地区登陆，
傍晚占领登陆场。此时，美军虽然上陆部队已有两万余人，伤亡 2000 余人，
夺取的登陆场却只有计划的一半，难以形成有效的防御态势。当晚，日军趁
美军登陆场狭小，立足未稳之机，发动了夜袭，企图将美军一举赶下海。日
军以 36 辆坦克掩护 1000 多步兵发起冲锋，美军早有防备，照明弹一发接一
发，将夜空照得如同白昼，日军的反击刚开始就被发现，美军随即召唤舰炮
火力支援，在猛烈密集的舰炮射击下，日军白白损失 700 余人，一无所得。
从 16 日深夜到 17 日凌晨，日军又以 44 辆坦克和 500 人发动夜袭，结果遭
到了沉重打击，坦克被全部消灭，步兵也损失大半。

6 月 18 日，美军继续发展进攻，陆战四师攻至南部的马基奇思海滩，
第 27 师的 165 团轻而易举夺下了最大的机场——阿斯利洛机场，两天后陆
战队的战斗机就开始进驻该机场。美军巩固登陆场后，第 27 步兵师登陆增
援，并赶修机场和部署炮兵，斋藤意识到由于双方实力相差悬殊，反击已不

可能有什么作用，转而重新调整部署，依托岛上最高峰塔波乔峰组织防线。26日，美军攻占该岛中部制高点塔波乔山，随后向北发展进攻，经过20天激战，日军伤亡惨重，只剩3000人。6月30日，斋藤在美军越来越大的压力下，率余部退至塔纳帕格村一线的"最后抵抗线"，负隅顽抗，做最后的垂死挣扎。7月4日，美军攻占了福劳里斯角水上飞机基地，将残余日军压缩至东北角的狭小地域，至此日军的最后防线终于被突破，守军大部被歼。7月6日，斋藤和南云向东京大本营发出了最后的诀别电，然后将岛上残余的3000名官兵集中起来，部署了最后的决死攻击，当晚斋藤剖腹自杀。

史密斯预见到日军肯定会在最后失败前进行自杀攻击，特意到27师师部，叮嘱部属要加强戒备，严密防范日军的自杀冲锋，但27师不以为然，麻痹大意，7月7日4时，3000多日军突然发起了进攻，军官挥舞着武士军刀，身先士卒带头冲锋，士兵们有枪的带枪，没枪的拿着刺刀和棍棒，甚至头裹绷带、手拄拐棍的伤员也一瘸一拐地冲上来，全然不顾美军的射击，经激战，终将日军这次丧失理智的自杀冲锋粉碎，美军伤亡很大，仅阵亡就达400余人，而日军在美军阵地前遗留的尸体就有1300多具，美军只得挖掘一个大坑，再用推土机将这些尸体推入坑中集体掩埋，日军有组织的抵抗至此结束。当天，南云忠一命令日军端着上了刺刀的长枪押着妇女、老人、孩子向岛北端高30米的石崖走去，到了崖边举行"殉难仪式"。在刺刀的威逼之下，抱着自己的孩子的妇女、老人们机械地喊着"万岁"跳下石崖，坠入大海，从此，这个无名的石崖就有了名字——"万岁崖"。日军逼着家属跳崖的第二天，南云忠一又发布了第二道命令，所有军人都要殉职，向天皇效忠，先是全体日军集合向天皇宣誓，接着命令1000多名官兵上山，随后是塞班女子中学的校长带着100多名学生上山，在山上，校长向学生们讲话，"将士们浴血奋战，完成了天皇交给的使命，他们就要殉职效忠了，我们女子中学的学生面临着要被美国兵侮辱的危险，不如将你们美丽的身体献给为天皇效忠的大和民族英雄们，以表慰安……"在石崖下的司令部里，此时的南云忠一已剖腹自杀。7月10日，美军打扫战场，发现崖下有1053具日军尸体，还有 107 具少女的尸体，少女们都一丝不挂，这些少女都是塞班女中学生。

在塞班岛战役中，日军伤亡 4.1 万余人，被俘近 2000 人，美军伤亡 1.6 万余人，美军夺取塞班岛，为攻占马里亚纳群岛其他岛屿创造了条件，也为 B-29 远程轰炸机轰炸日本本土提供了基地，后来美国向日本投下两颗原子弹的轰炸机，也是从塞班属岛天宁起飞的，至今游客们还可到那里参观"原子弹装机纪念地"。

人间恶魔——侵华日军"673"细菌部队

距离黑龙江省孙吴县城 4 千米的西关村是个林密花香、风光秀美的好地方，然而，几十年前，这里却是个杀人场，臭名昭著的侵华日军"731"细菌部队的一个支队就设在这里，对外番号为"673"。

1938 年，日寇为进一步扩大侵华战争，不惜违背国际法和世界舆论的遣责，建立了一支在世界战争史上规模庞大的细菌部队，灭绝人性地将细菌武器用于战争，细菌部队特别军事区划定在哈尔滨市平房附近，该部队总称为"满洲 731 部队"，其下设有牡丹江支队为"643"部队，林口支队为"162"部队，海拉尔支队为"543"部队，孙吴支队为"673"部队。

孙吴支队人员初期 30 多人，1941 年增加到 80 多人，到 1945 年日本投降时已达 120 人，孙吴基地的主要任务是培育和繁殖散布细菌的寄生虫，大量生产鼠疫、霍乱等传染细菌和防疫用血清、细菌。关东军"731"本部选择孙吴建立细菌支队，完全出于战略上的需要，孙吴这个地方人口少，可用地多，这里靠近铁路，且有数万名劳工，选取试验对象极为方便，孙吴鼠类众多，有黑线鼠、花色鼠、白鼠、黑鼠、灰色鼠、小眼鼠、大眼鼠，有野鼠，也有家鼠，还有瞎半鼠和水老鼠等，而且这里又发现过鼠疫患者，是对细菌武器的研究试验都极为有利。

"731"部队是 20 世纪 40 年代全球最大的研究准备细菌战的秘密军事机构，它的重要分支孙吴支队（673 部队）就设立在孙吴铃兰花随风摇曳、花香四溢的铃兰台。据日本的有关资料记载："731 部队的北野政次于 1942

年在孙吴捕获 40 只黑线姬鼠，在鼠上收集到耶氏历螨 203 只，将螨制成悬液后再注入黑姬鼠体内，25 天后将鼠杀死，用鼠的肝、脾、胃再制成乳状液，经病毒过滤器过滤之后，将此乳状液注入'猿'（经史家考据，此处的'猿'即指中国人）身上，19 天后引起发病，再把发病的'猿'的血液注入另一'猿'体内，亦引起同样的出血热病。"

伪满时期，关东军"673"支队强迫群众交老鼠，责令学生停课捕捉老鼠，人们背后议论着："日本人要这么多老鼠干什么？"在"673"部队的 15 间鼠舍的地下，都建有储存饲料的地窖，共收养 1000 多只老鼠，其中 10 多只俗名"大眼贼"的老鼠，是属于松鼠科田鼠类的原宗，另外还有兔子、羊等动物，当真相大白之后，人们称日本关东军细菌部队为"老鼠部队"。

为了得到大量虱子作为实验生物，"731"细菌工厂的日本人，从劳工中挑出 10 名年过半百的老头，关进一间空房子，告诉他们从今往后你们就不用去干活了，就在这里养虱子，捉虱子，7 天以后，每人每天要交上 100个大虱子，后来，这些养虱子的老头都被杀害了。

1938 年 8 月，60 名被日本人称作"马路大"（木头之意）的中国抗日志士被"特别输送"到驻孙吴日军的"673"支队，"673"支队的研究人员随时在他们身上进行"孙吴热"（我国最早发现流行性出血热是在日伪统治时期的孙吴，故出血热又名"孙吴热"）的传染及治疗实验，幸存者后来又成为冻伤治疗试验的对象，这样的"特别输送"无法统计有多少次，日本人为了研究细菌武器，不知惨无人道地杀害了多少中国人！

孙吴支队长西俊英中佐战后在法庭上供述了对十名中国俘虏进行传染坏疽病的实验情景时说："我们将中国俘虏绑缚在间隔 10~20 米的木柱上，然后通过电流，使装有坏疽菌的榴霰弹爆炸，结果 10 个人全部都带有细菌的破片炸伤，同时感染上了坏疽病，经过一星期的痛苦时间后便死去了。"

1944 年 5 月，日本陆军省命令关东军增加细菌武器的生产，以满足日军统帅部在太平洋地区大规模推行细菌战的需要，为特种部队增添了最完善的可供连续生产细菌的新设备，孙吴、海林、林口等支队也相应建立了大量培育细菌的生产系统，这样，一旦"731"本部的设施在战争中被摧毁，各支队可确保正常运转。

1945年8月，日本投降前夕，关东军总司令山田乙三命令"731"部队立即销毁所有实验室和设备之后，"731"直属各支队开始行动，"673"支队实验基地一片混乱，支队长西俊英中佐命令部下把机密文件、研究资料、图书及实验用小动物统统塞进锅炉烧掉，随后，又放火烧毁了房屋，炸毁了军用建筑。战争结束后，以石井四郎为首魔的一伙所谓细菌武器专家，竟然以特种部队的细菌武器研究资料数据、图片等全部呈送美国为交换条件，被美国当权者免除了他们的战犯罪，逃脱了人民的正义审判，真是对正义最大的背叛。

现在，作为罪证的细菌实验房舍虽已荡然无存，但废墟仍在，房舍的基础框架结构仍然清晰可见，中国政府在此立的遗址纪念碑，向后人们昭示着日军在此曾经犯下的、在人类历史上登峰造极的集体战争罪行，提醒着善良的人们永远不要忘记在这里曾发生过的一切。

2000年，有关专家在黑龙江省档案馆首次发现并公布了"731"部队用活人作细菌试验的原始文字材料——"特别输送档案"，这些材料都是该部队败退时来不及销毁而留下的，是侵华日军进行人体试验的罪证，并清理发现300多件人体解剖用具。战争虽然过去了半个多世纪，但战争的阴霾仍在，当人们面对摆物展柜中陈列的防毒面具、日本战刀、老鼠笼、介子器等残害中国人民的武器时，相信每个人都不会忘记这段被人凌辱的历史，警惕啊，一切爱好和平的人们！

被迫追认的现实——对日索赔始末

日本在第二次世界大战期间为建立其所谓的"大东亚共荣圈"，给亚洲各国人民带来了深重的灾难。仅以中国为例，从1937年至1945年的8年间，就被日本帝国主义杀害了3500万人，直接经济损失640亿美元，间接损失高达5000亿美元，5000亿美元按购买力折合现价，超过5万亿。

至于所有与日本交战国，其损失就更为巨大了。这些损失完全是由于日本发动的侵略战争造成的，理所当然应该由日本赔偿。

在 1945 年 2 月英美苏首脑举行雅尔塔会议时，便制定了要求德意日法西斯国家给予盟国战争赔偿的原则。规定德国应赔偿 200 亿美元，其中 100 亿归苏联，80 亿归英美，20 亿归其他国家。战后，英、美、法、苏对德国实行分区占领，成立盟国管制委员会，德国的赔偿以盟国从各占领区拆迁工业设施抵偿。

在 1945 年 7 月，波茨坦会议召开时，日本的败局已定，盟国在会上即拟定了战后日本对盟国的赔偿方针，主要内容是：第一，日本必须进行战争赔偿，但是考虑到日本战后可能的情况，决定让其采用实物支付的方式进行赔偿；第二，赔偿规模不是按照受害国的损失，而是小于损失。在波茨坦会议上盟国已经明确了战后要通过赔偿来剥夺日本战争能力的意愿。与日本对亚洲国家造成的损害相比较，无论如何处置日本显然都是宽容的。

对于日本，以美、英、苏、中为首的同盟国在日本投降后成立了一个赔偿委员会，专门协商日本赔偿问题。1945 年 11 月 5 日，该委员会一致认为，为了剥夺日本进行战争的产业能力，防止军国主义复活，决定加重日本的战争赔偿。方式是把日本工业设备的一大半拆迁给各战争受害国作为赔偿。为此，指示各国分头调查、统计战争期间的损失，以便具体确定赔偿的方案。

按照美国政府所制定的"临时赔偿方案"，"先期拆迁"计划将提日本工业设备实物的 3% 作为直接受日本侵略国家的赔偿物资，其中中国可得 15%。但是，随着时局的变化，美国为自己狭隘的战略所考虑，对这个 3% 的赔偿范围一减再减。最后中国只得到了微不足道的一部分。这期间国民党政府派出的中国首席代表吴半农多次严正交涉，但美国一意孤行，不予理会。中国战时损失，据国民党行政院赔偿委员会的估计，按当时价格计算，不下 620 亿美元，而中国分得的赔偿物资才约值 2250 万美元，只占万分之三。

而实际上，这个数字也只是画饼充饥——日本一共只支付了 22.3 亿美元战争赔款，其中数额最大的是菲律宾和印尼，各 8 亿美元。而中国、美国、英国、苏联、荷兰、澳大利亚都宣布放弃日本的战争赔款。那么这些国家为什么要放弃对日索赔呢？这就不能不提到美国在这其中的作用了。

战后初期，美国对于日本赔偿的态度还相当积极，后来稍有动摇，但还是于1947年4月4日采取单独行动，发动了"先期拆迁"。

可是随着美、苏对立日益尖锐，再加上中国人民解放战争顺利进展，美国的外交政策就有了根本性的转变。在远东方面，美国亟盼建立一个反苏反共的基地，而环顾全球，只有在它控制下的日本最符合这个条件。于是扶持日本、抵赖赔偿，就成为美国的基本方针。美国政府于1949年5月13日向盟总颁发临时指令，取消了"先期拆迁"计划的执行，停止了日本对各盟国的赔偿。至此，战后对日索赔的事宜实际上已被美国腰斩。

在这里还有个关于日本在国外资产的处理问题。日本投降后，国民政府将在中国境内属于日本政府和日本国民的部分资产加以接收、清理。这些资产中很多是日本利用中国的劳动力资源和物质资源形成的，也就是说它本身完全是侵略的产物，因此，理应列入日本无条件归还中国之列，不应作为抵充赔偿之部分，但国民政府还是顾全大局，同意将日本在华资产来抵充赔偿额的一部分，这充分体现了战后中国对日宽大的一面。

至于日本在中国东北的所谓资产，本来是日本长期以来对东北殖民侵略的结果，理应完全归还中国或抵充赔偿，但苏联坚持要把东北的日本资产作为战利品搬运回国，拒绝将其列入赔偿范围，也拒绝将其归还中国，中国只好请求远东委员会在决定赔偿比例时应对中国在东北所损失部分予以考虑，使中国取得相当之补偿，但中国的建议最终未获盟国的赞同。

就是在这样的历史背景下，蒋介石发表了中国对日本"以德报怨"的著名讲话。蒋介石虽然没有提到战争赔款一事，但确定了中国对日本宽大处理的方针。1949年菲律宾派特使访问蒋介石，商讨共同对日索取赔款之事，蒋介石有放弃日本战争赔款的意思。

1949年后发生的一系列大事更使日本战争赔款几乎不可能：新中国政府的成立，使中国在意识形态上与美日对立；而朝鲜战争更促使美国加快将日本建设为远东的盟友。1951年旧金山和会两岸均未参加，但在美国主导下，台湾当局不得不承认和会的结果，即放弃战争赔款，至此，日本战争赔款问题在法理上已经结束了。

中国所以放弃对日索赔，客观上，是因为日本战后一片狼藉，没有力量支付这笔钱；主观上，则是因为国家积弱积贫，且内战频仍，没有力量要到这笔钱。

新中国成立后，中国政府也在多个场合表明放弃对日本的战争索赔。

希特勒的私人城堡——"鹰巢"

纳粹头目希特勒的私人城堡——"鹰巢"，位于德国阿尔卑斯山脉1834米高的奥柏萨尔斯堡山顶。历史学家曾说："希特勒一手握着世外桃源般的鹰巢，一手控制着如同死亡工厂的奥斯威辛。"如今，随着"鹰巢"的重新开放，希特勒手中的这张秘密王牌也像奥斯威辛一样逐渐被世人熟知。

据说当年希特勒为写作《我的奋斗》第二卷来到这里，并深深地迷上了这里的自然风光，纳粹党于是决定在这里建造一幢别墅，虽然只是一幢别墅，其施工难度和工程规模之大却是超乎想象，被称为"鹰巢之路"的6.5千米盘山公路被认为道路工程上的杰作，它从坚硬的石头中开凿而出，还有"鹰巢"入口124米长横穿花岗岩的隧道，124米高能同时容纳53人的电梯，加上别墅的主体建筑，整个工程耗时13个月，动用了6000名劳工，花费了3000万帝国马克才完成，如果换算成现在的货币大约价值1.5亿欧元。

第二次世界大战开始后，这里成为元首总部。希特勒在"鹰巢"以帝国元首的身份接待了英国首相张伯伦、英国国王爱德华八世、罗马尼亚国王卡洛尔二世等多国政要。他还在这里制订重要的政治和军事计划，颁布法律和规定。吞并奥地利、进攻捷克斯洛伐克、入侵波兰和法国、闪击苏联的作战方案，都是在这里签署和密谋的。

德国著名风景区贝希特斯加登拥有阿尔卑斯山的独特迷人风景，"鹰巢"

以及山下的贝希特斯加登镇现在已成为人们喜爱的旅游胜地，酒馆、餐厅、豪华酒店，应有尽有。这里不仅能享受德国最好的温泉，也有德国海拔最高的高尔夫球场。但是有谁能想到，20世纪30年代至40年代，这两个地方曾是希特勒的个人休闲场所，是他和情妇埃娃·布劳恩带着爱犬经常在此漫步的地方。

比希特勒年轻23岁的爱娃在慕尼黑和柏林的政治圈里几乎从不露面。但在"鹰巢"，她却是活跃的女主人，纳粹党的一些高官为了赢得希特勒的信任，借各种理由到上萨尔茨堡与爱娃套近乎，古怪冷酷的希特勒也需要私人环境，他把上萨尔茨堡看成是家庭氛围最浓的住处。

实际上，在第二次世界大战结束前，德国人很少有人知道这座"领袖"的别墅，直到德国被盟军占领，媒体才公开此事，至于"鹰巢"的名字，则出自一位闻名世界的英国记者瓦德·普理斯的战后详细报道。

他将"鹰巢"称之为"世界八大奇迹"之一，并给它取名为"鹰巢"，想必是因为第三帝国的国徽是一只老鹰吧。

"鹰巢"也是"元首圈子"的主要活动场所，他们经常在这里喝茶、会客，举行晚会和电影招待会。1944年6月，爱娃还在这里为她妹妹格蕾特尔组织了持续三天的战时婚礼。

1945年4月，在"第三帝国"行将毁灭前夕，爱娃将母亲、姐妹从慕尼黑转移到上萨尔茨堡山庄，她自己则与希特勒在柏林"元首地下掩体"举行完婚礼后双双自杀，共赴黄泉。

"鹰巢"不具备对盟军发动突然轰炸的防卫措施，盟军开始对德国大部分地区进行空袭后，纳粹才在上萨尔茨堡地区加强了防空设施，山底铺设了地下碉堡，第二次世界大战结束前，艾森豪威尔在计划占领纳粹德国首都柏林的同时，担心党卫军等纳粹核心军队撤退到阿尔卑斯山中，下令盟军在1945年4月25日对上萨尔茨堡山进行了大规模的轰炸，"鹰巢"也的确成为了一个主要的轰炸目标，但并未受到损坏。在政府的交涉下，"鹰巢"在战后也得以免遭破毁。

如今的"鹰巢"仍保持着它最初的原始状态，并吸引了无数的游客，但为防止它成为新纳粹的朝圣地，没有恢复室内的原貌，只是改成餐馆，成为旅游地。现城堡内有餐厅、咖啡厅，还保留着希特勒当时与幕僚开会的客厅和会议厅，展览着一些相关文档，并用电视播放当时纳粹巨头们在此策划占领奥地利或讨论战事的情景。客厅里除了还保存着当年墨索里尼送给希特勒的红色大理石壁炉外，已经没有任何纳粹的痕迹了。"永远不要重蹈覆辙"——这是涂鸦者在"鹰巢"地下掩体的墙上书写的一行字。

代号"伐尔克里"——解密"狼穴"里的爆炸声

1944年初夏，纳粹德国东西两面遭到夹击。四面楚歌、穷途末路，为了挽救德意志民族于行将到来的灭顶之灾，以上校施道芬堡为首的一部分德军军官铤而走险，冒死刺杀这场战争的罪魁祸首希特勒，以达到和盟军议和的目的。

针对希特勒的这次刺杀行动预谋已久，这个计划总的代号是"伐尔克里"复仇计划，这是一个很恰当的名称，"伐尔克里"在北欧日耳曼神语中是一群美丽而可怕的少女，据说她们飞翔在古战场上，寻找那些该杀死的人，这一次，要杀的是阿道夫·希特勒。

最初计划由施道芬堡往东普鲁士拉森堡的狼穴，在会议室内最接近希特勒的位置上安放定时炸弹，接着立即前往通报柏林命令部队接受指挥，并依据希特勒生前批准的影子政府名单而成立临时政府，领导战时德国。

陆军上校施道芬堡伯爵出生在德国斯图加特附近的小城耶廷根，施道芬堡继承了家族的高贵血统，品学兼优，1943年初，施道芬堡远赴北非突尼斯战场指挥一个装甲师。1943年4月，他在战斗中失去左手两个手指和整只右手，左眼重伤，右眼破裂完全失明。由于无法在野战部队继续服役，施道芬堡奉调回国。战争的残酷使施道芬堡的思想彻底转变，这时的他已是一个希特勒的反对者。1944年7月1日，施道芬堡被任命为国内驻防军参谋长，有了接触希特勒的机会，从那时起施道芬堡就一直把炸药放在公文包中，准备见机行事炸死希特勒。

1944年7月20日，施道芬堡飞往德军东线司令部——东普鲁士拉斯滕堡的"狼穴"参加军事会议，夹着装有炸弹的公文包匆匆走进会议室。24名与会者全部聚齐，施道芬堡将公文包放在希特勒右方的橡木大桌桌脚内侧，然后借故在会议中途静静离开了会议室，当时希特勒伏在桌上看着东线对苏联作战的军事地图，并聆听军官叙述战争形势。历史开了个不大不小的玩笑，一位军官不小心碰了一下公文包，出于礼貌随手把它放在桌子底座的外侧，然而，就是这个看来不经意的一挪，却挽救了希特勒的生命，也从根本上改变了历史进程。

下午12时42分，炸弹爆炸，整栋建筑物崩塌，24名与会者中4个人当场死亡，爆炸的一刻，希特勒正趴到桌面上看地图，厚重的橡木桌子挡住了炸弹，让希特勒逃过了这一劫。当希特勒被人搀扶着走出被炸成瓦砾的会议室时，几乎让人认不出来：他的头发被烧焦，右胳膊肘有轻微淤血，左手掌有几处擦伤，双耳鼓膜受损，镇静下来的希特勒迅速控制了局势，当晚就展开疯狂的清洗。

施道芬堡目睹爆炸，认为在场应当无人生还，于是按照计划与他的副官海夫顿中尉穿过保安封锁线而离开狼穴，然后飞往柏林会合其他在战争指挥部等候的同谋。由于政变者并未能占领电台，使希特勒生还的消息得以传开。起初，柏林的后备军的确有执行施道芬堡的命令，但是指挥官被宣传部长阻止了行动，政变遂失败。政变主谋：施道芬堡上校、欧布利特将军、基尔海姆上校及海夫顿中尉皆于当晚被捕，并旋即在战争指挥部的庭园内被枪毙。施道芬堡在最后一刻还替战友开脱："今天发生的一切，都是我的主意，作为军人，他们仅仅执行了我的命令，所有责任全由我一人承担。"

"我们神圣的德意志帝国万岁！"这是施道芬堡上校留下的最后一句话，施道芬堡刺杀希特勒的原因并不是希望早日结束战争，而是希望能够单方面和盟军和谈，从而全力进攻苏联！所以，历史对于这位残疾军人的评价始终充满争议。希特勒事后以行动来回应这起政变，扩大事件而处决了5000名反对纳粹政权的人，大批德军高级将领被处死，德国最著名的元帅隆美尔亦受"七二〇刺杀"事件牵连而在 1944 年 8 月 18 日于法国自杀。

在刺杀计划实施以前，其密谋者之一特雷斯克对"伐尔克里"行动下的结论是："行刺必须进行，不惜任何代价。即使不成功，也必须在柏林行动。因为问题已不再在于具体目的，而是德国抵抗运动在世界和历史面前敢于作出这一决定性的举动。其他一切都是无足轻重的。"在今天的德国，参与这起政变的人皆归于抵抗运动的一部分，被称以"抵抗战士"，有些德国城乡则以部分参与者的名字来为街道命名。施道芬堡因此被人们称为"试图将德国从道德沦丧中拯救出来的爱国者"。

战后历史学家对"七二〇刺杀"的研究比较客观地认为，即便刺杀希特勒成功了，也未必能够迅速结束战争，因为同盟国不支持政变者，也不会因他们成功而改变对德的强硬态度。如果当年刺杀与政变计划成功，反而不利于德意志民族彻底告别纳粹主义与军国主义历史。

第十章

阴霾笼罩的特战疑踪

现代特种部队的雏形——第三帝国勃兰登堡部队

保罗·冯·莱托沃贝克，一战时，他是德属东非一支殖民小分队的司令。与协约国军队的数量相比，他的小部队显然是寡不敌众，在这种情况下，莱托沃贝克成功地使用了游击战术，困住了大量的英军部队，这批原本是可以用于欧洲战场的英军部队。这一经验对他的一名下级军官产生了深远的影响，这名军官是西奥多·冯·希普尔上尉——正是他创建了后来的勃兰登堡部队。

希普尔不但从老上级那里得到启示，他还对战争中产生的英雄事迹特别的向往，他借鉴了其他国家非正规作战的成功战例，并且深信非正规作战可产生的巨大作用。他的想法是由少数的优秀人员组成小分队，为正规部队开道。在实施进攻前甚至是在正式宣战以前，这些小分队可以先深入敌后，占领桥梁、道口以及主要的通讯设施，他们可以散播假情报、炸掉供给仓库、攻打敌人的司令部，总的来说，是以少数人造成大的混乱局面。

对于小分队这种破坏活动，让国防军最高统帅部感到荣誉上的难堪。一些死板地追求传统作战原则的军官对这种活动常常报以轻蔑的态度，而且就连希特勒本人对这样的活动也不是很提倡。德国军官们把军人职业看的无比神秘、无比崇高，不仅一致把特种战争看作是对军人职业的亵渎，而且对他们个人的荣誉，乃至国家的荣誉也看作是一种侮辱，偷偷穿上敌人的军装是对自己军服的一种亵渎。

然而，德国的军事思想在迅速的发展，希普尔的这一想法与当时一个创造性的新概念相距不远，这一概念便是闪电战。闪电战的核心要依赖闪电似的速度和高度的灵活性来对付敌人在数量上的优势，这一战术与普希尔的战术思想是吻合的。

1938年底，应德国武装部队最高统帅部的要求，德国谍报局二处开始征召一支特种临时小分队，小分队的成员要求是自愿加入，这支小分队就是后来的勃兰登堡部队。加入勃兰登堡部队的一个先决条件是至少能流利的说一种外语，当时的一部分勃兰登堡队员能说多达6种语言，少部分人甚至能说一些鲜为人知的语言，如阿富汗语。招募来的人员能说多国外语说明了第三帝国的野心。

勃兰登堡队员必需要对欧洲各国当地的风俗习惯特别的熟悉，可以说欧洲所有的国家，没有勃兰登堡队员不熟悉的。因为他们对当地的风俗习惯特别的熟悉，很难把他们和当地的人区分开，所以他们可以毫不费力的融合到敌国民众中去。用一个德国谍报局特工的话来说，每一个进入俄国的勃兰登堡队员都知道如何像"俄国人一样的吐唾沫"。

1939年10月15日，这个特种部队的第一个组织建立起来了，叫作特种任务训练与建设第800中队。它的总部设在普鲁士的老城勃兰登堡，这个组织也因此而得名——勃兰登堡部队。勃兰登堡部队不是职业的特务和破坏分子，而是武装部队穿军服的人员，是因为具备专门的特长而招募来的，为执行特种任务而接受训练。他们的任务由最高统帅部决定，被派遣到具体的部队执行特种任务。

勃兰登堡部队的一个重要任务就是在战争爆发时快速夺取、控制敌方的桥梁交通枢纽。勃兰登堡部队是一支语言天才的部队，能够适应欧洲任何一国的化装侦察任务，完成正规军队无法完成的打击任务。

1940年4月6日，当时一个说丹麦语、穿着丹麦军装的勃兰登堡排占领了跨越小带海峡的一座桥梁，为德国军队入侵挪威扫清了道路。

1940年5月10日凌晨2时，威廉·沃尔瑟中卫及其他8名勃兰登堡队员假扮成3名荷兰警察护送6名被解除武装的德国军人，他们跨越边境进入到当时仍处于中立的荷兰境内，径直走到了位于河东岸的警卫房，迅速地制服了哨兵。与此同时，他们的"俘虏"蜂拥冲上铁路桥，迅速地切断了引爆线。几分钟后，第一辆德军的装甲列车隆隆的从桥上开了过去，为德军从北翼长驱直入比利时和法国奠定了基础。

从全局看，在德国谍报局计划要夺取的 61 个目标中，勃兰登堡部队成功地获得了 42 个，并转交给紧接而来的部队，在参与战斗的 600 人中，有四分之三的人获得了铁十字勋章。阿道夫·希特勒感到十分的满意，他命令把特种任务训练与建设第 800 大队扩大到团的建制。

第二次世界大战中，特种部队的成功战例不胜枚举，其中德国党卫军勃兰登堡部队"波罗的海"连一部乔装成苏联内务部队，渗入到苏军后方 100 多千米，成功奇袭迈肯普油田是党卫军勃兰登堡部队苏德战争中一次漂亮的突袭作战，党卫军"勃兰登堡"部队以其狡诈和凶残赢得了荣誉。

这支由弗克萨姆中尉指挥的 62 名能说一口流利俄语的渗透小分队夺取了比杰拉贾河的关键桥梁，为德军的装甲部队顺利在前线打开了突破口，弗克萨姆的突击队还占领了迈科普中心电报局，用官方口吻发布了一系列错误的命令，比如让一支苏军反坦克部队、一支炮兵部队和一支步兵部队在开往前线的途中撤回等等，这最后导致了苏军整个防线的崩溃。该突击队还成功阻止了苏军破坏油井和炼油厂的企图，为了达到目的，突击队成员"指责"担负爆破油井和炼油厂任务的苏军爆破分队错误执行命令而枪决了整个苏军爆破分队。

勃兰登堡团的战士们创造着一个又一个的英雄事迹，年轻的战士们行进在凯歌进行曲中的最前端，得到的奖章和官方的嘉奖比国防军别的任何一支部队都要多。勃兰登堡团得到了第三帝国高层的充分肯定。到 1942 年秋天，勃兰登堡部队已扩大到师的建制。

随着战争的推移，第三帝国的气数已日益衰败。为了填堵德军在战线上的漏洞，勃兰登堡部队被投入到惨烈的防御战中去，损失惨重。勃兰登堡部队已经在性质上发生了根本的变化，这支优秀的特种部队渐渐地退出了军事历史的舞台。

在战争中特种部队以自身的特点和绝技完成着正规作战部队无法完成的任务，在军事行动中特种部队甚至可以产生战略性的影响，用极小的规模产生极大的效果，起到四两拨千斤的作用。如今特种部队已是几乎世界各国军队的必备军种，创造着一个又一个的军事神话。在感叹特种部队英勇神奇的时候，不要忘了在历史上有这样一支部队，对特种部队的发展进程起着至关重要的影响，它就是现代特种部队的雏形——第三帝国的勃兰登堡部队。

"威塞尔演习"——人类史上的首次空降战

丹麦位于波罗的海和北海之间，扼海上交通要冲。挪威地处斯堪的纳维亚半岛的西北部，北临巴伦支海，西滨大西洋，南起北海，战略地位十分重要。希特勒在进攻英、法之前，决定首先侵占北欧的这两个国家。德国占领了丹麦和挪威，就可以打破英、法对德国海军的封锁，使德国舰艇能畅通无阻地进入北海和大西洋，并可以在挪威西海岸建立海军基地，限制英国海军的行动，这就保障了德国进攻西欧的北翼安全。

1940年4月9日凌晨，德国以"防止英法入侵，用武力保卫丹麦、挪威的中立"为名，对丹麦和挪威发动了突然袭击。德军的装甲兵越过了丹麦和日德兰半岛的防线，登陆兵也在各主要港口登陆，在开战的第一时间里，德军空降兵分三路向丹麦和挪威的4个机场同时发起空降突击，在丹麦首都哥本哈根和各战略要地也都投下了伞兵。

4月9日5时30分，在丹麦著名的斯托尔斯德列姆大桥上空，Ju-52机舱内的红灯亮起，随着第四伞兵连连长格里克上尉下达跳伞命令，"威塞尔演习"正式开始。这是"俯冲之鹰"第一次战斗跳伞，也是在实战中第一次使用空降兵。德国伞兵以其大胆、机动及出其不意使世界为之震惊，展示了空降作战的巨大威力。由于准备对比利时和法国的入侵，德国伞兵在丹麦／挪威战役中还是有所保留的，只投入了第一伞兵团第一营。

丹麦和挪威都是小国，国防力量薄弱，丹麦只有两个步兵师，海军舰艇仅有两吨。1935 年与德国签订互不侵犯条约后，丹麦认为加强战备反会引起德国的猜疑，因而未作战争准备。挪威虽有 6 个步兵师，但不满员，且配置分散，挪威的防御作战计划是建立在英、法派遣远征军的基础之上的。

德军针对丹麦和挪威的这些弱点，采取了闪击战，意欲在英、法大举介入之前就结束战争。在这次闪击战中德军首次使用了空降兵。德军闪击丹麦、挪威的空降作战，是战争史上第一次大规模的空降作战。

在德军伞兵的突然袭击下，丹麦军队未作任何抵抗，70 岁的丹麦国王克利西尔，急忙召开内阁会议，宣布接受德国的最后通牒，并命令只打了几枪的卫队放下武器。到上午 8 时，刚刚从睡梦中醒来的丹麦人从无线电广播中听到"丹麦已接受德国保护"的惊人消息时，都感到莫名其妙。就这样，德军花了不到一天时间便占领了丹麦全境。在进攻丹麦的同时，德军登陆兵和空降兵在挪威沿岸的奥斯陆等重要城市突击登陆或伞降着陆。空投在挪威境内的德国兵每人装备一辆折叠式自行车，着陆后就骑上它迅速集结，向预定目标发动猛攻。

索拉机场是挪威当时最现代化的机场，它位于重要港口城市斯塔万格附近，该机场建于 1937 年，拥有完备的水泥跑道，同时也是挪威西南部唯一的机场。它的价值在于：机场距斯卡帕湾仅 500 千米，能成为德国空军打击英国北部地区的重要基地。9 日凌晨 5 时 30 分，天空中响起了低沉的引擎轰鸣声，德军第 324 步兵团二营不顾大雾强行机降，经过战斗后占领了机场，当天，有 2000 名德军通过空中桥梁抵达索拉机场，180 架以上的战斗机和轰炸机也进驻该机场。

为了赶紧占领挪威首都奥斯陆，根据上级命令，在福内布着陆的空降部队以 1500 人组成数个阅兵方队，头扎彩带，在航空兵的掩护下，以古代征服者的姿态，沿着主要街道开进奥斯陆的市中心。

德军空降兵这种傲慢的样子，使住在奥斯陆闹市的一位美国记者感到非常惊讶。他写道："这是一支令人无法置信的兵力单薄的小部队，只要六七分钟队伍就可以过完，它仅仅由两个不完整的营组成。"

但德国人下的赌注赢了，当时挪威的国防部长吉斯林，是一个亲德的反动分子，他秘密地组织了反对挪威、策应德国军队的"第五纵队"，配合德军入侵，进行了各种破坏活动，他们占领电台，颁发假命令，指令各要塞和舰艇投降，在人民中间制造了极大的混乱，动摇了挪威抵抗的决心，因此，德空降部队兵不血刃地占领了这个有30万人口的城市，这也是世界上首次被空降兵占领的首都。紧接着，空降部队从背后进攻港口，控制了奥斯陆港湾要塞，使德军2000余名登陆兵迅速上陆，德军于6月10日占领了挪威全境。

由于形势所迫，英国远征军在挪威北部进行了最后一次抵抗之后开始撤兵。德国用了两个月的时间，彻底占领了北欧的两个邻国——丹麦和挪威，为向英、法开战奠定了基础。

在这次战争中，德军空降突击丹麦和挪威，开创了战争史上第一次成功的空降作战和空运补给的战例，是德军陆、海、空三军进行的第一次协同作战，人类战争自此进入到了立体战时代。在此次登陆战中，德国军队"兵从天降"，虽然由于天气的原因造成了一些损失和失误，但整个战役却获得了成功。这次空降突击为各国后来的空降作战提供了经验，德军甚至把它视为范例。

鹰从天降——攻占埃本·埃马尔要塞

埃本·埃马尔要塞地处荷兰与比利时国境德比利时一侧，位于马斯特里赫特城和维斯城之间。这个要塞控制着缪斯河和艾伯特运河的交叉点，德军和盟军双方都认为这一个现代化的、具有战略地位的要塞是欧洲最难攻克的工事，它比法国的马奇诺防线或德国在西壁防线上的任何工事都要更为坚固，人们普遍认为该要塞固若金汤，坚不可摧。

埃本·埃马尔要塞是艾伯特运河防线的一个重要组成部分，是马奇诺防线北面延伸部的强大筑垒和重要支撑点，同时也是比利时东部防御体系的核心。它在当时被列为欧洲最重要的防御阵地之一和世界上最坚固的要塞，并被形象地比喻为比利时东边的"大门"，艾伯特运河防线上的一把"锁"。

一战后，比利时出于对德国这个强邻的畏惧，苦心经营 20 余年，沿艾伯特运河构筑了一条绵亘不断的防线，在防线的中部，重镇列日以北一座孤兀的岩质高地上，建有埃本·埃马尔要塞。要塞的向敌一侧是悬崖绝壁，艾伯特运河就流经崖下。要塞筑有四座半地下炮台，配置近 40 门巨型要塞炮。炮台外部披有厚厚的装甲，可抵御大口径火炮的轰击。各种明暗火力点比比皆是，火力点间均由坑道沟通。要塞火力控制着横跨运河的三座桥梁，遇有危急情况，随时可断桥阻敌。

埃本·埃马尔要塞的防守部队守军 1200 人，由桥特兰少校指挥，属第七步兵师，全部人员均可处于距地面 25 米以下的掩体内，并备有可供长期使用的饮水、食品以及大量弹药。要塞的武器配备齐全，沿着要塞的外缘，在壕沟和河旁，还有很多掩体和掩蔽壕，以及互相支援的活力发射阵地，对于一般的炮击，埃本·埃马尔要塞无疑是可以经得住的。

在西方盟军看来，这里是"一夫镇塞，万夫莫开"的天险，被誉为运河防线的一把锁。要塞背后便是坦荡的比利时平原，因此，整个比利时安危皆系于此。在这座现代化要塞的建造上，尽管比利时军队绞尽了脑汁，但因要塞主要是为了防御地面进攻，所以有一点他们没有考虑到，那就是敌人有可能来自空中，降落在炮台和装甲炮塔之间的空地上。

埃本·埃马尔要塞的抵抗并没有人们预期的那样久，德国人在这里大胆地使用了经过特殊训练的小股部队在黎明前用滑翔机着陆的战法，这一战法在夺取埃本·埃马尔要塞中取得了前所未有的成功。1940 年 5 月 10 日凌晨3 时，莱茵河畔科隆附近的机场上，40 架滑翔机在 Ju-52 型运输机的牵引下，依次升空，近千千米的进攻前线还悄然无声，整个欧洲都在沉睡中，滑翔机内载有 400 名德军，任务是夺取埃本·埃马尔要塞和运河上的三座桥。一小时后，机群越过德比边境，滑翔机开始解缆，分别向指定的目标飞去。

埃本·埃马尔要塞的顶部是一片宽阔的平台，在直升机尚未诞生的时代，滑翔机就是最好的突击工具，没有动力的缺点此时反变成了优点，因为听不到发动机的轰鸣，它们拍打着硕大的翅膀，无声无息，只是落地的一刹那，才发出沉闷的撞击声。德军的唯一的失误是一架滑翔机迷航，里面乘坐着指挥官维哲希中尉，成功降落在要塞顶部的只有78名突击队员且没有指挥官。

"全部听我指挥！生死成败，在此一举。"温齐尔中士带领78名突击队员按预先的编组猛冲猛打，疾速向各个坑道口扑去。这地形太熟了，在德国内地两个埃本·埃马尔要塞的模拟地点，他们足足演练了4个月，4个月就是为了这决定命运的10分钟。

要塞指挥官乔德兰特少校从睡梦中被惊醒，惊醒他的不是哨兵报警的枪响，而是滑翔机对要塞顶层的撞击声。一周之前，西线战云趋密时，他的上司视察过这里，作为要塞司令，他当场拍过胸脯："没有问题！除非德国人插上翅膀。"少校也是饱读兵书，几千年的战争史，从未有人能插上翅膀从天而降。悲剧往往就在这里，多少个意料不到的"除非"结果演变成事实！

乔德兰特在坑道指挥所里心急如焚，这时他才发现，坑道工事的所有炮台、机枪火力点的射击方向都限定在四周的前下方，对顶部的敌人毫无办法！头顶传来巨大的爆炸声，德军工兵开始破坏炮台工事。80名在炮台顶上着陆的德国兵把一种特制的"空心弹"安放在装甲炮楼里，不仅使炮楼失去了作战能力，并且使下面的屋内布满了火焰和瓦斯。仅仅10分钟，一座经营20余年、被誉为坚不可摧的天然和人工要塞，就在德国78名突击队员的手里失去了战斗力！

第二天清晨，要塞工事被破坏殆尽，几十门大炮一弹未发。从一个残存的瞭望孔中，乔德兰特看到，大批的德军正跨过失守的运河大桥，开向比利时内地。他痛苦地闭上了眼睛，上午，守卫要塞的1200名比利时官兵只得打出白旗，从要塞里鱼贯而出，向78名突击队员投降。在这次攻占要塞的战斗中，德军仅有6人阵亡，19人受伤，指挥战斗的温齐尔中士战斗后被授予骑士铁十字勋章并晋升为上尉。

柏林的德军最高统帅部曾给这场战斗蒙上一层十分神密的色彩，他们在5月11日发布的公告宣称埃本·埃马尔要塞已经被"一种新的进攻方法攻克了"这个声明引起了不少谣传，戈培尔也乐于到处散布，说什么德国发明了一种非常厉害的"秘密武器"。1940年5月11日晚，即西线战争打响的第二天，柏林广播电台向全世界发布特别公报："德军一举攻克德比边境的艾伯特运河防线，此刻正向比利时心脏地带布鲁塞尔挺进。"宣传部长戈培尔鼓动三寸不烂之舌，趁机大加渲染说：德军的成功，依赖于一种暂时还保密的"最新攻击样式"，在下一步的战争中，此种方式还将大显神威！

攻占埃本·埃马尔要塞之战，可以说是德军空降部队的辉煌史诗，战争的发展在这里又登上一层阶梯——无论进攻还是防御，从此都开始迈入立体化的时代。

"红色恶魔"——"哥曼德"英国特种作战部队

英国哥曼德特种部队，是世界特种部队的"先行者"。1940年6月6日，为反击纳粹德国的疯狂进攻，英首相丘吉尔下令"立即对整个德军占领区发动积极而又连续的反攻击"。于是，世界上第一支独立执行特种作战任务的新型部队——"哥曼德"应运而生，英军将其命名为"哥曼德"。

"哥曼德"这一名称源于20世纪初的布尔战争，相传在1899年至1902年非洲爆发的"布尔战争"期间，英国派出了25万军队对布尔族人进行镇压。布尔族人的军队只有英军的五分之一，很难正面抵抗英军的强大攻势。但是，布尔人骁勇骠悍，机智灵活，在敌众我寡的形势下，采取了"化整为零""袭击骚扰"等打击方法，组织多股小部队，凭着熟悉地形的有利条件，在夜间和山谷、森林等地形或其他不良天候的情况下，对英军频频发起突然袭击，来无影去无踪，神出鬼没打了就跑，打得初来乍到的英国人顾此失彼，胆战心惊，大伤脑筋。最后，英军以伤亡近10万兵力的巨大代价，输掉了这场战争。当时英国称这些专门从事游击袭扰活动的布尔人小股部队为"哥曼德"。布尔人的这种战术给英国人以深刻印象，英国把自己的特种部队称作"哥曼德"。

1940年6月6日，德军发动了西线攻势，席卷欧洲大陆，英法联军招架不住德军的猛烈进攻，狼狈不堪地从法国的敦刻尔克逃回本土。回撤途中，溃不成军的英军虽然多数人活着回到英国本土，但几乎所有的装备都被遗弃。曾不可一世的大英帝国蒙受了开国以来从未有过的耻辱，自尊心受到严重的挫伤。

首相丘吉尔就此对民众发表演说："敦刻尔克撤退是个奇迹，但胜利是不能靠撤退去取得的！"为了尽快挽回败局，鼓舞全国军民抵抗纳粹德军的信心，在6月6日，丘吉尔首相在写给参谋长联席会议主席伊兹梅尔将军的信中说："防御作战必须到此结束，我期待英军对整个德军占领区发动积极而又连续的反攻。"丘吉尔首相认为，德军下一个攻击目标很明显是英国本土，而要阻止其占领英国，只有一个办法，就是向欧洲大陆的德军发起反攻。指示要尽快组建袭击部队，渡过英吉利海峡，对德军阵地发动突然袭击。丘吉尔坚持认为，这种破坏性的袭扰，如果计划周密，实施得当，就能使德军回过头去加强自己的防线，将会牵制敌人大量的部队，削弱德军在其他战场上的战斗力。同时，成功的偷袭行动能极大地鼓舞全国军民抗击德军的信心，有利于整个反击战场的形势。

他们想起了40年前，在非洲大陆使他们饱尝苦头的"哥曼德"人。鉴于德军将进攻英国本土，不能整建制地抽调防卫本土的部队，于是，英国组建了一支由海军陆战队的精锐部队组成的特种部队。首先编成了10支"突袭部队"，每支部队辖两个小队，每小队由3名军官、47名不同级别的士兵组成，他们头戴绿色贝雷帽取名为"哥曼德"。其标志为一只跃跃欲试的青蛙和两支交叉在一起的船桨，是一支约有400人的特别舟艇队（简称SBS），世界上第一支独立执行特种作战任务的新型部队应运而生。英国"哥曼德"特种部队诞生不久，就开始积极寻找战机来证明自己的价值，第二次世界大战为"哥曼德"提供了施展本领的舞台。

1940年6月23日深夜，由托德少校指挥的第8独立中队所属的120名特种队员，分乘6艘救护艇，从纽黑文、福克斯通、多佛尔等港口出发，在空军的掩护下，对法国北部沿岸的布伦和贝尔克两个港口城市进行突然袭击，这是"哥曼德"成立后向德军发起的首次攻击。7月14日，"哥曼德"

实施了第二次袭击战斗行动，目标是位于法国瑟堡以西、英吉利海峡内的格恩济岛。这次袭击行动得到了上级情报部门的大力支持。英国间谍事先获悉，有大约 470 名德军已被空运到该岛执行守岛任务，特种突袭部队隐蔽地实施登陆，轻松地夺取并控制了格思济岛，战斗中"哥曼德"没有遭到德军的顽强抵抗，也几乎没有付出流血的代价。这是组建以来"哥曼德"第一次成功而不流血的行动。

在第二次世界大战之前，英军并没有空降部队。战争初期德国伞兵和空运部队的频繁活动，刺激了英国决定必须拥有一支空降突击力量。于是，英军相继组建了一批空降"哥曼德"部队。这支部队官兵头戴红色贝雷帽，臂佩"皇冠和月桂叶"的徽标，手持汤姆逊轻机枪，经常从空中渗入德军后方，对港口、机场、仓库和交通线等重要目标展开不间断地破袭，沉重地打击了德军，被德军称为"红色恶魔"。

第二次世界大战中，"哥曼德"深入敌后偷袭破坏，使德军寝食不宁。1942 年 10 月 18 日，希特勒发布了著名的"根绝命令"，即"第 46 号指示"，命令对英军的"袭击破坏部队"，无论是否穿制服，无论是否有武装，务必"斩尽杀绝"，这从另一个侧面说明了"哥曼德"在战争中起到了震慑作用，然而，"哥曼德"非但没有被"杀绝"，反而在烈火和硝烟中创造了更多的辉煌，他们的业绩永载在反法西斯斗争的史册上。英国首相丘吉尔自豪地说："哥曼德"是大不列颠永远的骄傲！"哥曼德"一词从此名闻遐迩，现已成为世界特种部队的通称。

德国空降兵的坟墓——克里特岛空降行动

1941 年 4 月下旬，纳粹德军以势如破竹之势，迅速占领了位于巴尔干半岛最南端的希腊。希军和驻希腊的英联邦军被迫撤向与巴尔干半岛隔海相望的克里特岛。英国首相丘吉尔为确保英国在地中海、北非和中东的利益，命令撤到岛上的英联邦军停止撤退，坚守克里特岛。

然而，德国人是决不会允许英国人在他们的背后留下一颗钉子的，此时

　　纳粹德国的将军都想尽快结束这场战争，然后抽出身来全力对付苏联，因此纳粹德国的不少高级将领都不约而同地把目光盯在了克里特岛。

　　克里特岛，位于东地中海，正处在爱琴海与地中海的交汇处，面积约8200平方千米，是地中海的第五大岛，也是爱琴海的最大岛屿。克里特岛是一处战略要地，只要英国控制该岛，盟军便能在地中海东面拥有海空优势。盟军可以将该岛用来作为沿巴尔干半岛海岸发动攻击的跳板，德国也意识到了克里特岛的战略意义和该岛对德国的威胁，并准备征服这个岛屿。

　　对德军伞兵部队创始人第11空降军军长斯图登而言，克里特岛之战是他努力实现空降作战构想的一个绝佳机会，他费时数月计划，以及和罗尔、戈林甚至希特勒激烈争辩，以期能获得机会来证明空降构想的可能性，他要证明以伞兵及滑翔机突击，并以空运着陆部队实施后继攻击，其性质并非仅属于一支突击部队而已，而是一个强大的新兴兵种。斯图登根据希特勒的旨意，第11空降军军长斯图登特拟订了一个旨在夺取克里特岛的空降作战计划，并把该计划命名为"水星计划"。在该计划中，攻占克里特岛的作战任务将由伞兵独立完成。

　　4月25日，希特勒下达了攻占克里特岛的第28号作战命令。命令规定：空中作战由第四航空队司令洛尔上将统一指挥；伞兵着陆后的地面作战由萨斯曼上将统一指挥；发起空降作战的日期不得超过5月中旬。

　　1941年5月20日凌晨，德军发动攻击。一拨拨的德国轰炸机与低飞的战斗机，以炸弹和机枪猛烈的攻击马里门、卡尼亚与苏达湾，摧毁了三处守军大部分的防空火炮以及通信网。德军伞兵在航空兵对英军克里特岛阵地实施密集突击进行伞降，遭到顽强抵抗，损失惨重。

　　德军付出重大损失的高昂代价才得以在马莱迈和哈尼亚地域站稳脚跟。行动的第一天以德国空降兵部队面临灾难性的后果结束，但在当天晚上，空降兵部队控制了三个机场，随后几天，在德国空军的近距空中支援下，运输机和滑翔机搭载的步兵部队对这些空降兵部队实施了增援，5月26日，另有近两万名德国士兵在苏达湾登陆。

克里特岛空降战在经历了 12 天血战之后，终于降下帷幕。这是第二次世界大战中德军进行的规模最大的一次空降战役，德军共空降了 2.5 万余人，虽然最终占领了全岛，在克里特空降战役中，德军被击毙和失踪约 4000 人，受伤 2100 余人，损失飞机 220 架，其中运输机 119 架，以及大量舰船，这个数字对一直势如破竹的德军可以说是空前的。

德军为这场空降战付出了高昂的代价，第 11 空降军军长斯图登特把克里特岛称为"德国空降兵的坟墓"。希特勒本人被他最喜爱士兵的巨大伤亡深深震动，他向斯图登授予勋章时说："克里特岛之战表明空降部队的时代已经结束，空降部队是一个秘密武器，但这一出奇制胜的要素被过高估计了。"从此希特勒再也没有下令进行大型空降，大多数德国空降兵后来在东线和西线成为主力步兵。

夺占克里特岛之战显示了空降兵作战能力的增长。同时事实证明，实施这样的战役，如不与其他军种协同，势必遭到重大损失。因此，夺占该岛之后，德军统帅部再未敢实施类似的大规模空降战役。

克里特岛空降战役是第二次世界大战期间的大规模空降战役之一，德军攻占克里特岛后，其东南欧陆上交通线得到了可靠的保障，控制了爱琴海和地中海东部航线，并使英国丧失了一个地中海内最重要的据点，战役中，完全掌握了制空权的德国空军起了决定性作用，使英国地中海舰队遭受重大损失。德军虽然以巨大的代价攻占了克里特岛，但随即在以后的日子里陷入了沉睡状态，其巨大的战略价值并未得到充分体现，其中最主要的原因是德国同时开展苏联、西欧两个战场，实在没有力量再开辟、扩大地中海战场。

1941 年 9 月，驻扎在埃及的美军印制了一个关于克里特岛战役概况的总结报告，并对空降战役进行了详细的描述，美国下级军官也认为，空中机动对美国具有重要的意义，美国陆军也加快了建立空降师的进程，并从德国的案例中受益匪浅。在建立的空降兵部队中，最著名的有第 82 空降师和第 101 空降师，它们都是十分优秀的美国现役部队。美国空降兵部队在 1942 年 11 月进攻北非的"火炬"行动中第一次投入使用，美国空降兵部队的更大规模应用是1943年进攻西西里岛的"哈士奇行动",在两次空降战役中,来自第82空降师的战斗队都参加了行动,但上面分析和提到的所有空降战役的规模都很小,最多只有师级规模。

戴雪绒花的男人——二战中德军山地猎兵部队

雪绒花,学名火绒草,又名薄雪草(德语中意为:高贵的白色),为菊科火绒草属的高山植物,原产西欧。多年生草本,植株高度约30厘米,植株被白色或灰白色绒毛,开银白色花,芳香清冽。

雪绒花约有40个种类,分布在亚洲和欧洲的阿尔卑斯山脉一带。雪绒花还有一个名字叫"勇敢者",在奥地利,雪绒花象征着勇敢,这种花通常生长在海拔1700米以上的地方,由于它只生长在非常少有的岩石地表上,因而极为稀少。因为野生的雪绒花生长在环境艰苦的高山上,常人难以得见其美丽容颜,所以见过雪绒花的人都是英雄,雪绒花象征着勇敢、顽强、坚忍不拔,就是这样的花,在瑞士,军队曾经将它作为奖赏授予最勇敢的军人。

在第二次世界大战中,德国精锐部队除了有"绿色魔鬼"之称的空军伞兵部队和狂热好斗的武装党卫军,德国军队里还有一支训练有素、作风顽强的一支精锐部队,它就是以"雪绒花"为标志的德国山地猎兵部队,他们人人佩戴有象征着荣誉和勇气的高山雪绒花标志。

德军第一山地步兵师于1938年4月9日组建,平时的训练包括装备多适合在复杂地形作战,比如丘陵、城市、沼泽等,其基础是最初的山地步兵旅。这个旅是德国武装力量在1935年重建时唯一的山地部队,其前身"猎兵师"起源于第一次世界大战时期德国、意大利和奥地利的山地部队,是一支由猎人组成的部队,因为猎人精明于射击和隐蔽,所以"猎兵师"在那个时期毫无疑问是精锐部队的象征。一战结束后,由于山地部队良好的战绩,虽然德国的陆军被限制在10万人,但德国人还是在其军队中保留了一小部分山地部队的骨干力量,到1935年,以这些骨干人员为基础组建了山地步兵旅,后来成为了德军第一山地步兵师的核心。

20 世纪二三十年代是德国山地技术空前发展的一个时期，特别是 1933 年希特勒上台后开始重整军备，1938 年，吞并奥地利后在原山地部队的基础上成立了第一和第二山地师。由于德国第二次世界大战时第一位山地部队司令、德国的"山地部队之父"爱德华是奥地利人，德国山地部队选择了奥地利国花（雪绒花）作为自己山地部队的标志。德军山地部队是希特勒亲自组建的嫡系部队，他们是"戴着雪绒花的男人"，无论在怎样艰难的环境下，山地部队都像它的象征物——生长在高山之巅的鲜花一样，具有无穷的生命力，绽放出迷人的光彩。

据说每个志在加入山地部队的年轻人，都必须只携带最少的装备爬上阿尔卑斯山，采下一朵雪绒花，以证明自己适合做一个真正的山地军人。德国山地部队以雪绒花作为兵种识别标记，不管是党卫军还是国防军部队的山地部队，都把金属雪绒花帽章别在山地软军帽左侧和军服上。

德军山地部队继承了他们山地祖先的凶悍传统，作战勇猛顽强，战斗力超群，在第二次世界大战中因为德国的兵力不足而被派遣四处作战，每到一处都留下山地雪绒花的赫赫威名。

在斯大林格勒战役期间，第一山地师孤军深入，奋勇进攻，竟然打得数倍于己的苏军节节败退，被苏军称为"魔鬼的山地一师"，苏联人客观地送了第一山地师"高加索雄鹰"的绰号，同时这样评价它："第一山地师，只要给它一座山，就休想从他身上爬过去。"

在挪威战役中，丘吉尔曾坦率承认："在纳尔维克，一个混合的、临时凑集的德国部队，为数仅 6000 人，竟能顽抗盟军两万人达 6 星期之久，在这次挪威战役中，我们一些精锐部队——苏格兰和爱尔兰卫队，被希特勒的精壮的、勇往直前的和训练有素的年轻士兵完全击败了。"他们在欧亚山脉各大的作战经验，让德国军队无惧高山深涧，使它们与德国伞兵、装甲兵一样，成为响当当的一支精锐之师，盟军以缴获到他们的军标为荣！

1940 年 7 月 19 日，德国武装力量第一枚橡叶骑士十字勋章授予了当时的第三山地师中将师长爱德华·迪特尔，迪特尔因在纳尔维克的卓越表现成为德武装力量中第一位获得橡叶骑士十字勋章的英雄，立即成为德国公众眼中的一位传奇人物。为表彰纳尔维克战役中德国官兵的英勇顽强行为，德军统帅部专门设计并颁发了"纳尔维克盾章"，这也是德军首次颁发此类战役纪念臂章。

虽然德国山地师有着相对优良的作战武器，以及极高的战术素养，但其战斗性质的非正义，使得山地部队未能像盟军一些部队那样成为名垂青史的英雄部队。在第二次世界大战后期，由于德军兵力锐减，作为德军精锐的山地部队也投入了其他地形作战。德国山地师作为国防军和党卫军的精锐部队参加了从 1939 年的入侵苏联到 1945 年的意大利等一系列战役，很多战役都为人们所熟知。

德国的山地师从成立之初便以其作战的勇猛和顽强，作战的凶残而闻名，且山地师的部队很少有被俘的，在战争结束的时候山地部队是德国陆军最后放下武器的部队，其精神和他们的山地祖先一样坚忍不拔。

第一山地师的身影几乎出现在第二次世界大战中所有需要它的地方，这支佩戴雪绒花软帽，在寒冷的阿尔卑斯山区和炎热的高加索山地艰苦作战、建立赫赫战功的山地部队，它比同时期的德军其他山地师还要强悍，它也许就是历史上最强悍的山地师。

不过"猎兵师"的精锐随着战争的发展也越来越不那么明显，很多不合格的军官和士兵被送上前线。在战争的后期，很多士兵和军官也根本没有接受过合格的城市或者复杂地形训练，"猎兵师"成了德军后期装备人员不足的"步兵师"的替代名词。

1944 年 4 月，第一山地步兵师作为国防军最高统帅部预备队前往匈牙利，之后又回到巴尔干地区，同年 12 月，该师再次调往匈牙利与苏军作战，此后在 1945 年撤至奥地利。1945 年 5 月，第一山地步兵师在奥地利向美军投降。

第二次世界大战结束之后，新组建的德国国防军部分继承了原帝国军队的传统与标志，如继承了雪绒花标志的第 23 山地旅。现在的山地部队依然是德国国防军的一支精锐力量，而且其精锐不止于训练的严格以及任务的重要，山地部队的特殊装备也是其精锐于其他部队的重要保障。

"亚平宁夜空中的闪电"——意大利"弗格尔"伞兵师

在突尼斯 Takrouna 附近的一座小山旁，竖立着一座并不起眼的纪念碑，上面这样写道："弗格尔师——军团的灵魂守望着沙漠"。就是这个弗格尔师，在第二次世界大战中，可谓是意大利武装力量中的精锐之师，是一支受过良好训练、作战顽强的部队。

丘吉尔在阿拉曼战役胜利后在伦敦的一次演说中特别提到这个师，称它为"沙漠雄师"，可见这支部队的顽强赢得了对手的称赞。

意大利是世界上最早进行伞兵集体跳伞和组建伞兵营的国家，但遗憾的是，由于历史的原因，作为世界空降作战先驱的意大利空降部队的组建、发展与战斗经历一向少为人知。

意大利的弗格尔伞兵师组建于 1938 年 3 月，它的前身是意大利驻利比亚总督巴尔博元帅大力支持发展起来的利比亚空中部队。"弗格尔"在意大利语中是闪电的意思，该师士兵大多是从其他战斗部队抽调来的老兵，很多人在阿比西尼亚和西班牙战斗多年，经验十分丰富。

1941 年 9 月 1 日，伞兵师正式成立，下辖两个伞兵团和一个炮兵团。这个伞兵师和一般的师差异很大，它的建制偏轻，支援问题较小，因此没有繁琐的后勤体系。

炮兵团只装备 47 毫米炮，用来执行反坦克任务，但不适合进行常规的曲射火力支援。而且机枪与迫击炮装备数量很少，在火力方面唯一的优势是装备了贝雷塔 M38 冲锋枪作为一般个人武器，这样的装备情况也是与它的作战任务相适应的——伞降并对一个关键目标进行奇袭、设立防御阵地并在有限的时间段内进行防御、最后与常规部队会师，但这些美妙的理论"闪电"师一次也未能实践，战争的旋涡无情地把它卷到了其他的方向。

德意方面本打算 1942 年春末发动攻击占领马耳他岛，意军方面此作战计划代号为"C3"，"弗格尔"伞兵师为此而展开专训，同时按计划参与作战的还有一个专门由空运机动的轻型步兵师的快速反应部队，可惜被胜利冲昏了头脑的隆美尔迫使墨索里尼拱手交出这些部队，"弗格尔"伞兵师被改称为第185步兵师——虽然该师士兵仍坚持自称弗格尔伞兵，但他们的确从头到尾一直是作为地面部队使用的。

1942年7月，陆军总参谋部准备将该师调往北非，在被调往北非的同时，该师被重新命名为"第185闪电伞兵师"——这个名字沿用了第一伞兵团的名称，来源于拉丁文谚语"ex alto Fluor"，意为"像闪电一样直劈而下"。

调往北非战场这个决定使伞兵们十分沮丧，大家都很清楚，在未来进行伞降的机会已经非常渺茫了，但跳伞装具还是被小心的收起保存了起来——大家心里还是抱着一丝希望。

当驻在埃尔达巴时，出于保密原因，伞兵们被命令摘下伞兵章，并且不得佩戴任何足以被敌军识别出来的徽章或者臂章，使伞兵们更加寒心的是，他们被授予了"非洲猎兵"的伪装代号，并从罗马得到了上缴全部跳伞装具，送回代尔纳储存的命令，伞降的最后一丝希望也消逝了。他们被派到阿拉曼，和其他三个意军步兵师一起固守阿拉曼防线南段。

"弗格尔"师参加的第一次战斗是1942年8月的阿拉姆—哈勒法之战，在6天的战斗中轴心国损失了大量的坦克，脆弱的补给线也被沙漠空军切断，隆美尔只得转入守势，固守自己的阵地。英国人惊讶地发现，他们所面对的这支意大利部队作战顽强，其战术水平也远非其他意大利部队可比。"弗格尔"师在巩固阵地的同时，还积极展开一些小规模的偷袭，渗透入英军的防线，从敌人那里获取饮用水、食物和武器。该师的反坦克武器极少，他们就用缴获的英军反坦克炮武装起来，在一次夜间防御战中，意大利伞兵甚至还俘获了第六新西兰旅旅长Clifton准将和他的指挥部。

问题是，该师原本按照空降作战装备的——空降之后马上由地面推进的常规部队接应，所以重型火炮根本就没必要带，部队只装备了一些轻型反坦克炮。同理该部队也没有配备任何机动车辆，尤其在沙漠地带这将导致严重后果，而且该师大部是从意大利和希腊经由空运抵达北非，部队根本无法携带本来就不多的重装备——甚至连野战厨房装具都没有！

阿拉曼会战失利以后，隆美尔抢走了意大利部队的全部卡车、给养和重装备，仓皇逃窜，意大利部队组织了决死的抵抗，数个营战至最后一人，给英军造成了巨大损失，闪电师在阿拉曼打得非常顽强，重创第44师，自身的伤亡也非常高，全师的各级指挥官与部下们浴血奋战，18名校级军官有9人阵亡，4人受伤。隆美尔元帅在11月1日的家信中曾写道：闪电师是我方最优秀的部队之一。

随后在11月3日英军"增压器"战役中，"弗格尔"伞兵师大部被歼，更为不幸的是，意军在撤退时因为没有汽车而不得不徒步退回到的黎波里，他们被德国人抛弃，没有水没有食物，在沙漠中徒步行军，炮手们用人力拖着尚能使用的几门反坦克炮向西撤退——没了这些炮，他们在茫茫沙漠中只能任凭英军装甲部队宰割。由于没有任何运输工具，且武器弹药饮水均已消耗殆尽，意大利伞兵师根本不可能逃出机动能力远高于自己的英军包围，实际上该师的结局已经注定。

最终，隆美尔来电："弗格尔师要在开阔的沙漠地上组成防御阵地，阻击尾追的英国人，能挡多长时间就挡多长时间。"

弗格尔师在三天的阻击战中打退英军装甲部队和步兵的多次进攻，英军曾数次召降闪电师，并以骑士风度对意大利伞兵的善战表示了敬佩，但回答他们的是一片"Folgore"的呼喊声。

11月6日，当英军进入意大利阵地时，意大利伞兵们以最后的姿态向敌人表达了他们的轻蔑：没有人摇白旗，所有士兵肃立不动，也没人向英军敬礼，有些意军士兵泪流满面，英军在旁边充满敬意地看着，曾经有5000名官兵的闪电伞兵师最后只有306名官兵幸存，英第44步兵师师长休斯将军说道："我的军旅生涯中还从未遇上像弗格尔师这样的对手。"

弗格尔师虽然打没了，但它的历史并没有画上句号，他们在本土又被重新组建，经历了意大利政局动荡后，这支部队站在了墨索里尼的傀儡政权——意大利社会共和国一边，继续与盟军对抗，"为意大利的荣誉而战"，该师的一部分人员最后被德国第四伞兵师吸收，直到第二次世界大战结束。

齐尔河畔的消防队——德国第 11 装甲师

1945 年 5 月，在德国巴伐利亚的科策廷镇盟军举行的受降仪式上，一支主动投降的德军装甲师受到了向来以傲慢著称的美军第 3 集团军司令巴顿将军的特别礼遇。巴顿出人意料地对这支装甲师师长说："我们打了个平手，您的部队能征善战，是世界一流的部队。"这支部队就是以骁勇善战、行动诡诈而著称的德军王牌部队——第 11 装甲师。

1942 年末，德军在斯大林格勒战役中损失惨重，遂全面转入防御，准备调整补充后，于第二年春再次发起进攻。苏军统帅部为缓解斯大林格勒的压力，决定以三个方面军的兵力分别从谢拉菲莫维奇和克列茨卡亚地域，突破由德军第 48 坦克军防守的顿河防线，围歼德军主力第 6 集团军于顿河以东、斯大林格勒以南地域。德军的顿河防线岌岌可危！为解第 6 集团军燃眉之急，稳定顿河防线，德军决定以第 11 装甲师、第 336 步兵师和一个空军野战师，支援第 48 坦克军驱歼突入之苏军，稳定防御态势。

12 月 8 日 4 时，德第 11 装甲师在师长巴尔克的指挥下以迅雷不及掩耳之势向苏军发起猛烈进攻。而此时，正准备向德第 336 师发起进攻的苏军被这突如其来的打击惊得目瞪口呆，顿时乱作一团。德军抓住这一有利时机，将苏军长长的坦克纵队拦腰割成数段，分而歼之。至 8 日午时，苏军坦克第一军被歼灭，德第 11 装甲师以仅损失坦克 4 辆、伤亡十余人的微小代价，取得击毁苏军坦克 51 辆的重大战果。突击全歼苏军坦克第一军后，第 11 装甲师继续在齐尔河畔担负机动作战任务，以巩固漏洞百出的齐尔河防线，扮演了战斗"消防队"的角色。

苏军的战术是一个奇怪的混合物。他们精于渗透行动，并特别善于构筑野战工事。苏军这次作战的行动特点是，不论在什么地方，不管什么时间，只要突进了德军的防御区域都要建立登陆场，以作为尔后进攻的基地。苏军控制的登陆场的确是很大的威胁，忽略这些登陆场，或者不及时清除这些登陆场，都是错误的。苏军的登陆场，初建时可能很小，而且几乎没有什么危害，但是短时间内，他们就可以把它变成危害很大的阵地，不久就会成为难以克服的据点。晚间苏军一个连占领的登陆场，第二天早晨兵力至少要扩大到一个团，再一个夜晚就会变成一个装备了重武器的坚固据点，它可以具备所需要的一切，使它达到几乎坚不可摧的程度。苏军这种"到处建立登陆场"的原则会对德军构成非常严重的威胁，这是不能低估的。这里唯一可靠的，必须成为一条原则的办法是：若苏军正在建立登陆场，或者正在建立前进阵地，就向它发起冲击，而且立即冲击，猛烈地冲击，犹豫不决注定要失败。迟缓一个小时，冲击就可能受到挫折，迟缓两个小时就定然受挫折，迟缓一天就要招来大灾难，甚至是只有一个步兵排，只有一辆坦克，就要发起冲击！

德军第11装甲师在师长巴尔克的指挥下，在德军顿河防线的整个防御地带内南征北战，连续突击，以迅猛的行动在行进间对苏军予以沉重打击，充分发挥了其强大的装甲突击力和快速机动作战能力，出其不意地打击对方，多次达成了战斗的突然性，上演了一出出以少胜多、以弱胜强的"连轴戏"。连续几个星期，德军装甲师都是夜间转移，拂晓前到达最易攻击敌人的位置上，而在敌人出动的前一小时攻击。使用这种战术要求部队要消耗很大的精力和体力，但是伤亡却很小，因为这种作法常常出敌意外。德军装甲师的一句格言是"夜行军是救命星"。在整个战斗过程中，他的装甲师简直是一支"消防队"，它在两个步兵师后边行进，熄灭一次"大火"，紧跟着再去熄灭另一次"大火"。遇到步兵不能对付的苏军登陆场，巴尔克就以坦克兵的全部力量去猛击敌人，他在遵守一句古老的格言："不必吝惜，只管猛击。"只要德军有沉着勇敢的士兵，有集中使用的坦克和火炮，就可以打败拥有大量兵力、兵器的苏军。

齐尔河这一仗，由于苏军坦克第5集团军指挥部所采取的方法不当，使德军打起来并不吃力。他们投入战斗的各个军，发起攻击时在时间上并没有什么协同，大量的步兵师之间也没有协同好。这样，德军第11装甲师就能够打完一个军再打一个军，等到把这个坦克集团军削弱到一定程度，德军装甲师甚至可以撤下来，再去对付苏军的另外一个坦克集团军。

德军第 11 装甲师连续奋战了十余昼夜，在这 10 余天的应急机动作战中，南征北战，左突右挡，消除了一个又一个危机，扑灭了齐尔河畔一次又一次"大火"，为巩固、稳定顿河防线立下了汗马功劳。并创造了以仅有的 50 辆坦克击毁、击伤苏军 700 辆坦克的辉煌战绩。德军第 11 装甲师以其决定性的英勇行动，在齐尔河一线取得了防御的胜利。如果该地段的防御被突破，苏军得以进军罗斯托夫，高加索集团军群的退路将被切断，这会使它遭到斯大林格勒德军集团军同样的命运，这样，形势逼着德军第 11 装甲师要竭尽全力去完成受领的任务。50 辆坦克在两周内干掉苏军一个坦克军——歼灭700 辆坦克，这就是著名的齐尔河畔的消防队——德国第 11 装甲师在巴克尔将军指挥下创造的众多优秀战例中最让人目瞪口呆的一个。

"打开登陆欧洲的大门"——西西里岛登陆战役

1943 年 1 月美英卡萨布兰卡会议决定，北非战局结束后，盟军在西西里岛登陆。目的是占领该岛，以保证同盟国地中海航线畅通，吸引苏德战场德军西调，并迫使意大利投降。

这次战役代号为"爱斯基摩人"的西西里岛登陆作战，由盟军驻北非部队负责实施，总司令为艾森豪威尔。

西西里岛是地中海最大的岛屿，是意大利的属地，整个岛屿成三角形，距意大利本土的卡拉布里亚市只有一条狭窄的墨西拿海狭相隔，整个岛屿易守难攻。1943 年夏，盟军在北非沿海港口集中了大量军队，准备执行代号为"爱斯基摩人"的西西里岛登陆作战计划。负责实施该计划的是亚历山大将军指挥的第 15 集团军群，在西西里岛登陆作战中，盟军便面临这样的问题。

当时，盟军肃清了北非战场，又攻占了班泰雷利亚岛，稍有军事常识的人都能够意识到盟军下一个目标是夺取西西里岛。正如英国首相丘吉尔所说的："傻瓜都知道下一步进攻方向将是西西里岛！"德意方面也认识到了这一点，在西西里岛部署了 30 万重兵，加强防守。

为隐蔽战役企图，美英采取一系列欺骗措施。例如，把一具带有假作战文件的"马丁少校"尸体空投到西班牙海岸附近，让希特勒看到文件后误认为盟军将在撒丁岛或希腊登陆。

登陆编队在航渡中不从北非沿岸直接驶向登陆地域，而是绕过邦角向南再向东行驶，造成进攻希腊的假象，甚至对登陆地域不进行预先火力准备等，这些措施成功的骗过了希特勒，使德军的主要力量转移到了撒丁岛。

盟军共出动4000架飞机在登陆前的三周对西西里岛上的机场和设施进行了昼夜轰炸。7月1日，盟军取得了西西里岛及意大利南部的制空权，德意空军的1400架飞机撤到意大利南中部和撒丁岛。

7月9日，天气骤变，狂风怒号，恶浪滔天，德意军因此放松了警惕。10日凌晨2时40分，空降部队首先发动攻击，美军第82空降师和英第一空降师的5400名官兵搭乘366架运输机和滑翔机从突尼斯出发，飞向西西里岛，盟军以空降登陆开始了西西里战役。

3时45分，巴顿和蒙哥马利指挥的16万美英登陆大军分乘3200艘军舰和运输船，在1000架飞机掩护下，在西西里岛的西南部和东南部实施登陆。海岸意军士气低落，仅进行了微弱抵抗，至中午时分，巴顿和蒙哥马利的部队顺利地登上了各自的目标滩头，并保持着攻击态势，西西里岛守军在意军古佐尼中将指挥下开始反击。

由于希特勒在判断盟军登陆地点时严重错误，德军装甲师的反击被盟军粉碎，意军几乎未加抵抗便仓皇撤退，海岸防线很快被摧毁。

8月10日，德意部队退到墨西拿附近，由于盟军没有切断墨西拿海峡的计划和行动，4万德军和7万意军用6天7夜的时间，完成了向意大利本土的敦克尔克式撤退。

巴顿不甘心让蒙哥马利独唱主角，盟军向墨西拿的进军变成了美英两国军队的赛跑，8月17日上午6时30分，美军先遣部队进入墨西拿，10时30分，巴顿乘坐指挥车率领一个摩托车队驶进城里。

一小时后，一队英军也吹吹打打地进了城，一位英国军官走到巴顿面前，同他握了握手说："这是一场有趣的竞赛，我祝贺你的成功。"当天，岛上的一切抵抗均告停止，西西里岛登陆战结束，盟军占领了西西里岛，从此在地中海往来无阻，打开了登陆欧洲的大门。

此役，美、英军伤亡 2.4 万余人，德、意军损失约 16 万人，另有 10 万人撤到意大利本土。

战役中，盟军首次进行由岸到岸的登陆并实施大规模空降，为以后组织和实施登陆战役提供了经验。

西西里岛战役是盟军自第二次世界大战爆发以来在敌领土上实施的一次重要战役，盟军不仅在军事上获取了直接进攻意大利的跳板，而且在政治上强烈震撼了已经动摇的意大利政府，导致墨索里尼垮台和意大利投降，为盟军打开从南部登陆欧洲的大门。

"魔鬼的杰作"——"橡树行动"

1943 年，当时盟军胜利的曙光显现，轴心国意大利经济已近绝境，人民食物匮乏、衣不蔽体，没有充足的兵员，军队也近乎崩溃。在这种情况下，意大利的统治集团决定抛弃带领意大利走向战争的墨索里尼。7 月 25 日，墨索里尼按计划前往萨伏伊宫觐见国王维克多·埃曼纽尔三世，他的妻子预感不祥，劝他不要去，但墨索里尼坚持进宫，说道："20 年来国王很信任我，不会有丝毫危险。"然后坐上汽车向王宫驶去。

这是一个宁静而闷热的星期天，国王亲自在萨伏伊宫门口迎接墨索里尼。他一反常态，身穿意大利元帅服，而且还在宫殿里布置了警察，这架势墨索里尼还是第一次见到，心中不禁忐忑不安。国王对他说："亲爱的领袖，现在内外形势面临严峻，军队士气低落，最高委员会已经决定解除你的职务。现在人们都恨你，我成了你唯一的支持者。我担心你的安全，让我来保护你吧！"墨索里尼听到这番话后面色苍白，呆若木鸡。国王还要讲点什么，但墨索里尼打断了他的话头，嘟哝着说："一切全完了！"

7 月 25 日晚上 10 时 45 分，罗马电台向全国发表广播，说"国王已经批准了政府首脑本尼托·墨索里尼阁下的辞职，并任命彼得罗·巴多格里奥元帅接替这一职务"。接任的巴多里奥元帅下令将墨索里尼秘密关押起来，并准备与盟国签订停战协议。

意大利军方在国王的支持下逮捕了意大利法西斯领袖墨索里尼，并准备与盟国签订停战协议的消息迅速传到柏林，希特勒闻讯非常震怒，意大利的倒戈无疑将在德国欧洲堡垒的腹部撕开一个大缺口。而且，他也不能容忍自己的朋友被投靠盟军的人关押。必须救出墨索里尼，使之重掌意大利政权。7月27日，希特勒召开紧急会议，亲自制定了营救墨索里尼的"橡树行动"计划，责成伞兵司令施图登特负责，并召见了该计划的具体执行人——德军奥拉宁堡师一个突击队队长奥托·斯科尔兹内上尉。并确定了行动代号——"橡树行动"，斯科尔兹内是第二次世界大战中非常著名的德国特种部队指挥官，指挥过几次著名的行动，"欧洲第一恶汉"是他知名代表绰号，接到任务后立即着手行动。

营救行动的首要问题是查明墨索里尼的去向，现在的问题是这个法西斯领袖究竟在哪里？正当斯科尔兹内一筹莫展的时候，德军无线电侦测部门发现，在距离罗马80英里的大萨索地区有不同寻常的无线电信号，非常频繁地提到"重要人物"，精明的德国人马上判断出墨索里尼可能就在大萨索山上！斯科尔兹内的目光立即转向了罗马东北约160千米的大萨索山。那里是亚平宁山脉的最高峰，战争爆发前夕意大利人在海拔两千米的半山腰处修建了一处冬季滑雪旅游地，山上建有一座饭店，名叫"坎波·因帕莱塔"。经过对各种情报的综合分析，认为墨索里尼很有可能就拘禁于此饭店内。斯图登特和斯科尔兹内都想找到关于该饭店的更多信息，但几乎一无所获。

9月7日，斯科尔兹内针对山势险峻的特点开始精心准备。9月10日，伞兵司令施图登特将军召集莫尔斯少校和斯科尔兹内上尉，进一步研究了有关皇帝营的各种资料，决定从法国调来滑翔机，运载进攻的部队，并决定使用小型"鹳"式飞机，救出墨索里尼。

斯科尔兹内与副官拉德尔立即开始驾机空中侦察，发现坎波饭店位于亚平宁山脉最高峰蒙特柯诺南坡高约 1800 米处，十分巧妙地修建在一个陡峭的悬崖顶部，交通极为不便，只有一条缆车与下方 100 多米外的山谷相连，饭店周围有士兵把守，饭店前有块不大的三角地还算平坦，通往这个山区地带的每条道路都被意大利军队封锁着。

斯科尔兹内感到这块三角地是所有问题的解决关键，他提出了一个大胆的方案：用 12 架滑翔机，每架运载 10 名突击队员（包括驾驶员在内）从天而降，以这块三角地为降落点，强攻饭店并救出墨索里尼。

这无疑是一次风险极大的行动。在行动开始前的一天夜里，斯科尔兹内召集队员们说："这次行动充满危险，随时可能丧生。如果你们当中有人不愿参加，可以离开，我绝不会对此做任何记录，也不会因此而蔑视你们。我将亲自参加并指挥这次行动，愿意参加的人请向前迈一步。"所有队员都向前迈了一步，这令斯科尔兹内非常满意。

9 月 12 日下午，搭乘突击队员的滑翔机在拖拽飞机的牵引下从罗马郊区的玛亚机场起飞。

突击队到达大萨索山时，天气依然很糟糕，而且突击队员们发现滑翔机降落时的危险性要比估计的大得多，但是他们已经不能考虑别的，只好强行着陆。斯科尔兹内的 3 号滑翔机第一个着陆，飞机一直滑行到距离旅馆大门口几米远的地方才停了下来。

驾驶员事后回忆降落时的情景说："视野中的小黑点很快变成了一栋大建筑。尽管滑翔机的机头装有减速装置，但我们很难降低速度，于是我改变航向，顶着来自山脊的强劲上升气流接近了降落区。我向外望去，希望看到敌人的活动情况，但开始时一切都保持着平静。当我飞到饭店上方 150 米左右时，饭店里的士兵像被捅了窝巢的蚂蚁一样涌了出来。不过他们看上去并没有多大敌意，只是站在那里目瞪口呆地看着这群仿佛从刺眼的阳光中落下的袭击者。飞机剧烈振动起来，并在距饭店大门台阶仅 40 米的地方停了下来。" 从飞机中跳出的斯科尔兹内指挥部下迅速制服了饭店周围的意大利卫兵，随后推着作为人质的意大利宪兵司令索莱蒂将军向饭店冲去。

看守墨索里尼的意大利士兵拉响了警报，看守部队立即做好对付突然袭击的准备。亡命之徒斯科尔兹内一把将索雷蒂少将推在前面，用意大利语大声喊着："宪兵队士兵们，你们的索雷蒂司令要求你们与我们合作，否则，他就会在你们反抗之前死去！"

这时，斯科尔兹内看见墨索里尼的面孔出现在二楼的一个窗户旁，急忙对他喊道："退回去！离开窗户！"

就在这时，墨索里尼在二楼喊了起来："不要开枪！不要开枪！你们没看到吗？那是一位意大利将军！谁都不准开枪，不要流一滴血！"卫兵中有的放下武器站住不动，有的则四下逃进山林。

斯科尔兹内带了几个伞兵冲进旅馆，他首先沿通信线路直奔无线电室，在制服了发报员并控制电台后，便直奔关押墨索里尼的房间。两名负责看管墨索里尼的意大利军官下令让所有意大利卫兵放弃抵抗，冲突几乎马上就结束了，整个旅馆地区全部被德国伞兵控制。

整个营救过程非常迅速，从第一架滑翔机着陆到控制饭店只用了4分钟，且几乎没有遭遇任何抵抗，未开一枪便救出了墨索里尼。斯科尔兹内见到墨索里尼行举手礼，然后大声说："领袖，德国党卫军上尉斯科尔兹内奉元首之命令前来营救您，您自由了。"

墨索里尼异常激动，张开双臂拥抱斯科尔兹内，声音哽咽地说："我知道我的老朋友希特勒没有抛弃我！"

救出墨索里尼后，接下来的任务是把他安全送走，缆车站已经被德军占领，但山谷对面仍有大批意军防守，无法突围下山。此时所有的希望都寄托在正在饭店上空盘旋侦察的一架小型单发菲斯勒"鹳"式侦察机上。

这架飞机是斯图登特将军专门派来观察营救行动的情况的，其驾驶员是德国王牌飞行员格拉赫上尉。当斯图登特从无线电中得知斯科尔兹内已得手的消息时，还有些半信半疑，但他命令格拉赫想办法帮助突击队。接到命令后，格拉赫开始压低飞行高度，临时选作飞机起飞的跑道上，坎坷不平，有不少大大小小的石头，此时也顾不上许多了，格拉赫上尉那架小型"鹳"式飞机小心翼翼地将飞机降落在这个临时跑道上。

当得知斯科尔兹内要与墨索里尼一起乘这架飞机离开时，格拉赫非常坚决地表示拒绝，因为这种飞机设计载运两人，若搭载90千克重的墨索里尼后再加上同样90千克重的突击队长，飞机是否能起飞已令人怀疑。

但斯科尔兹尼坚持自己要亲自护送墨索里尼抵达安全地点，并暗示这是希特勒的指示后，格拉赫妥协了。

飞机在高低不平的跑道上滚动着，60米简易跑道的尽头下远处就是悬崖峭壁。飞机飞速在临时修整的空地里蹦蹦跳跳地滑行，差一点撞上一块大岩石，但在经验丰富的格拉赫操纵下，终于摇摇晃晃地爬升到天空中。它围绕旅馆上空盘旋一周，然后径直飞往罗马郊外的普拉提卡机场。

平安降落后，斯科尔兹内护送着墨索里尼上了一架He-111飞机转往维也纳，"橡树行动"大功告成。斯科尔兹内则在维也纳和柏林受到了英雄般的欢迎，他也因此一夜成名。欧洲各国的广播电台都在一遍遍地播放着关于这次营救的新闻，他的名字也以最大号的醒目字体出现在报纸上，甚至连丘吉尔也在下院演说中提到了斯科尔兹内的名字，称这是英勇无畏的表现……这无疑表明，在现代战争中，有许多这样的机会可以来展示人们的勇敢精神。

"橡树行动"——德军历史上最为大胆的营救行动，被人们称为"魔鬼的杰作"，直到今天，很多研究特种作战的人仍旧把这个大胆而且成功的冒险行动作为一个范例。

此后，斯科尔兹内又奉命指挥党卫队特种作战部队和新组建的党卫队第五百伞兵营，成功完成了制止匈牙利独裁者霍尔蒂背弃轴心国的"铁拳行动"，影响极大，以至于丘吉尔称斯科尔兹内为"欧洲最危险的罪犯"。虽然营救墨索里尼行动本身对德国的战略意义并不大，但德国的宣传部门清楚地认识到这次行动所产生的巨大宣传效果，在他们的大力渲染下，斯科尔兹内成了德国家喻户晓的战斗英雄，戈培尔还派了一个电影摄制组去大萨索山重拍营救过程，斯科尔兹内本人也被提升为少校，并获骑士十字勋章。

"疾风之鹰"——美军第101空降师

美国陆军第101空降（空中突击）师，昵称为"呼啸山鹰"，101空降师由于其臂章上有一个正在嚎叫的鹰头，而被称为"鹰师"或"嚎叫的鹰"，它是隶属于美国陆军的一支空降师，其作战和训练是为空降突击行动服务。第二次世界大战结束后在越南战争期间，101空降师被整编确立为空中突击师，由于历史的原因，这个师一直保留了"空降兵"这个标志符。

101空降师的历史可追溯到第一次世界大战，美军于1918年7月23日正式组建了第101步兵师，但该师未及出征战火已停。第二次世界大战期间，美国陆军于1942年8月16日，在美国路易斯安那州的克莱伯尼训练营正式组建第101空降师，其人员装备主要来自第82摩托化步兵师，威廉准将出任第101空降师的首任师长。威廉准将向他的新部下宣布刚成立的101空降师虽然没有历史，但他却受命于危难之时，我们将要执行重要的军事远征，而且我们要经常性地完成各种任务，我在这里要提醒你们，我们的徽章是一只美国最伟大的雄鹰，这贴切的徽章预示着这个师将会像从天而降的闪电一样击垮一切敌人。

1942年10月，第101空降师开始在北卡罗来纳州布雷格堡进行严格的训练，训练是十分艰苦的。士兵们不仅要学会基本的步兵技能，还要学习新的战争法则，在整个秋冬两季，威廉将军都致力于建立一套崭新的空降作战战术。

当年夏天，第101空降师在第二次陆军机动演习中证明自己已具备相当作战能力，1943年6月底，第101空降师完成了所有的训练任务。8月，全师正在进行建师周年纪念活动时，师的先遣小组却悄悄奔赴英国，为部队赴欧参战打前站。9月，全师开始陆续登船开赴英国。在英国基地，101师继续进行各种训练，这期间，威廉师长因病离任，刚刚参加了意大利战役的第82师炮兵指挥官泰勒将军调入，接掌了师的指挥大权。

1944年3月，美军进行了一次大规模的演习，英国首相丘吉尔、盟军最高统帅艾森豪威尔，以及许多的军政要员观摩了这次演习。

第101空降师作为演习的美军新武器登场，因为泰勒新到部队不久，他便让师炮兵指挥官、陆军准将安东尼·麦考利夫向丘吉尔和艾森豪威尔简要介绍部队的情况，演习的结果是美军的空降部队获得了一致的好评和尊敬，并奠定了空降部队在后来的诺曼底登陆的地位。

1944年5月，第101师接到了参加诺曼底战役的命令，全师官兵个个兴奋不已，等待了两年之后，他们终于得到了驰骋云天、为国建功的机会。在这次战役中，第101空降师的任务是在瑟堡半岛犹他滩头的敌军防线后面空降，肃清该地域内的军，控制盟军登陆场后方地域，配合地面部队登陆，在那里他们要清除路障，为第4步兵师打开前进道路，还要阻止任何敌军向犹他滩头的增援行动，并夺取后方杜佛河上的桥梁及其他要地。

作为美国军队中的精锐作战部队的第101空降师在诺曼底登陆日的前夜，也就是6月6日，全师所属部队计8个营全部进行伞降作战，空降到诺曼底德军阵线的后方。第101空降师6000多人搭乘C-47运输机飞到了法国上空，在接近伞降场时，他们遭到德军高射炮火的猛烈射击。许多运输机为了躲避高射炮火，把伞兵撒得到处都是。师长泰勒将军最初只能集合起百来人，并且大多数是军官。在带领他们去夺占通往"犹他"滩头的堤道时，他不无幽默地说："从来没有这么少的人受这么多人的指挥。"在此次空降作战中，第101空降师浴血奋战5昼夜，赶走了德军第6伞兵团，占领了卡朗唐，一直坚守到美军装甲部队从滩头赶来。在这场著名的诺曼底登陆战中，第101空降师连续激战33天，出色地完成了作战任务，该师由此一举成名，第101空降师的一些部队被授予"优异部队嘉奖令"。

1944年8月25日，该师成为第18空降军的一部分，并编入第一联合空降军，作为该军的一部分，该师参与了有史以来规模最大和最为大胆的空降作战行动——"市场花园作战行动"。被投入德军后方的他们在3天里击毙了德军300余人，俘虏1400余人，开辟了一条数千米的安全地带。

第101空降师成功的击退了德军的反扑，解放了几个荷兰的城镇，有几次的战斗接近于残酷的白刃战，空降军的英勇战斗为盟军向安特卫普的进攻争取了宝贵的时间。11月底，安特卫普被盟军攻占，28日第一艘补给船驶入港口，巴顿将军亲自入城为官兵们颁奖授勋，艾森豪威尔将军也亲自向第101师颁发总统嘉奖令，他说："美国历史上，还从来没有一支陆军师因为自己的优异战绩得到战争部以总统的名义授予的嘉奖，今天的事情标志着美国陆军的一个新传统开始！"第101空降师随后接到放假休整的命令，但不久，德国人的阿登大反击打断了士兵们宝贵的休息时间。

1944年12月16日，德国军队以13个精锐师的兵力发起了阿登反击战，他们的目标是占领比利时和法国接壤的阿登森林地区，瘫痪向西进攻的盟军，然后转向东线全力对付苏联红军。德军最初的进攻十分顺利，盟军陷入了崩溃状态，德军几乎突破了所有的盟军防线并向纵深推进。12月17日，第101空降师接到命令，全力增援北部重镇巴斯托涅。巴斯托涅位于阿登东部公路网的中心，德军在西线的胜利取决于击败第101空降师和占领巴斯托涅，巴斯托涅的战斗是极其激烈的，德军进攻的欲望和盟军死守的决心一样的强。12月20日，巴斯托涅被完全包围，第101空降师面对德军5个师的轮番进攻，始终坚守阵地，12月22日，德军命令第101师缴械投降，而代理师长指挥的麦考利夫给予的则是一句简短而有名的回答——"呸！"激烈的战斗直到12月26日美军第4装甲师突破德军重围进入巴斯托涅为止。

随后，第101空降师和第3步兵师一起清剿了阿登地区的德军，结束了德军的占领。保卫巴斯托涅的第101空降师赢得了"优异部队嘉奖令"，在美国陆军历史上，全师获得这一荣誉还是第一次。第二次世界大战时的西方盟军总司令艾森豪威尔将军，曾这样评价过麾下的这支部队："无论何时，只要你说明你是第101空降师的士兵，那么，每一个人，无论他是在大街上、在城市里、还是在前线，都会对你寄予绝对不同寻常的期望。"

在巴斯托涅的围困之后，第101空降师向鲁尔地区进发，它在接下来的鲁尔包围圈之战中再次大出风头。有一个完整的德国集团军驻扎在鲁尔，它是德军唯一一支未受重创的部队。

从 1945 年 4 月开始，美国第 1 和第 9 集团军开始对鲁尔发起进攻。德国人用尽一切手段和盟军作战，但由于他们严重缺乏补给，最终无法抵御美军的强大攻势，4 月末，整个德军集团被消灭，美军俘虏了 32.5 万名德军。

第 101 空降师在第二次世界大战中的最后一次战斗任务是攻占希特勒的休养地贝希特斯加登。这次它再次与美军第三步兵师合作，顺利地完成了作战任务，随后，它就驻守贝希特斯加登，并在那里接受了德国党卫军第 13 师等部队的投降。1945 年 11 月 30 日，第 101 空降师在欧塞尔退出现役。自 1942 年创建以来，第 101 空降师屡上疆场，身经百战，创下了一个个辉煌战绩。该师有一个响亮的绰号，叫"呼啸山鹰"，师徽是一只印在黑色底色上的美国鹰的鹰头。

据说，这个标志产生于 20 世纪 20 年代，当时第 101 师还是支步兵部队，到威斯康星州驻训，他们听说在内战期间，当地有一支著名的第 8 威斯康星步兵团，每次开赴前线时都要带上一只名叫"老艾伯"的美国鹰，受到启发，便把鹰当成了自己的象征和标帜。设计者恐怕并没有想到，第 101 师以后真的成了一只翱翔蓝天、叱咤风云的"钢铁雄鹰"！

人操导弹——日本"樱花"式火箭特攻机

在第二次世界大战中，德国的 V1 和 V2 可谓是导弹的先驱，日本也发明了一种"导弹"，可惜日本的"导弹"与德国的导弹有着本质的区别。

在现代战略攻击武器中，有一种机载飞航式导弹，它的外形和一架小飞机一模一样，有机身、机翼、尾翼和各种操纵面，后机身内装一颗弹头。它被挂在战略轰炸机的机身或机翼下面，由轰炸机把它带到距轰炸目标几百甚至上千千米的距离处投下，靠其本身的动力、自动驾驶仪和导航设备飞向目标。

1945 年 3 月下旬，美、日在冲绳岛西南海面上空所进行的 20 分钟空战中，美国飞行员看到的不是用自动驾驶仪驾驶的导弹，而是由将要与目标同归于尽的敢死队员驾驶的炸弹，简称"人弹"。

日本军国主义分子给这种有人驾驶的炸弹，起了个很动听的名字，叫"樱花"，使用樱花作战的部队被称为"樱花特攻队"。

1944 年 8 月，日本在太平洋战场已是四面楚歌，为重振所谓的"大和之魂"，日本军方认为，抗衡美军优势海军力量和强大生产能力的最好办法就是"一机一舰"，只用一个人就可以击伤或击沉一艘航空母舰或战列舰，并让 1000 名敌人和自己一起葬身鱼腹。

为此，日本海军航空研究机构研制了一种速度无法截击、尺寸小、携带炸药多、动力装置简单、几乎不装设仪表、不再装设起落装置，采用木质结构的飞机，这就是"樱花"自杀飞机。准确地说，它并不是飞机，而是一种"人控炸弹"。

一款利器为什么会起一个这么优雅的名字？实际上它有着很深的象征性并非随意取的。

在日本京都的京都御所有一座紫宸殿，在通往大殿的石梯左侧伫立着一排璀璨的樱花树，这些神圣的树木被视为守护神并且给予官职。因此日本军方以"樱花"命名飞机就是希望这种飞机与它们的驾驶员一起能像那些在紫宸殿前的神树一样，成为日本帝国的守护神。

樱花飞机，是世界上唯一的一种专门以自杀攻击为目的而设计的飞机。也许盟军对它恨之入骨，所以很快给了它一个"八格"的绰号，它似乎来自日文中的"蠢货"一词。

樱花飞机不是第一个飞上天的喷气式飞机，它甚至都还没走出原型机阶段，一生中只接受过两次试飞，然而它的诞生却是第二次世界大战时日本航空技术达到巅峰的标志。

该飞机由母机携带升空后，在距离海上目标数十千米处投下，然后靠火箭发动机作短暂推进，在进行一定的机动飞行后，俯冲滑翔到目标上空，最后以直接撞击的方式与目标同归于尽。

在实战中，"樱花飞机"的使用却并没他们所希望的那么理想，1945年 3 月 21 日，九州东南方向海面上的美国海上机动部队遭到日海军神雷特攻飞行队的奇袭，这是樱花自杀飞机首次参战。

当天，在野中五郎少将的直接指挥下，共出动18架1式陆攻轰炸机和16架"樱花11型"，在30架战斗机的掩护下，从鹿屋基地出发直扑美国舰队所在地。可就在距目标110千米处，突然遇到F6F"泼妇"式舰载战斗机的凌厉攻击，一时间令日机方寸大乱。笨拙的1式陆攻为了仓促应战，纷纷扔掉樱花。经过短短十几分钟的空战，日机悉数葬身鱼腹，无一幸免，樱花首战大败。

"樱花"是一种特别攻击机，由横须贺第一航空工厂研制，全木制，装有推力为79千牛的火箭发动机，载有1200千克烈性炸药，最远航程37千米，由1式陆攻机作为载机，这种"人弹"最大速度可达每小时876千米，这在当时已是很了不起的高速度，因为当时最好的活塞式战斗机的最大速度只有每小时700多千米。

1944年10月，一架"樱花"原型机在相模湾上空成功地进行了第一次投掷滑翔试验。

11月，在鹿儿岛海滩上作了首次（无人驾驶）撞击地面靶标的实验。1945年元月，空技厂在相同空域以遥控方式对樱花进行了飞行性能的测试。测得在3500米高度的最大滑翔速度为每小时463千米，如果打开发动机助推，则可达每小时648千米。

"樱花"特攻队又名神雷特攻队，是日本在第二次世界大战时期使用的一种特殊部队，其宗旨是飞行员驾驶满载炸药的飞行器撞击敌舰。"樱花飞机"的驾驶员是从青年飞行员中按武士道精神选出来的愿为"大日本"而死的敢死队员，与著名的神风敢死队很相似，区别在于神风队使用飞机，"樱花"特攻队使用的是一种类似于飞弹的特制飞行器。

"樱花"的致命伤是续航距离过短，它必须依赖母机延长作战半径。于是，研制续航距离更远的改良型便成为当务之急，但由于喷气发动机的试制工作进展缓慢，所以改良型"樱花22型"最终没能投产。

日本的第五舰队利用"樱花"组织了一个专门的空中特攻队，代号"神雷"。

这支部队有 50 架以岸上机场为基地的 1 式陆攻机，100 名愿意献身的"樱花"驾驶员，以及 90 架护航用的普通战斗机。

空中特攻队的队员们必须进行专门的特攻训练。训练方法是每个队员都乘坐一次不载炸药的"樱花"，从飞行高度 3000 米的运载母机上抛下来，然后操纵这架小飞机滑翔下降。

实际上每试验一次，队员都等于是丢了半条命。战后活下来的原"樱花"部队飞行员浅野昭典在接受某杂志的专访时说："由于战事吃紧，器材又奇缺，所以每一位改装樱花的飞行员只有一次总共才有两次的体验飞行。即转入特别攻击必修的俯冲训练。"

对于从未接触过高速飞机的我们来说，如同一步登天。因此，一切都得靠自己的悟性和运气。

日本军国主义发动的太平洋战争，不仅给周边国家带来了无法估量的巨大灾难，也给本国人民带来了难以抹去的创伤。到战争末期，为了挽回败局，日本最高军事当局就是这样诱骗和逼迫飞行员坐上所谓的特攻机——即"人肉炸弹"，频频撞向盟国的舰船。

"樱花"炸弹诞生于 1945 年初，日本海军曾对"樱花"这种有人驾驶炸弹寄予了很大的希望，企图利用这种残酷的"人弹"来击败盟国的舰队，可惜的是这种"人弹"并没有为日本军国主义挽回败局。

自从首战失败后，神雷特攻飞行队一改集体行动的战术，变为单机游猎的攻击方式，其猎物都是冲绳周边近海的美国舰只。它们或一架、或二至三架靠母机携带结伴而行，借着拂晓、黄昏或月明之夜，天光灰暗之际，看到大的目标就一头扎下去。

总以为这样可以大大减少中途被歼的厄运，可惜战果依然微乎其微。由于数量有限，直到终战，也没见到"樱花"有什么杰出的建树。

随着日本的投降，昙花一现的"樱花"终归寿终正寝，只是成为第二次世界大战时日军的笑柄。

第十一章

迷雾重重的碧海风波

被舰炮击沉的唯一航母——英国皇家海军"光荣"号

"光荣"号航空母舰于 1915 年 5 月 1 日开工建造，1934 年 5 月 1 日到 1935 年 7 月 23 日进行了改装，加长了飞行甲板，1940 年 6 月 8 日从挪威撤退时被击沉，这是战列舰巨炮击沉航空母舰的唯一战例。

1940 年 6 月初，英法联军在法兰西战役中的失败已成定局，为了保卫岌岌可危的英国本土，丘吉尔首相被迫作出了从挪威北部的纳尔维克撤回其全部武装力量的决定。纳尔维克的撤退进展很快，所有法国、英国、波兰的军队连同大量的物资和装备都已装上船，编成三个护航队驶往英国，而没有受到敌人的阻挠。

6 月 3 日，英国海军的"皇家方舟"号和"光荣"号航母驶进刚刚占领的纳尔维克港，为撤退护船队提供掩护，8 日早上，在回收了本舰舰载机和皇家空军的格罗斯特"斗士"和"飓风"战斗机后，"光荣"号开始向英国返航。由于在回收战机的过程中"光荣"号耗费了过多的燃料，无法与其他军舰一起高速返航，只好在"热情"号和"阿卡斯塔"号这两艘驱逐舰的护卫下，用巡航速度向西航行，途中为了节省燃料，"光荣"号将 18 座锅炉中的 6 座熄火，航速相应降低到 17 节。

挪威北部和斯卡帕之间的这部分海域一向被认为是最安全的，"皇家方舟"号和"光荣"号在一二艘驱逐舰护航下往返过多次，全部安然无恙。但没有料到偏偏就在最后一次遇上两艘德国主力军舰——"沙恩霍斯特"号和"格奈森诺"号。"沙恩霍斯特"号和"格奈森诺"号是两艘仓促建成的军舰，它们不伦不类，其排水量与英国的战列舰相当、速度与战列巡洋舰相当、装甲厚度又大于战列巡洋舰，可火力又介于战列巡洋舰和巡洋舰之间，其结果是英国的战列舰追不上，巡洋舰打不过，战列巡洋舰与之较量又要吃亏，因为它们具有以上意想不到的古怪特点，使其像两条鲨鱼，既凶猛，又难捉。当时德国海军并不知道盟军的撤退计划，只见盟军云集纳尔维克，便派了"沙恩霍斯特"号等舰专门袭击来往于北海的防御能力薄弱的补给船，行动代号为"朱诺"。

此时的"沙恩霍斯特"号和"格奈森诺"号在 6 月 8 日刚击沉了一艘油轮和送运兵"奥拉马"号，正继续在海上搜寻新的战利品，下午 4 时，"沙恩霍斯特"号前桅瞭望平台上的古斯少尉候补生正集中精力努力观察，突然他在目镜中发现了一缕淡淡的黑烟（"光荣"号是以煤做燃料，它的烟远远就能被人看到），古斯立即激动的抓起电话向舰桥报告，一时间，"沙恩霍斯特"号上几乎所有的望远镜全部转向右舷，16 时 56 分，"格奈森诺"号自己也发现了右舷的英国编队，两艘德国战舰立即全速驶近侦察，它们看见的黑烟正是英国的航空母舰"光荣"号编队所在位置。

此刻载满了飞机的"光荣"号航母，竟然对德国的战列巡洋舰的逼近毫无察觉，尽管皇家海军的舰船已经发出了航线上有德国大型舰只活动的通报，"光荣"号还是没有足够重视，也没有组织有效的空中巡逻，当时它判断德国舰只已经返回了特隆赫姆。"光荣"号当时搭载有 10 架"海斗士"舰载战斗机和 6 架"箭鱼"鱼雷机，另外，还有 10 架皇家空军的"飓风"和 10 架"斗士"战斗机。

"光荣"号已经历经了几个月的海上巡航，为了让疲惫不堪的舰员好好休息一下，"光荣"号的奥尔斯舰长不但没有命令进行飞行侦察，反而将战备等级降为最低的 4 级战斗准备，结果此时"光荣"号桅顶的观察哨无人值班。直到 17 点，"光荣"号才发现了从西方出现的两艘奇怪的船，但"光荣"号仍然没有立即警觉过来，只是派出"热心"号前去核实目标身份，同时命令将 5 架"箭鱼"提升至飞行甲板，准备起飞侦察，直到 17 时 20 分，"光荣"

号才发觉大势不妙，当他们发现前方逼近的是德国的"沙恩霍斯特"号和"格奈森诺"号时，一切都已经晚了。

下午 5 时 30 分，"沙恩霍斯特"号首先在 2.8 万米处首次齐射，在这个距离上，"光荣"号的 120 毫米单管炮是完全无用的，护航的两艘驱逐舰也勇敢地插到航空母舰和德国战列巡洋舰之间施放烟雾，设法掩护"光荣"号逃离。"光荣"号一边发出战斗警报和求救信号一边加速，试图避开德国舰队，它笨拙地向左转向，躲进"阿卡斯塔"号散布的烟幕中，直到现在，它的飞机仍然没有起飞一架，被提升到飞行甲板上的两架"箭鱼"还挂着深水炸弹，这对德军战舰来说真是千载难逢的进攻机会，两艘德国巡洋舰加速追击，英国皇家海军的"阿卡斯塔"号在舰长格拉斯弗德海军中校指挥下，全速避开"沙恩霍斯特"号的炮火，同时将所有的烟雾筒都投进海中施放烟雾，舰长将命令传给各个作战岗位："我们至少可以给他们一些颜色看看。"

这时，"光荣"号上的两架"箭鱼"飞机已经换上鱼雷准备起飞了，双方都意识到动作必须快，生死就在一线间，没有等到飞机起飞，"沙恩霍斯特"号于 17 时 37 分发射的齐射中，1 发 283 毫米穿甲弹终于在 2.4 万米的距离上命中了"光荣"号飞行甲板中部。炮弹在飞行甲板中央炸出了一个大洞，它的前飞机棚以及甲板也被"沙恩霍斯特"号的 280 毫米舰炮击中起火，将旋风式飞机烧毁，并使鱼雷不能由舱下吊上来装在轰炸机上，"光荣"号再也不可能起飞飞机了，不仅如此，这发命中弹还诱发前机库大火，四散的弹片击穿了两座锅炉的进气道。现在的"光荣"号已经丧失了自身的一切抵抗能力，只有寄希望于两艘小小的驱逐舰的保护才能脱险了。

两艘驱逐舰面对强敌毫不畏惧，它们的战术是在航空母舰和德国战列巡洋舰之间拉上一道几千米长的烟雾，以隔断德国人的视线，然后转向进入己方一侧烟雾中，再穿出烟雾或隔着烟雾向战列巡洋舰发动鱼雷攻击，"阿卡斯塔"号在烟雾后向"沙恩霍斯特"号和"格奈森诺"号发射了一批又一批的鱼雷，但都没有命中。此时两艘德国战列舰的炮火却越来越准确，"光荣"号接连中弹，全舰燃起大火并逐渐向右倾斜，17 时 56 分，1 发 283 毫米炮弹命中"光荣"号舰桥,将包括奥尔斯舰长在内的几乎全部舰桥军官炸死,只得由副长洛威中校接替指挥,此时"热心"号的烟幕逐渐将"光荣"号裹得严严实实,几分钟后,德国战列舰就因丢失目标被迫停止射击。

两艘德舰严密监视着烟雾线,当再次发现"热心"号舰艏穿出烟雾时,"沙恩霍斯特"号上的9门280毫米主炮和12门150毫米副炮一顿猛射,一颗炮弹击中了"热心"号的机器舱,舰上的鱼雷手阵亡,"热心"号中弹后主机停车,舰身向左舷倾斜,18时17分,"热心"号在完成了第7次毫无成效的鱼雷攻击后,再也支撑不住开始下沉,5分钟后,"热心"号倾覆沉没,它的主桅已经被打垮,但她的120毫米舰炮却一直从战斗开始响彻到没入水中的一刹那。"热心"号沉没后,"沙恩霍斯特"号上的全部舰员都松了口气,这回他们总算可以不受干扰的对付英国航空母舰啦。此时大风已吹散了屏蔽"光荣"号的烟幕,"格奈森诺"号重新开始射击,并接连命中,18时34分,"光荣"号仅剩的一个护卫"阿卡斯塔"号向"沙恩霍斯特"号左舷发射了剩余的4条鱼雷。

英国驱逐舰反击机会完全出乎"沙恩霍斯特"号的意料,而且也不信在这么远的距离会受到鱼雷的攻击,因此没做什么躲避动作。一条鱼雷击中"沙恩霍斯特"号,浓烟腾空而起,巨大的水柱向上直冲。击中"沙恩霍斯特"号的是英国改进型重型舰用鱼雷,战斗部装有365千克混合烈性炸药,爆破威力等效于450千克左右的TNT炸药,"沙恩霍斯特"号战列巡洋舰的防雷系统设计要求是防御250千克TNT当量的水下爆破,按照德舰的一贯表现,实际性能可能超过设计要求,但肯定无法抵御450千克TNT当量的鱼雷。被鱼雷击中导致"沙恩霍斯特"号的C炮塔失灵并进水2500余吨,"沙恩霍斯特"号中雷后暂时停止射击,"格奈森诺"号马上将火力从奄奄一息的"光荣"号转移到"阿卡斯塔"号上来。由于"沙恩霍斯特"号的教训,"格奈森诺"号格外小心谨慎,它始终避免进入"阿卡斯塔"号鱼雷射程以内,随后两艘德国战列舰密集的副炮火力覆盖了"阿卡斯塔"号。两艘德国战列舰的炮火越来越准确,"光荣"号接连中弹,全舰燃起大火并逐渐向右倾斜。19时8分，"光荣"号发生了剧烈的爆炸沉没，"阿卡斯塔"号于9分钟后步了"光荣"号的后尘，在"光荣"号东北约4000米的洋面上消失，19时22分，"格奈森诺"号舰下达战斗结束命令。

在海军的发展史上，航母是战舰的克星，"光荣"号是唯一被舰炮击沉的航母。对英国人来说，这是一场悲哀的失败，如果"光荣"号能保持1~2架飞机的空中巡逻，完全可以避开被屠杀的命运，说不定还能召唤其他英舰将两艘德国军舰一举围歼，好心的奥尔斯舰长因为自己的仁慈付出了太大的代价，他确实让自己的部下舒服地休息了几个小时，但却换来了1000多条生命死亡的最终结果。

这是一场海上骑士般的海战，在这次海战中，"热心"号和"阿卡斯塔"号的勇敢行动也赢得了德国水兵的钦佩和赞誉，"阿卡斯塔"号沉没后，马沙尔中将曾命令德国军舰将主桅上的战旗降下一半，全体舰员立正向其致敬。3艘英国军舰沉没后，约有900人爬上了救生艇，但由于害怕遭受攻击，德国军舰没有救捞一名英国水兵就匆匆撤退，而其他英国军舰根本不知道"光荣"号遭此劫难，虽然当时适逢极昼，但北极地区蜡烛般的太阳根本无法带给英国落水舰员多少温暖，绝大部分缺乏食物的幸存者体力慢慢耗尽，直至冻僵死亡。

这次战斗是人类仅有的主力舰与正规航母交战并获得全胜的战例，其中"沙恩霍斯特"号对"光荣号"的精确射击，也创下了第二次世界大战舰炮命中海上航行目标的最远纪录。1941年5月，英国海军终于一雪前耻，报了这一箭之仇，在挪威海岸以北70海里处，孤独的"沙恩霍斯特"号在茫茫大海上露出了它巍峨的身躯，4艘英国驱逐舰将鱼雷一条条地投入冰冷的海洋，爆炸声此起彼伏，"沙恩霍斯特"号燃起的大火照亮了天空，这艘巨舰已是伤痕累累，整条船笔直地没入了大洋。事后通过统计来自各方面的资料发现，"沙恩霍斯特"号遭受的打击是令人震惊的——数百发炮弹在它的身上爆炸，在对它进行攻击的55条鱼雷中至少有17条直接命中！英军指挥这场海战的弗雷泽中将对手下官兵说道："先生们，如一天你们被派遣到这样一艘军舰上，参加这么一场实力悬殊的战斗，我希望在场诸君能像'沙恩霍斯特'号官兵那样轰轰烈烈地作战！"

冰海浩劫——"PQ-17 船队"的悲剧

希特勒入侵苏联后，苏联加入反法西斯盟国一方，英国首相丘吉尔宣布将给苏联以支持和援助，由于德军的封锁，主要物资只能通过北极航线运往苏联。北极航线起点在冰岛，终点为摩尔曼斯克和阿尔汉格尔斯克，在第二次世界大战的过程中，北极航线是一条对苏联战场极端重要的生命线，尽管这条航线上布满了艰辛和危险，盟国仍使用该航线向苏联运送了大量军火，对苏联卫国战争作了重大贡献。

1942 年夏天，德军机械化部队在南线突破，越过顿河草原直逼斯大林格勒和高加索山，苏联战场危如累卵，斯大林连续三次写信让丘吉尔火速开出 PQ-17 船队，以解燃眉之急。丘吉尔深知北挪威德国海空军兵力强大，迟迟不下开船令。后来连罗斯福总统也看不过去了，亲自写信建议尽快开船，这时，英国人才决心开出 PQ-17 船队。

1942 年 6 月 27 日，一支庞大的海上编队悄然离开冰岛西南部的雷克雅未克港，开始向苏联西北部的摩尔曼斯克军港驶去，整个航程超 5000 千米，行动编号为 PQ-17 船队。这是盟军自 1941 年 8 月开始在北冰洋航线上向苏联运送作战物资以来派遣的最大船队，也是北冰洋历史上最大的、最有价值的军事运输，总共有 35 艘船只参加。

为了确保这支船队万无一失地把物资送到苏联，英国海军派出了 6 艘驱逐舰和 15 艘其他武装船只近距离护航，此外，盟军 4 艘巡洋舰和 3 艘驱逐舰在船队北部大约 60 千米外进行警戒。此外，还有一支编队为船队提供远距离护航，这支编队离船队大约 320 千米，包括"胜利"号航母、两艘战列舰、两艘巡洋舰和 14 艘驱逐舰。

从这个布置上看，英国海军在 PQ-17 船队上真是煞费苦心，PQ-17 船队不仅仅只是为了闯过北极，丘吉尔还有更大的雄心：利用 PQ-17 船队为诱饵，诱出德国那艘重达 5 万吨的战列舰"提尔皮茨"号，一鼓而歼灭之，永绝北极海上大患。

7 月 1 日，正在大西洋北部搜寻目标的纳粹侦察机发现了 PQ-17 船队，德国海军立即派出两艘潜艇进行跟踪侦察，掌握情况后，德军决定，集中兵力袭击这支船队。7 月 2 日早上 6 时 30 分，纳粹 7 架 HE-115 鱼雷机展开袭击，但遭到 PQ-17 船队猛烈的防空火力拦截，两架飞机被击落，其余飞机不得不匆忙投掷鱼雷而去，那些鱼雷均在射程之外发射，未能击中任何目标。这时，分散在挪威海上的德国潜艇立即向 PQ-17 船队的航线集结，并伺机下手。但护航队反潜兵力雄厚，直接进攻占不了便宜，德国潜艇只好耐心地尾随船队，几名大胆的德军艇长寻机攻击了船队，除了饱尝深水炸弹外，一无所获。

此时，船队指挥防空和反潜的汉密尔顿少将承受了极重的心理压力，他的商船队和紧急支援舰队虽然能勉强应付空中和水下的攻击，然而目前 PQ-17 船队已处在"提尔皮茨"号的威力区域，一旦"提尔皮茨"号出动，他拿什么去同它的 8 门 381 毫米口径巨炮对抗呢？"提尔皮茨"号只需在英舰的火炮射程之外，用 800 千克的巨弹就足以将商船和军舰一一击沉，英舰的 203 毫米炮简直形同儿戏。

正当护航编队全力抗击纳粹袭击的时候，英国海军大臣庞德忽然得到情报说，"提尔皮茨"号已经离港出航，"提尔皮茨"号是 1942 年初刚投入作战的纳粹最大战舰，排水量近 5 万吨，比英国航母还要大。庞德担心，一旦"提尔皮茨"号快速接近挪威北部庞大的船队，护航编队和船队均将受到沉重打击。而这时，320 千米外的那支远距离护航舰队为流冰所阻，无法赶到，诱歼计划全盘落空。经计算，10 小时后，PQ-17 船队将进入"提尔皮茨"号的火炮射程，PQ-17 船队面临着全军覆没的命运。无奈之下的英国第一海务大臣庞德以海军部名义，向汉密尔顿的 PQ-17 船队及护航舰队发出了那道历史上有名的命令："护航舰队以最大速度向西方撤退，运输船队分散向俄国港口进发。"

汉密尔顿少将接到庞德的电令后，忍痛向 PQ-17 船队下了解编令。护航编队撤离后，庞大的船队也开始疏散，孤立无援的在北冰洋海面上缓慢行驶，没有任何保护，很快成为纳粹潜艇和战机猎杀的靶子。

实际上，令人生畏的"提尔皮茨"号并没有亲自参加屠杀，希特勒特别担心离PQ-17船队仅300千米的那支英国强大的航母编队，为保全实力，"提尔皮茨"号走到半道就折返南航，回到了北挪威的腾峡湾，全部攻击都是由德国潜艇和飞机单独或联合执行的。7月5日上午8时30分许，北冰洋最大的截杀行动开始了，一时间，北冰洋上空尽是求救的信号，英国货船"拜伦帝国"号是首批遭到纳粹潜艇鱼雷的袭击被击沉的船只之一，接着美国一艘货轮被潜艇鱼雷击沉，随后纳粹9架俯冲轰炸机拼命发动攻击，击沉多艘船只。随着天黑的到来，纳粹停止了袭击，这天，盟军船队损失大约9艘船只。

7月6日后，纳粹继续展开疯狂的袭击行动，到处追杀PQ-17船只，7月10日，两艘船只好不容易驶到离苏联摩尔曼斯克港只有160千米的海域，突然遭到纳粹战机的追杀，被炸成碎片沉入海底。

PQ-17船队的命运是北方航线中最凄惨的一幕，也是第二次世界大战海运史上令人毛骨悚然的一次死亡航行，皇家海军对流冰、天气和航程中的困难估计过低，而对"提尔皮茨"号的威力又估计过高，因此走向了惊慌失措的极端，作为其代价，24艘商船永远地埋在北极海底的泥沙中，足足一个月后，才有13艘商船或其他船只陆续进入阿尔汉格尔斯克和摩尔曼斯克，其中2艘英国船、6艘美国船、2艘苏联船、1艘巴拿马船，另外两艘是仅存的救护船，上面挤满了因冻伤而终身残废的盟国海员。

苏联港口的吊车卸下了所有这些船上的7万吨货物，那些挂着冰棱的"喷火"式战斗机、"谢尔曼"式坦克、道奇卡车和一箱箱弹药无言地述说着它们辛酸的经历和盟国海员的英勇，然而还有13万吨货物永远无法打击法西斯匪徒了，它们包括430辆坦克、250架战斗机、3350辆卡车，还有大批粮食、汽油、轮胎、医药、弹药、电台，等等，这一事件给当时英国以重创，被认为是英国在第二次世界大战期间"最大的海军灾难"！

"潜艇杀手"——"英格兰"号

1941年12月8日，日本突然向珍珠港内的美国太平洋舰队发起突袭，"俄克拉荷马"号身中两条鱼雷和数枚炸弹，不久后沉没。英格兰少尉不幸成为了舰上几十名遇难者之一。

英格兰少尉阵亡后，他的母亲H.B.英格兰夫人满怀悲伤之情，在国内发起了一个捐资造舰的行动，她积极地向民间募捐，目标是用这笔资金为美国海军建造一艘新的战舰，最后她本人也亲自捐助了一笔不小的款项。1942年，海军当局决定用英格兰夫人募捐来的资金建造一艘新的护航驱逐舰，1943年9月26日，舰体建成，在旧金山下水，同年年底军舰全部建成，装备给了英格兰少尉生前所在的太平洋舰队，舰队用英格兰少尉的名字命名的这艘新的护航驱逐舰，正式舷号是DE635。1944年3月12日，"英格兰"号在首任舰长帕德莱顿少校的指挥下，来到了硝烟正浓的南太平洋战场，加入了西南太平洋舰队的作战序列。

1944年5月14日，由武内少佐指挥的日本"伊-16"号潜艇，满载大米从特鲁克港起航，驶向布干维尔岛的布因，去给那里的一支已弹尽粮绝的日军送粮。途中，武内少佐用无线电向总部的小和田少将报告"伊-16"号潜艇的方位。不料，日军的无线电报被美国海军情报部门截获，并破译了出来，美国西南太平洋舰队司令部即刻命令所罗门群岛图拉吉港的第39护卫舰分队出击。5月18日，分队长汉斯中校率"英格兰"号、"乔治"号和"拉比"号3艘护航驱逐舰驶向"伊-16"号潜艇必经的航道，守候伏击。

下午1时左右，"英格兰"号护航驱逐舰上的声呐兵用声呐第一个发现了"伊-16"号潜艇，并测出了它的方位。当"英格兰"号护航驱逐舰与"伊-16"号潜艇的距离缩短至360米时，舰长发出了命令："深水炸弹，定深40米，放！""刺猬"式深水炸弹呼啸着飞向前方，钻进大海，在海面上溅起的浪花，组成了一个圆圆的图案，很快，水下响起了爆炸声，但目标没有被命中。武内听到爆炸声后，立即下达了命令："快深潜！用蛇行行驶摆脱敌舰追击！"伊-16"号潜艇的潜逃并未逃过"英格兰"号护航驱逐舰上声呐兵的耳朵，接着，定深60米的一排深水炸弹射出，可是仍然被武内指挥"伊-16"号潜艇躲过。"英格兰"号连续攻击了4次，都被狡猾的"伊-16"号逃过，幸运的是，舰上的声呐始终死死地咬住了它。下午14时23分，"英格兰"号发起了第5次攻击，一排"刺猬弹"齐刷刷地落到目标区的海面中，几秒钟后，一连串爆炸声在水中响起，只听见从海洋深处传来一声闷雷似的巨响，舰长知道深水炸弹已命中了目标。20分钟后，海面上浮出了木板、污油、废罐头、大米袋。"伊-16"号潜艇在"刺猬"式深水炸弹的打击下发生大爆炸，葬身于大海深处，这是"英格兰"号创纪录时的第一个猎物——日本"伊-16"号潜艇。

5月20日，日本第51潜艇分队司令加户大佐率7艘潜艇离开塞班海军基地，日夜兼程，驶往美国海军舰队必经的航道，马努斯岛东北海域，伺机攻击美军舰队，日本第51潜艇分队的行踪又被美国海军情报部门侦察到了，美国第39护卫舰分队再次奉命出击，"英格兰"号、"乔治"号和"拉比"号护航驱逐舰紧急出航，驶往马努斯岛东北预定海域。5月21日，"乔治"号上的雷达首先发现了一艘正在水面行驶的日本"吕-106"号潜艇。分舰队司令汉斯中校当即下令3艘护卫舰前去围堵。

"吕-106"号潜艇发现情况不妙，马上紧急下潜，在海面上消失了，"乔治"号和"英格兰"号护航驱逐舰同时向潜艇下潜的地方发射深水炸弹，但都没有命中目标。

原来狡猾的"吕-106"号潜艇下潜后，并不降速潜伏，而是在水下向"英格兰"号驶去，企图利用"英格兰"号的尾流作掩护，逃脱美舰的追击。"英格兰"号舰长识破了敌人的伎俩，立即命令掉转舰首，用声呐罩住"吕-106"号潜艇，接着射出了深水炸弹几分钟后，"英格兰"号上的人们听到了熟悉的闷雷似的巨响，"吕-106"号潜艇沉入了海底。

5月22日，"英格兰"号又击沉了一艘日本"吕-104"号潜艇。5月24日，"英格兰"号护卫舰再显身手，击沉日本潜艇"吕-116"号。5月26日，"英格兰"号护卫舰再露锋芒，击沉日本潜艇"吕–108"号。为了全歼这一海域中的日本潜艇，美国的"斯彭利尔"号和"黑泽伍德"号护卫舰也起来参战。5月30日凌晨，"黑泽伍德"号护卫舰发现了一艘日本潜艇，汉斯中校当即命令"乔治"号、"拉比"号和"黑泽伍德"号一起去围歼日本潜艇。

3艘美舰用"刺猬"式深水炸弹发射炮和舰尾滑道发射深水炸弹，可是，那条日本潜艇都狡猾地躲过了深水炸弹的攻击，被发现的那条潜艇，是日本第51潜艇分队司令加户大佐乘坐的"吕–105"号潜艇，它在3艘美国军舰的围歼下，已在水下潜航了25个小时，艇内氧气即将耗尽，急需补充新鲜空气。入夜后，加户命令"吕–105"号潜艇借着夜色的掩护，悄悄地浮出水面换气。不想"吕–105"号潜艇浮出水面的位置，正好位于"乔治"号和"拉比"号护卫舰之间。两舰虽同时发现了"吕–105"号潜艇，但由于相距太近，无法向潜艇开火，等两舰调整好方位，加户已命令潜艇紧急下潜，3艘美舰再次施放深水炸弹，可就是无法命中目标。

"英格兰"号护卫舰在距"吕–105"号潜艇1800米处用声呐再次发现了目标，并紧紧地跟踪着，7时30分，"英格兰"号上的"刺猬"式深水炸弹齐射，几分钟后，海面下传来了猛烈的爆炸声！爆炸点太深了，以致水面上连一个旋涡都没有，"英格兰"号在目标海域继续搜索，耐心等待。

终于，他们看见了浮出海面的潜艇残片，这艘与美舰周旋了30多小时、躲过了21次攻击的"奸鼠"终于一命呜呼。

"英格兰"号护航驱逐舰在12天的战斗中，连续击沉6艘日本潜艇，而自身却丝毫无损，这在世界海军史上是空前的，因此，"英格兰"号获得了"战果最显著的猎潜舰"的美誉，"英格兰"号因此殊功，荣获总统奖章。在太平洋战争中，"英格兰"号除了总统奖章外，还获得10枚作战勋章，为盟国战胜日军立下大功。海军作战部长奥内斯特·金将军保证，在美国海军舰艇序列中，将永远保留"英格兰"号的英名。

1945年10月15日，"英格兰"号被宣布退出现役，1960年10月6日，美国海军一艘新的驱逐舰DLG–22号下水服役，按照金将军的诺言，该舰被命名为"英格兰"号。

装甲战舰——"格拉夫·斯佩海军上将"号

"格拉夫·斯佩海军上将"号是德国海军仅有的3艘袖珍战列舰中最具传奇色彩的一艘，因为打响了第二次世界大战中的第一场海战而备受各方关注，当年的"格拉夫·斯佩海军上将"号袖珍战列舰风光无限，它是德国在受《凡尔赛和约》限制下独创的一种"装甲巡洋舰"，它凭借33门火炮和8具鱼雷发射管和极大的行驶速度，曾独自扼守南大西洋的水面交通要道，成为第二次世界大战初期恶名远播的"海上杀手"。

"格拉夫·斯佩海军上将"号虽名为"袖珍"，但其火力却大大超过了一般的重巡洋舰，厚重的装甲使它能抵挡203毫米巨炮的轰击，一旦失手，它又能开足马力，以28节的高速溜之大吉。对盟国海军来说，这艘袖珍战列舰就是一头凶恶、灵活的"海上鳄鱼"，神出鬼没地威胁着海上的运输船只。

在第一次世界大战中，德国军舰曾经在日德兰大海战中使强大的英国海军吃够了苦头，第一次世界大战后，英美等国彻底肢解了德国的公海舰队，还在1919年6月28日签署的《凡尔赛和约》中添加了许多防范德国海军重新崛起的条款，条款中明确规定："战败的德国不准建造和拥有一艘无畏型的战列舰。"然而没过多久，英美等西方列强于1922年2月6日在美国华盛顿召开会议，会上签署的《华盛顿条约》却意外地给德国海军舰队的复活带来了一线希望，该条约却允许德国海军设计建造排水量不超过一万吨、可以携带280毫米口径舰炮的军舰，这为后来德国袖珍战列舰的诞生留下了不可多得的机会。

雄心勃勃的德国人想尽办法，如何在《华盛顿条约》允许的范围内充分发挥当时的技术优势，设计建造一种介于战列巡洋舰和重巡洋舰之间的新型装甲战舰。简单地讲，该级舰的火力比当时的任何一艘装备203毫米火炮、只有轻装甲防护的一万吨级条约型重巡洋舰都要强，高达26节的航速比当时的战列舰要快，使其能避免与之交火，能够进行远洋破坏交通运输作战。

德国海军于 1926 年决定"德意志"级总共建造 5 艘，但实际上"德意志"级只建造 3 艘，分别为"德意志"号、"舍尔海军上将"号和"格拉夫·斯佩海军上将"号，这 3 艘袖珍战列舰的建成使德国人有了一支初具规模的舰队。

1939 年 9 月 3 日，英国对德正式宣战。当天邓尼茨派出的 U-30 号潜艇便初战告捷，击沉英国邮轮"雅典娜"号，由此大西洋海战拉开序幕。当时，英国舰队的实力远非德国舰队能比，英国立即封锁了德国的北海沿岸及波罗的海的出口，不过对英国人的这一举措早有预料，在战争开始前，"格拉夫·斯佩海军上将"号袖珍战列舰和另一艘袖珍战列舰"德意志"号及部分潜艇派到了海上，战争一爆发它们便立即向同盟国的运输商船发起了频频的袭击。

从 8 月底离开家乡威廉港进入南大西洋阵位后，到 1939 年 12 月中旬，"格拉夫·斯佩海军上将"号已先后击沉了 9 艘敌方商船，这几条永沉海底的运输船让"格拉夫·斯佩海军上将"号名声大噪。只要这艘袖珍战列舰出动，在它航程之内的任何运输船只都不再安全。一时间，"格拉夫·斯佩海军上将"号的恐怖阴影笼罩着整个南大西洋。

英国皇家海军对"海狼"——德国海军的潜艇无可奈何，但对付德国的袖珍战列舰却很有一套，为保护海上交通大动脉的安全，英国海军派出 3 艘巡洋舰"埃贾克斯"号、"阿基里斯"号和"埃克塞特"号，专门追踪"格拉夫·斯佩海军上将"号，这一追就是数月。

猎人也有成为猎物的时候，"格拉夫·斯佩海军上将"号的风光很快就到了头，紧随而来的是无法逃脱的厄运，1939 年 12 月 13 日黎明，3 艘英国巡洋舰假扮成商船瞄准机会，在南大西洋上蒙得维的亚附近海域伏击了"格拉夫·斯佩海军上将"号，首先给这艘德国战舰出其不意的打击，第二次世界大战中的首场海战也由此拉开了帷幕。

"埃克塞特"号、"埃贾克斯"号和"阿基里斯"号重巡洋舰布成"品"字形战阵，向"格拉夫·斯佩海军上将"号猛烈轰击。德国人也不甘示弱，前、后两座主炮塔的 6 门 280 毫米大炮和船舷的 8 门 150 毫米副炮全力还击，战斗一直持续到深夜，参战的双方战舰都遭到对方猛烈的炮击。"格拉夫·斯佩海军上将"号也损失惨重，舰上有 36 名船员丧命，60 名伤员中也有数人伤重不治，而战舰必须进行修理才能继续投入战斗。

德国人在雷达的引导下，找准英国舰队的缝隙，居然钻出了包围圈。在走投无路的情况下，汉斯·朗斯多尔夫舰长指挥战舰驶向中立国乌拉圭的蒙得维的亚港。"格拉夫·斯佩海军上将"号急需补充燃油和修理破损，返回德国似无可能，只得暂时躲避在蒙得维的亚港内，12 月 15 日，英国一艘重巡洋舰已赶来支援，此外，英国还虚张声势，散布了还有一支中型舰队等待在拉普拉塔河口的谣言，汉斯·朗斯多尔夫舰长信以为真，以为自己已被团团围困，按国际法规定交战方舰船只能在中立港口停留72小时！"格拉夫·斯佩海军上将"号在规定时间内根本无法修复，其实只要硬挺着在港内不出，舰上官兵的生命便可以保全，但这个死硬的纳粹舰长选择了另一条路。

星期日下午，随着朗斯多尔夫的一声军令："格拉夫·斯佩海军上将"号拔锚启航，驶向港外。一出港口，他立刻发现，辽阔的海面上，威风凛凛地耸立着 7 艘英国战舰，它们正高昂着炮口，严阵以待，伦道夫意识到再战也无生还的可能，便下达了沉船的命令。

8 时 44 分，站在救生艇上的朗格斯道夫最后看了一眼自己的战舰，按下了遥控起爆器，早已装在舰上的炸药轰然爆炸，遮天蔽日的浓烟瞬间吞噬了不可一世的"海上杀手"。纳粹德国海军的"皇后"自沉了，至此，"格拉夫·斯佩海军上将"号自参加第二次世界大战到灭亡经历了短短 3 个月的时间。尽管在战争中"格拉夫·斯佩海军上将"号对英、法等国造成的物质损失并不算太大，但它成功地吸引了大量英国军舰和辅助舰只的注意力长达3 个月之久，而如果这些舰只用于其他海域作战可能会取得更好的战果，从这个角度来看，"格拉夫·斯佩海军上将"号取得了不小的战绩。

朗斯多尔夫舰长在"格拉夫·斯佩海军上将"自沉后，于 1939 年 12 月19 日饮弹自尽，他的尸体在20 日早上被发现，全身被包裹着自己军舰的旗帜，随后他被就地埋葬在那里。

英国前首相温斯顿·丘吉尔在他关于第二次世界大战的著作中这样描绘朗斯多尔夫舰长的行为——"格拉夫·斯佩海军上将"号受到勇猛果敢的指挥，战术神出鬼没，成为德国海军最为活跃的海上袭击舰。

从 2004 年 2 月起，以乌拉圭为主的多国潜水员开始打捞这艘充满传奇色彩的袖珍战列舰，然而进展并不太顺利，迄今为止，由埃克托尔·巴多率领的打探队只捞出一具 300 千克的青铜雄鹰，这是"格拉夫·斯佩海军上将"号的舰首像。

德国人的大洋之梦——"俾斯麦"号战列舰

"俾斯麦"号战列舰是纳粹德国海军的"俾斯麦"级战列舰的一号舰，"俾斯麦"号长约 270 米，装甲厚度 330 毫米，船的宽度 36 米，为 8 门 380 毫米炮创造了独特而稳定的平台，它是第二次世界大战时德国所建造的火力最强的战列舰，舰名命名的来源是 19 世纪德国铁血首相奥托·冯·俾斯麦。这艘以德国著名的铁血宰相俾斯麦命名的军舰是德国海军的骄傲———标准排水量 4.2 万吨，号称是欧洲最大的战列舰，德国人把它称为"永不沉没的战舰"，"俾斯麦"号充分体现了德国的大炮巨舰主义，他们企图用它在大西洋上称霸。

1940 年 8 月 24 日，"俾斯麦"号正式服役，1941 年 5 月 19 日，"俾斯麦"号在"欧根亲王"号重型巡洋舰的伴随下，悄悄驶出格丁尼亚港，前往大西洋，企图截杀盟军的商船，这是它的第一次也是最后一次出击，舰队由刚瑟·吕特晏斯海军上将指挥，德国人把这次行动命名为"莱茵演习行动"。同日，英国本土舰队新任司令约翰·托维海军上将发到海军部的电报说，发现一支德国舰队出海了，他当即采取行动，派出侦察机前去打探德舰行踪。

5 月 24 日黎明，德军两艘致命的战舰正经过北大西洋冰冷的海域，"欧根亲王"号重型巡洋舰处于领头位置，后面是布满枪炮、威力无比的战列舰——"俾斯麦"号。此时，德军并不知道，在约 48 千米以外的东南方向，两艘英国战舰全速向他们驶去，准备进行拦截。原来，在"莱茵演习行动"

开始后的三天，英国空军的一架侦察机在挪威的卑而根附近拍到了它的照片，立即派出了"威尔士亲王"号和"胡德"号。5时许，"胡德"号发现了德舰，舰长霍兰下令准备战斗，一时间英舰上警报大作，炮弹上膛炮手就位，不久"俾斯麦"号的舰长卢金斯也从望远镜里看到了"胡德"号和"威尔士亲王"号，他万万没有想到碰上的竟然会是英国最强大的战列巡洋舰"胡德"号和最新的"威尔士亲王"号战列舰！因此于5时39分下令转向，准备避开英舰，几乎是在同时，英舰也在转向，舰首直指德舰，猛扑过来！

5时49分，霍兰命令向德军领头舰——"欧根亲王"号开火，因为英国人误将"欧根亲王"号当成了"俾斯麦"号，"胡德"号在5时52分主炮抢先开火，"威尔士亲王"号随后也向"欧根亲王"号开火，直到打了两轮齐射后，霍兰才发现攻击的目标是错误的，立刻命令将火力转向"俾斯麦"号，但已浪费了很多时间，并造成了一些混乱。"俾斯麦"号上的8门380毫米炮也开火了，它的测距仪锁定了"胡德"号，一颗1700磅的穿甲弹击中了"胡德"号的重要部位，一个主弹药库的火药点燃了，然后，爆炸摧毁了船体，这艘威风一时的战舰瞬间折成了两半，不到10分钟，希特勒超级武器上的大炮就击沉了英国海军的骄傲，这是令人震惊的胜利。也有一种说法认为是击沉"胡德"号的是"欧根亲王"号，因为当时能命中"胡德"号弹药舱的炮弹只能来自"欧根亲王"号，但不管是哪艘德舰的战功，大英帝国航速最高火力、最强声名、最显赫的战舰，就此终结。"胡德"号沉没后，德舰立刻将炮火指向"威尔士亲王"号，该舰舰桥遭一发15英寸炮弹击中，除舰长与一信号兵外所有舰桥人员阵亡，另外各处遭4发15英寸炮弹及4发8英寸炮弹击中，舰体受重创，数门主炮因故障与战损而无法发射，在重伤之下失去战斗力，6点13分，"威尔士亲王"号施放烟雾弹逃出战场，"俾斯麦"号只付出轻微的代价便赢得胜利，它也曾中弹，但损失不大，只有几个人受伤。

5月24日，"俾斯麦"号遭到从"胜利"号航空母舰上起飞的"剑鱼"式鱼雷机的攻击，被命中一枚鱼雷，但仅造成了轻微的损伤，随后"欧根亲王"

号继续前进，进入大西洋，"俾斯麦"号则转向前往法国圣纳泽尔以修理损伤，由于油料不够，半途又转向布勒斯特。英国人很快确定了"俾斯麦"号的位置，英国皇家海军这回是铁了心要干掉"俾斯麦"号了，舰队新任司令托维坐镇"乔治五世亲王"号，英国几个舰队拉开一个大网向"俾斯麦"号围拢过来。

5月26日，15架从英国航空母舰"皇家方舟"号上飞来的"剑鱼"式战机又施突袭，尽管武备精良，"俾斯麦"号依然无法对飞行速度慢并且盖着蒙布的英国鱼雷攻击机发动的进攻予以还击，这次"俾斯麦"号中了三枚鱼雷，其中两枚并没有造成大的损害，但第三枚却击中操舵装置，这是它唯一的弱点，舰舵炸歪了，不能转动，战舰开始在海上不停地打转，这些飞机摧毁了"俾斯麦"号的舰舵，使它的命运操纵在英国水面舰艇的手中了。

5月27日晨，英军的主力追击舰队赶到，包括英王"乔治五世"号与"罗德尼"号战列舰及巡洋舰、驱逐舰，用炮弹、鱼雷轮番对操纵失灵的"俾斯麦"号进行轮番攻击，"俾斯麦"号进行了一次最勇敢的战斗，抵抗着数倍于己的敌人，由于舵机失灵，航向不定，前后火控站先后被击破，甚至在前20分钟内舰艉的两门主炮就先后报废，所以还击效果不佳，"俾斯麦"号被最少数十枚，甚至上百枚大口径穿甲弹以及数百枚小口径炮弹击中。在没有希望的情况下，德国人开始准备自行炸沉军舰以避免被俘获，英国"多塞特郡"号重巡洋舰随后在近距离发射了三枚鱼雷，全部命中，10时36分，"俾斯麦"号终于沉没于布雷斯特以西400海里水域。

"永不沉没的战舰"沉没了，大西洋海底成为它的水下坟墓，此次大战，英国皇家海军派遣了大量军舰前往拦截"俾斯麦"号，包括多达8艘战列舰及战列巡洋舰，和两艘航空母舰，即皇家海军约半数的力量，才最终将"俾斯麦"号击沉。"俾斯麦"号这艘超级军舰凝聚了德国人进入大洋的梦想，可惜这个梦并没有维持多久——在它的第一次出击中就被击沉了，德国人在那个时代的大洋之梦也随之消失在冰冷的大西洋中。6月1日夜，"欧根亲王"号在海上晃了几天后，提心吊胆地逃回了布勒斯特港，"莱茵演习行动"最后以失败而告终。

"俾斯麦"号的神话是建立在击沉"胡德"号上的，"胡德"号在"俾斯麦"号出现之前是世界上最大的军舰，英国海军的象征。希特勒说过，"俾斯麦"号是一艘复仇之船，他的确完成了这一使命，它击沉了"胡德"号，一下释放了压抑在德国海军心中 20 年的痛，把整个英国带入悲伤，不过它自己也以一个悲惨的结局画了一个句号，随风飘散的，不仅仅是英国海军的骄傲，同时也有德国海军的大洋之梦。

大炮巨舰时代画上句号——纳粹海军的最后一仗

"沙恩霍斯特"号战列巡洋舰是第二次世界大战中德国最著名的水面舰只之一，它于 1935 年 5 月在威廉港始建，1936 年 10 月下水，它的下水曾轰动一时，纳粹头子希特勒曾亲自参加了它的下水仪式，1938 年 1 月"沙恩霍斯特"号正式服役，"沙恩霍斯特"号取代"格拉夫－斯佩"号成为纳粹舰队的旗舰。

由于德国设计人员缺乏经验，这艘仓促建成的军舰，存在着很多缺陷，不伦不类。其排水量与英国的战列舰相当、速度与战列巡洋舰相当、装甲厚度又大于战列巡洋舰，可火力又介于战列巡洋舰和巡洋舰之间。其结果是英国的战列舰追不上，巡洋舰打不过，战列巡洋舰与之较量又要吃亏。因为"沙恩霍斯特"号具有以上意想不到的古怪特点，使其像条鲨鱼，既凶猛，又难捉。

"沙恩霍斯特"号战列巡洋舰是第二次世界大战中德国海军最富有传奇色彩、战绩最大的舰只。虽然它最终还是落得了长眠海底的悲剧性结局。但是它的存在曾长期令盟国海军头疼不已，而且首创了以舰炮击沉航母的战例。

1943 年下半年，德国在苏联已陷入困境，在这种背景下，盟国前往苏联摩尔曼斯克的护航运输队又重新恢复。当海军元帅邓尼茨接到飞机报告，由 19 艘商船编成的 JW－55－8 护航运输队正以 8 节航速通过挪威海时，他手中唯一能够动用的大型战舰只有"沙恩霍斯特"号战列巡洋舰了。为了切断苏联这条海上补给线，邓尼茨通过无线电报向前线指挥作战的海军少将埃里希·贝下达了作战命令："敌人试图通过为俄国人提供粮食和武器的重要商船队为我们的东线圣战增加困难。为此，我们必须向我们的东线部队提供帮助。我们寄希望于'沙恩霍斯特'号上的无敌重炮群。我相信你们的进攻意志。"并称："一旦英海军主力出现，便立即撤出战斗。"

当邓尼茨派"沙恩霍斯特"号出击时，他只知道 JW-55-8 护航运输队已从苏格兰的埃韦湾启航，护航兵力单薄，事实上，皇家海军早就做好了跟埃里希·贝少将摊牌的准备。

1941 年 5 月，一支英国舰队在格陵兰岛附近将德国的 U-110 号潜艇逼出水面，英国人在潜艇的电报柜中找到了密码电报，英国几百名数学专家利用这些电报顺利破译了德军使用的"恩尼格玛"密码系统，从此英国人可以接收和破译德军总部发往舰船的大部分电报内容，"沙恩霍斯特"号刚一出动，英国方面就已获得了准确的情报。英军新式战列舰"约克公爵"号和它的姊妹舰组成"二号战斗编队"向挪威海域全速前进，舰上官兵都意识到，这是全歼德国海军的重要一役，也许是第二次世界大战结束前与德军进行的最后一次大规模海战，此时英国海军已稳操胜券。

26 日 7 时 30 分，德国舰队驶抵熊岛东南约 40 海里洋面，"沙恩霍斯特"号在航行中雷达损坏，成为了一只冰海的瞎蝙蝠，这为英国战舰提供了极佳的机会。"沙恩霍斯特"号没有找到护航运输队，遂掉头南下，去搜索护航运输队。9 时许，英国"一号战斗编队"拦住了它的去路，双方进行了短暂的交火，"沙恩霍斯特"号被命中数发炮弹，9 时 46 分，埃里希·贝向邓尼茨拍发了一份电报："和敌巡洋舰交火，敌舰配有火炮瞄准雷达。"

为保存实力，埃里希·贝紧急下令撤出战斗，14 时 30 分，下达返航命令，此时"沙恩霍斯特"回程不到 200 海里，20 时许，它就可以返抵挪威海岸。

"沙恩霍斯特"号因为雷达损坏，正在黑夜中摸索前进，三座炮塔均处于静止状态，它完全没有意识到前方以"约克公爵"号为旗舰的英军"二号战斗编队"的炮口正在迎接它的到来。此时"沙恩霍斯特"号正在挪威海岸以北 70 海里处向东高速前进，在它的北面大约 10 海里处是英国的巡洋舰队

（3 艘巡洋舰），正与它向东平行航行，在它的舰尾偏南方向是英国"约克公爵"号战列舰、一艘巡洋舰和 4 艘驱逐舰，英舰正在对它形成包围之势，约翰牛张开的大口就要合上了，英国皇家海军占绝对压倒优势，单是"约克公爵"号战列舰的 10 门 356 毫米火炮，一次齐射就能朝"沙恩霍斯特"号发射 7 吨穿甲弹。

　　昏暗的天光下，能见度大约为 1.2 万米，"沙恩霍斯特"右舷瞭望员举起望远镜，目镜中出现了一团隐约的暗影，他放下望远镜，揉揉眼，再次扫视着那个可疑的方向。"正前方，发现敌舰！"他惊叫道。在这片暗无天日的洋面上，英德双方舰只正相向而行，不期而遇了。午后，德舰首先发现了英国巡洋舰，279 毫米主炮立即瞄准了英舰"贝尔法斯特"号，下午 4 时 54 分，一颗照明弹从皇家海军轻巡洋舰"贝尔法斯特"号上呼啸着钻入夜空，转瞬间黑暗的天空变得如同白昼一般，孤独的"沙恩霍斯特"号在茫茫的大海上露出了它巍峨的身躯，许多从未见识过"沙恩霍斯特"号威严的英国水兵不禁啧啧称奇。而"沙恩霍斯特"号的官兵也仿佛魔法般的一下子涌到了甲板上，此时的"沙恩霍斯特"号已然陷入数艘英国军舰的合围之中。"准备战斗！"舰长埃里希·贝发出了命令，他知道此时此刻只有虎口拔牙般地拼命了，素质优良的德国水兵们在战斗警报声中快速进入战位，只等那决定生死的时刻到来，埃里希·贝下达了攻击命令，曾经将英国海军光荣号航空母舰送入地狱的 279 毫米炮弹离膛而去，巨大的水柱将"贝尔法斯特"号团团围住，英舰毫不逊色地展开了反击，一场激烈的海战在风雪交加、怒涛汹涌的冰海上拉开了序幕。当两舰的距离只剩下 14 海里时，1 发 360 毫米炮弹已经向德舰射来，双方旋即转入了最重量级的死拼，当"沙恩霍斯特"号从左舷的浪谷中跃起时，它那 279 毫米炮开始喷出了道道橘红色的火球。甲板上翻起团团白色的硝烟，经冷风一刮，四下乱窜。双方的距离实在是太近了，尽管"沙恩霍斯特"号具备航速上的优势，可是仍然无法逃脱英舰"约克公爵"号火炮的射程，360 毫米巨炮炮弹不断地在它周围爆炸，被击起的水柱将它牢牢罩住，"沙恩霍斯特"号自然不会坐以待毙，283 毫米巨炮对英舰还以颜色，这是人类历史上最残酷、最激烈的海战之一，交战双方中的任何一次准确的命中都可以导致对手的彻底毁灭。

"沙恩霍斯特"号此时的目标只有一个，那就是比它更壮、更猛的"约克公爵"号战列舰，只有背水一战消灭这艘皇家海军的新型战列舰才有可能改变自己垂死的命运。于是279毫米巨炮直指"约克公爵"号，"沙恩霍斯特"号还击的炮火准确命中了"约克公爵"号的桅杆，但这发炮弹没有炸开，只是将约舰桅杆上的雷达天线砸断。一名英勇的英国军官顶着狂风冒死攀上桅杆将天线修好，而"沙恩霍斯特"号趁机赶快逃跑。此时"沙恩霍斯特"号处境不妙，没有雷达什么也干不成。一艘盲目乱撞的德舰，和一个实力不明、目光锐利的对手较量，只能甘拜下风。

英舰的立世之本是更为有力的炮火及更为强壮的舰体，而德舰所能依赖的是更高的机动性能和日耳曼士兵高超的战斗技能。到现在为止，他们已经成功地两次命中英舰"诺福克"号、一次击中"约克公爵"号。但是随着战斗的持续，素有优良传统的皇家海军愈发表现出骁勇善战的本色，英舰队上下都明白今天将是改变历史的一天，一发紧似一发的炮弹向着"沙恩霍斯特"号射去，"沙恩霍斯特"号航速增大到了31节。它和英舰拉开了距离，然而仍未逃出"约克公爵"号的火炮射程，伴随一声巨响，舰桥前方迸出一道强光，一座主炮中弹起火，接着一团浓密的黑烟从"沙恩霍斯特"号舰艏的主炮炮台上腾起，并在几十米的高空中幻化为明亮的橙色火光，"沙恩霍斯特"号终于被击中了！英舰官兵深受鼓舞，命中率也不断升高。又一发炮弹准确地击中沙舰舰艏的另一个主炮炮台，第三发炮弹则击中了"沙恩霍斯特"号位于吃水线上的锅炉房，炮弹击穿了一根通向轮机的重要的蒸汽管道，"沙恩霍斯特"号的航速一下子从30节降到了10节。

"左舷，两艘敌舰！"它们是英国驱逐舰"索马斯"号和"野人"号，正以30节高速破浪而来，"右舷，敌舰两艘！"英国驱逐舰"蝎子"号和"斯托尔德"号已切断"沙恩霍斯特"号的前进航线，英国人左右展开围了上来。

"蝎子"号和"斯托尔德"号各发射了8条鱼雷，"沙恩霍斯特"号成功地规避了 15 条鱼雷，但舰桥附近还是被一鱼雷命中，舰体水线下闪出一片强光，一根根白色的水柱冲天而起，飞溅的海水卷上甲板，冲涮着已遭破坏的前主炮炮塔。"索马斯"号和"野人"号也冲到"沙恩霍斯特"号右舷 1 海里处，冒着猛烈的炮火，一连发射了 12 条鱼雷。有 3 条鱼雷命中目标，冰冷的海水从德舰装甲板的数个破口涌进舱内，将来不及逃走的舰员毫不留情地淹死。19 时，"约克公爵"号追上了逃跑的德舰，再次用 356 毫米主炮进行轰击。第一次齐射，就击中了"沙恩霍斯特"号。第二次齐射，又撕开了它的鸭尾梢和水上飞机库。上层建筑和下甲板中弹起火，"沙恩霍斯特"号成了一座烈火地狱，整个战舰都被浓烟烈火笼罩着。

意识到自己的末日到了。面色铁青的埃里希·贝一边命令轮机兵进行紧急抢修，一边给邓尼茨及"元首"发电。他的电文如下："只要我们还有最后一发炮弹，我们都将坚持战斗！"

4 艘英国驱逐舰将鱼雷一条条地投入冰冷的海洋，远处的爆炸声此起彼伏，"沙恩霍斯特"号燃起的大火照亮了天空，这艘巨舰如今已是伤痕累累、一片狼藉再也不能动弹了。"约克公爵"号及 3 艘巡洋舰再度出场，此时他的猎物仍在做最后的挣扎，虽然已经无法对英舰构成任何威胁了。英舰继续将无情的炮弹不断地抛投到"沙恩霍斯特"号身上，突然沙舰身子向南方发生了倾斜。晚上 7 时 12 分，"贝尔法斯特"号终于敲掉了沙舰最后一座主炮炮塔，令英军司令感动的是，仅剩下两门 150 毫米副炮的沙舰还在继续战斗。

19 时 11 分，埃里希·贝收到了邓尼茨的回电："潜艇部队和驱逐舰部队正火速赶赴战场。"埃里希·贝瞧了瞧电文，嘴角露出了一丝苦笑，一股寒风裹着浓烟从裂缝钻进了舰桥，迷眼呛人，他随手扔掉了电文。舰体的倾斜加大，使 150 毫米炮无法开火。埃里希·贝舰长打开了扩音器："全体注意，穿救生衣！"片刻，他又补充道："弃舰！"45 分钟后，"沙恩霍斯特"号舰艏猛地向下一沉，整条船笔直地没入了大洋。事后通过统计来自各方面的资料发现，"沙恩霍斯特"号遭受的打击是令人震惊的——数百发炮弹在沙舰上爆炸，在对"沙恩霍斯特"号进行攻击的 55 条鱼雷中至少有 17 条直接命中！

伴随"沙恩霍斯特"号一起沉入冰海的共有 1968 名德国官兵，几百人在它沉没时跳进了大海，冰冷刺骨的海水使得落水官兵在几分钟内便失去了知觉，接着便溺水而亡。英国驱逐舰在茫茫冰海上全力搜寻幸存德军，"蝎子"号和"无比"号两舰总共只救起了 36 名冻僵了的水兵。他们浑身沾满油污，死死地抓着救生筏，正用一种毛骨悚然的声调，哼着一首古老的歌："水兵的坟墓不会开出鲜花。"

据史料分析，由于通讯困难和错误的导航，德军未能及时地搜寻到英军编号为 JW-55B 的物资舰队，导致了德军著名的战列巡洋舰"沙恩霍斯特"号于 1943 年 12 月 26 日在挪威北部的北角海域被英军击沉。沙舰的死亡出击是最后的一次传统模式的海战，沙舰的沉没为大炮巨舰的历史画上了凄婉的句号，在这以后，潜艇与航空母舰的作用愈加明显，并将海战的作战方式推入了一个崭新的阶段。

"复仇者"拦截德日水下交易——"I-52"号潜艇沉没之谜

第二次世界大战中后期，日本军方希望从德国获得新武器和新技术，而德国则需要来自日本占领区的原材料和战略物资，但双方的陆路交通被阻断，德国方面派出的船只只能取道大西洋与日本交换物资。对于潜艇的水下运输，日本人并不陌生，1943 年初，日本海军就秘密派遣一艘编号为 I-8 的大型潜艇，成功地完成了从日本到欧洲的货物运输任务。尝到甜头的日本人开始建造更大型的潜艇，为建立与德国之间的水下秘密运输线作准备。

1944 年 1 月 20 日，日本海军副参谋长电告日本驻柏林海军武官：I-52 潜艇将于 3 月 16 日从日本佐世保起航，途经台湾海峡，在新加坡作短暂停留后，将于下旬赶往最后的目的地——法国洛林。潜艇中载有大量德国急需的战略物资，其中锡、钼、钨等贵重金属 228 吨，鸦片 288 吨，奎宁 3 吨，生橡胶 54 吨。此外，海军副参谋长还在电报中特别强调了艇上还载有 146

根金条，重达两吨，分装在 49 个金属密封箱内，要求德国必须作好护卫和接收准备，确保万无一失。

I-52 是日本研制的一艘可运载 300 吨货物的大型潜艇，1943 年底，I-52 潜艇在日本海军基地建造完成，它航速 11 节，续航能力特别强，不需中途加油，航程就可达 1.9 万千米，并可携带三个月的生活给养。为了自卫，潜艇的前甲板上还装了 1 门 140 毫米的火炮，在日本人看来，有了 I-52，建立一条穿越大西洋的水下运输线将万无一失。经过紧张的准备，在司令官龟雄宇野的指挥下，于 1944 年 3 月 16 日离开日本佐世保军港，秘密驶往控制在德国手里的法国港口洛林。由于 I-52 仅有一艘且是第一次远航，德国海军及日本驻德海军武官对它都很不熟悉，于是便频频请求东京电示 I-52 的外型特征，以便接收。1 月 29 日，东京海军总部电告柏林："艇外部特征极为特殊，未设停机坪，艇身前甲板装有一门 140 毫米火炮。"德军与日本驻德海军武官终于弄清了 I-52 的特征细节，不过，他们没有想到，盟军几乎是与此同时搞清了潜艇的相关情况，原来，日德之间的无线电报已全都被盟军情报部门截获并破译了。

按事先与德国人的约定，5 月 15 日，I-52 绕过了非洲好望角，进入大西洋，这艘自以为能瞒天过海的日本潜艇没想到的是，美军司令部的海图上已经赫然标出了它要与德国潜艇接头的精确位置！6 月 23 日 19 时 30 分，德国 U-530 潜艇首先到达会合点，焦急地等待了将近 4 个小时后，U-530 的声呐兵终于听到了 I-52 的螺旋桨声，两艘法西斯潜艇立刻浮出水面，U-530 艇艇长肯特少校放下一条橡皮艇，将领航员、无线电操作员和无线电台送上 I-52，2 小时 15 分钟后，双方才交接完毕。与此同时，停泊在 90 千米外的美国第 10 舰队的小型反潜航母"博格"号，已经下令泰勒上尉驾驶"复仇者"式鱼雷轰炸机急速升空，直扑 I-52 潜艇。

2 时 45 分，泰勒上尉驾驶的"复仇者"式鱼雷轰炸机突然出现在海域上空，并用探照灯搜寻海面。U-530 匆忙潜入深水，逃到了安全海域，然而，I-52 可没有那么幸运，泰勒上尉的"复仇者"出现在它头顶上时，它正在海面上以 12 节的速度慢悠悠地散着步，听到鱼雷机巨大的轰响声，龟雄司令官才命令紧急下潜，但龟雄的命令还是下晚了，泰勒上尉驾驶着"复仇者"式鱼雷轰炸机轰鸣着飞过 I-52 的艇艏，在潜艇的艏、艉两处分别投下一颗威力巨大的深水炸弹，然后，又瞄着匆匆躲进水中的潜艇投放了一枚 Mk24 鱼雷。此后，U-530 就再也没有收到过来自 I-52 的信号，日本驻柏林海军武官还抱着一丝希望，期望能够举行一个隆重的庆祝仪式，然而，随着时间的推移，I-52 生还的希望越来越渺茫，8 月 30 日，德国海军正式宣布：I-52 失踪，可能被盟军击沉。

美国军界一直把第二次世界大战中攻击日军 I-52 潜艇作为一次成功击毁潜艇的战例，为此，当时执行轰炸任务的泰勒也获得了海军颁发的飞行十字勋章。I-52 的沉没是第二次世界大战中盟军无线电情报战成功的范例，在此之前，日德已经有 18 艘物资运输潜艇被盟军击沉，而 I-52 的沉没无疑是对日德最沉重的打击。

"孤独的北方女王"——"提尔皮茨"号战列舰

在那个风起云涌的两次世界大战海上战场，战列舰无疑是一种力量的象征，也是一个时代的代名词，虽然它的时代已经过去，但它带给你的那种无法匹敌的震撼感让人永远无法忘记，德国海军于 1936 年 10 月动工建造，1940 年 12 月服役的"提尔皮茨"号战列舰，就在第二次世界大战中演绎了许许多多的故事。

"提尔皮茨"号战列舰是以"德国海军之父"、德意志帝国海军元帅阿尔弗雷德·冯·提尔皮茨命名的"俾斯麦"级战列舰，它是德国海军最具威力的"俾斯麦"号战列舰的姊妹舰，这一级别的战列舰，德国一共只生产了两艘。"俾斯麦"号被击沉后，它成了德国海军手中的一张王牌，素有"北方孤狼"之称。

"提尔皮茨"号标准排水量 4.2 万吨，航速 30 节。舰上武备计有 380 毫米主炮 8 门，150 毫米副炮 12 门，105 毫米高射炮 16 门，37 毫米高射炮

16门，20毫米高射机关炮20余门，曾经饱尝过"俾斯麦"号苦头的英国人，对它是谈虎色变。在"俾斯麦"号被击沉后，德国海军意识到出动大型水面舰只在没有空中掩护的情况下深入大西洋破交是一种不切实际的想法，所以他们改变策略，将"俾斯麦"号的姊妹舰"提尔皮茨"号派往纳粹海空力量较强的挪威伺机出击，以图配合潜艇与航空兵切断盟军的北极航线和大西洋航线。这一策略最初十分有效，为了防止"提尔皮茨"号可能进行的偷袭、保护北极航线和大西洋航线，皇家海军包括战列舰和航空母舰在内的大量大型舰只都被牵制北冰洋水域，这对皇家海军在其他战场的作战产生了相当程度的不利影响。

希特勒曾对海军司令雷德尔元帅说过："如果哪一艘德国军舰不是在挪威沿海，那它一定是在错误的地方。"1942年年初，"提尔皮茨"号被调往挪威，驶入了位于挪威中部的特隆赫姆港。当时，在通往苏联北部港口摩尔曼斯克的航线上，频繁地航行着一支支满载战争物资的同盟国护航运输队。"提尔皮茨"号停泊的挪威海岸，就处在这条航线的附近。它犹如一个拦路强盗，随时都可能突破对方的警戒幕，袭击盟国的船队。为此，英国不得不在北海水域始终保持一支相当雄厚的兵力，其中包括两艘新型战列舰和一艘航空母舰。

1942年9月26日，在完成了全部训练和调试后，"提尔皮茨"号开始了服役后的第一次作战任务，"提尔皮茨"号离开阿尔塔峡湾北上，开始截击北方航线船队的行动，目地是为了要切断盟国支持苏联的"北方航线"。

鉴于威胁北极航线的德军大型水面舰艇只剩下"提尔皮茨"号战列舰，为消除这一威胁，苏军于2月11日晚出动15架挂载1000千克重磅炸弹的重型轰炸机，飞往"提尔皮茨"号的锚泊地挪威阿尔塔峡湾。由于苏军飞行员地形不熟，天色又黑，最终只有4架飞机发现德舰并实施了攻击，投下的炸弹只有一枚近失弹给德舰造成了轻微损伤。为了能够彻底或者暂时消除"提尔皮茨"号的存在对盟军战略造成的不利影响，皇家海军的将领们决定主动出击，将"提尔皮茨"号与和它协同作战的"沙恩霍斯特"号与"吕佐夫"

号一并消灭在他们的基地。

这三艘军舰均躲藏在挪威北部的阿尔塔峡湾，峡湾群山环抱，为这些军舰提供了一道理想的天然屏障。峡湾的入口处密布雷阵，在锚地中布设有多组反潜网和防雷网。为了防止盟国空袭，在峡湾周围的群山上还配置了大量的高射火炮，所有这些不利因素都提高了突击作战行动的难度。在权衡了各种可行的方案后，皇家海军决定出动 X 型微型潜艇对"提尔皮茨"号进行偷袭。为了消除北方航线上的心腹之患，英国人在飞机进行轰炸依然不能奏效的情况下，决定效法意大利海军进行水下突袭。英国人开始投入大量精力研制代号为"X"的袖珍潜艇。X 型袖珍潜艇，长 14.6 米，直径约 1.8 米，艇员 4 人。耐压艇体内装有一部供水上航行的柴油机和一部供潜航用的电动机。主要攻击武器是两个各装 4000 磅炸药的金属筒，分别固定在主艇体外左右两侧。攻击的程序和方法是：X 型艇由母艇（潜艇）拖曳至目标区，然后脱离母艇，驶向目标舰，抵达目标舰后，将炸药筒解下，置于目标舰的下方，再迅速撤离。

1943 年 9 月 11 日下午，11 日至 14 日，天高气爽，英军 6 艘潜艇先后驶出基地，各自拖带一艘 X 艇，这一天海上风平浪静，潜艇航渡一帆风顺。各艇均以较高的航速驶向目标区。22 日凌晨 4 时，在通过了铺设在军舰周围的防鱼雷网后，两艘 X 艇接近了目标"提尔皮茨"号，这两艘 X 艇先后在该战舰的下方放置了携带的爆破装置，设置的时间到了，巨大的爆炸将"提尔皮茨"号震离水面，使它遭到了较严重的破坏，该舰因此在瘫痪了 6 个月才恢复了战斗力。这次袭击是成功的，"提尔皮茨"号在相当长的一段时间内失去了战斗力，其后果是深远的。同年 12 月，"沙恩霍斯特"号铤而走险，单枪匹马地向北极水域出击，很快就被英国舰队击沉了。如果"提尔皮茨"号没有受伤，与它一起协同作战，战斗结局也许就会迥然不同。

尽管"提尔皮茨"号战列舰已被英国皇家海军击伤，暂时躲避在挪威阿尔屯港"养伤"，但是它的存在依旧是皇家海军的心腹大患，"提尔皮茨"号随时可以伤愈复出，这对盟军在 1944 年为开辟第二次世界大战战场而即将展开的欧洲登陆计划来说是一个严重的威胁，丘吉尔首相特别指示英国海军，务必将其击沉或重创。1944年初，英国海军就决定在"提尔皮茨"号修复被X艇所造成的损伤之前再发动袭击，力求击沉或重创它，以彻底消除对北极航线的威胁。由于德军采取了更为严密的防范措施，X艇已难再奏效，所以英军准备以航母舰载机进行攻击。

4月3日，6艘航空母舰出动了总共41架攻击机（不包括战斗机）前往攻击"提尔皮茨"号。"提尔皮茨"号被命中大小共15弹，从1944年8月22日起到8月29日，英军舰载机先后4次对"提尔皮茨"号进行大规模空袭，但都没有造成德舰多大的损害。

直到1944年4月，"提尔皮茨"号才蹒跚南驶，在它离开峡湾后，英国的陆基飞机蜂拥而来，轮番轰炸，使它屡受创伤。这一年11月12日，英国空军出动轰炸机携带专门设计用来对付大型军舰的5.5吨的"高脚柜"超级炸弹，两枚"高脚柜"直接命中"提尔皮茨"号的舰体，4枚近失弹在船体附近爆炸，"提尔皮茨"号终于被炸沉在挪威特罗姆塞以西4海里的林根峡湾哈依岛南侧海域，结束了它短暂的一生，有902人随舰沉没。

为了击沉这艘超级战列舰，英军前后曾出动过人操鱼雷、袖珍潜艇。还组织过13次大规模空袭，出动过600架次飞机，终于如愿以偿。战后，一家从事废钢铁贸易的公司，在向挪威政府支付了12万克郎后获得了"提尔皮茨"号残骸的所有权。

有"北方孤狼"之称的"提尔皮茨"号从未参加过任何一场堂堂正正的海战，但是作为一艘超级战舰，虽然只待在港内，但却吸引了大量英国和部分美国的海军力量为其前往苏联运送战争物资的船队护航。它的存在本身就是莫大的威胁，迫使英国海军本土舰队在北海部署了大量的兵力，丝毫不敢掉以轻心，其兵力不敢放手在其他作战方向。在1942年7月期间，它的出航迫使盟军的PQ-17护航运输船队解散了护航队，召回了护航舰，最后使得失去保护的运输船遭到惨重损失，而"提尔皮茨"号在这场战斗中竟然一炮未发就收到全功，这就是它的价值！由于它长期部署在北方海域，又缺乏其他大型水面军舰的配合，形单影孤，得到了"北方孤狼"的称号，同时由于它的孤单与尊贵，人们又把它称为"孤独的北方女王"。

舰载航空兵时代的开端——突袭塔兰托

塔兰托军港，位于意大利酷似长靴的亚平宁半岛足跟脚弓处的塔兰托湾东北部，舰队从塔兰托出发，可与西西里岛遥相呼应，严密控制东地中海，如此得天独厚的自然条件，加上完善的后勤保障设施，使塔兰托勿庸置疑地成为意大利最重要的海军基地。以该港为基地的就有4艘战列舰、8艘重巡洋舰、5艘轻巡洋舰、16艘驱逐舰、4艘护卫舰、21艘潜艇、8艘高速鱼雷艇以及其他舰艇多艘，正因为塔兰托驻有如此多的军舰，尤其是锚泊的战列舰和重巡洋舰几乎占意大利海军的70%，所以有人说，如果把意大利海军比作是一柄宝剑的话，那塔兰托就是锋利的剑刃！1940年7月15日，意大利战列舰"杜伊里奥"号完成了现代化改装，8月2日，新型战列舰"利托里奥"和"文内托"号编入舰队，它们是意大利最优秀设计家和卓越工艺的杰作，标准排水量4.4万吨，装备381毫米大炮9门，航速达30节，在当时是最快的战列舰，这样塔兰托军港中的意大利舰队的力量大大增加。

第二次世界大战爆发后，随着法国的战败投降，英国所面对的战争局面就显得异常严峻，英国海军所面临的形势也非常不利，原来根据与法国的协议，英国海军主要负责在大西洋上进行护航作战和封锁北海海域，阻止德国海军主力舰队进入大西洋，而在地中海与意大利海军角逐的使命则由法国海军来承担，但现在，英国海军将要在大西洋和地中海上，同时迎战德国和意大利海军，而且此时正是德国海军潜艇海上破坏交通活动非常猖獗，英军不得不投入大量的护航反潜兵力，再要分出部分兵力对付意大利海军，颇有些捉襟见肘。1940年8月底，英国海军从本土舰队抽调"光辉"号航母、"勇士"号战列舰、"卡尔丘特"号和"考文垂"号巡洋舰加强地中海舰队实力，这才稍稍缩小了双方兵力对比上的差距。

意大利海军深知自己虽然在兵力对比上具有较大优势，但缺乏空中掩护和支援，与英军对阵绝对没有便宜，所以，海军司令坎皮奥尼采取消极避战的策略，只是在为北非航线护航时才出海，而且只要一发现英军有所动作，就立即掉头返航，龟缩于塔兰托军港，任凭英军如何引诱，就是闭门不出。

意大利海军躲在塔兰托港内拒不出战，为尽快消除意大利舰队对英国地中海护航运输船队的威胁，英国舰队的坎宁安上将决心袭击意军港塔兰托，皇家海军决定打上门去，坎宁安上将决定利用舰载航空兵，向塔兰托港进行空袭，从空中攻击龟缩在塔兰托军港的意军舰队！

这个计划最早是由地中海航母部队司令利斯特少将提出来的，原来利斯特在战争爆发前任地中海舰队"暴怒"号航母舰长时，曾制定过空袭塔兰托的方案，此时英国人开始着手于这个方案的实施。

1940 年 11 月 6 日，英国海军的"卓越"号航空母舰在 4 艘战列舰、两艘巡洋舰和多艘驱逐舰的伴随下，从亚历山大港开到了地中海中部，11 月 11 日晨，从马耳他起飞的美制马里兰式双发远程侦察机拍来了照片，从照片上看，意海军的战列舰停泊在格兰德港，而巡洋舰、驱逐舰停泊在皮克洛港，港四周有 300 门高射炮、探照灯和阻塞气球，港中还设有防雷网，防御十分严密。英国舰队航空兵司令利斯特少将命令"卓越"号从距塔兰托 170 海里的海域派出两批飞机，第一批 12 架，第二批 9 架，对塔兰托实施两次攻击，19 时 30 分，"卓越"号开到预定位置，此处距塔兰托 170 海里，利斯特少将命令舰载机出发，19 时 45 分，"卓越"号增速到 28 节，逆风急驶，第一攻击波——12 架"剑鱼"机飞离甲板，在皎洁的月色下，向塔兰托飞去。当天夜幕降临后，塔兰托已经两次拉响防空警报，那是一架英军侦察机引起的，这架侦察机盘旋监视，使意军两次拉响警报，倒使意军对防空警报有了几分麻木，20 时 30 分，夜袭塔兰托战斗开始了。

攻击在 23 时开始，第一批次空袭由队长威廉森少校率领 12 架"旗鱼"鱼雷攻击机，组成 4 个飞行小组穿出云层，从海洋方向冲进港口。意大利高射炮喷射着猛烈的火舌，天空布满火网，意军探照灯的光柱不停地转动，红、黄色曳光弹像喷发的火山。12 架"箭鱼"、两架"旗鱼"攻击机飞到港湾东面拦阻气球屏障外投下照明弹，照明弹由小降落伞悬挂，在 1400 米高度开始燃烧，使整个军港耀如白昼。鱼雷从阻塞气球的钢索间穿掠而过，迎着刺目的探照灯光和密集的弹雨，向格兰德港内的战列舰冲去。

威廉森少校驾着的鱼雷攻击机被意军高射炮击中栽进大海，驾驶员威廉森少校和领航员斯卡利特上尉从坠海的飞机中及时爬出，游上岸后被意军俘虏，但是，飞机坠海前发射的鱼雷却命中了意军战列舰。另一个机队从西北方向进入港内，立即对停泊在港内的意军战列舰进行了攻击，两枚鱼雷命中了意军"利托利奥"战列舰。在两个鱼雷攻击机机队袭击意军战列舰的同时，4架携载炸弹的"旗鱼"式攻击机开始轰炸港内意军的巡洋舰、驱逐舰和海军码头，瞬间，意军塔兰托军港像一个被捅翻的马蜂窝，乱作一团。第二攻击波接着进行，两架攻击机投下24枚照明弹，把海港夜空照得通明，5架鱼雷攻击机投射5枚鱼雷，其中1枚命中已遭重创的意军"利托利奥"战列舰，使其舰体折断，沉入大海，有一枚命中另一艘意大利战列舰，使其动弹不得。12日凌晨，英军在回收了所有飞机后，突击群与掩护群会合，然后全速返航，平安回到亚历山大。

此战，英军仅出动21架飞机，在65分钟时间里，击沉战列舰1艘，击伤战列舰3艘，巡洋舰和驱逐舰各1艘，英军仅有两架飞机被击落，两架被击伤。一艘航空母舰加上21架"老掉牙"的舰载攻击机，在一夜之间就改变了地中海战场上的力量对比，扭转了整个地中海地区的战局，充分显示了航空母舰在现代海战中的巨大作用，完全可以说，奇袭塔兰托，将以舰载机的揭幕之战而名垂青史！意大利海军在此次奇袭中，主力舰几乎损失了一半，可谓元气大伤，而且此后再未恢复，迫于英军的巨大威胁，被彻底吓破了胆的意大利海军将幸存的军舰撤离塔兰托，分散到北部港口，将地中海的制海权拱手让出！

在此后的一个月里，英军地中海舰队在地中海上活跃异常，严重遏制了意大利至北非的海上运输，同时有力掩护了己方海上运输，从而保证了北非英军在1940年12月取得了空前大捷！

遭欺骗的冤死鬼——澳军"悉尼"号巡洋舰

"悉尼"号巡洋舰曾是澳大利亚海军的骄傲，第二次世界大战期间屡立奇功，1941 年 11 月 19 日，"悉尼"号完成护航任务后回港时，竟然被伪装成荷兰商船的德国军舰"鸬鹚"号击沉后失踪，而船上 645 名官兵竟然无一人生还，这成了一个至今未解的谜。

1941 年 11 月 19 日下午 4 时许，在澳大利亚西北沿海，排水量达 9000 吨的"悉尼"号轻型巡洋舰正从护航任务中返回母港墨尔本，这时，一艘荷兰商船进入了"悉尼"号的视野，澳大利亚的水兵们万万没想到，自己遇到的就是纳粹最大的海上假货船"鸬鹚"号。

鼎鼎有名的"鸬鹚"号是原为德国汉堡－美洲公司的货船"斯蒂尔马克"号，1938 年于基尔的克虏伯－日耳曼尼亚船厂下水，1940 年，"斯蒂尔马克"号被德国军方征用，改造成辅助巡洋舰，自 1940 年 10 月投入使用以来，"鸬鹚"号就一直在南太平洋和印度洋以货船的模样"招摇撞骗"，干着偷鸡摸狗的勾当。在遇到"悉尼"号之前，假货船"鸬鹚"号已经"战果累累"，总共击沉了 10 艘戒心不足的盟军商船，总吨位达 5.6 万多吨，此时在澳大利亚西海岸鲨鱼湾以西的海域，悬挂荷兰国旗伪装成荷兰商船的"鸬鹚"号被排水量 7000 多吨的皇家澳大利亚海军"悉尼"号轻巡洋舰发现了，"悉尼"号一边追赶"鸬鹚"号，一边向"鸬鹚"号发信号，以确定其身份，并试图进行检查。

说实在的，"鸬鹚"号的任务并不是用于海上作战，尤其是面对这样一艘先进巡洋舰，德国人希望能够蒙混过关，当"悉尼"号向德船靠近时，德国人看见他们准备发射观察飞机，如果那样的话，"鸬鹚"号的身份就将暴露了，因为在它的甲板上堆放着许多水雷。

但"悉尼"号上的水上飞机又被拖回原位，这时"鸬鹚"号戴特默斯舰长对下属说："啊，船上的午茶时间到了，现在他们要说旅途愉快了。"正在德国人庆幸时，突然"悉尼"号打来旗语，坚持要德船升起秘密信号旗。

就在"悉尼"号还在为上船检查做准备的时候，眼看无法蒙混过关的"鸬鹚"号升起了德国旗，并首先在几百米的近距离内向"悉尼"号猛烈开火，并发射了两枚鱼雷。德舰上 6 门 150 毫米重型舰炮突然轰击澳舰，"悉尼"号舰桥和甲板上的水兵当场全部被炸死，两个前炮塔也被炸毁，战斗只进行了大约 5 分钟，澳舰就遭到了重创，"悉尼"号整个被大火包围，舰首等处被炸塌，一艘完全没有防备的巡洋舰离它认为的"荷兰商船"实在是太近了，而后者一分钟内就变成了一艘战舰。

"悉尼"号上没死的水兵们随后用后部炮塔上的 152 毫米口径火炮开始还击，"鸬鹚"号原为货船改装，速度很慢，一旦遭到攻击，很容易被击中，不仅如此，德舰为了像货船那样增强欺骗性，没有安装防护装甲，因此，一旦被击中，很容易造成重创。双方射击持续了半小时，"鸬鹚"号受到致命伤，交火中，"鸬鹚"号军械库和轮机舱首先中弹，烟囱被击毁，最终失去动力，德国人意识到全完了，不得不做弃船的准备，当船员们都上了救生艇离开后，"鸬鹚"号被引爆自沉。而"悉尼"号在激战中船尾被击中，在行驶了一段路程后，螺旋桨轴断裂。据"鸬鹚"号幸存者回忆说，"悉尼"号在海上漂浮了一段时间后，随即传来了几次巨大的爆炸声，就从视线中逐渐消失了，"悉尼"号携带着 645 名官兵包括舰长约瑟夫·伯恩内特一起沉没了。

"鸬鹚"号 393 名舰员中，78 人丧生，其余的 315 人包括舰长获救，幸存的德国官兵在澳大利亚西海岸的阿巴罗尔豪斯岛登陆，随后被澳大利亚军队抓获，于战争结束后被释放回国。

"悉尼"号是一艘轻型巡洋舰，长 169 米，宽 17.3 米，最高时速 32 节，1934 年首次出海。第二次世界大战爆发后，"悉尼"号被派往地中海，在与意大利海军的多次交战中立下战功。

1940 年，"悉尼"号在一艘英国驱逐舰的协助下击沉了意军快速巡洋舰"科尼奥尼"号，一个星期后，又击沉了一艘小型意大利油轮。此后，"悉尼"号多次执行袭击港口和拦截意大利商船的任务，并屡创辉煌战绩。1941年 2 月，"悉尼"号回到澳大利亚，在印度洋执行巡逻和护航任务。然而，澳大利亚没有料到的是，回到家门口的该舰居然成为澳大利亚有史以来最大的海上悲剧。几十年来，澳大利亚人一直难以相信：一艘德国"商船"居然能够使用老式的舰炮击沉一艘现代化巡洋舰！"悉尼"号的沉因始终没搞清，也许是燃烧的大火引发了它的弹药库而导致了爆炸，但令人一直无法理解的是，破旧的德舰尚且能使大部分人生还，而现代化的"悉尼"号那么多人居然没有一人能够逃生！

"悉尼"号遭击沉使澳海军损失惨重，其沉没地点长期以来也一直是个谜，第二次世界大战后，虽然澳大利亚海军多次试图寻找"悉尼"号的残骸，但每次都无果而终，直至 60 年后澳大利亚政府才宣布，一支寻找"悉尼"号的研究队伍在珀斯以西 800 千米处发现当年与"悉尼"号同归于尽的德国"鸬鹚"号战舰，这成了寻找"悉尼"号的重大突破口。

随后，在距"鸬鹚"号残骸 12 海里，距当时交战地点 8 海里的 2470 米深的海底找到了"悉尼"号的残骸，根据澳大利亚 1976 年通过的《历史沉船法》，历史沉船的挖掘将受到法律保护，政府可以宣布沉船周围 200 公顷海域为保护区，任何水下活动都被禁止。"悉尼"号的法定所有者是澳大利亚皇家海军，目前海军表示暂时没有打捞计划，不过，他们计划在悉尼举行纪念活动，让"悉尼"号阵亡官兵的家属缅怀先人。

"猪猡"人操鱼雷——奇袭亚历山大港

亚历山大港，位于埃及东北部的尼罗河三角洲，是埃及第二大城市，始建于公元前 332 年，是古代著名的港口，由于该港位于苏伊士运河西侧，正扼亚、非、欧三大洲的航运要冲，历来是兵家必争之地。第二次世界大战期间，是英国海军在地中海的重要基地。为了防止德意军队的偷袭，英军在亚历山大港防御配系相当周密完善，连水下都有几道防潜网，可谓固若金汤。

1941 年 12 月 18 日晚 20 时 30 分，意大利海军"斯基尔"号潜艇携带着三只"猪猡"悄然抵达亚历山大港入口处约一海里处，"斯基尔"号升起潜望镜，艇长福格西中校仔细观察了周围情况，见一切正常，便下令人操鱼雷出动。三只"猪猡"依次从潜艇甲板上的特殊容器里滑入海里,向亚历山大港驶去。"斯基尔"号潜艇则立即向外后撤,一直到距离港湾五六海里处才浮出水面,严密监视着港内的一举一动。

"猪猡"是意大利人开发的一种特种武器,"猪猡"当然是昵称,正式学名为慢速鱼雷,也就是大名鼎鼎的人操鱼雷,其实就是两个人开着改造过的鱼雷想法设法跑到敌人军舰的肚子下引爆,由于是在水下驾驶,又把那两个驾驶鱼雷的人叫"蛙人"。此刻,月黑云低,伸手不见五指,能见度很低,正是天助人愿,三只"猪猡"悄悄地向港湾驶去,作为此次袭击的带队指挥,杜兰德·贝尼上尉驾驶着一只"猪猡"航行在最前面,由于能见度很低,无法分辨岸上情况,贝尼上尉只有根据指南针指示的方位,向港湾驶去。

英军在亚历山大港的戒备相当严密,港湾入口处设有防潜网,网上还挂着很多爆炸物,一旦撞上就会炸得粉身碎骨,不要说大型潜艇,就连"猪猡"这样的袖珍潜艇都没有空子可钻,而且不时有巡逻艇在港湾入口处巡弋,一有可疑情况就不分青红皂白投下深水炸弹。看着戒备森严的入口处,贝尼上尉心凉了半截,怎么才能进入港内?他怎么也想不出一个周密而又安全的渗透潜入的办法。苍天不负有心人,就在贝尼上尉苦思冥想之际,否极泰来,好运降临到了意大利人头上,3艘英军驱逐舰出海归来,用灯光信号表明身份后,港湾入口的防潜网慢慢打开,放驱逐舰进港,这可是千载难逢的好机会,贝尼上尉赶紧挥手招呼身后的两只"猪猡",迅速尾随在驱逐舰后面,顺利通过了戒备森严的警戒圈!

进入港湾后,由于天色黑暗,根本无法辨别停泊的军舰,三只"猪猡"只能根据平时的训练,分别向看上去个头最大的3艘军舰驶去,贝尼上尉和比安奇军士选中的是"勇士"号战列舰,马切格利亚上尉和斯杰盖特军士选择的是"伊丽莎白女王"号战列舰,马特洛塔上尉和马利诺军士选中的目标则是7500吨级的"寒戈纳"号油船。

目标已定,三只"猪猡"各自开始行动。港内由于不时有军舰驶过,军舰航行所产生的尾流将轻巧的"猪猡"冲得左右摇晃,要花费很大的气力才能稳住，三组突击队员不愧是经过长期针对性训练，最终克服了种种困难，隐蔽地接近了各自目标，并在舰船中心龙骨位置附近将定时炸弹卸下，可是经过那么长时间的操艇，体力消耗极大，几乎都到了精疲力竭的地步，再也没有一丝力气将炸弹固定在船体上，只能一卸了之，任其沉在舰船下方的海底（好在亚历山大港水深只有 13 米，海底距离船底不过只有几米，不至于影响爆炸的威力），然后在定时器上调好引爆时间，驾驶着半截雷体向港口外撤去。

尽管贝尼等人放置炸弹的行动是在水下，应该是十分隐蔽的，但是水面上总会有些异样动静，因此引起了在港内巡逻的英军注意。当贝尼上尉和比安奇军士刚刚浮出水面，正想喘口气休息片刻再撤离，一束刺眼的光柱便牢牢照住了两人，随着一阵引擎声，英军巡逻艇已经到了跟前，两人来不及有任何反应就被俘虏了。随后其他 4 名突击队员也相继被俘，被俘的突击队员根据事先的约定，一律以沉默来对付英军的审讯，直到爆炸前 10 分钟才告诉英军，这样英军连撤出军舰人员的时间都非常紧张，更别说寻找、排除爆炸物了！

在英国海军"勇士"号战列舰上，舰长摩根上校正在审讯一名刚刚被俘不久的意大利海军军人，他一身黑色的潜水衣，被俘时筋疲力尽、精神委顿，似乎在刚刚结束的什么行动中耗尽了体力，但是周围并没有可疑的迹象，而这位不速之客几个小时来一直三缄其口，只是眼光不时地向舱室墙壁上的时钟投去一瞥。

突然，这名战俘开口了："能给我来杯咖啡吗？"热腾腾的咖啡端了上来，他三口两口喝下肚，似乎恢复了一些精神，不等摩根舰长问话，就主动说道："我是意大利海军杜兰德·贝尼上尉，出于人道主义精神考虑，我可以告诉舰长阁下，您的军舰再过 10 分钟就要爆炸了！现在进行人员疏散还来得及，不过您得抓紧时间了！"

10 分钟后，"勇士"号和"伊丽莎白女王"号战列舰都发生了大爆炸，随着三声轰隆的巨响，3 艘舰船的底部都被炸出一大洞，如此严重的损伤，一般情况下是难逃倾覆沉没的命运，好在亚历山大港的水深较浅，3艘舰船进水下沉后数米就座沉海底，这才逃过了覆灭的厄运。但是尽管有地理之利，3艘舰船还是遭到了重创，特别是"勇士"号和"伊丽莎白女王"号战列舰整整一年时间都无法出海作战！此次袭击，意大利海军仅仅出动一艘潜艇，付出三只"猪猡"人操鱼雷和6名突击队员被俘的微不足道的代价，就重创英军两艘战列舰，袭击亚历山大港的确是一次代价小、战果大的成功袭击！正因为意大利海军人操鱼雷的出色战绩和作战效能，引起各国海军的重视，英国、德国和日本都相继组建了专门从事水下奇袭的人操鱼雷或袖珍潜艇部队。

1943年9月意大利投降，转而投身同盟国一方，参加过袭击亚历山大港的贝尼也从战俘营回到自己部队，再度披挂上阵炸沉过一艘德国军舰，并因此而获得勋章，特别巧的是，为他授勋的正是时任同盟国驻意大利海军使团团长的原"勇士"号战列舰舰长摩根少将！

"远东之盾"与"大和之矛"——日英新加坡海战

1941年12月10日，85架日本战机仅用两个小时，就将英国以"威尔士亲王"号和"反击"号战列舰为支柱的Z舰队击沉，1942年4月5日，重新组建的英国Z舰队再次被日本318架战机击沉，大英帝国的海上力量被日本轻松击溃，为日军控制太平洋创造了有利条件。

英国海军"威尔士亲王"号战列舰是"乔治五世国王"级战列舰的二号舰，也是太平洋开战前英国最先进的战列舰，为区别英国旧式战列舰中同名的级别而称为"新乔治五世"级。

该级别是按照伦敦海军公约而设计的，始建于1937年初。这一级别共5艘，为"乔治五世"号、"威尔士亲王"号、"约克公爵"号、"安森"号以及"豪"号，"威尔士亲王"号在太平洋开战的第三天被日军飞机击沉，也是该级别中唯一战沉的一艘。

马来半岛为太平洋和印度洋的分界线，称为"远东直布罗陀"的新加坡更是扼守着太平洋与印度洋之间航运要道马六甲海峡的出入口，也是阻挡日军夺取荷属东印度（现印尼）石油的天然屏障。大英帝国已经在新加坡经营多年，其章宜海军基地更是规模不凡。

但第二次世界大战开战后，英国已无余力顾及这块属地，在新加坡的部署已降到了最低的程度。

1941 年下半年，德军转向东线进攻苏联，大英帝国本土所受的压力已逐渐减少，同时日本南下太平洋的意图日趋明显。为了维护英国在远东殖民地的利益，8 月，在大西洋宪章会议上，丘吉尔决定在远东承担更多的义务，并向罗斯福保证将派出一支令人生畏的、快速的、高级的战列舰和航空母舰特混舰队前往新加坡，以瓦解日本海军的活动。

随后，丘吉尔不顾海军部的反对，派遣"无敌"号航母、"威尔士亲王"号战列舰、"反击"号战列巡洋舰和护航舰直奔远东。

12 月 4 日，英舰队抵达新加坡，12 月 8 日，日本偷袭珍珠港的同时，由日本马来的小泽舰队负责掩护日本登陆舰队准备在马来半岛登陆，远东舰队司令菲利普斯中将决定由"威尔士亲王"号、"反击"号和 4 艘驱逐舰组成 Z 舰队截击日本登陆部队。

此时的 Z 舰队处于日本海军陆基航空兵的攻击范围内，而又没有空中掩护和支援，但菲利普斯对自己这支舰队有信心，还从来没有像"威尔士亲王"号这样强大的战列舰被飞机打败过的先例。

日军对 Z 舰队的到来早有准备，驻西贡机场的第 22 岸基航空部队（有140 多架"97 式"攻击机和 36 架"零"式战斗机）已做好战斗准备。12 月 8 日，从西贡起飞的日军航空兵多次空袭马来半岛尚未被日军占领的机场和新加坡航空基地，使英军的 250 架飞机损失殆尽。12 月 8 日下午，菲利普斯中将在没有空中掩护、敌情不明的情况下率领 Z 舰队冒险出航，12 月 10 日，Z 舰队被日机发现，由于没有战斗机掩护，英舰被动挨打，"反击"号和"威尔士亲王"号多处被炸弹和鱼雷击中，相继沉没，菲利普斯以下舰上官兵 840 人葬身海底，从此，英国海军对日军在马来半岛作战行动不再构成威胁，此战显示了航空兵在海战中的巨大威力，表明战列舰称霸海洋的时代行将结束，水面舰艇编队没有空中掩护已难以在海战中夺取胜利。

1941 年 12 月 10 日晨，英国首相丘吉尔床边响起了急促的电话铃声，听筒里传来第一海务大臣达德利·庞德的语无伦次、低沉又悲惨的声音："首相，我不得不向您报告，'威尔士亲王'号和'反击'号都被日本飞机炸沉了。"

丘吉尔哀叹这是对他"一生中最沉重和最痛苦的打击"。英国 Z 舰队的覆灭可以说是武器发展的必然结果，过去的海上霸主战列舰终究不敌新兴的航空力量，英国 Z 舰队的覆灭，使日军夺得了马来海域的制海权和制空权，为日军海上输送任务的顺利完成提供了保障，更为日军全面占领马来西亚、新加坡等国提供了有利条件，对英国在远东的军事地位产生了灾难性的影响，使英美两国在一段时间内失去了在太平洋远东地区的制海权。

海战史上首次航母对决——珊瑚海海战

1942 年初，日本联合舰队还沉浸在胜利之中，在日本看来，美国的经济潜力虽大，但转入战时状态还需要一个过程，预计美国 1943 年夏季才可能组织反攻，而日本完全有时间进一步推进战线，扩大防御圈，控制澳大利亚就是这一战略的反映。

1942 年春，日军占领东南亚广大地区后，决定向西南太平洋推进，夺取新几内亚岛的莫尔兹比港和所罗门群岛的图拉吉岛，以掌握该地区制海制空权，切断美利坚合众国通往澳大利亚联邦的海上交通线。1942 年 2 月初，日军占领了澳大利亚东北的俾斯麦群岛的拉包尔基地，3 月初占领了新几内亚的莱城、萨拉莫阿。按计划随后即应对图拉吉和新几内亚东部的莫尔比兹港实施登陆。但由于美国航母的活动，这一计划就被推迟了。直到 4 月底，第 5 航空战队（"翔鹤"号和"瑞鹤"号）、第五巡洋舰队（"妙高"号和"羽黑"号）从印度洋归来，进攻图拉吉和莫尔比兹港的计划才随即开始。

5 月初，日本第四舰队司令井上成美海军中将派高木武雄海军中将率领"翔鹤"号和"瑞鹤"号航空母舰（舰载机共 125 架）及重巡洋舰 3 艘、驱逐舰 6 艘从特鲁克岛出发，原忠一海军少将率"祥凤"号轻型航空母舰和重巡洋舰 4 艘、驱逐舰 1 艘从拉包尔启航，掩护登陆船队驶向目标。实际上，前来迎击的美第 17 和第 8 特混舰队已先于日机动编队进入珊瑚海，通过破译密码，已知日军即将对莫尔比兹港实施登陆，同时其先遣队将先占领图拉吉，并基本掌握了日方投入的兵力。因为对盟军来说，集结必要的兵力对付来敌并不容易。

"萨拉托加"号被日潜艇击伤，在西海岸修理，"企业"号和"大黄蜂"号在袭击东京的返航途中，可供使用的就是第 8 特混舰队'列克星敦'号和第 17 特混舰队"约克城"号航母，另有 8 艘巡洋舰和 13 艘驱逐舰，由弗莱彻统一指挥，两支舰队 5 月 1 日进驻珊瑚海。

5 月 6 日到 7 日，日本"翔鹤"号和"瑞鹤"号派出舰载机搜索敌人，舰载机发现并击沉油船和驱逐舰各 1 艘，同时，美舰载机攻击日军登陆船队和护航编队，93 架美国战斗机和轰炸机经过半个小时的轮番进攻，"祥凤"号已中了 13 颗炸弹和 7 条鱼雷，井泽下令弃舰，标志着日本帝国海军在这里丧失了第一艘大型舰只。

5 月 7 日，美日双方舰队刚好处于相互攻击范围，但双方由于技术原因而没有发现对方，相互错过了先发治人的时机，下午日本再次派出舰载机搜索敌人，在暮色中，几架迷失方向的日本飞机甚至错误地试图在"约克城"号上降落，但由于识别信号不对，被高炮手发现并将其中的一架击落入海，另外几架慌忙逃入黑夜中。

5 月 8 日，命运注定搜索的飞机几乎将同时发现彼此的目标。8 时 15 分，美军飞行在最北边的侦察机发回报告："敌人的航空母舰特遣舰队在'列克星敦'号东北约 175 英里的海面上以 25 海里 / 小时的速度向南行驶。"仅仅几分钟以后，美国航空母舰的无线电台收到了日本人兴高采烈的报告，显然表明他们自己也被发现了。

8 日上午，双方航空母舰编队在 200 海里距离上出动舰载机群展开激战。美军出动飞机约 70 架次，对高木舰队发动攻击。"瑞鹤"号航空母舰逃进雷雨区，免遭袭击；"翔鹤"号航空母舰被两颗炸弹击中，失去作战能力。日本出动飞机约90架次，对美舰发动攻击。

"列克星敦"号航空母舰被两条鱼雷击中该舰左舷，又被两颗炸弹击中，后因燃油气体泄漏发生爆炸而沉没，已经降落到该舰的36架飞机也随之沉入大海。"约克城"号航空母舰也被击伤。这场遭遇战只持续13分钟，日本人飞走的时候，兴高采烈地报告他们替前一天"祥凤"号的失败报了仇，毫不含糊地击沉了一艘"大型航空母艘"和一艘"中型航空母舰"。

美第17特混舰队"约克城"号上虽然尚有轰炸机和鱼雷机27架、战斗机12架，但已入夜，弗莱切无意再战，遂率队撤离战场，在这一天的战斗中，美国损失飞机约70架，日本损失飞机约上百架。此次海战是战争史上航空母舰编队在目视距离之外的远距离以舰载机首次交锋，也是日本海军在太平洋战争中第一次受挫。从战术得失来看，日本海军取得了珊瑚海海战的战术上的胜利，但日本海军由于损失的飞机和飞行员无法立即得到补充，日军的武力扩张第一次遭到遏制，被迫中止对莫尔兹比港的进攻。日本海军第5航空战队的这两艘航母原本要参加中途岛计划，由于"翔鹤"号受损、"瑞鹤"号严重减员，削弱了日军在即将举行的中途岛海战中的实力。

"祝贺你们在最后两天中取得的光荣成就"，尽管尼米兹向弗莱切发出了这样的电文，但珍珠港的司令部中笼罩着阴郁的气氛，因为"列克星敦"号沉没了，但日本联合海军受到了多大的打击还很难判断。

尼米兹宣布这是"一个具有决定性深远意义的胜利"，意义究竟多么深远，在后来的一个月里还无从知道。其实说得具体一点，"翔鹤"号受损、"瑞鹤"号严重减员，而第5航空战队的这两艘航母原本要参加中途岛计划，但现在以无法实现了。否则在中途岛美日航母的比例将是4：6，而不是3：4，而从一个月后的中途岛大战看，这种差别绝对是非常重要的。

第十二章

拨开长空的层层迷雾

笕桥上空的四比零——中日"八一四"空战

1937 年 8 月 14 日，弱小的中国空军在杭州湾上空，首次和"所向无敌"的侵华日军航空队展开空战，这场罕见的"空中肉搏"，几乎震惊了整个世界。

1937 年 8 月 13 日，日军对上海发动攻击，淞沪战事爆发。8 月 14 日上午，中国空军开始对进犯上海的日军重要目标连续轰炸，并袭击了设在上海日商公大纱厂内的日军军械库。为了报复中国空军，日本海军第三舰队司令长官谷川清中将命令驻台北的鹿屋航空队立即出击。同日下午 14 时 50 分，日军精锐木更津航空队和鹿屋航空队从台北出发，18 架"三菱 96"式轰炸机分两批往杭州上空飞来，目标直指笕桥机场。

迎战日机的是中国空军第四大队，该大队曾于 8 月 7 日奉命移防河南周家口，8 月 13 日，航空委员会又密令其赶到杭州，8 月 14 日下午，第四大队的 27 架"霍克 -3"式驱逐机先后飞抵笕桥机场，这些飞机经长途航行着陆后，多数还未来得及加油，敌机逼近的警报就拉响了，从南京接受命令后赶来的大队长高志航看到紧急信号后，立即跃入机舱，第一个架机直上蓝天，其他战机也先后起飞，准备迎战。

20 分钟后，日军轰炸机飞到笕桥机场，在 500 米高空，开始投弹，但命中率不高，仅炸中机场的一些设施和加油车，正在 4000 米高空搜索敌机的飞行员们听到轰炸声，立即穿云下降，发现敌机正在杭州湾上空疏散队形，日机这样做是为了便于各自搜索轰炸目标，但也等于自行解除了轰炸机群强大的空中交叉掩护火力，为中国空军各个击破提供了良机。

这时，杭州一带上空因受台风影响，乱云飞舞，中日飞机在云雾中展开了一场大厮杀，高志航首先咬住了一架敌机，他在分队长谭文的配合下，把一串仇恨的机枪子弹射了出去，敌机中弹，拖着长长的黑烟坠向地面，这是中国飞行员在空战中击落的第一架敌机。随即在机场东端，中队长李桂丹击落第二架敌机，与此同时，四大队 22 中队在安徽广德上空也与来袭的敌浅野机群相遇，中队长郑少愚追敌至钱塘江上空，命中一架敌机，日军飞行员跳伞，地面警卫部队抓到了三个俘虏，其余的敌机见势不妙，落荒而逃，其中一架重伤的日机，未及回到台湾松山机场，就在基隆附近坠海。

当天世界各大报纸和通讯社，都以惊人的速度详细报道了此次战况，中国空军首战大捷，从此，世人不得不对这支弱小的空军刮目相看，就连日军飞行员也承认中国"飞将军"是"一流的勇士"，接着国内迅速掀起了"空军热"，每有空军的新闻，报童不用满街跑，只要站在街头一喊，报纸很快就被抢光，当时男孩子能当上空军，姑娘能嫁给飞行员，是人们公认的荣耀。就在中日首次空战不久，日本鹿屋航空连队队长、海军航空大佐石井义剖腹自杀。

这是中国空军首次参战，他们从中国空军的诞生地——浙江杭州的笕桥机场起飞，直飞上海参加战斗，当天就取得击落日机 4 架、击伤 1 架，而我方零伤亡的辉煌战果，取得了中日空战的首次胜利，一举粉碎日军航空兵不可战胜的神话，增强了中国军民抗战的必胜信心。当时的国民政府为纪念这首次空战的胜利，也为了进一步激励前线的士兵们英勇抗击日寇，鼓舞全国人民的抗战热情，故将这一天定为"空军节"，第四飞行大队被命名为"志航大队"。

鲜为人知的苏联"飞虎队"——苏联援华航空志愿队

抗战初期，中国空军仍处于初建阶段，国内的航空工业也刚刚起步，中国空军装备的几百架飞机大多是从美国、意大利、德国、英国、法国等国购进的。经过几个月的战斗，到了 1937 年 11 月初，中国空军剩下的飞机不到

36架，只能用"拆东墙补西墙"的方法组装一些飞机。

相比之下，日本已自行生产了1500多架军用飞机，包括多种型号的轰炸机、战斗机以及侦察机，战场的形势万分危急。国民党政府开始寻求外援，当时美国人与日本人搞得正热火，将大量钢材等战略物资提供给日本，助纣为虐，大发战争财，蒋介石见求助美国无望，只能将目光投向苏联。

早在1934年10月，蒋介石考虑到一旦抗战全面爆发，中国将难以从海上获取外援，因而私下派清华大学教授蒋廷黻赴苏，同苏联外交副人民委员斯托莫里雅科夫密谈，希望改善中苏关系，从苏联获得军事援助。之后，蒋介石又多次派人同苏联方面接触。1931年"九一八事变"后，苏联一直担心日本北上，与西路的德国遥相呼应，形成对苏联的东西夹击。面对日益恶化的国际环境，扼制日本在亚洲的扩张成为苏联的战略选择，1937年8月21日，中苏两国正式签订了《互不侵犯条约》。

此后，苏联开始向中国提供经济贷款和军事援助，并派遣军事专家和志愿航空队参加中国的抗日战争。

1937年9月初，时任苏联国防人民委员的伏罗希洛夫接到命令，要求他立即从苏联空军现役部队抽调战斗机和轰炸机机组人员，组成援华航空队奔赴中国。为了保密，援华航空队的飞机运送到中国时，机翼和机身上的苏联空军徽标被抹去，漆上了国民政府的青天白日徽，方向舵上也涂上了蓝白相间的斑马条纹，为避免过分刺激日本，援华航空队以志愿的形式帮助中国抗战，此秘密行动被命名为"Z计划"。

1937年10月，从苏联的阿拉木图经兰州到汉口的航线通航，10月下旬，第一批苏联志愿航空队先后到华，第一批共有空、地勤人员254名，分别组成以基达林斯基领导的轰炸机大队和库尔丘莫夫为首的战斗机大队。途经凉州时，库尔丘莫夫不幸因飞机失事殉职，普罗科菲耶夫接替指挥战斗机大队。此后，苏联志愿航空队的兵力不断扩充，最高峰时，达到战斗机、轰炸机各4个大队。

当时，中国空军的飞机在淞沪会战中几乎拼光，急需补充，本来中国空军已向欧美国家订购了363架飞机，但到1938年4月仅得到85架，其中还有13架未装好，在这关键时刻，苏联大批的飞机源源不断地运进中国，苏联的援助，对中国空军来说，真可谓雪中送炭。

虽然严格保密，空中转场也被要求保持无线电静默，但日本情报部门很快侦察到苏联空军援华的情报，在之后的空战中，日本也曾抓获被击落的苏联援华飞行员，但又忌于苏联的强大实力不敢撕破脸皮，对于苏联援华抗日，双方彼此心照不宣。苏联援华志愿航空队到华后，即在国民政府和苏联军事顾问团的领导下开始参加对日作战。航空队装备的都是当时最先进的战机，性能比日制飞机优越，因而初期对日空战战绩颇佳。1937年12月1日，大队长普罗科菲耶夫率领的第一批苏联志愿飞行员刚在南京机场着陆，日机突然来袭，苏联战机紧急升空作战，击落数架敌机，初战告捷，给了日本空军一个下马威。

1938年4月，国民政府情报部门截获敌后谍报，称日本海军木更津航空队飞抵芜湖机场。木更津航空队由日本天皇亲自命名授旗，与鹿屋航空队一起并称为日本空军的两张王牌，国民政府情报部门最终判定木更津航空队将在4月29日日本天长节那天参与轰炸武汉，以此给天皇祝寿。我方遂决定将计就计，在天长节那天，通过空中设伏对来犯之敌迎头痛击。4月29日下午，日机果然在芜湖起飞准备轰炸不设防的武汉，我方布置在彭泽、九江一带的监视哨立即将日机型号、数量、起飞时间等情报向武汉上报。武汉则不动声色地做好了迎战准备。各种战机依次升空，然后兵分两路，一路盘旋升高，占据有利高度；一路飞往预定空域设伏。2时左右，披着伪装色的日机分两个空中梯队如期而至，木更津航空队为第一梯队护航。木更津航空队发现中伏后，阵脚不乱，迅速散开，企图驱逐我方战机为其轰炸机扫清空域。日机远程奔袭油料有限，我方战机果断与之展开空中缠斗。

苏联航空队的伊-15和伊-16勇闯敌阵，忽高忽低，各施所长，不时有日机拖着长长的尾烟栽向地面。日军第二梯队见大势已去，扔掉炸弹掉头逃跑。3架日机突出重围侥幸逃离，后来也因缠斗时间过长油料耗尽而全部坠毁。这一仗以 36 ∶ 5 的战绩我方大获全胜。

1938 年 5 月 30 日，9 架日本轰炸机出现在汉口机场上空，苏军立即起飞迎敌，随着两架日机冒着浓浓黑烟栽向地面，又来了近百架日机试图掩护剩下的轰炸机返航，但逃跑途中仍有 14 架日机被击落，苏军援华飞机只损失了两架。

1939 年 6 月，苏联空军又有志愿航空队 4 个大队来华支援，由库里申科和科兹洛夫各率领一个由 20 架重轰炸机组成的轰炸机大队进驻成都，由苏普伦和柯基那基各率领一个由伊 –15 和伊 –16 驱逐机组成的驱逐机大队进驻重庆，这大大增强了中国抗击日寇的空中力量。

到 1939 年 10 月，苏联空军援华达到最高峰，当时在华航空人员达 425 人，苏联驻华空军顾问阿尼西莫夫、副顾问胡鲁耶夫、参谋长伊里茵也常驻成都，并经常与中国空军共同研究对日空战的对策，鉴于轰炸重庆的日机主要集结于汉口，故决定派驻成都的重轰炸机去袭击日机在汉口的基地。

10 月 3 日下午 2 时 35 分，苏联援华航空队 12 架重型轰炸机在库里申科上校的率领下，从成都起飞楔形编队，一路保持无线电静默，高速接近汉口。机场上 200 余架战机整齐排列，宛如受阅。作战时机千载难逢，苏联援华航空队的轰炸机以迅雷不及掩耳之势俯冲轰炸，弹仓里的高爆弹、杀伤弹、燃烧弹带着尖厉的呼啸声扑向地面。

据苏联方面的统计，日方至少有 60 架飞机被完全炸毁，另有接近 100 架受伤。日本空军苦心修整经营达一年的基地被炸得面目全非！基地司令官冢原二四三少将严重受伤，鹿屋航空队副队长小川、木更津航空队副队长石河等 4 名校官和一名尉官当场被炸死，200 余人负伤，日军哀叹这是"事变开始以来最大的损失"。而苏联轰炸机仅一架受轻伤，在凯旋途中，苏联轰炸机利用机载机枪与从孝感机场起飞追来的日军战斗机交战，结果顺便又击落日机 3 架。

汉口大捷战绩辉煌，并创造了第二次世界大战空战史中炸毁敌机数量第二的骄人纪录，有人甚至称为"中国空军（实为苏联志愿援华航空队）的台儿庄大捷"。日本王牌飞行员坂井三郎当时正在汉口机场值勤，后来他在《"零"式战机的命运》一文中回忆："敌军（指苏联飞机）投弹之准确，轰炸之猛烈，脱离战场之快速，可谓空前绝后，从无如此的干净利落。"并称 1938 年 10 月 3 日这一天为"罪恶的厄日"，直言此役为"日本空军的大败笔"。

苏联援华志愿航空队的战绩主要在 1938 年取得，1939 年后由于飞机老化落后，战斗减少。1941 年 4 月 13 日《苏日中立条约》签订后，苏联向日本保证不再支持中国抗战，苏联志愿航空队结束援华使命，仅仅两个月后，苏德战争爆发，由于国内战事吃紧，苏联志愿援华航空队也陆续回国参加卫国战争。中国人不会忘记，全面抗战最初两年，苏联志愿援华航空队对中国人民的支援，从中国天空、江河中消失的 200 余架日机、数十艘舰船，是他们在中国抗战史上留下的辉煌的一笔，他们是抗战的功臣，也是中国人民的朋友。

送给天皇的"生日礼物"——武汉空战

1938 年 2 月至 5 月，在抗日战争中，中国空军和苏联空军志愿队在湖北省武汉地区空域共同抗击日军飞机空袭武汉的三次空战。

1937 年 12 月南京失陷，国民政府迁都重庆，但在"九省通衢"的华中重镇武汉仍有许多重要机关，所以武汉仍是日军的轰炸重点。当时驻防武汉、孝感地区的空军有第三、四、五航空大队和苏联志愿航空队。在 1937 年 8 月国民政府与苏联签订互不侵犯条约，同时援助国民政府性能较好的伊 –15（包括伊 –15-3、伊 –15 比斯）和伊 –16 战斗机并派出志愿航空队。在此之前国民政府空军损失惨重，几无战斗力，第四大队大队长高志航也牺牲在日机的轰炸下。

日寇军事统帅在占领南京之后得意忘形，竟狂妄地认为只要攻占武汉，控制了中原大地，似乎就能让中国屈服。所以早在 1937 年的 9 月中旬，在调集主力向徐州进攻的同时，日本海军航空本部就秘密策划了从空中进袭武汉三镇的详尽作战计划，企图通过对武汉的空中袭击，摧毁我军作战指挥体系、军事生产基地和空军机场等，达到瘫痪中国军队交通运输的目的，为下一步从地面大举进攻武汉创造条件。

4月29日是日本的"天长节"，即天皇的生日，为庆祝天皇生日，日军决定再次空袭武汉。然而，此前中国空军已从一名被击毙的日军飞行员的笔记本中获悉了这一重要情报。不明就里的日军出动36架重型轰炸机，在12架战斗机的掩护下，一路杀气腾腾飞临武汉。敌机来袭的消息迅速传到设在汉口机场的中国空军第4大队指挥所，大队长李桂丹急令第4大队所属的第21、22和23等三个中队，立即全部起飞，迎战日机。

第4大队组建于1936年10月15日，原驻扎在河南周家口机场，1937年8月14日，在大队长高志航的率领下开赴华东抗日前线。同一天，第4大队在杭州首次与日机交战，就取得4∶0的战绩。此后，第4大队越战越勇，又连续击落几十架日机，不幸的是，1937年11月21日，高志航大队长正准备率领转场至周家口机场的第4大队起飞迎敌时，一群日军攻击机突然飞临机场上空，高志航英勇献身。高志航牺牲后，李桂丹接任第4大队大队长的职务，他把第4大队改名为"志航大队"，立志要为死去的同乡、战友报仇，机会终于来了。

这一天，日机来得太快，第4大队刚在汉口上空集合，尚未编好队，大批日机已逼近武汉上空，水平方位为武汉东南，高度约4000米。大队长李桂丹当机立断，指挥战机立即投入战斗，第22、第23中队担任主攻，第21中队负责掩护，顷刻之间，一场激烈的空战打响了。在武汉上空第4大队只有9架战斗机，敌机在数量上占有绝对优势，面对劣势，中国的9架战机冲入敌机群展开混战，空战中21中队的董明德、杨弧帆、柳哲生、刘宗武四机协同作战首开纪录，击落日战斗机一架。柳哲生在协同战友击落一架敌机后又单独作战击落一架敌机，该机队其他战鹰又击落3架敌机，其中陈天民驾驶着才从兰州接收来的E-152战斗机，直插敌机群中，开战5分钟就击落敌机一架。在遭到敌人5架九六式舰载战斗机围攻时，陈怀民的座机中弹起火，他沉着地紧握操纵杆，扭转机身猛烈撞向日本海军第二航空队高桥宪一的九六式舰载机，高桥宪一当即机毁人亡。陈怀民撞机后曾经翻身出舱准备跳下，却不料伞衣被烈火燃着，身子自 3000 米高空坠落，直插江心……

许多百姓闻讯后坚持在江中反复打捞多时，直到 6 月初，英雄的遗体才从淤泥中浮现，人们在烈士的飞行服里找到一块怀表和留给母亲家用的一枚大洋。陈怀民少尉在其两年的飞行作战生涯中，曾经先后击落 3 架、击伤 4 架敌机。他至少二次受伤迫降，有一次跳伞后被树枝挂住，造成重伤，但他事后对人说："打仗就不能怕死，我上了天就没有想到要回来，否则，作战中就会挫伤自己的意志。"在当天的近 30 分钟的战斗中，中国空军共击落日机 21 架，令日军颜面尽失。次日，闻讯的冯玉祥将军被陈怀民的英雄事迹深深感动，写诗赞道："舍身成仁同归尽，壮烈牺牲鬼神泣。"武汉如今还有一条陈怀民路，以纪念这位以身殉国的空军英雄。

就在战斗处于胶着状态之际，中国空军另外一支编队赶来增援，顿时士气大振，日军编队见势不妙，纷纷向汉阳一带逃窜，中国空军飞行员哪里肯舍，调转机头一阵穷追猛打，所采取集中局部优势兵力各个击破的战法见效明显，只见日军飞机在空中纷纷开花，地面升腾起坠落时的浓烈黑烟。中国驱逐机越战越勇，不给残敌丝毫喘息机会，一直追歼至黄陂东湖仓予埠、黄花涝以及后湖一带。"二一八"武汉大空战取得 11 : 5 的战绩，是自首都南京失守以后，中国空军在空战中取得的第一次一边倒的伟大胜利，胜利的喜讯迅速传遍武汉三镇的大街小巷，百万军民无不欢呼雀跃。21 日，武汉各界举行万人集会和游行，以"庆祝空捷，追悼国殇"，这次空中大捷极大地鼓舞了军心和民心，也更加激励了广大军民高涨的抗战热情。

这场以机群对机群的大规模空战，只进行了 30 分钟，国民政府空军击落 12 架日机（10 架战斗机、两架轰炸机），这也是我空战史上十分辉煌的一页，但我空军也付出了很大的代价，其中大队长李桂丹、中队长吕基淳、飞行员陈天民、巴清正、王怡、李鹏翔等人壮烈牺牲，20 日，在武汉举行二万多人参加的追悼大会，武汉各界在汉口总商会公祭殉国空军将士，蒋介石主祭。孔祥熙、于右任、冯玉祥及中共中央和八路军代表王明、周恩来、叶剑英等出席致祭，于右任题写的挽联是："英风得天地，壮气作山河"。中共中央代表周恩来、秦邦宪也敬献了花圈，挽词写着："捐躯报国"。朱德总司令和彭德怀副总司令的挽词是："精忠神勇"。在之后的一个多月内，日军再未敢进犯武汉。直到5月31日，日军才出动36架战斗机和18架轰炸机袭击武汉，但又被击落14架，至此中国空军在武汉空战中已经击落日机47架，不但狠狠打击了日军的嚣张气焰，也大大鼓舞了中国人民的抗战士气。

哈勒欣河上空的"不死鸟"——斯科巴里欣

由于地缘政治上的冲突，日俄在近代曾多次开战，两国在1904年在中国的东北爆发全面的日俄战争，结果日本战胜，中国的东北落入日本的势力范围，俄国亦被迫把库页岛南部割让与日本。1921年，中国的外蒙古在苏联控制下宣布独立，成立了蒙古人民共和国。

1931年，日本关东军发动"九一八事变"，全面占领中国东北三省之后在1932年成立了听命于日本的伪满洲国，伪满洲国与蒙古国为邻，并分别有日本及苏联的驻军，日苏双方在不少的地段存在边境纠纷。

1939年5月，日本为侵略蒙古国和苏联的远东地区，经常在东起伪满洲国边境城市诺门坎，西至外蒙哈勒欣河东岸地区进行武装挑衅，并借口蒙古牧民侵犯哈拉哈河边界挑起军事冲突，双方在这一地区集结大量兵力。5月11日，哈勒欣河战役爆发。战争一开始，日陆军航空队便投入大批兵力夺取了制空权，苏空军参战后，通过空战很快夺回制空权，空中态势发生根本性改变。

1986年，苏军《红星报》记者采访了曾在蒙古哈勒欣河对日空战中首次成功地创造了迎面撞击敌机奇迹的苏联英雄斯科巴里欣。斯科巴里欣出生于莫斯科，后经推荐参加了苏联空军，在与蒙古接壤的苏联后贝加尔地区服役。

1939年日军侵略蒙古时，斯科巴里欣担任后贝加尔第22歼击机航空兵团飞行副大队长。1939年5月，斯科巴里欣所在的飞行大队奉命全部转场到蒙古境内的巴音图门机场，参加与日军航空兵的作战。

开战之初，诺门坎的苏联航空部队是由第70战斗机连队和第150轰炸机连队构成的第100混合飞行团。关东军为了得到制空权，于13日投入了第24战队，在20日记录了第一次击落苏方侦察机。22日苏军出动了第100余架战机进行了反击，事情发展到这一步，诺门坎上空的战斗已经演变成了双方的大空战。

5月24日，苏联空军又出动了5批飞机与日本空军作战，斯科巴里欣的伊–16歼击机大队与友邻部队的一个伊–15歼击机大队准备联合作战，对付气势汹汹的日本空军飞机。由于伊–15飞行速度较慢，斯科巴里欣率领的伊–16提前飞抵集合空域，等待伊–15的到来。

可是，等了很长时间也没见伊–15的踪迹，于是斯科巴里欣决定率机返航。但在返航途中，他们也没有遇见伊–15歼击机大队。原来，伊–15歼击机大队在前往集合空域的途中，被日本空军的飞机全部击落了。于是，此战况立即汇报到苏联国防人民委员部，国防人民委员伏罗希洛夫指示赴蒙参战的苏联空军停止一切行动。

1939年6月12日，日军发动了第二轮攻势，派出强大的机群对苏蒙军的阵地进行突击。已经得到了增援的苏军立即出动了60架伊–15歼击机截击，空中一片混乱，双方不时有油料耗尽的飞机退出战场，立即又有新的兵力加入战斗，这次空中交战持续了整整8个小时，苏军损失了34架飞机。

6月18日，朱可夫被苏军统帅部任命为第57特别军军长。6月19日，苏机轰炸阿尔山、甘珠尔庙和阿木古郎附近的日军集结地，500桶汽油被炸起火。关东军司令部急调第一坦克师和第二飞行集团支援前线的第23师，此次调来的飞机共有180架。6月21日，日军第二飞行集团团长嵯峨彻二中将把他的司令部从新京迁至海拉尔，调来4个飞行团，集中17个战斗轰炸机和侦察机中队。

6月22日，苏联空军的95架歼击机与日本空军的120架歼击机在哈勒欣河上空展开了空战，双方在诺门坎地区上空大战3天，近60架飞机被打落在大草原上，在这一仗中，斯科巴里欣首战告捷，一举打下数架敌机，因而被提升为大队长，苏联空军飞行员终于在哈勒欣河上空第一次战胜了日本空军，此后，苏联空军牢牢地掌握了制空权。在与日机空战中，苏联飞行员表现出勇敢、顽强的精神和高超的技能。在参战飞行员中，有26人因战功卓著被授予"苏联英雄"称号，在斯科巴里欣服役的22团里，有11名飞行员获此殊荣。

日军为了夺取战场制空权，从国内抽调了有经验的飞行员到这一地区参战，为了打击日军的嚣张气焰，苏联大本营同意了朱可夫的要求，给他派来了21名荣获"苏联英雄"称号的飞行员。

领队的是朱可夫在白俄罗斯军区已很熟悉的著名飞行员斯穆什克维奇，同时送来了新型飞机伊-16和"鸥"型飞机，同时还从境内陆续抽调了8个大队200架最先进的伊-16歼击机，以加强其在作战地区的空中优势。

6月26日，苏军出动了一个歼击航空兵团共50架伊-16飞机对日军干珠尔机场实施强击，在接近机场时遇到60架日军歼击机的拦截。伊-16歼击机在远距离发射火箭弹，日军飞行员对这种远射程大威力武器毫无戒备，中弹的飞机当即凌空爆炸，短短几分钟便有6架日机被击中。

空战持续两个多小时，直至双方油料耗尽，这次交战苏军以损失两架飞机的微小代价换取了击落19架日机的胜利。

6月27日晨3时，137架日机在海拉尔机场起飞，偷袭苏军机场，6时20分，日军机群到达塔木察格布拉格机场上空，进行狂轰滥炸，机场顿时黑烟覆盖，日军作战部队向关东军司令部报告击落苏机99架，击毁地面飞机25架。

7月初，苏、蒙联军在哈拉哈河西岸发起反攻时，苏空军突击日军在哈勒欣河上架设的浮桥，切断日军向东岸撤退的通道。7月上旬，日军航空兵又配合骑兵和坦克部队支援步兵的大规模进攻，双方混战不休。

在此期间，苏方出现了以斯科巴里欣率先以机相撞战例，苏联政府对在哈勒欣河上空空战中撞击敌人的苏联空军飞行员给予了高度评价，授予上尉斯科巴里欣、大尉库斯托夫、中尉莫申苏联英雄称号。斯科巴里欣开创了第二次世界大战中首个以战机相撞的战例，因而一举成名。

8月20日，苏蒙军队发起了全歼日军第6集团军的总反击，这天清晨，苏军153架轰炸机在100架歼击机的掩护下开始突击。苏军机群飞过敌军前沿，主要突击敌炮兵阵地和装甲部队集结地，由于此时日本空军已处于完全被动地位，因此只能眼巴巴地看着阵地被蜂拥而至的苏军飞机炸得支离破碎。21日凌晨，日军出动了临时拼凑起来的40架轻型轰炸机和少量重型轰炸机，在20余架歼击机的掩护下，准备突然袭击苏军后方集结的重兵集团，早有准备的苏军几个N-16歼击机中队闻讯后立即起飞，刚刚开始轰炸的日军机群发现苏联飞机，慌忙扔下炸弹返航，苏军航空兵紧追不舍，在追击中又击落敌轰炸机10架，歼击机6架。

9月15日停战协定签署的当天，双方还通过突击对方机场争夺制空权，导致在机场上空发生大规模空战。苏军200余架歼击机与日军180架战斗机还进行了一场空前规模的空战，日机被击落20余架。诺门坎的航空战以当天日本空军第四次对苏军的塔木斯克机场空袭宣告结束，诺门坎事变也在当天达成停战协议后落下了帷幕。

诺门坎空战是苏联在参加第二次世界大战前夕进行的一场规模较大的空战，不仅沉重打击了日军航空兵的嚣张气焰，夺取了这一地面的制空权，同时又为航空兵支援地面部队作战积累了宝贵的实战经验，而斯科巴里欣也在这次战役中一举成名，因其撞落敌机自己安然返回而被人们称为哈勒欣河上空的"不死鸟"。

"复仇天火"——杜立特空袭

"我们不想火烧世界，只想火烧东京。"

1942年4月18日，珍珠港事件后的第133天，东京。虽说是战争期间，但日本首都东京依旧是一派歌舞升平，空气中弥漫着轻松、慵懒的气氛，丝毫没有感觉到日本帝国已经处于战争之中，即使是正在进行的防空演习，也没能给人们松弛的神经紧紧"弦"。中午时分，防空演习还未结束，参加演习的人员就纷纷开始收拾手里的工作，准备收工去吃午饭。虽然日本人都知道他们的祖国已经卷入了一场世界大战，但就凭着眼下皇军在亚太地区首屈一指的海空军力量，不可能有任何一个敌对国家能对日本本土发动攻击。忽然，几架飞机低低飞过，几乎是擦着人们的头顶一掠而过，尖利的引擎声分外刺耳，这次在演习上空出现的，是真正的美国轰炸机！美机从容投下炸弹，然后扬长而去，轰然炸响的炸弹让整个大日本帝国都为之一震！

自从珍珠港事件以来，罗斯福一直敦促他的军事计划人员寻找轰炸东京的办法，太平洋外围和菲律宾的一片溃败中，这种需求就更加迫切。使用陆基飞机从中国起飞，飞机只能飞单程，直至 1942 年 1 月中旬，金海军上将的参谋部想出一个方案：从一艘航母上出动陆基轰炸机进行轰炸。航空母舰可以将飞机载到靠近日本海，但中型轰炸机无法在航母上降落，完成轰炸任务的飞机要飞往中国大陆。作为对日军突袭珍珠港的报复，在美国战争史中，这是唯一一次美国陆军航空队的轰炸机在美国海军航空母舰起飞执行的战斗任务，由于这个任务是由战前曾是著名飞行员的吉米·杜立特中校一手策划，所以又称"杜立特空袭"。

可以说，美国太平洋舰队总司令尼米兹有效地发挥了美军的优势，那就是天马行空的想象力。他的一名军官建议说，可以使用陆军的飞机从航空母舰上起飞，因为陆军的飞机是双引擎的，航程远远大于海军的单引擎飞机。这样就可以保证，美军的航母待在安全区域，但是从航母上起飞的飞机仍然可以飞抵东京。让陆军的飞机在航空母舰上起降，这是一个天才的想象，也是一个从未遇到过的难题。因为这需要改装飞机、重新训练飞行员，并且需要足够的勇气来承受随时出现的失败——也许它根本就不可能成功，但是，尼米兹批准了这样的作战方案。

尼米兹的计划是，战机在完成对东京的轰炸后不必返回美国的航空母舰，而是返回离东京不过 500 英里的中国浙江。战机在中国安全着陆后，飞行员将携带他们的战机加入陈纳德的"飞虎队"，交由蒋介石统一指挥。这个计划选中了中型轰炸机 B-25 和最新服役的航母"大黄蜂"号，并由当年的飞行速度世界纪录保持者詹姆斯·杜利特尔中校领导完成。为此 B-25 进行改装，拆掉了一切不必要的设备，增加了油箱和伪装用的木制机炮。

1942 年 4 月 2 日，"大黄蜂"号在 6 艘舰只的护航下载着杜立特的机组人员和 16 架 B-25，告别了旧金山的金门大桥，劈波斩浪，在阴沉的海面上向着九州海岸以西 400 英里的目标海域进发。通告了这次任务的目标后，全体人员欢声雷动。4 月 17 日下午，"迈克特遣舰队"离起飞点只有 24 小时的水程，仍未被敌人发现，"大黄蜂"号上的甲板人员对 B-25 作了最后检查。每架飞机携带 4 枚 500 磅的炸弹，米切尔上校的勋章都系在了炸弹上。炸弹上还写着："我们不想燃烧世界，只想燃烧东京。""让杜立特和他勇敢的中队起飞吧。一路平安，上帝保佑！"哈尔西向"大黄蜂"号发出信号。上午 8 时，"大黄蜂"号调头迎风，杜立特紧紧握了一下舰长米切尔上校的手，然后对他的同伙喊道："好伙计们，就这么着，一起出发吧！"1942 年 4 月 18 日，由波音公司生产的 16 架 B-25"空中堡垒"轰炸机，各自携带 4 颗 230 千克重的炸弹，从"大黄蜂"号航空母舰上腾空而起，向日本列岛飞去。

尼米兹本来以为这是一次和珍珠港相媲美的突袭行动，但是在距离日本列岛 650 海里的海域，一艘装载有无线电装置的日本渔船发现了这些 B-25 飞机，并且向东京发布了无线电预警，美军驱逐舰迅速赶到，炸沉了这艘泄密的渔船，但是美军已经没有秘密可保了，好在很快就要到了，保密与否已经不再重要。然而即将抵达日本列岛上空时，16 架飞机中只有两架飞机的飞行员还能找到预定的飞行路径，另外 14 架全部迷航了，如果要寻找既定的轰炸目标，就得绕更远的路。指挥官只好命令他们尽量飞到日本上空，赶紧找个目标把炸弹扔下去算了。就这样，16 架远道而来的飞机毫无秩序地从不同方向进入日本领空，然后胡乱地投弹。接二连三的飞机和混乱不堪的战术，在日本空军那里却意外地成了杰出的战术，因为他们无法判断这些飞机从哪里来、还有多少，然后又到哪里去。空军想升空拦截，都不知道该怎么去拦截。

当第一批轰炸机掠过日本上空的时候，人们不约而同地向头顶望去，人们挥着手，以为是日本空军在作逼真的表演，只有当爆炸震撼着首都，滚滚浓烟升起的时候，他们才知道这是真的轰炸。很快，东京电台广播说，轰炸造成了3000人死亡，但是日本军方迅速干涉了广播，他们修正说，有9架美军飞机被击落，胆小怕死的敌机只是在郊区胡乱轰炸，重要的军事单位毫发无损，日本军方的说法并不是事实，虽然日军的高射炮发挥了作用，但是这16架飞机依然把炸弹全部扔到了日本的国土上，随后都安全地离开了日本领空。

袭击日本的16架飞机全部脱离目标上空，其中一架受伤飞往海参崴，而后被苏联扣留。其余15架飞机均飞往中国，目标是中国湖南株洲机场，但由于黑暗、大雾和缺油，飞机均没有到达目的地，15架飞机散落在中国浙江和江苏，75名机组人员中，三人在飞机迫降时遇难，8人跳伞在日本占领区而被日本俘虏，其中只有4人在战后幸存。杜立特的降落伞徐徐落在农田里，而后杜立特被中国农民救起，杜立特用生硬的中国话说："我是在天上打日本的！"这就足够了。杜立特与其余63名机组人员随后均被中国军民护送到后方，而后辗转回国。

轰炸东京的行动是一次并不成功的空袭，其象征意义远远大于实际的轰炸效果，但是它在美日两国引发了截然不同的反应。管中窥豹，罗斯福总统的喜悦溢于言表。当记者询问轰炸东京的飞机是从哪里起飞的时候，总统故作神秘地说："香格里拉。"在东京，这次空袭却大大震动了日本朝野，日本本土再也不是东条首相声称的歌舞升平的乐土了，东京在被轰炸的第二天，就有500架战机从太平洋战场返回日本列岛保卫本土领空，同一天，海军大将山本五十六公开向天皇谢罪，为了防止再让日本本土遭到空袭，山本五十六决定展开一次战役，也就是导致了日本海军惨败的中途岛海战。在战争中，有时候一些并不成功的战役往往带来意想不到的成功后果，这在第二次世界大战中真是屡见不鲜，"杜立特空袭"有幸就是其中之一。

"空中飞虎"——抗日战争中的美国援华志愿队

"飞虎队"——正式名称为美籍志愿大队，又称中国空军美国志愿援华航空队，第二次世界大战期间在中国成立，由美国飞行人员组成的空军部队，在中国、缅甸等地对日作战，在中国的抗日战争处于异常艰难困苦的危险时刻，给予了中国人民最无私的支援。从那时起，直至第二次世界大战结束前夕，这支航空队尽管在编制隶属甚至名称上有很多变化，但有一点没有变，即它一直在陈纳德直接指挥下在中国战场与日军作战，为中国争取抗日战争的最后胜利立下了功勋。

"飞虎队"创始人是美国飞行教官克莱尔·李·陈纳德。1937年5月，陈纳德作为国民党的航空顾问来到中国，陈纳德是一位杰出的空战战术家，也是优秀的特技飞行员，因为听力受损、患有支气管炎和低血压，他实际已经被美国陆军航空队停飞，退役时还仅仅是一名上尉。

1937年7月7日，日军对中国发起全面侵略战争，眼见得日本的飞机在中国的天空上耀武扬威，不可一世，陈纳德在写给他的朋友黑格·汉森的信中这样写道："朋友，我可以保证……如果中国人有100架好的飞机和100个训练有素的飞行员，他们就可以消灭日军的空中力量。"从那时起，他就为组建一支援华飞行队而奔走。不过看来陈纳德有时候确实很可笑，因为中国至少需要1000架飞机才能掌握一定的制空权。

1940年底，蒋介石政府派代表团前往美国为飞虎队购买军机，美方在华盛顿的伯灵空军基地为中国客人和他们的顾问陈纳德展示了"寇蒂斯"P-40"战鹰"飞机，负责飞机展示的飞行员是约翰-阿里森少尉，陈纳德后来在他的回忆录《战士的自述》中写道：阿里森5分钟的展示，比我之前和以后看的任何人都更多地展示了P-40的性能。他降落后，中国客人指着这架P-40露出笑容，说："我们需要100架这种飞机。"我说："不，你们需要 100 个这样的飞行员。"陈纳德向来看人不走眼,阿里森是那种有着惊人天赋的飞行员,后来,阿里森驾驶 P-40 追随陈纳德在中国作战,他第一次参加空战,就击落了两架日本飞机,也有的说他当时击落了 3 架,但是第 3 架飞机一直没有得到证实。

"飞虎队"是在那个特定的历史环境之下的一个政治产物,它是由美国军人组成的空军部队来中国帮助中国人民的抗日战争。由于政治上的原因,他们是以民间身份来中国的,不代表美国政府,不代表美国军队。他们一共有 300 多人。这些军人是一批有叛逆性格的年轻人。彼特·莱特,当时刚从海军航空学院毕业的年轻飞行员,当时是在北大西洋舰队"冉杰"号的航空母舰服役的一个不知天高地厚的新兵,1941 年 7 月 1 日,他手里晃动着调令,走进舰长指挥室。得意扬扬地跟他的长官说:"你看!罗斯福总统的调令,调我去中国执行特殊任务。"他说的话很牛气,年轻人就是这个样子,他自认为有了这个调令,可以在临走前要要高调,气气长官。这位长官一听到彼特的话就发火了,他生气地对手下说:"少尉彼特·莱特目无长官。先把他关起来,调查这份调令真假以后再处理他。"这一下可把他吓坏了,"冉杰"号航空母舰就要出海了,一出海就几个月,如果把他的事情调查出来有了下落,他根本就不能赶上 7 月 8 日去中国船。这时候他得罪了长官,更是别想在军队里混了,所以彼特真是急坏了。第二天早上他千拜托万恳求,让给他送饭的勤务兵打电话通知白宫特使俄温先生才把他从软禁中救出来。类似他的情况,美国海军和海军陆战队一共流失了 60 多名飞行员。

接队员时,陈纳德从昆明赶了过来,这批小伙子早就听说他了,当他们看到长官陈纳德时,有点儿目瞪口呆,不知道谁叫了一声:"哇,老头子!"大家哄堂大笑。这话真的很贴切,在这批二十几岁的小伙子眼里,51 岁的陈纳德算是老人,这个名字就成为"飞虎队"队员对他的爱称了,大家传达他的命令时张嘴闭嘴就是"咱们老头子说……"

在"飞虎队"刚建立时,陈纳德根据队员飞机上的漫画,将飞虎队编成了三个中队:第一中队由前陆军驾驶员组成,队长是罗伯特·桑德尔,即"亚当和夏娃队"，第二中队外号"熊猫队"，杰克·纽柯克指挥，第三中队由陆、海军和海军陆战队的驾驶员组成，命名为"地狱里的天使"，由阿维特·奥尔森担任中队指挥官。

P-40飞机是飞虎队的主要装备，也是太平洋战争初中期美国陆军的主力战机。第二次世界大战期间，P-40主要对手是日本"零"式战斗机。对比而言，日本的飞机轻巧灵便，但美国的P-40的射程远。根据这两种战机的特点，陈纳德决定取长补短，采取迂回战术，绝对不能和他们面对面在空中绞杀。两机一组，打了就跑，有点儿胆小鬼的味道。陈纳德对不以为然的手下说："只要人活着就有机会打敌人。"

1941年12月7日，陈纳德率第一中队和第二中队到了昆明。20日，防空台侦测到一批日机向云南飞来，陈一白将军急告陈纳德所有战机都升空迎击。由于战争初期，国民政府的战机和飞行员在作战中损失较大，使得本已珍贵的战机和飞行员难以得到补充，而难以组织空中力量截敌，日机有时甚至在无战斗机保障护航的情况下，就出动轰炸机起飞进行轰炸。当天，入侵日机10架，被击落6架，击伤3架，志愿队无一架损失，志愿队初战告捷。昆明各报相继报道战斗经过，称美国志愿队的飞机是"飞虎"，志愿队此战一举成名，被称呼为——"飞虎队"。

1942年2月3日，宋美龄致电陈纳德，要他出任驻华空军指挥官，军衔升为准将，陈纳德从一个鲜为人知的退役陆军航空上尉，一跃成为世界各国的新闻人物。在美国，太平洋战争开始后，各个战场上的消息都不佳，战争正处于黑暗的时刻。这时突然冒出陈纳德带领一小批空军队员，取得辉煌胜利的消息，立即引起美国人民的轰动和兴奋，陈纳德顷刻之间成为美国家喻户晓的英雄，获得"飞虎将军"的美称。

1942年7月4日，美国独立纪念日，美国志愿队奉命在这天的午夜12时解散。颇具讽刺意味的是：美国志愿队这一天仍在空战！整整一天，陈纳德都在发布命令和拟订公文。工作结束后，陈纳德参加了美国志愿队工作结束仪式——告别宴。1943年，志愿航空队改为第14航空队，除了协助组建中国空军对日作战外，还开辟了号称死亡之路的"驼峰航线"，为突破日本的封锁，把大量的战略物资从印度接运到中国作出了贡献。

瓜岛"仙人掌"——美国海军陆战队的 VMF-223 中队

瓜岛战役是太平洋战争中的一场重要战役，美日两国海军的较量以及经典的登陆作战，至今都令许多人记忆犹新，然而很多人并不知道，瓜岛上有一支神秘的美军航空队，对这场战役的结果起到了至关重要的作用。他们对制空权的牢牢把握，保证了美军最后的胜利。

日军在中途岛战败后，虽然被迫暂时停止了对东南太平洋一些岛屿的进攻，但为了重新夺取战略主动权，进逼美军的反攻基地——澳大利亚，仍坚持继续对新几内亚的莫尔兹比港作战。由于瓜岛是控制所罗门群岛岛链和邻近海域的一把钥匙，所以日海军为了加强在南太平洋的空中打击力量，扩大空中支援的区域，于1942年6月底派遣工兵部队在瓜岛修建机场，至8月5日修建工程基本完毕。8月7日那天，一架日本"零"式战斗机快速掠过瓜岛上空，飞行员正在寻找的是日本工兵部队三天前刚刚竣工的前进机场，日军已决定在这个新基地部署中程轰炸机，从东面切断澳大利亚的盟军抵抗力量。令日本飞行员大为震惊的是，机场跑道两侧跑动的都是美国人。原来，美国海军陆战队第一师在前一天突然登陆，岛上日本工兵部队退入丛林待援，瓜岛机场已经完好无损地落入了美军之手。

占领了瓜岛机场的美军修建大队开始在日军的空袭下拼命工作，他们在日军不间断的炮击中修好了一条跑道，为纪念在中途岛作战中战死的特级飞行英雄亨德森中校，将瓜岛机场命名为"亨德森"机场，接下来的日子，双方在这里展开了人类战争史上最为惨烈的瓜岛争夺战。

日军第25航空队出动了51架飞机，于当日对瓜岛实施了空袭，但遭到美军60多架舰载战斗机的有力拦截，被击落19架，未取得什么战果。次日，即8月8日，第25航空队又出动41架飞机奔袭瓜岛，美军舰载飞机紧急起飞拦截，日军飞机不顾损伤，好不容易突破了美机的拦截，飞临瓜岛海域的盟军舰队上空，最终炸沉"埃里奥特"号运输船，炸伤"贾维斯"号驱逐舰。美海军被迫撤退，登岛美军部队陷入孤立。日军认为，瓜岛上的美军已不足为虑，他们可以随时全歼美军。但日本人想错了，8月20日，陆战队航空兵第23航空大队12架道格拉斯"无畏"式俯冲轰炸机和19架格鲁曼F4F"野猫"战斗机前来增援瓜岛。谁也不会想到，这些被称为"仙人掌"飞行员的年轻人在此后的6个月里将在这里成为太平洋战场的焦点人物。

亨德森机场的生活艰苦乏味，简易机场雨天就成了一汪泥浆，不下雨就到处灰尘翻滚，飞行员们见到机场四周长满了仙人掌，就将自己称为"仙人掌"航空队。他们整天飞行，吃的是猪肉罐头、脱水土豆和从日本人那里缴获的大米，日本的水上飞机常来骚扰，它们胡乱扔几颗炸弹，有时是日舰抵近，进行一阵炮击，都搅和得他们晚上没法安睡。和海军陆战队一样，飞行员之中也有许多人传染上了疟疾或痢疾，有的人同时遭受这两种疾病的折磨。

进驻后不到12个小时，"仙人掌"部队就打垮了日军步兵的一次进攻，次日"仙人掌"飞行员驾机轰炸了附近的拉包尔和新不列颠日军基地，美国飞行员希望用这种特殊的方式宣告自己的到来，在与日军战斗机的第一次交锋中，史密斯上尉指挥的4架F4F"野猫"式迎战13架日本"零"式，虽然初战没有取得战绩，但"仙人掌"飞行员由此树立了与"零"式交战的信心。

仙人掌航空队的队长史密斯上尉当时27岁，日军偷袭珍珠港时，史密斯的部队正从夏威夷前往威克岛，但威克岛陷落了。随后他被任命为新组建的VMF-223首任队长。中队当时装备的是当时美国海军的主力战斗机——F4F"野猫"。这种由格鲁曼公司设计的舰载战斗机机身粗短，头部如啤酒桶，起落架主轮收在机身两侧，6挺12.7毫米机枪分装在梯形中单翼上，除机身构造坚固外，其性能不如日军三菱公司造的"零"式战斗机。由于战争初期，装备日军航母的"零"式战斗机在多次海空大战中战果惊人，以致大多数美军飞行员认为，千万不能与"零"式进行一对一的格斗空战，史密斯的飞行员均为没有空战经历的新手，对"零"式战斗机更有一种恐惧感，只有中队副卡尔上尉在中途岛曾击落过一架"零"式战斗机。事实上，"仙人掌"飞行员是在付出了惨重的代价之后才找到了与日军战机周旋的有效战术，由于总是处于数量上的劣势，他们总是将轰炸机和登陆舰只作为主要攻击目标，尽力避免与"零"式纠缠。当然，"零"式战斗机也不是想躲就躲得了的，在激烈的缠斗中，总是会有"零"式忽然窜起来咬住你的尾巴，好在美国人最大的优势是他们离基地的距离较近，只要能成功跳伞，大部分"仙人掌"飞行员都能被高效率的搜救队或当地友好土著找到并返回基地重新投入战斗，而日本飞行员就远没有那么幸运了。

虽然"仙人掌"航空队的大多飞行员都还是一群没有任何战斗经验的新手，"野猫"式战斗机的性能也比日军的"零"式战斗机稍逊一筹，但是由于美军确保控制住亨德森机场，抢占了地利，而远在拉包尔的日军航空兵在飞往瓜岛途中没有任何中转基地，"零"式战斗机受到燃料和航程限制，在瓜岛上空只能停留15分钟，为了对抗"零"式，美军在所罗门群岛的海岸侦察哨一刻不停地监视瓜岛上空，在日机到来前两个小时就向机场提出敌袭报告，使美机就能够抢在日机来临之前半小时左右起飞，在日军飞行航线上抢占有利位置和高度，以逸待劳。史密斯在1942年8月30日，为了保卫瓜岛不受轰炸机和战斗机的攻击，带领战友们，成功击落了来袭的22架"零"式战斗机中的14架，失去"零"式保护的日本轰炸机，在还没抵达瓜岛前就被迫撤离了。当史密斯的中队被轮换下来离开瓜岛时，他一共击落了19架敌机，被授予了荣誉勋章。

尽管日本人对人数有限的瓜岛美军不屑一顾，但他们很快发现美军的防御能力越来越强，而支持美国人的核心力量就是那些"仙人掌"飞行员，激烈的战斗使"仙人掌"飞行部队的损失率异常之高。至9月10日，岛上美军战机仅剩下3架海蛇式、22架俯冲轰炸机和11架"野猫"式。同日，日军向机场南端发动猛攻，日军共出动了60架战斗机和72架中型轰炸机支援地面部队大举进攻，力图一举夺回机场。美国海军紧急派来22架增援战机，"仙人掌"亦紧急升空阻击日军。29日，新乡上尉率队掩护从拉包尔出发的木更津航空队的 18 架"陆攻"轰炸机空袭瓜岛，美军出动"野猫""空中眼镜蛇"等 24 架战机进行拦截，新乡专心保护"陆攻"的安全，尽量避免卷入空战。率队返航后，新乡接到拉包尔第 26 战队司令部电报："本日战果太小，明日要进一步努力。"这使新乡甚为愤怒，决定次日全力投入空战，并扫射亨德森机场。8 月 30 日，新乡只派 6 架"零"式战斗机保护"陆攻"，自己率 18 架"零"式战斗机于 8 时从布卡起飞，直扑瓜岛。新乡将空战指挥交给日高上尉后，带僚机俯冲去扫射机场。在混战中，史密斯先后打掉了 3 架日机，当他和僚机进入雨云向东飞行时，发现两架低飞的日机，史密斯立即冲过去将长机一举击落，这就是日军指挥官新乡上尉的座机。

当月从日本轻型航空母舰"龙骧"号起飞的飞机再一次光顾"亨德森"机场，"仙人掌"航空部队的飞机紧急起飞升空后，一举击落 21 架来袭日机后，"仙人掌"航空部队越打越勇，又顺着逃走的日机一直追到"龙骧"号上空，"龙骧"号怎么也没想到自己的舰载机却引来这么一大批美机，顿时先乱了阵脚。在美"无畏"式俯冲轰炸机和"野猫"式战斗机的轮番攻击下，"龙骧"号先后中了 10 枚 500 千克炸弹和两条鱼雷，很快便在海面上消失了。

在艰苦卓绝的 6 个月瓜岛争夺战中，"仙人掌"部队共损失了 277 架战机，94 名飞行员阵亡，但他们与友军一起共击毁了 900 架日军飞机，击毙日军精锐飞行员 2400 名，此后，日本人再也没能弥补他们在人力资源上的惨重损失，而年轻的美国飞行员却在这里获得了必胜的信心。在尔后的瓜岛海空战全过程中，"仙人掌"航空部队以其战绩而被赞誉为美军在西南太平洋上"不沉的巨型航空母舰"，为美取得整个瓜岛作战胜利作出了突出贡献。从 1942 年 8 月到 1943 年 2 月，不起眼的"仙人掌"部队顶住了日本航空兵精英的进攻，使战局陷入僵持。此时日军已有两万人或战死或死于疾病和饥饿，而美军死伤也近 6000 人。日军大本营认为赢得瓜岛付出的代价实在太大，决定撤出剩余的 1.1 万多名士兵。

对于瓜岛战役和亨德森机场在第二次世界大战中的历史地位，一位历史学家有这样一段精辟的论述："对于亨德森机场的重要性，日军的疯狂进攻就是最好的注脚。由于丢掉了这个战略机场，他们丢掉了瓜达尔卡纳尔，接着就是所罗门和整个新几内亚和俾斯麦群岛及他们的北方基地。在人类战争史上还尚未有那么多军舰、战机和战士因为亨德森机场这样区区几平方英里的空地而送命。"

"夜间女巫"——卫国战争中的苏联女子航空团

女战斗机飞行员，这个特殊的群体无论在哪个国家都会引人注目，其实女性从事飞行的历史和男性相比，几乎不相上下。1910 年，法国就出现了世界上第一个女飞行员雷蒙德男爵夫人，在此以后，美国、法国、英国等国家就不断有女性投入到飞行领域之中。

苏联是第一个吸收女性飞行员加入战斗行列的国家，卫国战争期间，在遭受了巨大的人员伤亡之后，苏联政府号召所有没有孩子的妇女投入到这场战斗中来，苏德战争爆发以后，将近 1000 名妇女参加了苏联空军，她们中有许多人在前线浴血奋战，就像她们的男性战友一样在保卫祖国的战场上与敌人厮杀。人们常说"战争让女人走开"，而这些苏联女飞行员的经历告诉了世人："女人与战争是密不可分的，女人在战争中表现出的意志和力量更是惊人的。"

1941 年 10 月的一个清晨，上千名女兵一起乘坐一列闷罐火车向东进发，那一刻的汽笛声中，炮火声夹杂着姑娘们的低吟声从此回荡在她们的耳畔："再见，莫斯科，我们将为你而战。"由于在卫国战争中人力损耗巨大，苏联迫不得已让女飞行员驾驶作战飞机，当时苏联红军组建了三个完全由妇女组成的战斗航空团——586 战斗机航空团、587 昼间轰炸机航空团和被德军称为"夜间女巫"的 588 夜间轰炸机航空团，在战争的岁月里，这三个团中诞生了许多被德国兵称为"恐怖天使"的苏联优秀女飞行员。

第 588 夜间轻型机团所装备的是 Po-2 教练机，这种双翼木制战斗机被姑娘们戏称为"带发动机的降落伞"。德国人常常这样谈论这个团："我们最不能理解的是，苏联空军中最令人感到头痛的却是女人，这些女飞行员无所畏惧，她们能一夜接着一夜地驾驶着航速缓慢的双翼轰炸机袭击我们，有时候甚至整夜不让我们睡觉。"第588夜间轰炸机团的作战行动十分成功，三年内一共飞行2.4万架次，有23人次获得"苏联英雄"称号，12人获得"红旗勋章"。德国人给该团起了一个绰号为"夜间女巫"（北欧神话中的夜晚骑木头扫把杆飞行的巫婆），这些勇敢的姑娘为赢得此绰号而感到骄傲。

Po-2的设计起于1927年，尼古拉·波尔卡波夫于同年受命设计一种用于飞行员基础训练的教练机，在当时的技术条件下，Po-2教练机被设计成双翼机，敞开式双座舱，加装了发动机消声消焰器和机枪，可携带300千克炸弹，在卫国战争中，简陋到极点的Po-2发挥了其他飞机不能取代的作用，大量的Po-2组成夜间轰炸机团，一到夜晚就飞临敌人的战线、机场等目标进行袭扰，虽然轰炸本身不会给敌人造成多大损失，但使德军整夜不能安眠。那时，格尔曼和她的战友们一晚上要飞6~10次，扔完炸弹，回来加油装弹，然后又直接飞回去。标准的攻击模式是在距离目标还很远的时候关闭发动机，靠Po-2良好的滑翔性能飞临目标上空，当德军听到风吹Po-2翼间张线的啸声时，飞机已经就在他的头顶上了。攻击完毕后，Po-2再重新启动引擎跑掉。格尔曼开始和叶夫多基娅搭档，在她牺牲后，马古巴·苏尔塔拉诺娃（也是苏联英雄）成了她的飞行员。

Po-2飞得很慢很低，但是极不容易被击落。德军的地面雷达或机载雷达对Po-2也无可奈何，一是飞得太低，信号被地面杂波湮没；二是Po-2绝大部分材料是木材，对雷达波反射很小。德军的早期红外线探测装置因为M-11发动机功率很小，红外特征不明显而无法探测到。德军的夜间战斗机Bf-109、Fw-190最低速度远大于该机，即使发现Po-2，只要Po-2向旁边来一个转弯机动，敌人的夜间战斗机必然冲到Po-2前面，不得不再绕一个大圈再来寻找。这种"猫捉老鼠"的游戏，绝大部分以战斗机的失败而告终。况且，Po-2飞得离地面很近，几乎是掠地飞行，敌军战斗机不可能飞得这样低，敌方战斗机根本无法攻击，地面炮火也无法跟踪射击，所以Po-2的女飞行员们屡屡获得成功。德军司令部曾经许愿，只要飞行员击落一架 Po-2 即可获得铁十字勋章。

战争使这些 20 岁出头的女飞行员们逐渐成熟，她们学会了因陋就简，并巧妙地与敌人周旋。她们不但会用旧降落伞为自己缝制胸罩，也学会了以难度极高的超低空飞行来准确的轰炸目标。娜塔莎后来成了一名出色的轰炸手，她利用自制的瞄准器，超低空飞行至德军坦克的上空，再给敌人以致命的一击，她的机翼上常常挂着德军坦克的残骸。"为了不被发现和躲避敌军的高射炮，我们在接近目标前必须关掉引擎，滑翔飞行。"娜塔莎回忆道："当我预感到敌军有所察觉，并准备开炮向我射击的那一瞬间，真是恐怖至极。"

对于这些苏军女飞行员来说，被俘比死亡更为可怕，尽管每次空战都意味着经受一次生死的考验，但她们的飞机上从不配置降落伞，因为她们具有强烈的爱国热情及民族自尊心，她们宁可战死疆场，也不愿落入法西斯的手心去任人摆布。在一次空袭行动中，8 名女飞行员驾驶的飞机被敌人高射炮击中，她们毫不犹豫地驾驶飞机呼啸着冲向敌军阵地，与敌人同归于尽，这使那些以铁的纪律和残忍性格著称的德国兵也闻风丧胆。

这些夜间轰炸航空团的姑娘们平均每晚执行 15 次任务，虽然获得了一些战果，但是也付出了惨重的代价。对于那些对女子航空团没有特别了解的人根本不能想象这些妇女在战场上像男人一样的战斗，她们的事迹也从来没有专门被记录、传颂过，事实是，这些女子航空团负责地勤的姑娘们一年四季无论面对各种恶劣气候，她们都要亲自把 60 千克重的压缩空气拖拽到飞机上以准备再次出击，拖拉着火药桶、武器、保养飞机、装填炸弹、维修自己的飞机等等，她们要忍受风霜、暴晒、压力、焦虑、饥饿和疲劳。

最值得骄傲的是 1943 年 6 月的战斗，那次福米切娃的中队得到了空军总部的赞赏。9 架 Po-2 轰炸机在战斗机的护卫下，到库班执行任务。期间护卫战斗机离开轰炸机去追逐敌人的飞机。8 架别的德国战斗机想乘虚而入，Po-2 轰炸机向敌机猛烈开火，打下了 4 架敌机。而 5 架 Po-2 轰炸机被打下，但是机组人员都安全回到基地，这件事成了苏联报纸的头条。

作为防范措施，德军第四航空团临时组建了一支夜间战斗单位，第一驱逐航空团第 10 中队，在探照灯的帮助下，"梅"式 110 的驱逐攻击给缓慢而老旧的苏联 Po-2 夜间袭扰机造成了极大的损失，这些 Po-2 夜间袭扰机很轻易地就被飞机上的机枪和地面的炮火所击中，飞机脆弱的外壳让它们不堪一击，驾驶员也没有逃生的余地，因为在 1944 年夏季以前，这种飞机的驾驶员一直没有配备降落伞，不少飞行员因此而牺牲。伊莲娜作为晚间轰炸大队的女上尉，指挥两个飞行中队的 20 架飞机和 240 名女兵，她当时最大的痛苦是她不忍心但又不得不下令让那些朝夕相处的女战友们上天执行任务，而这样的任务往往意味着有去无回。

随着苏联红军向高加索推进，德军节节败退，女子飞行轰炸队的作用也就越发突出，她们有时一晚上连续轰炸六七次，在漆黑的夜空往返穿梭，成千上万的德国官还在酣睡时，就被炸得血肉横飞，德军惊恐的称她们为"恐怖天使"，伊莲娜为自己消灭法西斯的使命而自豪，并获得了苏联的荣誉勋章。1943 年 1 月 6 日，经过女子战斗航空团全体队员的不懈努力和顽强拼搏，她们终于得到了苏联将士的尊重与认可，并获得了近卫 46 夜间轰炸航空团的新部队番号。据苏联军方统计，该团共计执行飞行任务 2.4 万架次，在敌方上空投下了 3000 吨炸弹。这个团的 23 名女飞行员获得了苏联英雄金星奖章，在苏联空军战斗航空团中没有一个团能获得如此重大的殊荣。

苏联的勋章奖章非常多，但没有一个比得上苏联英雄的金星奖章，获得者同时被授予列宁勋章，是苏联最高荣誉。在一次联系会议上，所有男军官都不自觉地将目光注视在了两位女同志身上，这并不是因为她们都是标准的俄罗斯美女，而是因为两人胸前那枚金光闪闪的"金星勋章"——那是每一名飞行员都想要获得的荣誉！在卫国战争期间，苏联涌现了很多像她们这样的女性，她们在战争年代所表现出来的巨大勇气为她们赢得了社会的尊敬，就像苏联男飞行员曾经对他们的女战友说过的那样："即使我们把地球上所有的花都摆放在你们的跟前，也不足以表达我们对你们英勇之举的敬意。"

在三年的战争中，这些姑娘们完成了 2.4 万架次飞行，向敌方阵地投下了 10 万颗炸弹，战火纷飞的日子使这些苏联女飞行员都不适应安逸和平的生活了，她们不无感慨地说："我们赢得了勋章，却失去了生活的乐趣与美好的梦想。"她们开始羡慕那些留在国内的女伴们，因为她们都顺利地完成了学业，并建立了美满的家庭，战争阴云在这些女兵心中留下了难以磨灭的痕迹。然而，她们对自己的选择却从未后悔过，因为比起一般苏联女孩，她们真正领略了战争的激烈与残酷。同时，她们也感到无比幸运，能够在这场旷日持久的战争中为保家卫国作出贡献。苏联女兵在第二次世界大战中所发挥的重要作用是不容低估的，我们将永远记住那些在战争中为了自己的祖国而献身的女兵们！

"斯大林格勒白玫瑰"——苏联美女飞行员莉莉娅

莉莉娅·利特维亚克，1921年8月18日生于莫斯科，世界上空战纪录最高的女战斗机驾驶员，第二次世界大战时期苏联战斗英雄，曾荣获"苏联英雄"称号。168次出战，单独击落敌机12架，联合队友击落了3架敌机，是第二次世界大战女飞行员里击落敌机数量最多的一个，被德国飞行员称为"斯大林格勒白玫瑰"，她也是世界上第一名王牌女飞行员。

1942年，苏联著名女领航员马林娜·拉斯科娃说服斯大林，在红军中组建了三个完全由妇女组成的战斗航空团——586战斗机航空团、587昼间轰炸机航空团和被德军称为"夜间女巫"的588夜间轰炸机航空团。在这三个战斗航空团中，一些人成为传奇式的人物，其中便包括莉莉娅·利特维亚克。

莉莉娅·利特维亚克14岁时，她瞒着父母悄悄在当地的飞行俱乐部学习飞行技术。一年后，她已经学会了独自驾驶飞机。1941年6月，苏德战争爆发。当莉莉娅听说马林娜·拉斯科娃在组建一个完全由妇女组成的飞行团时，她马上报了名。很快，莉莉娅和她的同伴被送到了伏尔加河下游的一个小镇。在那里，她们接受了半年的密集训练。莉莉娅在训练过程中表现出了精湛的飞行技术。她的技术不仅优于其他队友，连指导她的男教练都要逊色三分。结束训练后，莉莉娅和队友们组成了586战斗机团，在距离斯大林格勒 200 英里远的萨拉托夫开始了战斗。

由于飞行技术高超，莉莉娅被派往男飞行员的战斗机团。曾经先后参加过 286 战斗机团、437 战斗机团和 87 战斗机团的战斗。1942 年 9 月。鉴于莉莉娅的出色表现，她和其他七名战友被派往 286 战斗机团。队长巴拉诺夫认为女飞行员根本吃不消繁重的作战任务，因此拒绝接收女飞行员，不论莉莉娅如何解释，巴拉诺夫一概不允。这时，队中王牌飞行员阿列克塞·索洛马丁帮了莉莉娅，她被允许做索洛马丁的僚机。在后来的日子里，莉莉娅和索洛马丁渐渐萌生了感情，结成了一对比翼双飞的恋人。

要赢得男队友的尊重，女飞行员需要证明自己的能力，这对莉莉娅来说显得尤其困难，因为她的美貌常常掩盖了她的能力，她长着一头金发，有着迷人的双眼，和大多数年轻女子一样，她的身上也保留着爱美的天性。在接受训练的时候，她一开始拒绝剪去自己的长发，她还曾经把皮靴的一部分拆下来做成飞行服的毛皮领子，由于修改军服被认为是破坏国家财产，她为此被关了禁闭。

莉莉娅热爱自然，喜欢花朵，常常到机场附近采野花，带回来插在飞机座舱里，因为莉莉娅的名字和俄语百合花的发音相近，战友们都亲切地称她为"百合"。她在自己驾驶的飞机机身两侧分别画了一朵百合，德军把百合误认为是玫瑰，因此称她为"斯大林格勒白玫瑰"。

1942 年 9 月 13 日，莉莉娅生平第一次击落了梅塞施密特 BF-109 战斗机和容克 JU-88 轰炸机两架敌机，成为了世界上第一位击落敌机的女性。她击落的第十个猎物，是一个有二十几架纪录的德国王牌飞行员，这家伙跳伞被俘后，提出想要见一见击落他的对手，当翻译请来了身高 1.50 米的金发女郎莉莉娅时，他怎么也不肯相信这就是把他击落的那个人。

1943 年 1 月底，莉莉娅和另外两个女飞行员一起来到战斗最激烈的斯大林格勒前线，加入了 296 战斗机团。2 月中旬的时候，她已经击落了 5 架敌机，为此赢得了一枚红旗勋章，并被提升为中尉。在随后的 3 月和 7 月，她的飞机被击中过两次，一次迫降，一次跳伞，但都被抢救了过来，在一次训练新飞行员的任务中，她的爱人索洛马丁不幸坠机身亡，而她目睹了这悲剧性的一幕，对她造成了极大的打击，在承受失去爱人的痛苦之时，莉莉娅的体力也经受了很大的考验。

几次死里逃生之后，她最终还是没能摆脱死神的纠缠。1943 年 8 月 1 日，9 架苏联飞机在莫斯科南部城市奥利尔地区与 40 余架敌机交锋，莉莉娅的雅克 –1 战斗机击落了两架敌机，但终因寡不敌众，被敌军击落。"斯大林格勒白玫瑰"就这样永远地凋谢在了祖国的天空，莉莉娅牺牲的那天离她 22 岁生日还有 14 天。莉莉娅的牺牲使基地人员无不为之垂泪，由于遗体始终未能找到，大家并没有为她举行葬礼。

在卫国战争期间，苏联涌现出了很多像莉莉娅这样的女性，她们在战争年代所表现出来的巨大勇气为她们赢得了世人的尊敬。就像苏联男飞行员曾经对他们的女战友说过的那样："即使我们把地球上所有的花都摆放在你们的跟前，也不足以表达我们对你们英勇之举的敬意。"

后来，莉莉娅的遗体最终被两个男孩在德米特里耶夫卡村的田野里发现，就在坠毁的雅克 –1 战斗机翅膀下面。遗体身穿飞行茄克，口袋里还装着证件。1989 年，苏联为莉莉娅举行了庄严的葬礼，戈尔巴乔夫总统于 1990 年追授莉莉娅"苏联英雄"称号。在顿涅茨克以东 90 千米的库拉斯尼，人们为纪念这位伟大的女战士，建造了一座高大的纪念碑，碑上是她的半身雕像。她迷人的笑容，永远留在了人们的心中。

"大炮鸟"传说——"死亡天使"汉斯·鲁德尔

"你是德国人民所曾拥有过的最伟大和最勇敢的军人"，1945 年 1 月 1 日，希特勒对一位德国飞行员说。这位飞行员的名字叫：汉斯·乌尔里希·鲁德尔。在当时，这个名字在德国已经成为传奇 + 勇气的同义词，更是第二次世界大战德国空军的象征。

"斯图卡上校"鲁德尔，第二次世界大战德国空军中的超级坦克杀手，"斯图卡之王"，他的战绩远远超过地上的同行，他获得了第三帝国所有可以获得的勋章，他甚至得到了为他专门制作象征德军最高荣誉的勋章，在东部战线，他被称为"死亡天使"。

汉斯·弗里希·鲁德尔1916年7月2日生于德国东部施林津，是一位神职人员的长子，他的梦想是成为一名体操教师，但新生的德国空军对于当时的年轻人似乎更有吸引力，于是鲁德尔在1936年志愿加入空军。

经过两年的飞行训练，他被推荐到俯冲轰炸机部队，伴随着苏德战争的打响，1941年6月，他执行了第一次俯冲轰炸任务，在接下去的18个小时内，他一共执行了4次战斗任务，出色的飞行技术为他赢得了一枚一级铁十字勋章。

1941年9月23日，鲁德尔的连队袭击了珂琅施塔德港湾中的苏联舰队。在袭击中，鲁德尔用1000千克炸弹击沉了苏联战列舰"马拉"号，炸弹命中了"马拉"号的弹药库并把它炸成了两截。

1942年1月中旬，他的出击次数已达到500次，并因击沉3艘敌舰而从司令官冯·里奇特霍芬空军二级上将手中接过骑士勋章。

德军陷入斯大林格勒血战时，鲁德尔正在国内克林堡州的勒希林空军试验机场试飞新型的JU-87G"斯图卡"，这种新型号专为反坦克设计，机翼下装有两门37毫米长身管自动火炮，所以又被称作"大炮鸟"。

1942年9月，鲁德尔接受了第二俯冲轰炸连队第一中队第一分队的指挥权，在斯大林格勒地区执行战斗任务，那时他的分队经常被派去对付苏联坦克，鲁德尔的JU-87G成为苏联坦克兵的噩梦。1943年7月库尔斯克大战中，鲁德尔率领第二对地攻击航空团直接支援保罗·豪塞尔的党卫军装甲军团。他乘坐的那架"大炮鸟"飞临战线侧翼的苏联坦克集群上空。当天一名苏军前线炮兵观测员向军长递交了一份报告，描述了他所经历的最恐怖的一天："德国飞机从头顶冲下来……拉起时高度只有不到10米，我看得见飞行员的脸……炮声、闪光，那飞机在我们坦克的浓烟中穿行，它又来了……不断有战友牺牲，我们的坦克部队消失了……"由于他击毁了大量的苏军坦克，此时他已经成为了苏军飞行员觊觎的猎物，斯大林本人就曾悬赏10万卢布要鲁德尔的项上人头！如果谁能击落他将意味着莫大的荣耀。

鲁德尔一生被击落过 30 多次，但他自豪地宣称这全部是被地面炮火击中的，他没有被任何一架敌机击落过！德涅斯特河上的战斗也许是他最接近被敌机击落的一次了，1944 年 3 月 13 日，苏联空军超级王牌，第 69 航空团指挥员列夫率领苏军第 69 航空团出击时，在德涅斯特河上空发现了由鲁德尔少校率领的德空军"殷麦曼"连队的三机编队。肖斯塔克夫率部下进行了坚决的攻击，德机一毁一逃，而他本人则死死"咬"住了鲁德尔的座机。鲁德尔极力想甩掉肖斯塔克夫，两人进行了一场惊心动魄的近距离追逐战。在一连串的超低空急转弯中，双方都把飞机的性能和自己的驾驶技术发挥到了极致，然而决定命运的常常就是在那么一点点！

生死成败往往决定于一瞬间，最后幸运女神终于向鲁德尔露出了微笑。肖斯塔克夫因飞机坠毁身亡，而鲁德尔则死里逃生躲过一劫。

1945 年 2 月，他的右大腿被防空火力击伤，随后被截肢。虽然他在装上了假肢以后返回了战斗岗位，战争结束时，他想带着他的分队进行一次自杀攻击，但被他的上级阻止了，理由是："在未来的日子里，祖国有可能还需要他。"这也是他唯一不进行自杀攻击的原因，德国战败后，他带领航空团向美军投降。

库班大空战——苏德争夺制空权的殊死拼杀

1943 年夏，苏军在苏德战场中央方向和西南方向展开了新的强大进攻，这一进攻有利于在北高加索重新发动进攻。北高加索方面军奉命肃清德军塔曼集团。为达此目的，计划从陆地和海上对新罗西斯克实施突然突击，攻占该市后向上巴坎斯基发动进攻，以便对防守"蔚兰色防线"的集团构成从南面进行包围的威胁。当时，德军由于地面兵力不足，便企图借助空中力量来固守塔曼半岛。

1943 年 4 月下半月至 6 月初，在苏德战争中，北高加索方面军航空兵以及黑海舰队航空兵一部对德军实施的数次空中交战。

在库班战役中，苏军的企图是，夺取苏德战场南翼制空权，为支援地面军队解放塔曼半岛创造有利条件，参战兵力为北高加索方面军航空兵和黑海舰队航空兵部分兵力，共有飞机1100架左右，由方面军空军司令员韦尔希宁中将指挥。而德军则希望使用空中力量消灭梅斯哈科登陆场苏军，破坏苏军进攻，守住塔曼半岛，参战兵力为第四航空队，作战飞机近1400架，由第四航空队司令里希特霍芬指挥。在双方的空军中，德军轰炸机占优势，苏军歼击机占优势，整个战役包括三次空中交战和一次突击机场作战。

4月17日，库班战役的第一轮大角逐同时在陆地、海面和空中爆发，其中尤以空战最为激烈。德国空军第4航空队在这小小的空间中投入作战飞机近千架次，猛烈轰炸登陆场，支援步兵作战，其出击机场多在克里米亚和库班半岛上，距前线仅50千米到100千米，因此出动强度非常高，异常猛烈的火力风暴不时向"小地"登陆场刮去。苏军空军第4集团军最初出动了300架次的飞机阻击敌军的空地攻势，打得十分顽强，但由于力量占劣势，其基地又是在150千米到200千米以外的克拉斯诺达尔，因此一度陷入被动。苏军坐镇前线指挥的大本营代表、空军司令诺维科夫元帅决定大规模增兵库班，扭转被动局面。他从统帅部大本营调来了轰炸航空兵、歼击机航空兵，使苏军的飞机出动数量增加到一天900多架次。

从4月17日至24日，在历时8天的激战中，德军共损失飞机182架，其中152架被歼击机击落，30架被高炮击落，德国空军被迫转入防御作战。苏联元帅格列奇科在回忆录中写道："在反击德军对梅斯哈科的各次冲击中，我方空军起了重要作用。它以密集袭击的方法牵制了敌人的进攻，迫使敌空军降低了活动的积极性。"德军第17集团军也不得不承认"俄国航空兵从登陆兵上陆地域到诺沃罗西斯克所采取的进攻以及对我方机场进行的猛烈攻击，均表明俄国空军的力量有多么强大"。

5月26日晨，苏军在经过40分钟猛烈的炮火准备和用340架飞机进行的航空火力准备后，第56集团军和第37集团军在基辅村和莫尔达维亚村之间的方向上转入进攻，在此之前的几分钟内，强击机在突破地段施放了烟幕。

由于实施了卓有成效的炮火准备和航空火力准备，苏军仅用6小时就突入德军防御纵深3~50千米，德军统帅部为了阻滞苏军的攻击，决定把所有的航空兵都集中到战场上空。

在进攻的头3个小时，德军航空兵就出动飞机1500架次，从中午开始，在苏军进攻部队的上空出现了一批又一批的敌轰炸机，在这一天的黄昏时，德军600架轰炸机对苏军实施了20分钟的突击，苏军歼击机同德军航空兵进行了激烈的空战，但由于德军航空兵兵力比苏军多出1.5倍，苏联歼击机并没能完全制止德军的活动，德军又暂时夺取了制空权。

在库班空战中，苏军主要使用的战机是IL-2这种"飞行坦克"，IL-2在德军中有个外号叫作"黑死神"，它以其坚固的装甲和强大的火力而闻名于世，这种飞机战时产量高达36163架，在世界战争史上高居第一。

当然东线的那些"德国战鹰"们是不会放过这种猎物的，但出乎意料的是这块硬骨头实在不太好啃，德军JG52第一大队的沃尔特·托特军士是这样描述的："它飞得是如此之低，以至于我们无法捕捉到它的薄弱点——机身下的散热器。我们从两边不停开火，瞄准的是对方的尾翼，但直到尾翼被打掉后，这架飞机还在飞行！这时轻型防空火力从地面袭来，我们不得不在树顶高度放弃了追逐。这些鸟儿是最难对付的目标，如果你从后面攻击它，子弹只能从机身那坚固的装甲上弹开，而那个驾驶员简直是坐在一个装甲澡盆里！"

5月27日晨，为了保持制空权，德机在这一天内竟出动了2700架次，由于德军航空兵连续不断的袭击，使苏军白天进攻和机动很困难。苏军元帅格列奇科回忆当时情况时说："在进攻的第一天，就感到我们的歼击机太少了，无法抗击敌人航空兵的大规模空袭，它们往往被敌人歼击机缠住，让敌人轰炸机溜进来。"

从5月26日至6月7日，为了打击德国航空兵的活动能力，苏军加强了对德军机场的夜间突击，苏军的这个措施使德国航空兵的活动能力有明显的下降，苏军歼击机又重新成了库班河天空的主人。

从 5 月 20 日至 29 日，苏德空军共进行了两轮交战，苏军飞机一天之内出动达到了 1300 架次，首次库班空中交战是在新罗西斯克附近小地的梅斯哈科地域登陆场进行激战过程中发生的，德军企图在该登陆场消灭第 18 集团军登陆集群，苏军航空兵的顺利行动和对第 18 集团军可靠的空中掩护，打破了德军这一计划。以后几次空中交战分别在克雷姆斯卡亚镇、基辅斯卡亚镇和摩尔达万斯卡亚镇等地域展开。库班空中交战过程中进行了多次持续数小时的激烈空中战斗，双方广为增兵，有几天，编队空中战斗约达 50 次，双方都有 30~50 架飞机参加。

苏军重新占领克雷姆斯卡亚后，航空兵将主力用于执行消灭德军纵深目标的任务，不分昼夜地对敌人后方目标的交通线进行突击，同时以部分兵力继续支援地面部队进攻。在 4 月 29 日至 5 月 10 日这段时间里，空军第 4 集团军、黑海舰队航空兵和远程航空兵共出动飞机 1 万多架次，其中半数以上是对战场上德军地面部队和技术兵器进行打击。同时，苏联空军在这段时间内还消灭德机 368 架，完全获得了库班河上空的制空权。

在苏德双方进行第一次空中交战的同时，苏联空军机群于 4 月 17 日到 29 日突击了高加索地区德军的 18 个机场，击毁德机 260 架。在历时 50 多天的库班空战中，苏军航空兵共出动飞机 3.5 万架次，击毁德军飞机 1100 架，其中 800 多架是在空中击落的，苏军损失飞机约为德军的一半。

通过空中交战，苏军夺得了苏德战场南翼的制空权，为夺取整个苏德战场的战略制空权打下了基础，为进而夺取整个苏德战场的制空权铺平了道路。